능엄경언해 어휘연구

# 능엄경언해 어휘연구

박영섭

도서
출판 박이정

경북 문경 출생
중앙대 국어국문학과 졸업
고려대 · 성균관대 대학원 문학박사(87)
경기대 · 중앙대 강사 역임
강남대 국어국문학과 교수

저서로는 『은어 · 비속어 · 직업어』, 『개화기 국어 어휘자료집 1~5』,
『국어 한자 어휘론』, 『초간본 두시언해 어휘자료집』,
『초간본 두시언해 한자 대역어 연구』, 『구급방언해 한자 대역어 연구』, 『태산집요언해 한자
대역어 연구』, 『두창경험방 · 납약증치방언해 한자 대역어 연구』 등이 있다.

## 능엄경언해 어휘연구

**초판 인쇄**  2008년 8월  8일
**초판 발행**  2008년 8월 22일

**지은이**  박영섭
**펴낸이**  박찬익
**편집책임**  이영희
**책임편집**  이기남

**펴낸곳**  도서출판 **박이정**
**주소**  서울시 동대문구 용두동 129-162
**전화**  02)922-1192~3
**전송**  02)928-4683
**홈페이지**  www.pjbook.com
**이메일**  pijbook@naver.com
**온라인**  국민 729-21-0137-159
**등록**  1991년 3월 12일 제1-1182호

* 책값은 뒤표지에 있습니다.

# 머리말

주지하다시피 훈민정음창제 이전에 우리말 표기는 한자의 소리와 뜻을 이용하여 모든 것을 표기했다. 세종에 의하여 훈민정음이 창제된 이후 비로소 우리말에 맞는 표기문자가 탄생되었다. 훈민정음창제 후 문자의 실용성 여부를 시험하기 위하여 한자·한문으로 기록된 많은 문헌을 언해 하여 왔다. 이러한 언해는 결국 한자에 대응되는 고유어이다. 저자는 1978년 이후 중세국어 언해 문헌에 나타난 한자 대역어란 論題下에 『초간본 두시언해』를 비롯하여 漢醫書 언해인 『구급방언해·태산집요언해·두창경험방언해』 등을 출간한 바 있다. 『능엄경언해』는 온전한 불교경전으로 가장 먼저 언해된 것으로 15세기 국어의 모습을 볼 수 있는 귀중한 자료라 생각된다. 본서의 내용은 『능엄경언해』에 나타난 한자 대역 어형들을 중심으로 『석보상절·두시언해·남명천계송언해·정속언해』 그리고 어린이 교육용으로 편찬된 한자 학습 초학서인 『훈몽자회·유합·천자문』 등에 대역 어휘들과 비교 분석하였다. 특히 대역된 어형들 간의 경쟁으로 소멸된 語辭들을 볼 수 있는 점이다. 가령 한자 (渴)은 아래와 같은 用例를 통하여 '渴望 호다, 물여위다'로 대역되었다.

, 기우러 渴望ᄒᆞ나 ᄀᆞ초아 ᄂᆞ타ᄂᆞ와(傾渴翹佇)(능 1-77)
; 渴은 믈여윌씨라(능 9-71)

『두시언해』에는 '목ᄆᆞᄅ다, 渴望ᄒ다'로 『두창·납약』에는 'ᄆᆞᄅ다, 목ᄆᆞ
ᄅ다, 입ᄆᆞᄅ다'로 『훈몽자회·유합』에는 '목ᄆᆞᄅ다'로 字釋되었다. 하지만
어형 '믈여위다'는 한자어 '渴望ᄒ다'와 경쟁에서 소멸된 語辭로 볼 수 있다.
이처럼 많은 대역 어형들 간의 경쟁으로 소멸된 語辭를 발견할 수 있다는
것이다. 본서의 구성은 대역방식, 대역어휘 자료 분석, 대역어의 어휘 구
성, 고유어에 대응된 한자 등의 순으로 엮어 보았다.

끝으로 어려운 경제적 여건 속에서도 본서의 출판을 맡아주신 도서출판
박이정 박찬익 사장 그리고 편집과 교정에 도움을 주신 이영희, 이기남님
께 감사드린다.

2008년 8월
신갈 경천관 연구실에서 저자

楞嚴經諺解

# 一. 序言

## 『楞嚴經諺解』 어휘연구

조선조에 불경의 언해사업이 비롯된 것은 세조 2년(1457) 세조의 뜻에 의하여 經書의 諺解 사업을 본격적으로 추진하기위한 국립출판기관으로 刊經都監이 설립되면서부터이다. 이 때 주로 이 사업에 힘쓴 학자는 信眉 · 韓繼禧 · 尹師路 · 黃守身 · 盧思愼 · 姜希孟 등인데 불교의 가장 으뜸이라 할 만한 대표적 경전들은 대개 이 때에 諺解되어 일반에게 널리 頒布되었던 것이다. 本書의 본래 이름은 大佛頂如來密因修證了義諸菩薩萬行首楞嚴經이라 하는데 本書가 諺解된 것은 세조 7년(1462 · 天順六) 8월 21일에 都提調桂陽君 增과 鈴川府院君 尹師路 南原府院君黃守身 外 七名의 提調와 五名의 副提調 그리고 九名 학자들이 上箋한 것으로 되어있다. 本書는 佛家의 禪法의 要義를 잔잔하게 要解한 것으로 모두 十卷 十册으로 되어 있다[1]. 본서에서 이용된 자료는 청운문화사에서 영인된 ≪楞嚴經諺解≫이다. 연구방법은 가나다 順으로 漢字를 標題語로 하고 對譯語는 한자 학습 초학서인 『천자문 · 유합 · 훈몽자회』와 『석보상절 · 두시언해 · 남명천계송언해 · 정속언해』 그리고 漢醫書인 『救急方諺解上 · 下 · 胎産集要諺解 · 臘藥症治方諺

---

* 본서는 강남대학교 2007학년도 교내연구비로 조성되었다.
 1) 본서의 해제는 대제각에서 影印한 楞嚴經諺解를 참조했다.

解・痘瘡經驗方諺解』2)등에 대역된 어휘들과 비교함으로 고유어의 다양성 및 어휘 변천상을 살피는 자료로 활용하고자 한다.

---

2) 불교문헌·詩歌文獻·漢醫書·한자 학습 初學書에 대역된 어휘들을 상호 비교함으로 한 자가 문장에서 사용되는 위치에 따라 여러 語形으로 대역된다. 대역된 語形들을 통하여 한자와 고유어간의 의미상의 특성을 살피고 또 대역에 의하여 파생된 語形들이 기존의 語形들과 경쟁에서 의미 분화 消滅내지 死語되는 원인을 보여주는 좋은 자료라 생각되어 비교 대상으로 삼았다.

# 二. 對譯의 방식

漢字 학습은 字形과 더불어 字釋과 字흡을 함께 배운다. 그런데 우리나라에서는 字釋의 경우는 중국에서처럼 한자가 들어있는 단어나 語句로 그 글자의 뜻을 익히는 방식이 아니라 그 한자가 지닌 뜻인 字釋을 익히는 방식을 취하였는데 중국식과 같은 학습은 그 한자의 活用的 차원에서 다루어지거나 字義 理解의 보조적 방법으로 쓰였을 뿐이다. 그런데 지금까지 발견된 字釋방식으로는 註釋式과 釋흡式으로 나누어 볼 수 있다. 註釋式은 훈민정음이후의 정음문헌과 각종 諺解書에 나오는 割注나 註釋文들에서의 한자에 대한 풀이 방식으로 된 것들이며, 釋흡式은 한자 初學書 들에서 사용된 것으로 한자의 字釋과 字흡을 한 묶음으로 달아 놓은 방식으로 분류한 것이다[3]. 위의 두 가지 방식 중 『두시언해 · 태산집요언해』에 적용된 字釋방식으로는 후자인 釋흡式 字釋에 해당된다. 前述하였지만 釋흡式 字釋은 주로 한자 학습 초학서 들에서 두루 적용된 것으로 漢字 하나하나에 대한 알 맞는 字釋과 字흡을 함께 학습 도록 한 것이다. 그러나 이들 字釋을 살펴보면 일정한 형식으로 되어있지 않고 字釋 數에 따른 字釋 形式이 있다. 즉, 單一字釋과 多字釋으로 되어있다. 單一 字釋은 한 글자에 하나의 字釋이 달린 것이고 多字釋은 한 글자에 둘 이상의 字釋이 달린 것이다. 특히 『두시언해 · 구급방 언해』는 한자 하습 初學書에 사용된 單 字釋이 아니다

---

3) 신경철(1993), (『國語字釋硏究』 태학사)

多字釋 방식으로 諺解되었음이 특징이다. 그리고 오늘날 한자 字典式 字釋
은 『두시언해 · 구급방 언해』가 최초라고 생각된다.

# 三. 資料分析

(可) ; 어루, 올ᄒ다

  ; 어루 바ᄅ 나ᅀᅡ가리니(可以徑造也)〈능8-14〉[4]

  ; 올ᄒᆞᆫ둘 아디몯ᄒ리로 소니(未知其可也)〈능1-18〉

  '어루, 올ᄒ다'는 (可)에 대한 대역이다. 『두시언해 · 석보상절 · 남명천계송언해』에는 '可히, 어루'로 『납약』[5]에는 '가히'로 『두창』에는 '가히, 둇다, 즉시'로 대역된 어형들이 발견된다. 『구상』에는 '어루'로 『두창』에 대역된 '둇다, 즉시'는 다른 문헌에서 찾아볼 수 없는 어형이다. 그리고 '어루, 가히, 가ᄒ다'가 『유합』에는 '하얌직'으로 字釋되었다. 『능엄경』에 '올ᄒ다'가 '올홀, 올홀, 올을, 오를' 등으로 改新되어 現代語 '옳은'으로 대체 사용되고 있다. 語形 '어루'는 消滅語[6]

(假) ; 거즛, 븓다, 븥다, 비다

  ; 거즛 일후믈 고기라ᄒ야(假名爲肉)〈능6-93〉

  ; 因緣을 븓디 아니홀씨라(不假因緣也)〈능4-66〉

  ; 엇뎨 秘密ᄒᆫ 因을 브트시며(何假密因)〈능1-8〉

  ; 닷가호믈 비디 아니홀씨라(不假修爲也)〈능2-18〉

---

4) 원문에 사용된 방점은 편의상 생략했다.

5) 다음의 약호는 『두창』은 『痘瘡經驗方諺解』 『납약』은 『언해납약』 『구상 · 구하』는 『救急方諺解上 · 下』를 지칭한다.

6) 소멸어는 국어사전에 수록되어 있지 않거나 수록되어 있어도 재사용이 불가능한 어휘를 지칭하고 사어는 국어사전에 수록되어 있고 문필가들에 의하여 언제든지 재사용될 수 있는 어휘를 지칭한다.

'거즛, 븓다, 븥다, 비다'는 (假)에 대한 대역이다. 『두시언해』에는 '빌다, 쉬다'로『유합·천자문』광주·석봉 본에는 '빌다'로 字釋되었다. '븓다, 븥다'는『능엄경』에만 있고 '쉬다'는『두시언해』에서만 발견되는 語辭이다. 現代語 '거짓'은『능엄경』'거즛'에서 비롯된 것으로 추정된다. 語形 '빌다'는 현대어 '빌리다'로 분화되었다.

(訶) ; 외다

　; 因 심구믈 爲ᄒ니 如來 외다ᄒ샤ᄆᆫ(植因如來訶之)〈능1-34〉

　'외다'는 (訶)에 대한 대역으로『능엄경』에서만 발견된다.

(家) ; 집

　; 열나ᄆᆞᆫ 지비니(十有餘家)〈능1-16〉

　'집'은 (家)에 대한 대역이다. 『훈몽자회·유합·두창·천자문』에는 모두 '집'으로 字釋되었다. 『정속언해』에서는 '딥'으로 對譯된 語例도 발견 된다.

(稼) ; 심다

　; 稼ᄂᆞᆫ 穀食 심고미오〈능1-19〉

　'심다'는 (稼)에 대한 대역이다. 『두시언해』에는 '녀름짓다'로 『유합』에는 '녀름지을'로『훈몽자회』에는 '시믈'로 字釋되었다.

(街) ; 긼

　; 街ᄂᆞᆫ 바른 길히오 巷은 구븐 길히라〈능9-62〉

　'긼'은 (街)에 대한 대역이다. 『두시언해』에는 '긼, 긼'로『석보상절·훈몽자회』에는 '거리'로 대역되었다.

(歌) ; 놀애 브르다

　 ; 제 놀애 브르고 제 춤츠며(自歌自舞)〈능9-75〉


　 '놀애 브르다'는 (歌)에 대한 대역이다. 『두시언해』에는 '놀애, 놀애 브르다'
로 『석보상절 · 남명천계송언해 · 훈몽자회 · 유합』 등에는 모두 '놀애'로 대역되
었다.


(枷) ; 갈

　 ; 이런ᄃ로 갈와 鎖왜 제 벗ᄂ느니라(故枷鎖自脫)〈능6-28〉


　 '갈'은 (枷)에 대한 대역이다. 『훈몽자회』에는 '길가 俗呼長團'로 설명되어
있다.


(嘉) ; 둏다

　 ; 몰애 술마 됴흔 飮食 밍ᄀᆯ오져홈 ᄀᆮᄒᆞ야(猶如者沙欲成嘉饌)〈능1-81〉


　 '둏다'는 (嘉)에 대한 대역이다. 『두시언해』에는 '둏다, 아름답다'로 『유합』에
는 '둏다'로 『천자문』에는 모두 '아름다올'로 字釋되었다.


(角) ; 쓸

　 ; 업스면 거부븨터리와 톳긔쓸 ᄀᆮ거니(無則同於龜毛兔角)〈능1-74〉


　 '쓸'은 (角)에 대한 대역이다. 『두시언해』에는 '쓸, 吹角'으로 『구하 · 납약 ·
훈몽자회 · 유합』에는 모두 '쓸'로 대역되었다.


(揀) ; ᄀᆞᆯᄒᆡ다

　 ; 小乘에 달오믈 ᄀᆞᆯᄒᆡ시니라(揀異小乘)〈능8-55〉


　 'ᄀᆞᆯᄒᆡ다'는 (揀)에 대한 대역이다. 『유합』에도 'ᄀᆞᆯ힐'로 字釋되었다.

（看）; 보다

　; 東이셔 보면 西오(東看則西)〈능1-70〉


　'보다'는 (看)에 대한 대역이다. 『두시언해』에는 '보다'로 『훈몽자회 · 유합』에는 '볼'로 字釋되었다.

（干）; 븓다

　; 제 서르 븓디 아니ᄒ야(自不相干)〈능1-55〉


　'븓다'는 (干)에 대한 대역이다. 『두시언해』에는 'ᄀᆞ새, 사홈, 干求ᄒ다, 干犯ᄒ다, 干謁ᄒ다'로 『훈몽자회』에는 '방패'로 『유합』에는 '간범, 방패'로 대역되었다. 漢字語는 주로 『두시언해』에서만 발견된다.

（奸）; 거즛

　; 邪道ᄂᆞᆫ 거즛 일로 소기ᄂᆞᆫ 젼ᄎᆞ로(邪道奸欺故)〈능6-101〉


　'거즛'은 (奸)에 대한 대역이다. 『훈몽자회』에는 '간곡ᄒᆞᆯ'로 字釋되었다.

（渴）; 渴望ᄒ다, 믈여위다

　; 기우려 渴望ᄒ야 고초아 ᄇᆞ라ᅀᆞ와(傾渴翹佇)〈능1-77〉
　; 渴ᄋᆞᆫ 믈여윌씨라〈능9-71〉


　'渴望ᄒ다, 믈여위다'는 (渴)에 대한 대역이다. 『두시언해』에는 '목ᄆᆞᄅ다, 渴望ᄒ다'로 『두창 · 납약』에는 'ᄆᆞᄅ다, 목ᄆᆞᄅ다, 입ᄆᆞᄅ다'로 『훈몽자회 · 유합』에는 '목ᄆᆞᄅ다'로 字釋되었다. '입ᄆᆞᄅ다'는 한의서에서 발견되는 'ᄆᆞᄅ다, 목ᄆᆞᄅ다'와 같은 의미에서 사용된 어휘로 볼 수 있다. 語形 '믈여위다'는 한자어 '渴望ᄒ다'와 경쟁에서 소멸된 語辭로 볼 수 있다.

（感）; 感動ᄒ다, 뮈우다

　; 부텻 發ᄒ샤ᄆᆞᆯ 感動ᄒᅇᆸ고(感佛所發)〈능1-93〉

; 感은 뮈울씨라〈능3-5〉

'感動ᄒ다, 뮈우다'는 (感)에 대한 대역이다. 『두시언해』에는 '感激ᄒ다, 感念이, 感動ᄒ다, 感傷ᄒ다, 感歎ᄒ다'로 『유합』에는 '감동홀'로 『천자문』 광주 본에는 '깃글'로 식봉 본에는 '늗길'로 주해 본에는 '늣길'로 字釋되었다. 語形 '뮈우다'는 消滅語로 볼 수 있다.

(勘) ; 마초다

; 마초아 무러(勘問)〈능8-90〉

'마초다'는 (勘)에 대한 대역으로 『능엄경』에서만 발견된다.

(堪) ; 맛담직ᄒ다

; 遺囑을 이대 맛담직ᄒ며(妙堪遺囑)〈능1-24〉

'맛담직ᄒ다'는 (堪)에 대한 대역이다. 『두시언해』에는 '이긔다, 직ᄒ다'로 『유합』에는 '견딀'로 字釋되었다. '맛담직ᄒ다'의 語辭가 특이하다.

(鑑) ; 거우루

; 鑑은 거우루라〈능1-77〉

'거우루'는 (鑑)에 대한 대역이다. 『두시언해』에는 '거우루, 보다'로 『훈몽자회』에는 '거우로'로 『유합』에는 '거으로'로 『천자문』 광주 본에는 '거우로'로 석봉 본에는 '거우루'로 주해 본에는 '거울, 비췰'로 대역되었다.

(減) ; 덜다

; 더디 아니컨마른(不減)〈능1-96〉

'덜다'는 (減)에 대한 대역이다. 『두시언해·석보상절·구상·유합』에 모두 '덜다'로 대역되었다.

(甲) ; 톱

  ; 톱 길며 머리터럭 나며(甲長髮生)〈능10-82〉

   '톱'은 (甲)에 대한 대역이다. 『두시언해』에는 '거플, 위두ᄒ다, 甲'으로 『유합』에는 '갑갑' 『천자문』 광주 본에는 '갑' 주해 본에서는 '겁질, 갑옷, 룡갑'으로 대역되었다. '거플, 겁질'은 '꺼풀, 껍질'의 의미로 사용되고 한자어 '위두하다'는 '으뜸가다'의 뜻인데 消滅語로 볼 수 있다. '甲'은 '거플, 껍질'의 의미와 함께 '갑옷, 룡갑' 등의 의미로도 사용되고 있다.

(强) ; 그틔다

  ; 그틔여 分別을 내ᄂ니(强生分別)〈능2-14〉

   '그틔다'는 (强)에 대한 대역이다. 『두시언해』에는 '고돌파, 세다, 强ᄒ다'로 『석보상절』에는 '구쳐'로 『구상』에는 '세오다, 세닐다'로 『태요』에는 '굳세다'로 『훈몽자회 · 유합』에는 '힘세다, 셀, 힘쁠'등 다양하게 대역된 어형들이 발견되고 있다. '그틔다'는 다른 문헌에서 발견되지 않는 특이한 語辭이다. 語形 '고돌파, 그틔다'는 消滅語로 볼 수 있다.

(降) ; ᄂ리다

  ; 緣을 조차 ᄂ려 나며(隨緣降誕)〈능1-9〉

   'ᄂ리다'는 (降)에 대한 대역이다. 『두시언해』에는 'ᄂ리다, 降ᄒ다'로 쌍형어을 이루고 있는데 고유어 'ᄂ리다'는 동사적 기능을 하고 한자어 '降하다'는 '降下, 降雨量'등 명사형 어형을 이루고 있다. 'ᄂ리다'와 '降ᄒ다'는 의미가 분화하여 독립된 語辭로 대체 사용되고 있다. 『유합』에는 'ᄂ릴, 항복'으로 대역된 語例가 발견된 점으로 보아 '降'에 대한 주의미적 어휘는 'ᄂ릴'로 볼 수 있다.

(剛) 굳다

  ; 銅은 구두ᄃ 能히 ᄀ든ᄒ니(銅剛而能同)〈능7-13〉

   '굳다'는 (剛)에 대한 대역이다. 『유합』에 '굳셀'로 字釋되었다.

(慨) ; 애두다

　; 알픠 외요믈 애두니라(慨前之失也)〈능1-92〉


　'애두다'는 (慨)에 대한 대역이다. 『두시언해』에는 '슬프다'로 『유합』에는 '강 갯'으로 字釋되었다.

(皆) ; 다

　; 다 흘러가 몰애 ᄢᅵᄂᆞᆫ 迷惑ᄒᆞᆫ 소니며(皆流爲蒸砂迷客)〈능1-3〉


　'다'는 (皆)에 대한 대역이다. 『두시언해 · 구상 · 두창』 모든 문헌에 단일 대 역인 '다'로 나타난다.

(開) ; 펴다, 뻐다, ᄠᅮ다

　; 구피시곡 ᄯᅩ 펴시며(屈已復開)〈능1-108〉
　; 눈떠 ᄇᆞᆯᄀᆞᄃᆡ 보믄(開眼見明)〈능1-59〉
　; ᄠᅮ메(則開)〈능1-61〉


　'펴다, 뻐다, ᄠᅮ다'는 (開)에 대한 대역이다. 『두시언해』에는 '뻐다, 벌리다, 열다, 페다, 펴다, 피다'로 『남명천계송언해』에는 '뻐히다, 쁘다'로 『구상 · 남 약 · 태요』에는 '열리다, 글희혀다, 뻐다, 벌리다, 열다'로 대역된 어형들이 발견 된다. 語形 '글희혀다'는 消滅語로 볼 수 있다.

(改) ; 고티다

　; 올마 고텨 머므디 아니호믈(遷改不停)〈능2-8〉


　'고티다'는 (改)에 대한 대역이다. 『두시언해』에는 '고티다, 옮다, 改變ᄒᆞ다' 로 『석보상절 · 정속언해』에는 '옮마가다'와 '고티다'로 『남명천계송언해』에는 '글다'로 『유합 · 천자문』에는 '가ᄉᆡ다, 고티다, 치다, 고틸'로 대역되었다. 語形 '글다'는 消滅語로 볼 수 있다.

(客) ; 객, 손

　; 머무디 아니ᄒᆞᄂᆞᆫ거스로 일후믈 客이라(以不住者名之爲客)〈능1-111〉
　; 다 흘러가 몰애 ᄯᅴᄂᆞᆫ 迷惑 소니며(皆流爲㷀砂迷客)〈능1-3〉

　'객, 손'은 (客)에 대한 대역이다. 『두시언해』에는 '나그내, 손'으로 중세어에서는 동등한 의미로 사용되었다. 現代語에서는 그 의미가 분화되어 '나그네'는 여행 중에 있는 사람이란 뜻으로 '여행객'을 지칭하고 '손'은 손님의 뜻으로 '來訪客'을 지칭하는 뜻으로 각각 독립된 語辭로 사용되고 있다. 그러나 『남명천계송언해 · 정속언해 · 훈몽자회 · 유합』에서는 공히 '나그내'는 발견되지 않고 '손'만이 발견되는 점으로 보아 '客'에 대한 주의미적 어휘는 '손'으로 볼 수 있다.

(更) ; ᄂᆞ외다

　; ᄂᆞ외 잇ᄂᆞᆫ거시 업스리니(更無所有)〈능1-87〉

　'ᄂᆞ외다'는 (更)에 대한 대역이다. 『두시언해』에는 '쏘, 다시, 가시다, 더욱'으로 『석보상절 · 남명천계송언해』에는 '고티다'로 『구상 · 납약 · 두창』에는 쏘, 다시로 『천자문』 광주 · 석봉 · 주해 본에는 '가실, 고틸, 고칠, 골ᄋᆞ들, 다시, 경영'으로 대역된 語形들이 발견된다. 語形 'ᄂᆞ외다'는 消滅語로 볼 수 있다.

(居) ; 살다, 잇다

　; 淸淨으로 제 사로믈(淸淨自居)〈능6-15〉
　; 識心ᄋᆞᆫ 眞實로 몸 안해 잇ᄂᆞ니이다(識心實居身內)〈능1-47〉

　'살다, 잇다' 는 (居)에 대한 대역이다. 『두시언해』에는 '살다, 居ᄒᆞ다'로 당시까지 고유어 '살다'와 한자어 '居'가 동시에 대역되었다. 文脈的 기능에 의하여 부득이하게 사용된 것으로 추정된다. 『남명천계송언해』에서는 '살다'로 『정속언해』에서는 '居ᄒᆞ다'로 對譯되어 있는 語例가 발견됨으로 이때까지 두 어휘가 동등한 자격으로 사용된 증거이다. 『훈몽자회 · 유합 · 천자문』에는 모두 '살다'로 字釋된 점으로 보아 한자 '居'는 사용이 미약하여 消滅되고 '살다'만이 지금까지 사용되고 있다. 따라서 '居'에 대한 주의미적 어휘는 '살다'로 볼 수 있다.

(去) ; 니거늘, 버으롬, 앗다, 앗다

   ; 도라보고 니거늘(顧盼而去)〈능5-72〉

   ; 부톄 버으로이 漸漸 머러(去佛漸遠)〈능6-82〉

   ; 是와 非와를 ᄒᆞ마 앗고(是非已去了)〈능2-69〉

   ; 흙 아순 經혼 므리 긔져료믈(如去泥經水)〈능4-90〉


   '니거늘, 버으롬, 앗다, 앗다'는 (去)에 대한 대역이다. 『두시언해』에는 '가
다, 니거다, 버어리다, 버혀버리다, 병으리다, 보내다, ᄇᆞ리다, 앗다, 업게ᄒᆞ다'
로 『석보상절』에는 '가다, 버올다'로 『남명천계송언해』에서는 'ᄇᆞ리다, 병을다'
로 『구상ㆍ두창ㆍ납약ㆍ태요』에는 '밧기다, 버히다, 앗다, 앗다, 아ᄉᆞᆯ다, 업게ᄒᆞ
다, ᄢᅢ히다, 업게ᄒᆞ다, 벗기다, 내다, 업시ᄒᆞ다, ᄇᆞ리다'로 『유합ㆍ천자문』에는
'갈'로 字釋되었다. 語形 '버올다, 병으리다, 아ᄉᆞᆯ다, 앗다, 갈'은 消滅語로 볼 수
있다.

(拒) ; 거슬다

   ; 거스디 아니툿ᄒᆞ니라(而不拒)〈능4-39〉


   '거슬다'는 (拒)에 대한 대역이다. 『두시언해』에는 '믈리왈, 바뵈오다, 병어리
왈다'로 『유합』에는 '벋디를'로 字釋되었다. 語形 '바뵈오다, 병어리왈다, 벋디
를'은 消滅語로 볼 수 있다.

(車) ; 술위

   ; 술위와 ᄆᆞᆯ와를ᄒᆞ야 ᄇᆞ리거든(妨損車馬)〈능5-68〉


   '술위'는 (車)에 대한 대역이다. 『두시언해ㆍ석보상절ㆍ남명천계송언해ㆍ구
상ㆍ훈몽자회ㆍ유합ㆍ천자문』 광주ㆍ석봉 본에는 모두 '술위'로 주해 본에만 '수
뤼'로 字釋되었다. 語形 '술위'는 現代語 '수레'에 의하여 消滅語로 볼 수 있다.

(炬) ; 홰

   ; 能히 브리 ᄃᆞ리며 홰 ᄃᆞ리오(則能爲火爲炬)〈능8-101〉

'홰'는 (炬)에 대한 대역이다. 『두시언해』에는 '블, 현블, 횃블, 흔블'로『훈몽자회』에는 '홰'로 字釋되었다.

(巨) ; 크다

; 물군 큰 바르래 (如湛巨海)〈능3-108〉

'크다'는 (巨)에 대한 대역이다. 『두시언해』에는 '굵다, 크다'로 대역되었다. 語形 '굵다'의 대역 語形은 『두시언해』에서만 발견된다.

(渠) ; 걸

; 수플와 걸와 (林渠)〈능2-48〉

'걸'은 (渠)에 대한 대역이다. 『두시언해』에는 '걸, 渠'로 고유어와 한자어가 대등하게 사용되었는데 現代語에서는 死語化되고 '개천, 도랑'으로 대체되었다. 『훈몽자회·유합』에서는 '쉬궁, 돌'로 字釋되었고 광주·석봉·주해 본『천자문』에서는 '걸, 기천, 천, 널을, 저'로 대역된 語例가 발견된다. 語形 '걸, 돌'은 消滅語로 볼 수 있다.

(鍵) ; 뭇다

; 鍵은 門쇠니 다자바 뭇논 쁘디라〈능10-70〉

'뭇다'는 (鍵)에 대한 대역이다. 『두시언해』에는 'ㅈ물쇠'로『훈몽자회』에는 '쇳속'으로 字釋되었다. 語形 '쇳속'은 消滅語로 볼 수 있다.

(乞) ; 빌다

; 次第로 조차 비로듸(次第循乞)〈능1-32〉

'빌다'는 '乞'에 대한 대역이다. 『두시언해』에는 '빌다, 주다'로『석보상절』에는 '빌다'로『훈몽자회·유합』에서는 '빌, 줄'로 字釋되었다. '빌다'는 現代語 '구걸하다'의 뜻이 아니라 '기원하다'의 뜻을 내포하고 있다. '주다'의 의미는 死語化되었다.

(劫) ; 저히다

　; 劫은 저히고 아술씨라〈능4-93〉


　'저히다'는 (劫)에 대한 대역이다. 『두시언해』에는 'ᄀ리튬, 前劫'으로 『유합』
에는 '저릴'로 字釋되었다. 語形 '저히다'는 消滅語로 볼 수 있다.

(隔) ; 隔ᄒ다, 즈슴ᄒ다

　; 見과 識괘 隔홀씨〈見與識隔〉〈능3-104〉
　; ᄒ마 셔믈브터 즈슴ᄒ야 마고 미ᄃ윌씨〈旣立逐成隔礙〉〈능4-24〉


　'隔ᄒ다, 즈슴ᄒ다'는 (隔)에 대한 대역이다. 『두시언해』에는 'ᄉ시, 주숨치
다, 즈슴치다'로 『남명천계송언해』에는 'ᄀ리다'로 『구하 · 납약』에는 'ᄃ나다,
안날'로 『유합』에는 'ᄀ리올'로 『납약』에는 '안날'로 대역되었다. 語形 '주숨치
다, 즈슴치다, 안날'은 消滅語로 볼 수 있다.

(擊) ; 다이즐다, 다ᄒ다, 튬, 티다

　; 擊은 다이즐씨라〈능5-4〉
　; 눈 다ᄒ딕 이시리로다〈存於目擊矣〉〈능2-76〉
　; 서르 툐믈〈相擊〉〈능4-109〉
　; 뫼햇 돌히 티면〈山石擊〉〈능4-18〉


　'다이즐다, 다ᄒ다, 튬, 티다'는 (擊)에 대한 대역이다. 『두시언해』에는 '두드
리다, 뎌다'로 『구상』에는 '맞다, 티다'로 『유합』에는 '틸'로 字釋되었다. 語形
'다이즐다'는 消滅語로 볼 수 있다.

(激) ; 니ᄅ다

　; 激은 믌결 니롤씨라〈능1-113〉


　'니ᄅ다'는 (激)에 대한 대역이다. 『두시언해』에는 '니르와다, 다디ᄅ다'로 『구
상』에는 '격발ᄒ다'로 『유합』에는 '믈뛸'로 字釋되었다.

(堅) ; 셰요다

　 ; 거스리 셰요미 갓굴어늘(逆堅爲倒)〈능2-12〉


　 '셰요다'는 (堅)에 대한 대역이다. 『두시언해 · 유합 · 천자문』 등에는 모두 '굳다'로 『구상 · 구하 · 납약』에는 '굳다, 돋돋ᄒ다, 든든ᄒ다'로 대역되었다. 語形 '돋돋ᄒ다'는 消滅語로 볼 수 있다.


(遺) ; ᄇ리다

　 ; ᄒ마 ᄇ리면(既遺)〈능1-76〉


　 'ᄇ리다'는 (遺)에 대한 대역이다. 『두시언해』에는 '보내다, 브리다, 펴다'로 『남명천계송언해』에는 '보내다'로 『두창』에는 'ᄇ리다'로 『천자문 · 유합』에는 '견던, 보낼'로 대역되었다.


(見) ; 나토다, 보다, 보ᅀᆞᆸ다

　 ; 文이 서르 나토니라(文互見也)〈능1-47〉
　 ; 相보며 거리끼디 아니ᄒ야(使不滯於相見)〈능1-8〉
　 ; 阿難이 부텨 보ᅀᆞᆸ고(阿難見佛)〈능1-39〉


　 '나토다, 보다, 보ᅀᆞᆸ다'는 (見)에 대한 대역이다. 『두시언해 · 석보상절 · 남명천계송언해 · 정속언해 · 구상 · 훈몽자회 · 유합』 등에 모두 '보다'로 대역되었다.


(甄) ; 굴히다, ᄇᆰ다

　 ; 모로매 굴히야 ᄇᆰ겨ᅀᅡ(自須甄明)〈능2-66〉
　 ; 能히 ᄇᆰ기 굴히디 몯ᄒ니라(未能甄辯)〈능2-31〉


　 '굴히다, ᄇᆰ다'는 (甄)에 대한 대역이다. 『유합』에는 '딜밍굴'로 字釋되었다. 語形 '딜밍굴'은 死語로 볼 수 있다.

(決) ; 決定, 결ᄒᆞ다, ᄲᅧ디다

    ; 決定히 이로미 第一이오(決了第一)〈능1-27〉
    ; 결ᄒᆞ야 굴히리로다(而決擇也)〈능2-33〉
    ; ᄲᅧ디여 나(決之而出)〈능4-100〉

    '決定, 결ᄒᆞ다, ᄲᅧ디다'는 (決)에 대한 대역이다. 『두시언해』에는 '헤여디다, 헤티다'로 『남명천계송언해』에는 '헤티다'로 『구상』에는 'ᄶᆞ다'로 『유합』에는 '결ᄒᆞᆯ'로 字釋되었다. 語形 '헤여디다, 헤티다'는 消滅語로 볼 수 있다.

(缺) ; 이저디다

    ; 相이 이저디디 아닛ᄒᆞ미(相不缺)〈능8-25〉

    '이저디다'는 (缺)에 대한 대역이다. 『두시언해』에는 '업다, 이저디다, 이즈러지다'로 『유합』에는 '이저딜'로 字釋되었다. 語形 '이저디다'는 消滅語로 볼 수 있다.

(潔) ; 조히ᄒᆞ다

    ; 조심ᄒᆞ야 조히ᄒᆞ야(謹潔)〈능1-22〉

    '조히ᄒᆞ다'는 (潔)에 대한 대역이다. 『두시언해』에는 '조히호다'로 『두창』에는 '조촐ᄒᆞ다'로 『유합·천자문』 석봉·주해 본에는 '조ᄒᆞᆯ' 광주 본에는 '츨'로 字釋되었다. 語形 '조히ᄒᆞ다, 조히호다'는 消滅語로 볼 수 있다.

(結) ; 결ᄒᆞ다, ᄆᆞᆽ다, 미다, 및다, 얼의다

    ; 結ᄒᆞ야 責ᄒᆞ야(結責)〈능2-31〉
    ; 結은 ᄆᆞᆯ뫼화 ᄆᆞᆽ츨씨라〈능1-52〉
    ; 미요ᄆᆞᆯ 그르ᄂᆞᆫ 사ᄅᆞᆷᄃᆞᆯ 보라(解結之人)〈능4-92〉
    ; 픐닙과 실미조매 니르러도(及之草葉縷結)〈능1-87〉
    ; 色相ᄋᆞᆫ 얼의여 드트디 이디(色相結成塵)〈능6-55〉

'결호다, 뭇다, 미다, 밎다, 얼의다'는 (結)에 대한 대역이다. 『두시언해』에는
'미다, 짓다'로 『석보상절』에는 '밎다'로 『남명천계송언해』에는 '밎다, 열다'로
『정속언해』에는 '뭇다'로 『구상·태요』에는 '미요다, 밎다'로 『유합·천자문』
광주·석봉 본에는 '밀'로 주해 본에는 '미즐'로 字釋되었다.

(兼) ; 兼호다

; 둘헤 兼티 아니호려(爲不兼)〈능1-71〉

'兼호다'는 (兼)에 대한 대역이다. 『두시언해』에는 '조차, 兼호다'로 『석보상
절』에도 '조차'로 『구상·구하·태요』에는 '또, 조치다, 밎다'로 『유합』에는 '겸
홀'로 字釋되었다. 語形 '조차, 조치다'는 消滅語로 볼 수 있다.

(鉗) ; 미다

; 鉗은 쇠로 밀씨라〈능8-106〉

'미다'는 (鉗)에 대한 대역이다. 『훈몽자회』에는 '집게'로 字釋되었다.

(耕) ; 갈다

; 매와 가롬과 ᄀ로미(碾磑耕磨)〈능8-92〉

'갈다'는 (耕)에 대한 대역이다. 『두시언해·훈몽자회·유합』에 모두 '갈다'
로 대역되었다.

(鏡) ; 거우루

; 거우루 光明이 ᄀ튼 전ᄎ로(如鏡之光故)〈능2-18〉

'거우루'는 (鏡)에 대한 대역이다. 『두시언해·석보상절·남명천계송언해』에
는 모두 '거우루'로 『정속언해·유합』에는 '거우로'로 字釋되었다. 語形 '거우루,
거우로'는 死語로 볼 수 있다.

(競) ; 겻날다

　; 相이 난 겻날씨(相競生)〈능7-73〉


　'겻날다'는 (競)에 대한 대역이다. 『두시언해 · 석보상절 · 월인석보』에는 '드토다'로 『유합』에는 '결울'로 『천자문』 광주 · 석봉 본에는 '드톨'로 주해 본에는 '드톨, 강홀' 대역되었다. 語形 '겻날다'는 消滅語로 볼 수 있다.

(警) ; 警戒ᄒ다

　; 實로 警戒ᄒ야 니ᄅ와도미 잇ᄂ니라(實有警發也)〈능1-94〉


　'警戒ᄒ다'는 (警)에 대한 대역이다. 『두시언해 · 남명천계송언해』에는 '놀라다'로 『유합』에는 '경계'로 字釋되었다.

(硬) ; 굳다

　; 羯南ᄋ 닐오매 구든 고기니(羯南云硬肉)〈능7-84〉


　'굳다'는 (硬)에 대한 대역이다. 『두시언해』에는 '세요다'로 『구상 · 구하 · 태요』에는 '걸우다, 미온, 굳다'로 『유합』에는 '구들'로 字釋되었다. 語形 '걸우다, 미온, 세요다'은 消滅語로 볼 수 있다.

(傾) ; 기울다

　; 明昧왜 서르 기우리면(明昧相傾)〈능4-21〉


　'기울다'는 (傾)에 대한 대역이다. 『두시언해』에는 '기울다, 이받ᄂ다'로 『구상 · 구하 · 태요』에는 '븓다, 븟다, ᄲ리다'로 『훈몽자회 · 유합 · 천자문』 등에 모두 '기울'로 字釋되었다. 'ᄲ리다'는 現代語 '깨뜨리다'로 볼 수 있다. '이받ᄂ다'는 現代語 '이바지하다'로 술을 따라 주다의 의미로 해석된다. '主人이 鱠 이바도 믈 뭇고 도로 술 이받ᄂ다(主人罷鱠還傾盃)〈두초15,63b〉. 語形 '이받ᄂ다'는 消滅語로 볼 수 있다.

(經) ; 놀

  ; 經은 놀히라〈능7-59〉

  '놀'은 (經)에 대한 대역이다. 『두시언해』에는 '디내다'로 『구상·구하·태요』
에는 '디내다, 디나다, 월경, 지나다, 혈믹'으로 『훈몽자회』에는 '글월'로 『유합』
에는 '놀'로 『천자문』 광주 본에는 '디날'로 석봉 본에는 '글월'로 주해 본에는 '글
월, 놀, 덧덜홀, 딘날, 목밀'로 대역되었다. 語形 '덧덜홀'은 消滅語로 볼 수 있다.

(輕) ; 므더니, 수이

  ; 沙門올 므더니 너겨 欺弄ᄒ고(輕弄沙門)〈능5-46〉
  ; 行實을 수이 일허(輕喪行實)〈능1-94〉

  '므더니, 수이'는 (輕)에 대한 대역이다. 『두시언해』에는 '가비얍다, 므던히'
로 『남명천계송언해』에는 '가비얍다'로 『정속언해』에는 '쟉이'로 『구하·태요』
에는 '가비얍다, ᄀ마니, ᄀ만ᄀ만, 서운서운'으로 『유합·천자문』에는 모두 '가
비야올'로 字釋되었다. 'ᄀ마니, ᄀ만ᄀ만, 서운서운' 등은 對譯된 語形들이 특
이하다.

(竟) ; 마ᄎᆷ내, 므츠다

  ; 주머귀 므ᄎᆷ내 업시니(拳畢竟滅)〈능1-100〉
  ; 修道分올 므ᄎ시니라(修道分竟)〈능7-66〉

  '마ᄎᆷ내. 므츠다'는 (竟)에 대한 대역이다. 『두시언해』에는 'ᄆᆞᄎᆞ매, 못ᄃᆞ록'
으로 『유합』에는 'ᄆᆞᄎᆞᆷ'으로 字釋되었다.

(徑) ; 디나다, 바ᄅ다, 즐어

  ; 내 디난 劫예 이 界中에 이싫제(我於徑劫在此界中)〈능5-41〉
  ; 어루 바ᄅ 나ᅀᅡ가리니(可以徑造也)〈능8-14〉
  ; 어루 즐어 나ᅀᅡ가리라(可徑造矣)〈능1-44〉

'디나다, 바르다, 즐어'는 (徑)에 대한 대역이다. 『두시언해』에는 '길ㅎ, 곧'으로『남명천계송언해』에는 '즈르'로『유합』에는 '즈름길'로 字釋되었다. 語形 '즈르'는 死語로 볼 수 있다.

(冂) ; 쏨

　; 고기쎄에 쇼믈 닐오딕(肉冂骨曰)〈능4-62〉

　'쏨'은 (冂)에 대한 대역이다. 이는『능엄경』에서만 발견되는 대역 語形이다.

(契) ; 맛다, 맞다

　; 다 本心에 맛게ᄒᆞ며(咸契本心)〈능1-9〉
　; 덛덛ᄒᆞᆫ 果 마조미 어려우니(難契常果)〈능4-122〉

　'맛다, 맞다'는 (契)에 대한 대역이다. 『두시언해』에는 '사괴다, 契合ᄒᆞ다'로『훈몽자회』에는 '글월'로『유합』에는 '어험'으로 字釋되었다. 語形 '어험'은 現代語 '어음'이다.

(泊) ; 니를다, 니르다, 미츠다

　; 머리 恒河애 니를며(遠泊恒河)〈능2-50〉
　; 처엄브터 내죵애 니르리(從始泊終)〈능1-112〉
　; 物을 브터 모매 미츠며(由物泊身)〈능9-16〉

　'니를다, 니르다, 미츠다'는 (泊)에 대한 대역이다. 『두시언해』에는 '밋'으로『유합』에는 '믈 굴'로 字釋되었다.

(啓) ; 엳줍다, 열다

　; 내 이제 如來ᄭᅴ 엳줍노니(我今啓如來)〈능6-67〉
　; 이시서 여러 내샨(淘汰啓迪)〈능1-3〉

　'엳줍다, 열다'는 (啓)에 대한 대역이다. 『두시언해』에는 '열다'로『유합』에는 '엳ᄌᆞ올, 열'로 대역되었다.

(稽) ; 조쏘다, 조ᅀᅡ다, 좃ᄉᆞ다

   ; 阿難이 머리 조쏘와(阿難稽首)〈능1-52〉

   ; 머리 조ᅀᅡ 부텨ᄭᅴ 술오ᄃᆡ(稽首白佛)〈능6-82〉

   ; 머리 좃ᄉᆞ와 부텨ᄭᅴ 술오ᄃᆡ(稽首白佛)〈능5-6〉

    '조쏘다, 조ᅀᅡ다, 좃ᄉᆞ다'는 (稽)에 대한 대역이다. 『두시언해』에는 '마초ᄡᅳ놋다'로 『유합』에는 '샹고'로 字釋되었다. 語形 '마초ᄡᅳ놋다, 샹고'는 消滅語로 볼 수 있다.

(故) ; 늙다, 녜, 부러, 緣故, 이런ᄃᆞ록, 젼ᄎᆞ로

   ; 늘ᄀᆞ니 ᄇᆞ리고 새예 가ᄂᆞᆫ 젼ᄎᆞ로(去故趣新故)〈능1-107〉

   ; 믈러가 녜사던딜 일허(退失故居)〈능9-72〉

   ; 부러 ᄲᅢ혀디 아니ᄒᆞ야(不故拔)〈능6-96〉

   ; 緣故 업시 눈ᄍᆞᅀᆞ를 뮈우디 아니ᄒᆞ야(無故不動目睛)〈능2-109〉

   ; 이런ᄃᆞ록 그우뉴미 잇ᄂᆞ니라(故有輪轉)〈능1-43〉

   ; 저허ᄒᆞᆷ 업스니라호ᄆᆞᆯ 因ᄒᆞ신 젼ᄎᆞ로(因其怖謂無心故)〈능1-89〉

    '늙다, 녜, 부러, 緣故, 이런ᄃᆞ록, 젼ᄎᆞ로'는 (故)에 대한 대역이다. 『두시언해』에는 '녜, 짐즛, 늙다, 이럴식, 부러, 벋, 젼ᄎᆞ로, 그럴식, 고향(故鄕), 연고(緣故)'로 『석보상절』에서는 '부러'로 『남명천계송언해』에서는 '그럴식, 그저, ᄃᆞ로, 젼ᄎᆞ로'로 『정속언해』에는 '젼ᄎᆞ로, 고로, 탓'으로 『구상・두창』에는 '늙다, 연고, 짐즛'으로 『천자문』 광주 본에서는 '주글' 석봉 본에는 '늘' 주해 본에는 '늘근, 짐즛, 연고'로 『유합』에서는 '무글, 연고'로 대역되었다.

(剗) ; 뷔다

   ; 合掌ᄒᆞ야 ᄆᆞᅀᆞ믈 뷔워(合掌剗心)〈능7-69〉

    '뷔다'는 (剗)에 대한 대역이다. 이는 『능엄경』에서만 발견되는 대역 語形이다.

(孤) ; 외롭다, ᄒᆞ오ᅀᅡ

　; 孤ᄂᆞᆫ 외ᄅᆞ월씨오〈능5-29〉
　; 長行ᄋᆞᆯ 應티아니ᄒᆞ야 ᄒᆞ오ᅀᅡ 니ᄅᆞ와ᄃᆞᆯ씨라(不應長行而孤起也)〈능5-9〉

　'외롭다, ᄒᆞ오ᅀᅡ'는 (孤)에 대한 대역이다. 『두시언해』에는 '외롭다, ᄒᆞ오ᅀᅡ, 져ᄇᆞ리다, 잃다'로 『남명천계송언해 · 훈몽자회 · 유합』에는 모두 '외롭다'로 『태요』에는 '외로이'로 『천자문』 광주 본에는 '외ᄅᆞ울' 석봉 본에는 '외로울' 주해 본에서는 '외로울, 아이업슬, 져ᄇᆞ릴'로 대역되었다. 특이하게 『정속언해』에서는 '호온자'의 대역된 語形이 발견된다.

(苦) ; 쓰다

　; ᄡᅳᆫ마시 잇곡(則有苦味)〈능3-9〉

　'쓰다'는 (苦)에 대한 대역이다. 『두시언해』에는 'ᄀᆞ장, 슈고롭다, 셟다, 쓰다, 심히, 甚히, 苦롭다, 辛苦ᄒᆞ다, 甚ᄒᆞ다'로 『구상 · 구하 · 납약』에는 'ᄀᆞ장, 쓰다, ᄆᆞᄅᆞ다'로 『정속언해』에서는 '슈구'로 『훈몽자회 · 유합』에서는 '쓰다'로 字釋되었다. 語形 'ᄀᆞ장, 셟다'는 消滅語로 '슈구'는 死語로 볼 수 있다.

(鼓) ; 두드리다, 붚

　; 天池ᄅᆞᆯ 두드리며(鼓天池)〈능8-131〉
　; 붚처 뮈여 이에오ᄂᆈ ᄇᆞ룸과 空괘 性이 隔이ᄀᆞ려(鼓動來此風空性隔)〈능3-85〉

　'두드리다, 붚'은 (鼓)에 대한 대역이다. 『두시언해』에는 '붚, 두드리다'로 『남명천계송언해 · 구상』에는 '붑'으로 『훈몽자회』에는 '붑, 비브르다'로 『천자문』 광주 본에는 '붑'으로 『유합』과 석봉 본에는 '갓붑'으로 주해 본에는 '툳다. 치다'로 對譯되었다.

(考) ; 相考ᄒᆞ다

　, 相考오ᄆᆡ ᄂᆞ외며(爲考)〈능8-106〉

'相考ᄒ다'는 (考)에 대한 대역이다. 『두시언해』에는 '마초ᄡᅳ다, 點考ᄒ다'로 『유합』에서는 '샹고'로 『훈몽자회』에는 '아비'로 字釋되었다. 語形 '마초ᄡᅳ다, 點考ᄒ다'는 消滅語로 볼 수 있다.

(告) ; 니ᄅ다

　; 부톄 阿難ᄃ려 니ᄅ샤ᄃᆡ(佛告阿難)〈능1-41〉

　'니ᄅ다'는 (告)에 대한 대역이다. 『두시언해』에는 '니ᄅ다, 닐오다'로 『훈몽자회・유합』에는 '고ᄒ'로 字釋되었다.

(谷) ; 골

　; 고랫 뫼ᅀᅡ리라(谷響)〈능8-55〉

　'골'은 (谷)에 대한 대역이다. 『두시언해』에는 '골, 묏골, 뷔다'로 『구하・훈몽자회・유합・천자문』에는 모두 '골'로 對譯되었다.

(鵠) ; 듧새

　; 鵠ᄋᆫ 듧새라〈능5-25〉

　'듧새'는 (鵠)에 대한 대역이다. 『훈몽자회・유합』에는 '고해'로 字釋되었다. 語形 '듧새, 고해'는 現代語 '황새'에 의하여 消滅된 것으로 볼 수 있다.

(空) ; 뷔다, 虛空

　; 다민 뷘 일홈 ᄯᆞᄅ미라(特空命耳)〈능1-65〉
　; 兜羅綿手 우흐로 虛空을 ᄀᆞᄅ치시면(兜羅綿手上指於空)〈능2-13〉

　'뷔다, 虛空'은 (空)에 대한 대역이다. 『두시언해』에는 '뷔다, 속절업다, 흔갓, 虛空'으로 『구상』에는 '뷔다'로 『유합・천자문』 광주・석봉 본에는 '뷜'로 주해 본에는 '뷜, 구무, 업슬'로 대역되었다.

(公) ; 공변히

　; 공변히 조흔 ᄀᆞᄅ치샤매 어긔디 마롫디어다(而公違淨誨也)〈능6-99〉

　'공변히'는 (公)에 대한 대역이다. 『두시언해』에는 '그듸, 그대, 구윗, 나랏일, 公'으로 『훈몽자회』에는 '구의'로 『유합』에는 '공후, 구의'로 『천자문』 광주 본에서는 '공정'으로 석봉 본에는 '구의' 주해 본에는 '언론, 공평, 벼슬'로 『정속언해』에서는 '그위'로 對譯되었다. 語形 '구의, 그위'는 消滅語로 볼 수 있다.

(功) ; 功夫

　; 功夫 힝져기(功行)〈능1-37〉

　'功夫'는 (功)에 대한 대역이다. 『두시언해』에는 '功, 功夫'로 『훈몽자회 · 천자문 · 유합』에는 모두 '공부, 공'으로 字釋되었다. 모두 한자어로 대역된 語形만 발견되는 점으로 보아 이에 대응되는 고유어가 없는 것으로 보인다. 현대 한자자전에는 '공공, 공치사하다, 일하다'등으로 字釋된 경우도 있다.

(共) ; 모다, 흔가지, 흔갓, 흔듸

　; 모다 法輪을 옮기샤(共轉法輪)〈능1-73〉
　; 同氣ᄂᆞᆫ 根源이 흔가지오(同氣共本也)〈능1-41〉
　; ᄒᆞ다가 體업스면 흔갓 그 일후미 잇거니(設若無體則空有其名)〈능1-65〉
　; 흔듸 住티 몯ᄒᆞ리라(不得共住)〈능7-54〉

　'모다, 흔가지, 흔갓, 흔듸'는 (共)에 대한 대역이다. 『두시언해』에는 '다ᄆᆞᆺ, 다, 모다, 서르'로 『월인석보』에는 '한가지'로 『유합』에는 '흔가지'로 字釋되었다. 語形 '다ᄆᆞᆺ'은 消滅語로 볼 수 있다.

(供) ; 供養

　; 人天 供養애 맛당ᄒᆞ며(應人天供)〈능1-25〉

　'供養'은 (供)에 대한 대역이다. 『두시언해』에는 '겻기, 이받다, 받ᄌᆞ다, 올이다, 뿔다, 주다, 供給'으로『유합』에서는 '것기'로 字釋되었다. 語形 '것기, 이받다'는 消滅語로 볼 수 있다.

(過) ; 넘다, 허믈

　; 分寸애 넘디 몯ᄒ니라(不過分寸)〈능2-32〉
　; 허믈 여희오며 외욤그츨ᄉᆞᆯ(離過絶非)〈능4-122〉

　'넘다, 허믈'는 (過)에 대한 대역이다.『두시언해』에는 '건너다, ᄀ장, 남다, 넘다, 디나다'로『석보상절』에는 '너믈'로『구상·두창·납약·태요』에는 '넘다, 디나다, 너모, 너무'로『유합·천자문』광주·석봉 본에는 '디날'로 주해 본에는 '디날, 허믈'로 대역되었다.

(挂) ; 걸다

　; 그므레 거러(挂網)〈능8-93〉

　'걸다'는 (挂)에 대한 대역이다.『유합』에는 '걸'로 字釋 되었다.

(科) ; 고고리, 구디

　; 나ᄃᆡ 모로매 흔 고고리니(生必同科)〈능1-82〉
　; 科ᄂᆞᆫ 구디오〈능1-16〉

　'고고리, 구디'은 (科)에 대한 대역이다.『두시언해』에는 '科等'으로『훈몽자회』에는 '무들기'로『유합』에는 '등데'로 字釋되었다. 語形 '고고리, 구디, 무들기'는 消滅語로 볼 수 있다.

(誇) ; 쟈랑ᄒ다

　; 사룸보면 쟈랑ᄒᆞ야(見人則誇)〈능9-70〉

　'쟈랑ᄒ다'는 (誇)에 대한 대역이다.『두시언해·유합』에는 '쟈랑ᄒ다, 쟈랑'으로 대역되었다.

(果) ; 果然, 여름, 果

　; 果然 안해 잇디 아니토다(果非在內)〈능1-52〉

　; 여름汁이 므레 들면(果汁入水)〈능1-98〉

　; 다숫 果ᄂᆫ ᄌᆞᆺ 잇ᄂᆞ니와 술 잇ᄂᆞ니〈능8-7〉

　'果然, 여름, 果'는 (果)에 대한 대역이다. 『두시언해』에는 '果實, 果然'으로 『천자문·유합』에는 '여름'으로 字釋되었다. 『두시언해』에는 한자어 '果實과 果然'만이 발견되는 점으로 보아 당시 '果'에 대한 고유어 '여름'보다 한자어 '果實'의 사용이 많은 것으로 추정된다.

(裹) ; ᄢᅵ리다

　; 十方을 ᄢᅵ려(含裹十方)〈능3-108〉

　'ᄢᅵ리다'는 (裹)에 대한 대역이다. 『두시언해』에는 'ᄡᅡ다'로 『구상·두창·태요』에는 'ᄢᅵ리다, ᄡᅡ다, 감다'로 『유합』에는 'ᄲᅳᆯ'로 字釋되었다.

(郭) ; 훤히

　; 죠고만 ᄀᆞ린것도 훤히 업서(郭無纖翳)〈능1-4〉

　'훤히'는 (郭)에 대한 대역이다. 『두시언해』에는 '城郭'으로 『훈몽자회』에는 '밧잣'으로 字釋되었다. 고유어 '밧잣'는 한자어 '城郭'에 의하여 消滅된 語彙로 볼 수 있다. 『능엄경』에 '훤히'로 대역됨이 특이하다.

(關) ; 문, 븓다, 븥다

　; 一生을 門 닫고(一生掩關)〈능1-3〉

　; 드로매 븓디 아니 ᄒᆞ리니(則不關聞)〈능3-40〉

　; 엇뎨 네 이레 브트리오(何關汝事)〈능1-102〉

　'문, 븓다, 븥다'는 (關)에 대한 대역이다. 『두시언해』에는 '닫다, 거리끼다, 關係, 門'으로 『훈몽자회』에는 '모개, 다들'로 『유합』에는 '쟝군목'으로 字釋되었다. 語形 '모개, 쟝군목'은 消滅語로 볼 수 있다.

(貫) ; 꿰다

　; 이 흔 經 니서 꿰여 슈미(此乃一經綸貫)〈능1-22〉


　'꿰다'는 (慣)에 대한 대역이다. 『두시언해·석보상절·구상』에는 '꿰다'로 『유합』에는 '꿸'로 字釋되었다.

(寬) ; 너르다

　; 너른 혜므로 멀터이 보미라(以寬數粗觀)〈능2-7〉


　'너르다'는 (寬)에 대한 대역이다. 『두시언해』에는 '어위크다, 우션ᄒ다, 훤ᄒ다'로 『석보상절·정속언해·유합』에서는 '우션ᄒ다, 관홍ᄒ다, 어윌'로 『구하』에는 '눅다'로 對譯되었다. 語形 '관홍ᄒ다, 어위크다, 우션ᄒ다'는 消滅語로 볼 수 있다.

(觀) ; 뵈ᅀᆞᆸ다

　; 부텨 뵈ᅀᆞᇙ 주리 업던 젼ᄎ로(莫由觀佛故)〈능1-29〉


　'뵈ᅀᆞᆸ다'는 (觀)에 대한 대역이다. 『두시언해』에는 '보다, 뵈다'로 『유합』에는 '볼'로 『훈몽자회』에서는 '보다, 집'으로 『천자문』 광주 석봉 본에는 '보다'로 주해 본에는 '집, 보다'로 대역되었다. '집'으로 字釋된 語形이 특이하다.

(冠) ; 爲頭ᄒ다

　; 三乘에 爲頭ᄒ며(冠三乘)〈능4-3〉


　'爲頭ᄒ다'는 (冠)에 대한 대역이다. 『두시언해』에는 '곳갈, 위두ᄒ다, 冠'으로 『훈몽자회·유합·천자문』 광주·석봉 본에는 '곳갈'로 주해 본에는 '웃듬, 관, 관쁠'로 『남명천계송언해』에는 'ᄡᅳ다'로 대역되었다. 語形 '곳갈과 위두ᄒ다'는 각각 '고깔과 으뜸가다'의 뜻으로 '고깔'은 '모자'로 '위두ᄒ다'는 '으뜸가다'에 의하여 대체 되었다. 한자 '冠'은 '衣冠'에 의하여 그 생명력을 유지하고 있다. 語形 '爲頭ᄒ다'는 消滅語로 볼 수 있다.

(縮) ; 미다

; 내 처서믜 巾올 미야(我初縮巾)〈능5-20〉


'미다'는 (縮)에 대한 대역이다. 『두시언해』에는 '버믈다'로 대역되었다.

(灌) ; 븟다

; 十方애 잇ᄂ 寶刹앳 諸如來 뎡바기예 다 브스시고
(徧灌十方所有寶刹諸如來頂)〈능1-95〉


'븟다'는 (灌)에 대한 대역이다. 『두시언해』에는 '흘리다'로 『구상 · 납약 · 태
요』에는 '븟다, 쓰리다, 브ᅌᅳ다, 흘리다, 쳐드리다, 브어다'로 『유합』에는 '믈브
슬'로 字釋되었다. 語形 '쳐드리다'는 消滅語로 볼 수 있다.

(括) ; ᄢᆞ롬, 삸오늬

; 알핏 行올 뫼화 ᄢᆞ료미(惣括前行)〈능8-33〉
; 機括이 ᄒᆞ오ᅀᅡ 行은 ᄒᆡᆼᄒᆞ야 括은 삸오늬라(機括獨行)〈능9-20〉


'ᄢᆞ롬, 삸오늬'는 (括)에 대한 대역이다. 『훈몽자회』에는 '거둘'로 『유합』에는
'모도혈'로 字釋되었다. 語形 '삸오늬' 는 消滅語로 볼 수 있다.

(曠) ; 너비, 멀다, 오라다

; 이제 世間애 너븐 드르콰 기픈 뫼햇(世間曠野深山)〈능9-22〉
; 須菩提ᄂ 먼 劫브트 오매(須菩提從曠劫來)〈능1-28〉
; 須菩提ᄂ 오란 怯에(須菩提曠劫)〈능5-51〉


'너비, 멀다, 오라다'는 (曠)에 대한 대역이다. 『두시언해』에는 '훤ᄒᆞ다, 훤츨
ᄒᆞ다, 멀다'로 『유합』에만 '원훌'로 『천자문』 광주 · 석봉 · 주해 본에서는 '힛긔,
너를, 뷜'로 字釋되었다. 『원각경언해』에도 '너블'로 대역되었다. 語形 '힛긔'는
消滅語로 볼 수 있다.

(廣) ; 넙다, 만히

　; 넙고 크고 더러욤 업서(廣大無染)〈능1-9〉

　; 貴흔 차반 우업슨 됴흔 마슬 만히 노쑵고(廣設珍羞無上妙味)〈능1-31〉

　'넙다, 만히'는 (廣)에 대한 대역이다. 『두시언해』에는 '크다, 넙다'로 『유합·천자문』 광주·석봉 본에서는 '너블'로 주해 본에서는 '너블, 너비, 수뤼'로 대역되었다. 語形 '수뤼'는 消滅語로 볼 수 있다.

(光) ; 光明

　; 히와 들와 燈괏 光明을 因ᄒᆞ야(因於日月燈光)〈능2-71〉

　'光明'은 (光)에 대한 대역이다. 『두시언해』에는 '빗, 빛'으로 『구상·두창』에 '빗나다, 빗'으로 『훈몽자회·유합』에는 '빗'으로 字釋되었다.

(狂) ; 미치다

　; 狂은 미칠씨오〈능1-62〉

　'미치다'는 (狂)에 대한 대역이다. 『두시언해』에는 '미치다, 어렵다'로 『구상·납약·두창』에는 '미치다, 미친병'로 『유합』에는 '미칠'로 『훈몽자회』에는 '미치다'로 字釋되었다.

(誑) ; 소기다

　; 소기디 아니ᄒᆞ며 거츠디 아니ᄒᆞ니(不誑不妄)〈능2-54〉

　'소기다'는 (誑)에 대한 대역이다. 이는 『능엄경』에서만 발견되는 대역 語形이다.

(塊) ; 훍무적

　; 훍무저글브터 子息을 사ᄆᆞ며(附塊爲息)〈능7-92〉

'홁무적'은 (塊)에 대한 대역이다. 『두시언해·훈몽자회』에도 '홁무적'으로 『구상·두창·납약·태요』에는 '무적, 덩이, 뭉권, 혈괴, 덩이'로 對譯되었다.

(魁) ; 爲頭ᄒ다

　; 魁ᄂ 爲頭홀씨라〈능3-88〉

　'爲頭ᄒ다'는 (魁)에 대한 대역이다. 『유합』에는 '괴슈'로 字釋되었다. 語形 '爲頭ᄒ다'는 消滅語로 볼 수 있다.

(乖) ; 어긔다

　; 乖ᄂ 어긜씨라〈능2-103〉

　'어긔다'는 (乖)에 대한 대역이다. 『두시언해』에는 '어긔르츠다, 어긔릇다'로 『유합』에는 '어긜'로 字釋되었다.

(徼) ; 굼기

　徼ᄂ 굼기니〈능4-53〉

　'굼기'는 (徼)에 대한 대역이다. 이는 『능엄경』 原文에는 한자(徼)로 표기되었지만 정음표기인 '곰'로 된 것으로 보아 한자 (徼)의 誤刻으로 볼 수 있다. 다른 문헌에서 대역된 語形이 발견되지 않는다.

(驕) ; 잘카냥ᄒ다

　; 쇽졀업시 해 드로믈 잘카냥ᄒ야(虛驕多聞)〈능1-94〉

　'잘카냥ᄒ다'는 (驕)에 대한 대역이다. 『두시언해』에는 '갸록, 긜외다, 驕慢ᄒ다'로 『유합』에는 '갸록'으로 字釋되었다. 語形 '긜외다, 잘카냥ᄒ다'는 消滅語로 볼 수 있다.

(校) ; 갈매다, 마초다

　; 校는 갈매일씨라〈능8-86〉
　; 두 거무믈 마초아 혜언덴(二黑校量)〈능1-101〉


　'갈매다, 마초다'는 (校)에 대한 대역이다. 『두시언해』에는 '혜리로다'로 『훈몽자회』에는 '흑당'으로 『유합』에는 '견홀'로 字釋되었다. 語形 '갈매다, 혜리로다, 견홀'은 消滅語로 볼 수 있다.

(絞) ; 목즈르다, 졸오다

　; 絞는 목즈를씨오〈능8-86〉
　; 졸오믈 因ᄒ야 水이 ᄂ니라(因絞成水)〈능4-18〉


　'목즈르다, 졸오다'는 (絞)에 대한 대역이다. 『구상』에는 '뷔틀다, 째, 짜다, 홍동이다'로 대역되었다. 語形 '홍동이다'는 消滅語로 볼 수 있다.

(膠) ; 플

　; 브토미 플와 옷과 ᄀᆮᄒ야(黏如膠漆)〈능9-100〉


　'플'은 (膠)에 대한 대역이다. 『두시언해』에는 '갓플'로 『훈몽자회』에는 '갓쌀, 부레'로 『유합』에는 '갓블'로 字釋되었다.

(皎) ; 몱다, 븕다

　; 믈고미 어름과 서리ᄀ티 홅디니(皎如氷霜)〈능7-1〉
　; 身心이 븕가 흰히 ᄀ룜 업수믈 得호이다(身心皎然快得無礙)〈능5-29〉


　'몱다, 븕다'는 (皎)에 대한 대역이다. 『두시언해』에는 '몱다'로 『유합』에는 '희들횔'로 字釋되었다. 語形 '희들횔'은 消滅語로 볼 수 있다.

(敎) ; ᄀᆞᄅ치다

　; 月盖 ᄀᆞᄅ치샤믈 닙ᄉ와(月盖蒙敎)〈능1-4〉

'ᄀᆞᄅ치다'는 (敎)에 대한 대역이다. 『두시언해』에는 'ᄀᆞᄅ쵸다, 히여, ᄒᆞ여
곰'으로 『남명천계송언해·훈몽자회·유합』에는 모두 'ᄀᆞᄅ칠'로 字釋되었다

(矯) ; 거즛, 거츨다

　; 거즛 어즈러운 論議 아니니(矯亂議論)〈능2-54〉
　; 그 마ᄅᆞᆯ 거츠리 어즈리니라(矯亂其語)〈능10-25〉

　'거즛, 거츨다'는 (矯)에 대한 대역이다. 『두시언해』에는 '구즉ᄒᆞ다, 들다'로
『유합』에는 '대자ᄫᅵᆯ'로 『천자문』 광주 본에는 '납짜올'로 석봉 본에는 '들다'로
주해 본에는 '들다, 거즛, 굿셀'로 대역되었다. 語形 '구즉ᄒᆞ다, 납짜올'은 消滅
語로 볼 수 있다.

(僑) ; 너기다

　; 오히려 어엿비 너기샤ᄆᆞᆯ 믿ᄌᆞ와(猶恃憍憐)〈능1-76〉

　'너기다'는 (僑)에 대한 대역이다. 이는 『능엄경』에서만 발견되는 대역 語形
이다.

(交) ; 사괴다. 서르, 섯다, 어울다

　; 世옛 欲ᄋᆞᆯ 사괴디 아니ᄒᆞ야(不交世欲)〈능8-131〉
　; 슬흐며 깃굼미 서르 모다(悲欣交集)〈능6-82〉
　; 비리 뉴류미 섯 모ᄃᆞ며(腥臊交遘)〈능1-42〉
　; 얼구리 어우다 ᄒᆞ니(形交)〈능3-17〉

　'사괴다, 서르, 섯다, 어울다'는 (交)에 대한 대역이다. 『두시언해』에는 '벋,
사괴다, 서로, 셨다, 스싀'로 『구상』에는 '사괴다'로 『훈몽자회』에는 '사괼, 섯
글'로 『유합·천자문』 광주·석봉 본에는 '사괼'로 주해 본에는 '사괼, 서ᄅᆞ'로
대역되었다.

(翹) ; 고초다

　; 기우려 渴望ᄒ야 고초아 ᄇ라ᅀ와(傾渴翹佇)〈능1-77〉


　'고초다'는 (翹)에 대한 대역이다. 이는 『능엄경』에서만 발견되는 대역 語形이다.

(攪) ; 긔뎌리다

　; 긔뎌료믈 ᄒ야ᅌ로 ᄇ려두어(一任攪淘)〈능4-90〉


　'긔뎌리다'는 (攪)에 대한 대역이다. 『두시언해』에는 '이어다'로 『유합』에는 '흔들'로 字釋되었다. 語形 '긔뎌리다, 이어다'는 消滅語로 볼 수 있다.

(遘) ; 모도다

　; 비리 뉴류미 섯 모ᄃ며(腥臊交遘)〈능1-42〉


　'모도다'는 (遘)에 대한 대역이다. 이는 『능엄경』에서만 발견되는 대역 語形이다.

(漚) ; 더픔

　; 흔뜬 더픔(一浮漚)〈능2-19〉


　'더픔'은 (漚)에 대한 대역이다. 『훈몽자회』에는 '거픔'으로 字釋되었다. 語形 '더픔'은 消滅語로 볼 수 있다.

(炙) ; 구움

　; 글휴미 ᄃ외며 구우미 ᄃ외 ᄂ니라(爲煎爲炙)〈능9-106〉


　'구움'은 (炙)에 대한 대역이다. 『두시언해』에는 '뾔다'로 『구상·태요』에는 '굽다, 데우다, 쓰다, 뾔다, 쯔다, 블뽀이다'로 『유합』에는 '쯤쯜'로 字釋되었다.

(具) ; ᄀᆞᆽ다, 연장, 훈ᄢᅴ, 훈ᄃᆡ

   ; 큰 辯才 ᄀᆞ자(具大辯才)〈능1-28〉

   ; ᄯᅩ 조ᄇᆞᆫ 受苦 연장애(又於迫隘苦具)〈능8-93〉

   ; 이ᄂᆞᆫ 몸과 훈ᄢᅴ 나며(此則與身俱生)〈능1-107〉

   ; 衆千二百五十人과 훈ᄃᆡ 잇더시니(衆千二百五十人俱)〈능1-23〉

   'ᄀᆞᆽ다, 연장, 훈ᄢᅴ, 훈ᄃᆡ'는 (具)에 대한 대역이다. 『두시언해』에는 'ᄀᆞᆽ다, ᄀᆞ
다, 다, 밍ᄀᆞᆯ다, 器具'로 『남명천계송언해』에는 'ᄀᆞᆽ다'로 『석보상절』에는 'ᄀᆞᆽ다'
로 『천자문』 광주 본에는 'ᄀᆞ즌'으로 석봉·주해 본에서는 'ᄀᆞ촐'로 『유합』에는
'ᄀᆞ줄'로 字釋되었다.

(求) ; 求ᄒᆞ다, 얻다

   ; 여러 뵈샤ᄆᆞᆯ 求ᄒᆞ샤ᄋᆞ니라(求開示也)〈능1-95〉

   ; ᄀᆞ술 어더도 得디 몯ᄒᆞ리로소니(且求畔不得)〈능2-102〉

   '求ᄒᆞ다, 얻다'는 (求)에 대한 대역이다. 『두시언해』에도 '求ᄒᆞ다, 얻다'로
『천자문』 광주·석봉 본에는 '구홀'로 주해 본에는 'ᄎᆞ줄'로 字釋되었다.

(救) ; 救ᄒᆞ다

   ; 갓ᄀᆞᆫ 거츤이ᄅᆞᆯ 힘뻐 救ᄒᆞ샤(力救倒妄)〈능1-3〉

   '救ᄒᆞ다'는 (救)에 대한 대역이다. 『두시언해』에는 '救濟ᄒᆞ다, 救護ᄒᆞ다, 救ᄒᆞ
다'로 『구상·태요·납약』에는 '구ᄒᆞ다, 구완ᄒᆞ다'로 『정속언해·유합』에는 모
두 '구완ᄒᆞ다'로 대역되었다.

(區) ; ᄂᆞ노다

   ; 區ᄂᆞᆫ ᄂᆞ노홀씨라〈능7-77〉

   'ᄂᆞ노다'는 (區)에 ᄂᆞᆯ한 대역이다. 『누시언해』에는 '젹은'으로 『유합』에는 '고
믈'로 字釋되었다. 語形 '고믈'은 消滅語로 볼 수 있다.

(究) ; 알다

　; 能히 다 알리 드므도다(罕能究盡)〈능1-3〉


　　'알다'는 (究)에 대한 대역이다. 『유합』에는 '다즐'로 字釋되었다. 語形 '다즐'은 消滅語로 볼 수 있다.

(㖒) ; 입시울

　; 입시울룰 할하오(舐㖒)〈능3-9〉


　　'입시울'은 (㖒)에 대한 대역이다. 이는 『능엄경』에서만 발견되는 대역 語形이다.

(舊) ; 녜

　; 녜룰 브터 도즈글 아라 子息을 삼도다(依舊認賊爲子)〈능1-84〉


　　'녜'는 (舊)에 대한 대역이다. 『두시언해』에는 '녯'으로 『구상·구하』에는 '녯, 묵다'로 『천자문』에는 '녜'로 字釋되었다. '묵다' 대역이 특이하다.

(驅) ; 몰다

　; 그스기 모라 채티리 잇는듯ᄒ야(隱然若有驅莢)〈능7-4〉


　　'몰다'는 (驅)에 대한 대역이다. 『두시언해·훈몽자회·유합』에 모두 '몰'로 字釋되었다.

(九) ; 아홉

　; 아호ᄋ 聞을 熏ᄒ야(九者熏聞)〈능6-29〉


　　'아홉'은 (九)에 대한 대역이다. 『두시언해·석보상절·남명천계송언해·정속언해·천자문』 광주·석봉 본에는 '아홉'으로 주해 본에는 '아홉, 모돌'로 대역되었다.

(垢) ; 더럽다, 띄

; 더럽디 아니ᄒᆞ며(不垢)〈능3-72〉 띄(垢) ; 때
; 妄흔 띄 절러 업ᄂᆞᆫ 젼ᄎᆞ로(妄垢自無故)〈능1-77〉

'더럽다, 띄'는 (垢)에 대한 대역이다. 『두시언해·구하』에는 모두 '띄'로 對譯되었다.

(咎) ; 허믈

; ᄆᆞᅀᆞᆷ과 누니 허므리 ᄃᆞ외니(心目爲咎)〈능1-46〉

'허믈'은 (咎)에 대한 대역이다. 이는 『능엄경』에서만 발견되는 대역 語形이다.

(局) ; 그슴ᄒᆞ다, 븥다

; 局促은 그슴ᄒᆞ야 져글씨라〈능4-46〉
; 維摩經에 븥들여 닐오ᄃᆡ(局維摩經謂)〈능1-35〉

'그슴ᄒᆞ다, 븥다'는 (局)에 대한 대역이다. 『두시언해·유합』에는 '판'으로 『훈몽자회』에는 '마ᅀᆞᆯ'로 字釋되었다. 語形 '그슴ᄒᆞ다'는 消滅語로 볼 수 있다.

(鞫) ; 져주다

; 추자 무르며 슬펴 져주며(推鞫察訪)〈능8-90〉

'져주다'는 (鞫)에 대한 대역이다. 이는 『능엄경』에서만 발견되는 대역 語形이다. 語形 '져주다'는 消滅語로 볼 수 있다.

(群) ; 모든, 한

; 뎌 모든 育人과 두 거무믈(與彼群育二黑)〈능1-101〉
; 한 마ᄉᆞᆯ 쁴려 取ᄒᆞᄂᆞᆫ 젼ᄎᆞ로(籠取群味故)〈능8-104〉

'모든, 한'은 (群)에 대한 대역이다. 『두시언해』에는 '믌, 모다, 여러, 둘, 무리, 모든'으로 『석보상절』에는 '믈'로 『천자문』 광주 본에는 '물'로 석봉·주해 본에는 '무리'로 字釋되었다. 語形 '뮈'는 消滅語로 볼 수 있다.

(屈) ; 구피다

  ; 다숫 輪指를 구피샤(屈五輪指)〈능1-108〉

'구피다'는 (屈)에 대한 대역이다. 『두시언해』에는 '굽다, ᄂᆞ솟다, 屈ᄒᆞ다'로 『구상·태요·유합』에는 '구피다, 구필'로 대역되었다. 語形 'ᄂᆞ솟다'는 消滅語로 볼 수 있다.

(窮) ; 다듣다

  ; 未來際예 다듣ᄂᆞ니(窮未來際)〈능4-30〉

'다듣다'는 (窮)에 대한 대역이다. 『두시언해』에는 '깊다, 다ᄋᆞ다, 다, 窮ᄒᆞ다, 窮困'으로 『석보상절』에는 '언극(堰棘), ᄃᆞ빗다'로 『유합』에는 '막다ᄃᆞ를'로 字釋되었다. 語形 '언극(堰棘), ᄃᆞ빗다'는 消滅語로 볼 수 있다.

(躬) ; 몸

  ; 모몰 責ᄒᆞ야 ᄀᆞᄅᆞ치샤 請ᄒᆞᅀᆞ와(而責躬請敎)〈능1-77〉

'몸'은 (躬)에 대한 대역이다. 『두시언해』에는 '몸, 몸소'로 『훈몽자회』에는 '몸'으로 字釋되었다.

(卷) ; 믈다, 쥐다

  ; 소리를 ᄆᆞ라(卷聲)〈능4-110〉
  ; 펴락쥐락호미 업스니(無舒卷)〈능1-111〉

'믈다, 쥐다'는 (卷)에 대한 대역이다. 『두시언해』는 '걷다, 卷'으로 『구상』에는 '믈다'로 『훈몽자회』에는 '궚'으로 『유합』에는 '거들, 권'으로 대역되었다.

(拳) ; 주먹

　; 光明혼 주머귀 밍フ르샤(爲光明拳)〈능1-83〉

　　'주먹'는 (拳)에 대한 대역이다. 『두시언해』에는 '주먹, 쥐다'로 『유합』에는 '주머귀'로 字釋되었다.

(槪) ; 말

　; 槪은 말히라〈능8-85〉

　　'말'은 (槪)에 대한 대역이다. 이는 『능엄경』에서만 발견되는 대역 語形이다.

(跪) ; 쑬다

　; 長跪는 두 무루플 쑬씨라〈능1-92〉

　　'쑬다'는 (跪)에 대한 대역이다. 『훈몽자회 · 유합』에는 '쑬'로 字釋되었다.

(閫) ; 져재

　; 閫는 져잿 門이라〈능5-68〉

　　'져재'는 (閫)에 대한 대역이다. 이는 『능엄경』에서만 발견되는 대역 語形이다.

(龜) ; 거붑

　; 업스면 거부븨터리와 톳긔썰 곤거니(無則同於龜毛兎角)〈능1-74〉

　　'거붑'은 (龜)에 대한 대역이다. 『두시언해』에는 '龜印'으로 『훈몽자회 · 유합』에는 '거붑'으로 字釋되었다.

(歸) ; 가다

　；菩提예 갏 길훌 불기 아라(明了菩提所歸道路)〈능1-21〉

　'가다'는 (歸)에 대한 대역이다. 『두시언해』에는 '가다, 도라가다'로 『구상』에
는 '가다'로 『천자문』 광주 본에는 '갈'로 석봉 본에는 '도라갈'로 주해 본에는
'먹일, 도라갈'로 『유합』에는 '도라갈, 도라올'로 대역되었다.

(窺) ; 엿다

　；窓ᄋ로 여서 지블 보니(窺窓觀室)〈능5-72〉

　'엿다'는 (窺)에 대한 대역이다. 『두시언해』에는 '여서보다, 엿보다'로 『남명
천계송언해』에는 '엿오다'로 『유합』에는 '여을'로 『훈몽자회』에는 '엿보다'로 字
釋되었다. 語形 '여을'은 消滅語로 볼 수 있다.

(叫) ; 울다

　；된소리로 ᄀ장 우르며(高聲大叫)〈능6-95〉

　'울다'는 (叫)에 대한 대역이다. 『두시언해』에는 '울다, 블러'로 『구상』에는
'브르다'로 『훈몽자회』에는 '울'로 字釋되었다.

(竅) ; 굼

　；굼근 밧긔 잇시면 블 ᄀ니(有竅則明)〈능1-59〉

　'굼'은 (竅)에 대한 대역이다. 『구상·태요』에는 '굶기, 구무, 굼'으로 『유합』
에는 '구무'로 字釋되었다.

(均) ; 고ᄅ다, 흔가지

　；定과 慧왜 고ᄅ며(使定慧均等)〈능1-20〉
　；그 ᄠ디 흔가지 아니아(其義均不)〈능1-99〉

'고ᄅ다, 혼가지'는 (均)에 대한 대역이다. 『두시언해』에 'ᄀ티, 골온, 고ᄅ다, 골오'로『유합』에 '고롤'로 字釋되었다.

(極); 근, ᄀ장, 근ᄒ다, 믓, 至極ᄒ다
　　; 위업슨 그데 微妙히 다돌게 ᄒ시며(而妙極乎無上之致)〈능1-8〉
　　; 네 보미 根源을 ᄀ장ᄒ라(極汝見源)〈능2-34〉
　　; ᄠ디 天倫과 근ᄒ니(情均天倫)〈능1-41〉
　　; 三賢位 믓거든(三賢位極)〈능8-40〉
　　; ᄆ촘 至極혼 ᄀᄅ쵸미시니라(終極之敎)〈능1-18〉

　'근, ᄀ장, 근ᄒ다, 믓, 至極ᄒ다'는 (極)에 대한 대역이다. 『두시언해』에는 'ᄀ장, 긏, 니르다, 至極ᄒ다'로『구상·태요·납약·두창』에는 '지극, ᄀ장, 극히, 극키'로『훈몽자회·천자문』광주·석봉 본에는 'ᄀ재'로 주해 본에는 'ᄆ
ᄅ, ᄀ장, 다홀'로『유합』에는 '막다ᄃ롤'로 字釋되었다. 語形 '막다ᄃ롤'의 대역이 특이하다.

(剋); 이긔다
　　; 모믈 이긔여 受苦로이 브즈러니ᄒ야(剋己辛勤)〈능9-102〉

　'이긔다'는 (剋)에 대한 대역이다. 이는『능엄경』에서만 발견되는 대역 語形이다.

(隙); ᄢᆷ
　　; 비치 ᄢᆷ 안해 드러(光入隙中)〈능1-1105〉

　'ᄢᆷ'은 (隙)에 대한 대역이다. 『두시언해』에는 'ᄢᆷ, ᄉᆡ'로『훈몽자회』에는 'ᄉᆞᆷ'으로『두창』에는 'ᄉᆞ이'로『유합』에는 '틈'으로 字釋되었다. 語形 'ᄢᆷ'은 消滅語로 볼 수 있다.

(近) ; 갓가이

　　; 모므로 갓가이 ᄒᆞ야(以身逼近)〈능1-37〉

　　'갓가이'는 (近)에 대한 대역이다. 『두시언해』에는 '갓갑다, 요ᄉᆞ이, 요조숨, 近間'으로 『남명천계송언해』에는 '갓갑다'로 『구하 · 납약 · 두창』에는 '갓가이, 갓갑다, 갓가오다, 나믄, 다ᄃᆞᄅᆞ다'로 『훈몽자회 · 천자문』 광주 본에는 '갓가올'로 석봉 본에는 '갓까올'로 주해 본에는 '갓가이'로 『유합』에는 '갓갸올'로 字釋되었다.

(勤) ; 브즈러니

　　; 브즈러니 十方菩薩 일우샨(殷勤啓請十方如來得成菩提)〈능1-39〉

　　'브즈러니'는 (勤)에 대한 대역이다. 『두시언해』에는 '브즈러니.'로 『유합』에는 '브즈런'으로 字釋되었다.

(謹) ; 조심ᄒᆞ다

　　; 조심ᄒᆞ야 조히ᄒᆞ야(謹潔)〈능1-22〉

　　'조심ᄒᆞ다'는 (謹)에 대한 대역이다. 『두시언해 · 정속언해 · 두창』에는 '삼가'로 『유합』에는 '조심'으로 字釋되었다.

(筋) ; 힘

　　; 힘 올므며 脉 뮈요믄(筋轉脉搖)〈능1-51〉

　　'힘'은 (筋)에 대한 대역이다. 『두시언해 · 훈몽자회 · 구상』에는 '힘'으로 『유합』에만 '힘줄'로 字釋되었다.

(禁) ; 禁止ᄒᆞ다

　　; 바ᄒᆞᆯ 禁止ᄒᆞ야(禁足)〈능1-29〉

‘禁止ᄒ다’는 (禁)에 대한 대역이다. 『두시언해』에는 ‘금지, 이긔다’로 『석보
상절』에는 ‘말이’로 『유합』에 ‘금홀’로 字釋되었다.

(禽) ; 새

; 仙間ㅅ 새니 그 소리(仙禽也其音)〈능1-30〉

‘새’는 (禽)에 대한 대역이다. 『두시언해』에는 ‘새, 즘ᄉᆡᆼ’으로 대역되었다.

(今) ; 오늘, 이제

; 오ᄂᆞᆳ나래ᅀᅡ(今日)〈능1-93〉
; 이제 題 세흘 가지니(今題一處三焉)〈능1-9〉

‘오늘, 이제’는 (今)에 대한 대역이다. 『두시언해』에는 ‘오늘, 올, 이, 이제’로
『남명천계송언해 · 정속언해 · 유합』에는 ‘이제’로 『훈몽자회』에는 ‘엳’으로 字釋
되었다. 語形 ‘엳’은 消滅語로 볼 수 있다.

(及) ; 밋다, 및다

; 곧 能히 밋디 몯ᄒᄂᆞ니라(卽不能及也)〈능2-33〉
; 愚의 미처 보닌(愚及見者)〈능1-16〉

‘밋, 및’은 (及)에 대한 대역이다. 『두시언해』에는 ‘밋, 및’으로 『남명천계송
언해 · 정속언해』에는 ‘및’으로 『유합』에 ‘미츨’로 字釋되었다.

(急) ; 미이, 時急ᄒ다

; 귀룰 미이 마고면(急塞其耳)〈능3-4〉
; 이 사ᄅᆞ미 時急이 녀딩(是人急行)〈능9-116〉

‘미이, 時急ᄒ다’는 (急)에 대한 대역이다. 『두시언해』에는 ‘ᄲᆞᄅᆞ다, 急히, 急
促ᄒ다’로 『남명천계송언해』에는 ‘ᄲᆞᄅᆞ다’로 『구상 · 구하 · 태요 · 납약』에는
‘과ᄀᆞ리, 샐리, 時急히, 줏다, 되오, 뵈앗비다, 급ᄒ다’로 『정속언해』에는 ‘급피,

셜워ᄒ다'로『유합』에는 '급홀'로 字釋되었다. 語形 '과굴이'는 消滅語로 볼 수 있다.

**(矜) ; 어딜다**

    ; 제 어딘 양호믄(自矜)〈능9-78〉

    '어딜다'는 (矜)에 대한 대역이다. 『두시언해』에는 '矜誇, 어엿비너기다, 쟈랑ᄒ다, 棘矜'으로『훈몽자회』에는 '에엿블'로『유합』에는 '쟈랑, 이긍'으로 대역되었다. 語形 '에엿블, 이긍'은 消滅語로 볼 수 있다.

**(寄) ; 븥다**

    ; 旅亭에 가 브터(投寄旅亭)〈능1-105〉

    '븥다'는 (寄)에 대한 대역이다. 『두시언해』에는 '븥다, 보내다'로『유합』에는 '브티'로 字釋되었다.

**(己) ; 내, 몸**

    ; 반ᄃᆨ기 내 ᄂᆞᄎᆞᆯ 두르혀 보리니(應反觀己面)〈능1-61〉
    ; 모ᄆᆞᆯ 사마(爲己)〈능1-112〉

    '내, 몸'은 (己)에 대한 대역이다. 『두시언해』에는 '나, 몸'으로 대역되었다.

**(幾) ; 거싀**

    ; 學位예 거싀예다가(幾於覺位)〈능9-50〉

    '거싀'는 (幾)에 대한 대역이다. 『두시언해』에는 '거싀, 몃번, 어느'로『남명천계송언해』는 '몇'으로『유합』에는 '긔미, 언마'로『천자문』광주 본에는 '몃마'로 석봉 본에는 '거의'로 주해 본에는 '거의, 긔미, 몃'으로 對譯되었다. 語形 '긔미'는 消滅語로 볼 수 있다.

(譏) ; 구지람

　　; 구지람과 믜유믈 避티 아니 흐리라(不避譏嫌)〈능9-103〉

　　'구지람'은 (譏)에 대한 대역이다. 『훈몽자회』에는 '비우슬'로 『유합』에는 '외
다흘'로 字釋되었다. 語形 '외다흘'은 消滅語로 볼 수 있다.

(其) ; 그

　　; 그 몯미처 본니도(其未及見者)〈능1-16〉

　　'그'는 (其)에 대한 대역이다. 『두시언해』에는 '그, 제'로 『석보상절·남명천
계송언해·정속언해』에는 '그'로 『유합』에는 '그, 저'로 『천자문』 광주 본에는
'적'으로 석봉 본에는 '그'로 주해 본에는 '그, 어조ㅅ'로 대역되었다.

(岐) ; 갈리다

　　; 이 가린 길헤 行호미(於岐路行)〈능6-96〉

　　'갈리다'는 (岐)에 대한 대역이다. 『두시언해』에는 '긼거리'로 대역되었다.

(期) ; 그슴흐다, 期約흐다

　　; 닐웨로 그슴흐시고(以七日爲期)〈능7-24
　　; 어루 期約호믈 아니라(可期也)〈능7-8〉

　　'그슴흐다, 期約흐다'는 (期)에 대한 대역이다. 『두시언해』에는 '期約흐다, 期
限, 期會, 期望'으로 『유합』에는 '긔약'으로 字釋되었다. 語形 '그슴흐다'는 유일
하게 고유어로 대역되었지만 消滅語로 볼 수 있다.

(耆) ; 늙다

　　; 나 늘굼과(年耆)〈능6-15〉

　　'늙다'는 (耆)에 대한 대역이다. 『두시언해·훈몽자회』에는 '늘근'으로 『유합』
에는 '나틀'로 字釋되었다. 語形 '나틀'은 消滅語로 볼 수 있다.

(氣) ; 氣分

　; 祥瑞 아닌 氣分이 現호매(不祥氣現)〈능2-86〉

　‘氣分’은 (氣)에 대한 대역이다. 『두시언해』에는 ‘氣運, 氣候, 氣’로 『남명천계송언해 · 유합 · 천자문』에는 모두 ‘긔운’으로 『구상 · 태요 · 납약 · 두창』에는 ‘氣分, 긔운, 김, 숨’으로 대역되었다.

(起) ; 니러다, 닐다

　; 니러 셔(起立)〈능1-105〉
　; 닐어 니르와ᄃ 니라(以發起)〈능1-20〉

　‘니러다, 닐다’는 (起)에 대한 대역이다. 『두시언해』에는 ‘니러다, 닐다, 니르왇다’로 『구상 · 태요 · 두창』에는 ‘니다, 니르왇다, 내왇다, 니러나다, 니르혀다, 닐다, 돋다’로 『훈몽자회 · 유합 · 천자문』 등에는 모두 ‘닐다’로 字釋되었다.

(欺) ; 소기다

　; 邪道ᄂ 거즛 일로 소기ᄂᆫ 젼ᄎ로(邪道奸欺故)〈능6-101〉

　‘소기다’는 (欺)에 대한 대역이다. 『두시언해』에는 ‘欺弄ᄒ다’로 『유합』에는 ‘소길’로 字釋되었다.

(蘄) ; 빌다

　; ᄆᆯ의 비러 響호매(凡所蘄響)〈능7-24〉

　‘빌다’는 (蘄)에 대한 대역이다. 이는 『능엄경』에서만 발견되는 대역 語形이다.

(記) ; 알다

　; 네 비록 구틔여 아나(汝雖强記)〈능2-78〉

　‘알다’는 (記)에 대한 대역이다. 『두시언해』에는 ‘기록, 기억’으로 『유합』에는 ‘긔디’로 字釋되었다. 語形 ‘긔디’는 消滅語로 볼 수 있다.

(紀) ; 열두히

　; 紀는 열두히라〈능2-7〉


　‘열두히’는 (紀)에 대한 대역이다. 『두시언해』에는 ‘紀錄, 볏을다’로 『유합』에
는 ‘ᄆᆞᄅᆞ실’로 字釋되었다. 語形 ‘ᄆᆞᄅᆞ실, 볏을다’는 消滅語로 볼 수 있다.

(飢) ; 주으리다

　; 밥 니ᄅᆞᆫ 주으린 아비 두외놋다(說食飢夫)〈능1-3〉


　‘주으리다’는 (飢)에 대한 대역이다. 『두시언해』에는 ‘주리다’로 『석보상절 ·
남명천계송언해』에는 ‘주으리’로 『정속언해』에는 ‘주으리, 주우리, 주오리’로
『납약』에는 ‘주리다’로 『유합 · 천자문』에는 모두 ‘주릴’로 字釋되었다.

(技) ; 지죄

　; 莊子애 지재(莊子技)〈능4-62〉


　‘지죄’는 (技)에 대한 대역이다. 『두시언해』에도 ‘지죄’로 『훈몽자회 · 유합』
에는 ‘지조’로 字釋되었다.

(基) ; 터ㅎ

　; 修行앳 眞實ㅅ 터흘 사ᄆᆞ시고(爲修行眞基)〈능1-21〉


　‘터ㅎ’는 (基)에 대한 대역이다. 『훈몽자회 · 유합 · 천자문』에는 모두 ‘터’로
字釋되었다.

(旣) ; ᄒᆞ마

　; ᄒᆞ마 안홀 아디 몯ᄒᆞ고(旣不知內)〈능1-56〉


　‘ᄒᆞ마’는 (旣)에 대한 대역이다. 『두시언해』에는 ‘이믜, ᄒᆞ마’로 『유합 · 천자
문』 광주 · 석봉 본에는 ‘이믜’로 주해 본에는 ‘이믜, 다홀, 록희’로 대역되었다.
語形 ‘록희’는 消滅語로 볼 수 있다.

(冀) ; ᄇᆞ라ᅀᆞ오다

; 衆의 ᄆᆞᅀᆞ미 感ᄒᆞ야 아라 부텻 發明 ᄇᆞ라ᅀᆞ오ᄆᆞᆯ 펴니라
(敍衆心感悟冀佛發明也)〈능2-2〉

'ᄇᆞ라ᅀᆞ오다'는 (冀)에 대한 대역이다. 『유합』에 'ᄇᆞ랄'로 字釋되었다.

(難) ; 어렵다, 힐난ᄒᆞ다

; 信ᄒᆞ미 어려운 기픈 經은(難信深經)〈능1-3〉
; 몬제 무르시고 버거 힐난ᄒᆞ시고(先問次難)〈능1-60〉

'어렵다, 힐난ᄒᆞ다'는 (難)에 대한 대역이다. 『두시언해』에는 '몯ᄒᆞ다, 어렵다'로 『남명천계송언해 · 정속언해 · 구상 · 납약 · 두창』에는 모두 '어렵다'로 『유합 · 천자문』 석봉 본에는 '어려울'로 광주 본에는 '어려올'로 주해 본에는 '어려올, 화난, 론난, 셩활'로 對譯되었다.

(納) ; 들다

; ᄆᆞᅀᆞ매 境을 드료ᄆᆞᆯ(納境於心)〈능2-113〉

'들다'는 (納)에 대한 대역이다. 『두시언해』에는 '드리다, 든다, 받다'로 『구상』에는 '넣다'로 『훈몽자회 · 유합 · 천자문』 광주 · 석봉 본에는 '드리다, 드릴'로 주해 본에는 '드릴, 루비, 섬'으로 對譯되었다. '루비, 섬'의 語形은 消滅語로 볼 수 있다.

(囊) ; 잘이

; 도기 다몸과 잘이 너허 툐미(甕盛囊撲)〈능8-88〉

'잘이'는 (囊)에 대한 대역이다. 『두시언해』에는 'ᄂᆞ뭇, ᄂᆞ뭊'으로 『남명천계송언해』에도 'ᄂᆞ뭊'으로 『구상 · 태요 납약』에는 '주머니, ᄂᆞ뭊'로 『훈몽자회 · 유합 · 천자문』 광주 · 석봉 본에는 모두 'ᄂᆞ뭇'으로 주해 본에는 '주머니'로 對譯하였다. 語形 'ᄂᆞ뭊'은 消滅語로 볼 수 있다. 現代語 '자루'는 '잘이'에서 온 것으로 볼 수 있다.

(內) ; 안

　; 안ᄒᆞ로 菩薩ᄋᆞᆯ ᄀᆞ초고(內秘菩薩)〈능1-23〉

　　‘안’은 (內)에 대한 대역이다. 『두시언해』에는 ‘서리, ᄉᆞᅵ, 안해’로 『석보상절 · 남명천계송언해』에는 ‘안해’ 『정속언해』에는 ‘않’으로 『구상 · 태요 · 두창』에는 ‘넣다, 안녁, 안, 속’으로 『훈몽자회 · 유합 · 천자문』 광주 · 석봉 본에는 ‘안’으로 주해 본에는 ‘안, 드릴’로 對譯되었다.

(女) ; ᄯᆞᆯ

　; ᄯᆞᆯ 求ᄒᆞ리로(欲求女者)〈능6-33〉

　　‘ᄯᆞᆯ’은 (女)에 대한 대역이다. 『두시언해 · 남명천계송언해』에는 ‘겨집, ᄯᆞᆯ’로 『석보상절』에는 ‘ᄯᆞᆯ’로 『훈몽자회 · 유합 · 구상 · 천자문』 광주 · 석봉 본에는 ‘겨집’으로 주해 본에는 ‘겨집, ᄯᆞᆯ, ᄯᆞᆯ보낼, 너’로 對譯하였다. 주해 본에 對譯된 ‘너’는 한자 ‘汝’와 동일한 의미로 다루었다.

(年) ; 나히

　; 나히 ᄌᆞ라매 니르런(年至長成)〈능2-5〉

　　‘나히’는 (年)에 대한 대역이다. 『두시언해 · 석보상절』에는 ‘히, 나히’로 『남명천계송언해 · 정속언해 · 유합 · 천자문』에는 모두 ‘히’로 『구상』에는 ‘나, 히’로 對譯되었다.

(寧) ; 엇뎨

　; 엇뎨 ᄒᆞᆫ紀며 두紀ᄲᅮᆫ니리 잇고(寧唯一紀二紀)〈능2-7〉

　　‘엇뎨’는 (寧)에 대한 대역이다. 『두시언해』에는 ‘엇뎨, 어느, 편안하다, 安寧, 便安ᄒᆞ다’로 『유합』에는 ‘편안’으로 『천자문』 광주 본에는 ‘안령’으로 석봉 본에는 ‘편홀’로 주해 본에는 ‘편안, 출아리, 엇지, 어조ᄉᆞ’로 대역되었다.

(農) ; 녀름짓다, 녀름짓다

　　; 네 百姓은 그위실 ᄒ리와 녀름지스리와〈능3-88〉
　　; 首陀는 녀름짓는 사ᄅ미니(首陀農夫也)〈능3-88〉

　　'녀름짓다, 녀름짓다'는 (農)에 대한 대역이다. 『두시언해』에도 '녀름짓다, 녀름짓다'로 『정속언해』에는 '녀름짓'으로 『훈몽자회』에는 '녀름지슬'로 『유합』에는 '녀름지을'로 『천자문』 광주 본에는 '녀늠지을'로 석봉 본에는 '녀름지을'로 주해 본에는 '녀름지을'로 字釋되었다. 語形 '녀름짓다, 녀름짓다'는 消滅語로 볼 수 있다.

(膿) ; 고롬

　　; 能히 고로미 ᄃ외며(則能爲膿)〈능8-99〉

　　'고롬'은 (膿)에 대한 대역이다. 『구하 · 납약 · 두창』에는 '곯다, 고롬, 곰다'로 對譯되었다.

(惱) ; 보차다

　　; 이 사ᄅ믈 보차 어즈리다가(惱亂是人)〈능9-89〉

　　'보차다'는 (惱)에 대한 대역이다. 『두시언해』에는 '어즈럽다, ᄒᄂᆯ이다'로 대역되었다.

(餒) ; 주으리다

　　; 能히 주으류미 ᄃ외며 어긔뉴미 ᄃ외오(則能爲餒爲爽)〈능8-101〉

　　'주으리다'는 (餒)에 대한 대역이다. 『훈몽자회』에는 '주릴'로 字釋되었다.

(尿) ; 오좀

　　; 흙과 ᄯᆼ과 오좀과(土屎尿)〈능8-87〉

　　'오좀'은 (尿)에 대한 대역이다. 『구상』에도 '오좀'으로 대역되었다.

(泥) ; 즌디

　; 시혹 술위나 쇼왜 즌디 뻐디옛거든(或有車牛被於泥溺)〈능5-68〉

　　‘즌디’는 (泥)에 대한 대역이다. 『두시언해』에는 ‘즌흙, 흙’으로 『구하 · 태요』에는 ‘즌흙, 흙, ㅂ롣다’로 『석보상절 · 유합』에는 ‘즌흙’으로 『남명천계송언해』에는 ‘즐’로 대역되었다.

(溺) ; 뻐듀다, 뻐디다, 듬기다, 둠다

　; 姪舍애 뻐듀니(溺於姪舍)〈능1-76〉
　; 姪亂흔 지븨 뻐디니(溺於姪舍)〈능1-119〉
　; 다 흔가지로 쁘며 둠기리로 소니 (皆同滔溺)〈능3-79〉
　; 므리 能히 둠디 몯ᄒ며(水不能溺)〈능7-47〉

　　‘뻐듀다, 뻐디다, 듬기다, 둠다’는 (溺)에 대한 대역이다. 『두시언해』에는 ‘둠다’로 『구상』에는 ‘쌔디다, 오좀’으로 『훈몽자회』에는 ‘ᄌᆞ물’로 『유합』에는 ‘쌔딜’로 字釋되었다.

(匿) ; 숨다

　; 수믄 奇異흔 일와 宿命 아로믈 즐교미라(匿累事及宿命也)〈능9-104〉

　　‘숨다’는 (匿)에 대한 대역이다. 『유합』에 ‘숨길’로 字釋되었다.

(多) ; 해

　; 제몸 모ᄅᆞᆫ 무리 해 드로믈 흔갓 向ᄒ고(迷已之流一向多聞)〈능1-37〉

　　‘해’는 (多)에 대한 대역이다. 『두시언해』에는 ‘하다, 해’로 『석보상절』에는 ‘만ᄒ다’로 『남명천계송언해』에는 ‘만히, 하’로 『정속언해』에는 ‘하, 많, 만히’로 『구상 · 구하 · 태요 · 두창』에는 ‘만히, 여러, ᄀ장, 하, 오래, 하ᄂᆞ다, 하다’로 『천자문』 광주 · 석봉 본에는 ‘할’료 주해 본에는 ‘만할’로 字釋되었다. 15세기 당시 (多)에 대한 의미로 고유어 ‘만히, 하다’가 공존 하다가 後代에 와서 ‘하다’가 消滅된 것으로 사료된다. 語形 ‘하, 해’는 消滅語로 볼 수 있다.

(旦) ; 아춤

　; 어루 아춤 나죄 쓰르미어니(可唯旦暮)〈능1-16〉

　'아춤'은 (旦)에 대한 대역이다. 『두시언해 · 훈몽자회 · 구하 · 유합 · 천자문』
등에 모두 '아춤'으로 對譯되었다.

(但) ; 오직

　; 오직 本來 發願이(但本願)〈능1-37〉

　'오직'은 (但)에 대한 대역이다. 『두창 · 구상 · 태요』에는 '다만, 오직'으로 대
역되었다.

(斷) ; 決斷ᄒ다, 긋다, 궂다, 버히다

　; 決斷ᄒ야 法華 後ᄅᆞᆯ 사ᄆᆞᆯ씨(而斷爲法華之後)〈능1-16〉
　; 連環ᄒ야 긋디 아니ᄒ니(連環不斷)〈능1-22〉
　; 그처 업수미(斷滅)〈능2-3〉
　; 갈ᄒ로 다라목 버히ᄃᆞᆺᄒ니(以刀斷多羅木)〈능6-109〉

　'決斷ᄒ다, 긋다, 궂다, 버히다'는 (斷)에 대한 대역이다. 『두시언해』에는
'궂, 決斷'으로 『석보상절 · 남명천계송언해』에는 '궂다'로 『구상 · 납약 · 두창 ·
태요』에는 '궂다, ᄆᆞ르다,긋다,버히다'로 『유합』에는 '그칠'로 字釋되었다.

(段) ; 근, 귿

　; 갈히 근 그티 ᄒ야디여(刀段段壞)〈능6-27〉
　; 갈히 근 그티 ᄒ야디여(刀段段壞)〈능6-27〉

　'근, 귿'은 (段)에 대한 대역이다. 『훈몽자회』에는 '비단'으로 『유합』에는 'ᄲ
각'으로 字釋되었다.

(端) ; 긑

　; 부텻 다숯 솑가락 그테(佛五指端)〈능1-84〉

　　'긑'은 (端)에 대한 대역이다. 『두시언해』에는 '귿, 긑, 端正'으로 『구상・남명천계송언해』에는 '긑'으로 『유합』에는 '단졍'으로 『천자문』 광주・석봉 본에는 '귿'으로 주해 본에는 '귿, 바롤'로 對譯되었다.

(袒) ; 메다

　; 올흔 엇게 메왓고(偏袒右肩)〈능4-2〉

　　'메다'는 (袒)에 대한 대역이다. 『두시언해』에는 '메와다'로 『훈몽자회』에는 '메와슬'로 字釋되었다.

(單) ; ᄒᆞ옷

　; ᄒᆞ옷 議論이(單論)〈능3-42〉

　　'ᄒᆞ옷'은 (單)에 대한 대역이다. 『구하』에는 'ᄒᆞ옷'으로 『유합』에 '홋'으로 字釋되었다. 語形 'ᄒᆞ옷'은 消滅語로 볼 수 있다.

(愽) ; 너비

　; 기피 더드므며 너비 무러(冥搜愽訪)〈능1-3〉

　　'너비'는 (愽)에 내한 대역이다. 이는 『능엄경』에서만 발견되는 대역 語形이다.

(搏) ; 뭉긔다

　; 現히 四大를 뭉긔여(現搏四大)〈능4-85〉

　　'뭉긔다'는 (搏)에 대한 대역이다. 이는 『능엄경』에서만 발견되는 대역 語形이다.

(達) ; ᄉᆞᄆᆞᆺ다

　; 귀예 ᄉᆞᄆᆞ초ᄆᆞᆯ 닐오ᄃᆡ(達耳之謂聞)〈능6-4〉


　'ᄉᆞᄆᆞᆺ다'는 (達)에 대한 대역이다. 『두시언해』에는 'ᄉᆞᄆᆞᆺ다, ᄉᆞᄆᆞᆺ다, 니ᄅᆞ다, 通達ᄒᆞ다'로 『유합·천자문』 광주·석봉 본에는 'ᄉᆞᄆᆞᆾ'로 주해 본에는 'ᄉᆞᄆᆞᆾ, 져근양'으로 대역되었다. 語形 '져근양'은 消滅語로 볼 수 있다.


(淡) ; 맛업다

　; 淡은 맛업슬씨라〈능3-9〉


　'맛업다'는 (淡)에 대한 대역이다. 『두시언해』에는 'ᄆᆞᆯ다, 엷다'로 『남명천계송언해』에는 '습겁다'로 『훈몽자회』에는 'ᄆᆞᆯ글, 슴거울'로 『유합·천자문』 광주·석봉 본에는 'ᄆᆞᆯ글'로 주해 본에는 '슴거울, 물거동'으로 대역되었다. 現代語 '싱겁다'는 '슴겁다'에서 기인한 것으로 사료된다. 語形 '물거동'은 消滅語로 볼 수 있다.


(噉) ; 먹다

　; 서르와 서르 머거(瓦來相噉)〈능4-30〉


　'먹다'는 (噉)에 대한 대역이다. 『훈몽자회』에는 '머글'로 字釋되었다.


(談) ; 니ᄅᆞ다

　; 純히 妙法을 니ᄅᆞ샤(純談妙法)〈능1-18〉


　'니ᄅᆞ다'는 (談)에 대한 대역이다. 『두시언해』에는 '말ᄉᆞᆷ, 말ᄒᆞ다'로 『유합·훈몽자회·천자문』 등에 모두 '말ᄉᆞᆷ'으로만 字釋되었다.


(湛) ; ᄆᆞᆰ다

　; 智水 微妙히 ᄆᆞᆯ가(智水妙湛)〈능1-25〉

'맑다'는 (湛)에 대한 대역이다. 『유합』에는 '안정흔 믈'로 字釋되었다. 語形 '안정흔 믈'은 消滅語로 볼 수 있다.

(䈤) ; 갑다

　; 가포미 다으면(䈤盡)〈능9-31〉

　'갑다'는 (䈤)에 대한 대역이다. 『두시언해』에는 '對䈤ㅎ다'로 대역되었다.

(蹋) ; 드듸다

　; 뒤헤 쇼리를 드듸라ㅎ고(於後蹋尾)〈능9-103〉

　'드듸다'는 (蹋)에 대한 대역이다. 『두시언해』에는 '볼올'로 字釋되었다. 語形 '볼올'은 현대어 '밟다'에 의하여 소멸된 것으로 추정된다.

(當) ; 當ㅎ다, 모로매, 반두기, 올흔

　; 처섬 發心홀제 當ㅎ야(當初發心)〈능1-41〉
　; 모로매 내 모매 닷가(當躬修於身)〈능1-93〉
　; 반두기 摩登이 이셔(當有摩登)〈능1-17〉
　; 愛染을 여희여사 올흔들 나토도다(當離愛染也)〈능1-43〉

　'當ㅎ다, 모로매, 반두기, 올흔'은 (當)에 대한 대역이다. 『두시언해』에는 '반두기, 當ㅎ다'로 『석보상절』에는 '당다이, 當ㅎ다'로 『구상·태요·납약·두창』에는 '모로매, 반두기, 맛당ㅎ다, 당ㅎ다, 식, 맛당히, 온당ㅎ다'로 『정속언해』에는 '모로미'로 『유합』에는 '맛당'으로 字釋되었다.

(儻) ; ㅎ다가

　; 말들흔 니르샤되 ㅎ다가 볼곰과 어드움과 업스면(謂儻無明暗)〈능3-3〉

　'ㅎ다가'는 (儻)에 대한 대역이다. 『두시언해』에는 '구즉ㅎ다, 萬一'로 『유합』에는 '궤즉홀'로 字釋되었다. 語形 '구즉ㅎ다, 궤즉ㅎ다, ㅎ다가'는 消滅語로 볼 수 있다.

(撞) ; 딜오다

　　; 能히 딜오미 드외며(則能爲撞)〈능8-106〉


　　'딜오다'는 (撞)에 대한 대역이다. 『유합』에는 '다틸'로 字釋되었다. 語形 '딜오다'는 消滅語로 볼 수 있다.

(對) ; 對ᄒ다

　　; 알ᄑᆡ 恒河ᄅᆞᆯ 對ᄒᆞ니(前對恒河)〈능2-48〉


　　'對ᄒ다'는 (對)에 대한 대역이다. 『두시언해』에는 '對ᄒ다, 相對ᄒ다'로 『석보상절』에는 '대ᄒ다'로 『구상 · 구하 · 납약』에는 '견주다, 마초다, 맞다'로 『훈몽자회』에는 '짝'으로 『유합 · 천자문』 석봉 본에는 '디답'으로 광주 본에는 '상딧'으로 주해 본에는 '디답, 디ᄒᆞᆯ'로 對譯되었다.

(待) ; 기드리다

　　; 부텨 기드리ᅀᆞ와 塵을 스로미(待佛而鎭塵)〈능6-78〉


　　'기드리다'는 (待)에 대한 대역이다. 『두시언해』에는 '기들우다, 待接ᄒ다'로 『남명천계송언해 · 유합』에는 '기드리다'로 『납약 · 두창』에는 '기도리다'로 字釋된 語例는 있으나 '待接ᄒ다'는 『두시언해』에서만 발견된다.

(袋) ; 주머니

　　; 주머니 드외며(爲袋)〈능8-106〉


　　'주머니'는 (袋)에 대한 대역이다. 『남명천계송언해 · 납약』에도 '주머니'로 『훈몽자회 · 유합』에는 '쟈ᄅ'로 字釋되었다.

(戴) ; 이다

　　; 노ᄑᆞᆫ 뫼ᄒᆞᆯ 이여(如戴高山)〈능8-93〉

‘이다’는 (戴)에 대한 대역이다. 『두시언해』에는 ‘엿다, 奉戴’로 『훈몽자회 · 유합』에는 ‘일’로 字釋되었다.

(屠) ; 주기다

　; 屠ᄂᆞᆫ 주길씨오〈능1-33〉

‘주기다’는 (屠)에 대한 대역이다. 『두시언해』에는 ‘고기, 屠殺’로 『훈몽자회』에는 ‘주길’로 字釋되었다.

(度) ; 건나다, 度ᄒᆞ다, 디나다, 濟度ᄒᆞ다

　; 곧 건나다 혼 ᄠᅳ디라(卽度義)〈능4-49〉
　; 이제와 서르 度ᄒᆞ야(今來相度)〈능9-101〉
　; 소리담 디나ᄃᆞᆺᄒᆞ야(如聲度垣)〈능6-42〉
　; 末世ᄅᆞᆯ 濟度코져 願ᄒᆞ야(而願度末世)〈능1-21〉

‘건나다, 度ᄒᆞ다, 디나다, 濟度ᄒᆞ다’는 (度)에 대한 대역이다. 『두시언해』에는 ‘건너다, 디나다’로 『남명천계송언해』에는 ‘번’으로 『구상 · 구하 · 두창』에는 ‘그 슴, 번’으로 『훈몽자회』에는 ‘법’으로 『유합』에는 ‘댱째, 혜아릴’로 對譯되었다. 語形 ‘그슴’은 消滅語로 볼 수 있다.

(稻) ; 볘

　; 稻ᄂᆞᆫ 볘라〈능6-97〉

‘볘’는 (稻)에 대한 대역이다. 『두시언해 · 훈몽자회 · 구하 · 유합』 등에 모두 ‘벼’로 對譯되었다. 『두시언해』에서는 ‘稻米’를 ‘니ᄡᆞ리’로 대역된 例로 보아 ‘니’로도 대역된 語形이 발견되는 경우도 있다.

(擣) ; 두드리다

　; 깁 두드리며 ᄡᆞᆯ 디흐며(擣練舂米)〈능4-130〉

'두드리다'는 (擣)에 대한 대역이다. 『두시언해』에는 '디호다'로 『구하』에는
'쑤드리다'로 『훈몽자회·유합』에는 '지흘'로 字釋되었다.

(途) ; 긿(길)

  ; 네 試驗ᄒ야 길헤(汝試於途)〈능1-100〉

    '긿'은 (途)에 대한 대역이다. 『두시언해』에는 '긿'로 『훈몽자회·유합』에는
'길'로 字釋되었다.

(塗) ; 긿

  ; 身分을 身心 두 길헤 닙디 아니ᄒ며 먹디 아니ᄒ면
  (身分身心二塗不服不食)〈능6-97〉

    '긿'은 (塗)에 대한 대역이다. 『두시언해』에는 '길'로 『구상·태요·납약』에
는 'ᄇᄅ다'로 『유합』에는 '훍ᄇᄅᆯ'로 字釋되었다. 『두시언해·능엄경』에서는
漢字 '途'와 같은 語形으로 對譯하였다.

(倒) ; 갓ᄀ로

  ; 이 갓ᄀ로 두며 技騈ᄒ며(是乃倒置技騈)〈능1-19〉

    '갓ᄀ로'은 (倒)에 대한 대역이다. 『두시언해』에는 '갓굴오다, 업드리다'로 『
석보상절』에는 '쌋고로'로 『남명천계송언해·정속언해』에는 '업드리다'로 『구
상·구하·태요·두창』에는 '갓ᄀ로, 그우러디다, 갓고로, 갓구로'로 『유합』에
는 '갓골'로 對譯되었다. 漢醫書에 對譯된 '그우러디다'는 現代語 '굴러 내리다,
구르다'의 뜻으로 사용됨이 특이하다.

(到) ; 다ᄃ라다, 두르혀다

  ; ᄒ마 보빗고대 다ᄃ라니(旣到寶所)〈능1-19〉
  ; 엇뎨 두르혀 ᄲᅥᄂᆞ로(云何到拂)〈능3-84〉

'다드라다, 두르혀다'는 (到)에 대한 대역이다. 『두시언해』에는 '가다, 니르다, 오다'로『석보상절』에는 '다돋다'로『남명천계송언해』에는 '다돋다, 니르다'로『구상·납약』에는 '들다, 다드르다'로『유합』에는 '리를'로 字釋되었다.

(滔) ; 쯔다

; 다 혼가지로 쯔며 돕기리로소니 (皆同滔溺)〈능3-79〉

'쯔다'는 (滔)에 대한 대역이다. 이는 『능엄경』에서만 발견되는 대역 語形이다.

(徒) ; 무리

; 뜯 빈호ᄂ 무리(義學之徒)〈능1-3〉

'무리'는 (徒)에 대한 대역이다. 『두시언해』에는 '무리, 혼갓'으로 『석보상절·정속언해』에는 '혼곳'으로 『남명천계송언해』에는 '물, 혼곳'으로 『유합』에는 '물'로 字釋되었다.

(都) ; 다, 모다, 전혀

; 사ᄅᆞᆷ 갏고디 다 업슬씨(人都無所去)〈능2-24〉
; 모다 닐오디(都言)〈능2-10〉
; 전혀 實혼 ᄠᅳ디 업스니라(都無實義)〈능3-81〉

'다, 모다, 전혀'는 (都)에 대한 대역이다. 『두시언해』에는 '都邑, 셔울, 다'로 『구하』에는 '뫼화다'로 『훈몽자회』에는 '도읍, 모들'로 『유합』에는 '모들'로 『천자문』 광주 본에는 '모들'로 석봉 본에는 '모돌'로 주해 본에는 '아ᄅᆞᆷ다올, 모돌, 도읍, 이실'로 字釋되었다.

(導) ; 引導ᄒ다

; 모로매 智로 몬져 引導호ᄆᆞᆯ 사마(必以智爲先導)〈능1-28〉

'引導ᄒ다'는 (導)에 대한 대역이다. 『유합』에는 '길알윌'로 字釋되었다.

(觀) ; 보다

　; 모든 盲人 눈 알픽 오직 거머 어드우믈 보거니(諸盲眼前唯觀黑暗)〈능1-100〉

　'보다'는 (觀)에 대한 대역이다. 『두시언해 · 훈몽자회 · 유합』에도 모두 '보다, 볼'로 대역되었다.

(獨) ; 쑨, 오직, ᄒᆞ오ᅀᅡ

　; 몸밧 쑨 보미(獨見身外)〈능1-53〉
　; 오직 滅을 臨ᄒᆞ샤 기텨 맛디시논 이리라(獨臨滅遺付之事)〈능1-18〉
　; 예셔 닐오면 ᄒᆞ오ᅀᅡ셔 아다호미라(此云獨覺)〈능1-29〉

　'쑨, 오직, ᄒᆞ오ᅀᅡ'는 (獨)에 대한 대역이다. 『두시언해』에는 'ᄒᆞ올로, ᄒᆞ오ᅀᅡ, 외로운, ᄒᆞᆫᄀᆞᆺ'으로 『석보상절』에는 'ᄒᆞ오ᅀᅡ, ᄒᆞ옷'으로 『남명천계송언해』에는 'ᄒᆞ오ᅀᅡ'로 『훈몽자회 · 천자문』 광주 본에는 '호을'로 석봉 본과 『유합』에는 '홀'로 주해 본에는 '홀, 큰진납, ᄌᆞ식업슬'로 대역되었다. 語形 'ᄒᆞ오ᅀᅡ, ᄒᆞ옷, 큰진납'은 消滅語로 볼 수 있다.

(牘) ; 널

　; 牘은 글쓰는 죠고맛 너리라〈능9-105〉

　'널'은 (牘)에 대한 대역이다. 『훈몽자회』에는 '글월'로 字釋되었다.

(狁) ; 돋

　; 곧 괴 가히 둙 돋 類라(卽描犬雞狁類也)〈능8-122〉

　'돋'은 (狁)에 대한 대역이다. 이는 『능엄경』에서만 발견되는 대역 語形이다.

(頓) ; 믄득

　; 반ᄃᆞ기 믄득 석디 아니ᄒᆞ니라(應不頓朽)〈능2-6〉

'믄득'은 (頓)에 대한 대역이다. 『두시언해』에는 '머물다, 다, 눌렛다'로 『남명천계송언해』에는 '모로기'로 『유합』에는 '노홀'로 『훈몽자회』에는 '니마조술'로 字釋되었다. 語形 '모로기, 니마조술'은 消滅語로 볼 수 있다.

(咄) ; 구짖다

　; 咄ᄋᆞᆫ 구지즈시ᄂᆞᆫ 소리라〈능1-85〉

'구짖다'는 (咄)에 대한 대역이다. 이는 『능엄경』에서만 발견되는 대역 語形이다.

(冬) ; 겨슬

　; 녀름브터 겨스레 가니(自夏徂冬)〈능1-17〉

'겨슬'은 (冬)에 대한 대역이다. 『두시언해·남명천계송언해』에도 '겨슬'로 『정속언해』에는 '겨을'로 『납약·두창·구상』에는 '겨을, 겨울, 겨슬'로 『훈몽자회』에는 '겨슬'로 『유합』에는 '겨을'로 『천자문』 광주 본에는 '겨슬'로 석봉 본에는 '겨ᄋᆞ'로 주해 본에는 '겨을'로 字釋되었다.

(凍) ; 얼다

　; 凍ᄋᆞᆫ 얼씨오〈능8-82〉

'얼다'는 (凍)에 대한 대역이다. 『두시언해·훈몽자회·유합』에도 모두 '얼다'로 『구상』에는 '돌다, 얼다'로 對譯되었다. '돌다'는 現代語 '살이 얼어 터지다'의 뜻으로 消滅語로 볼 수 있다.

(銅) ; 구리, 銅

　; 구리로 디여 ᄆᆡᆼᄀᆞᄂᆞ니(鑄銅爲之)〈능3-74〉
　; 이 金과 銅괘며(此是金銅)〈능9-77〉

'구리, 銅'은 (銅)에 대한 대역이다. 『두시언해·훈몽자회·유합』에도 모두

'구리'로 『구상·구하』에는 '구리, 놋'로 대역되었다. '놋'의 語形은 『구급방언해』에서만 찾아볼 수 있다.

(動) ; 動ᄒᆞ다, 무유다, 뮈다

　; 妄覺이 動ᄒᆞ면(妄覺動)〈능4-17〉

　; 어즈러이 무유미 勞오(擾動爲勞)〈능4-16〉

　; 그 中에 거츠리 제 어즈러 뮈유믈 처섬 아ᄂᆞ니(方覺於中妄自擾動)〈능1-107〉

　'動ᄒᆞ다, 무유다, 뮈다'는 (動)에 대한 대역이다. 『두시언해』에는 '뮈다, 움즈기다, 感動ᄒᆞ다'로 『석보상절』에는 '뮈다, 움즉'으로 『남명천계송언해』에는 '움즉기다'로 『훈몽자회·유합·천자문』 광주·석봉 본에는 '뮐'로 주해 본에는 '뮐, 움즉일'으로 대역되었다. 語形 '뮈다'는 消滅語로 볼 수 있다.

(同) ; ᄀᆞᆮ줍다, 다, 모든, ᄒᆞᆫ가지, ᄒᆞᆫᄢᅴ

　; 곧 如來와 ᄀᆞᆮ줍ᄂᆞ니라(而卽同如來)〈능2-45〉

　; 다 ᄒᆞᆫ道 젼ᄎᆞ로(同一道故)〈능1-44〉

　; 모든 會예 너비 니르샤ᄃᆡ(徧告同會)〈능2-15〉

　; 耶輸와 ᄒᆞᆫ가지로 아릿 因을 아라(與耶輸同悟宿因)〈능1-17〉

　; ᄒᆞᆫᄢᅴ 부텨의 오ᄃᆡ(同來佛所)〈능1-28〉

　'ᄀᆞᆮ줍다, 다, 모든, ᄒᆞᆫ가지, ᄒᆞᆫᄢᅴ'는 (同)에 대한 대역이다. 『두시언해』에는 'ᄀᆞᆮ다, ᄀᆞᆮ다, ᄒᆞᆫ가지, ᄒᆞᆫᄢᅴ'로 『석보상절·유합』에는 'ᄒᆞᆫ가지'로 『남명천계송언해』에는 'ᄒᆞᆫᄃᆡ, ᄒᆞᆫ가지'로 『태요·납약·두창』에는 'ᄒᆞᆫᄃᆡ, 넣다, ᄒᆞᆫ가지'로. 『천자문』 광주·석봉 본에는 '오ᄒᆡᆫ'으로 주해 본에는 'ᄒᆞᆫ가지, 술그릇'으로 대역되었다. 『천자문』에 '오ᄒᆡᆫ, 술그릇'으로 대역된 어형이 특이하다. 특히 '오ᄒᆡᆫ'의 語形은 消滅語로 볼 수 있다.

(竇) ; 굼

　; 들워 져근 구무 밍ᄀᆞᆯ로매(穿爲小竇)〈능2-43〉

'굼'는 (竇)에 대한 대역이다. 『두시언해』에는 '굼긔'로 대역되었다.

(逗) ; 맛다

; 機에 맛게ᄒᆞ시다(以逗機)〈능1-18〉

'맛다'는 (逗)에 대한 대역이다. 『두시언해』에는 '가다, 머믈다, 흘라가다'로 대역되었다.

(頭) ; 머리

; 네 머리 오ᄂᆞᆳ나래(汝頭今日)〈능1-110〉

'머리'는 (頭)에 대한 대역이다. 『두시언해』에는 '머리, ᄀᆞᆮ, 우ㅎ'로 『구상·두창·납약·태요』 등 모두 'ᄀᆞᆮ, 머리'로 『석보상절·남명천계송언해·훈몽자회·유합』에는 '머리'로 對譯되었다.

(得) ; 得ᄒᆞ다, 얻게ᄒᆞ다

; ᄒᆞ오ᅀᅡ 아다혼 일훔 得호ᄆᆞᆫ(獨得解明)〈능1-105〉
; 微妙혼 圓通ᄋᆞᆯ 얻게ᄒᆞ샤(而得妙圓通)〈능1-21〉

'得ᄒᆞ다, 얻게ᄒᆞ다'는 (得)에 대한 대역이다. 『두시언해』에는 '받다, 시러곰, 얻다, 得ᄒᆞ다'로 『석보상절』에는 '시러곰, 싣다'로 『남명천계송언해』에는 '시러'로 『정속언해』에는 '얻다'로 『구상·두창』에는 '됴ᄒᆞ다, 얻다, ᄒᆞ리다, 밧다, 엇다'로 『유합·천자문』석봉·주해 본에는 '어들'로 광주 본에는 '시를'로 대역되었다. '시러'의 語形은 消滅語로 볼 수 있다.

(等) ; ᄀᆞᇀᄒᆞ다, 둘히, ᄒᆞᆫ가지

; 情想이 골아 ᄀᆞᇀᄒᆞ면(情想均等)〈능8-74〉
; 耶輸 둘히 이레 ᄫᅳ들여(耶輸等事)〈능1-16〉
, 衆生과 부텨내 ᄒᆞᆫ가지로 누쇼ᄃᆡ(生佛等有)〈능1-97〉

'굳ᄒ다, 둘히, ᄒ가지'는 (等)에 대한 대역이다. 『두시언해』에도 '굳ᄒ다, 둘히, ᄒ가지, 무리'로 『구상·구하·납약·태요』에는 '굳다, 둘해, 들을, ᄀ티'로 『유합』에는 '등데'로 『천자문』 광주·석봉 본에는 'ᄀᆯᄋᆞᆯ'로 주해 본에는 'ᄀᄌᆨ, 무리, 기ᄃ릴, ᄎ례'로 對譯되었다.

(騰) ; 봄뇌다, 올옴

 ; 봄뇌며 ᄃᆞᆮᄂ 믌겨리 이셔(有騰逸奔波)〈능8-83〉
 ; 구룸 올옴과 새 ᄂ롬(雲騰鳥飛)〈능2-34〉

'봄뇌다, 올옴'은 (騰)에 대한 대역이다. 『두시언해』에는 '놀다, ᄃᆞᆮ다, 둘여가다, 飛騰ᄒ다'로 『훈몽자회』에는 '봄놀'로 『유합』에는 '뼈오를'로 字釋되었다. 語形 '봄놀, 봄뇌다'는 消滅語로 볼 수 있다.

(落) ; 디다, ᄇ리다

 ; 곳 디거든(如花落)〈능1-19〉
 ; 모ᄃᆫ 念을 스러 ᄇ료ᄆᆫ(銷落諸念者)〈능9-51〉

'디다, ᄇ리다'는 (落)에 대한 대역이다. 『두시언해』에는 'ᄉᆞ라디다, 뼈러디다, 드롓다, 디다, ᄣᆡ디다, 흘러디다'로 『석보상절』에는 '듣다, 디다, 뼈러디다'로 『남명천계송언해』에는 '디다, ᄠᅥᆯ다'로 『구상·두창』에는 '디다, ᄶᅥ러디다'로 『유합』에는 '뼈러딜'로 『훈몽자회·천자문』 광주·석봉 본에는 '딜'로 주해 본에는 'ᄶᅥ러질, 비ᄅᆞ술, ᄆ을락'으로 대역되었다. 語形 'ᄉᆞ라디다, ᄆ을락'은 消滅語로 볼 수 있다.

(樂) ; 즐기다

 ; 예셔 닐오면 더러우믈 즐기ᄂ 사ᄅᆞ미라(此云樂垢穢人)〈능1-78〉

'즐기다'는 (樂)에 대한 대역이다. 『두시언해』에는 '라온, 즐기다, 음악'으로 『남명천계송언해』에는 '즐기다'로 『정속언해』에는 '납'으로 『유합』에는 '즐길, 음악'으로 『훈몽자회』에는 '음악'으로 『천자문』 광주 본에는 '나홀'로 석봉 본에는 '풍류'로 주해 본에는 '됴히, 풍류, 즐길'로 대역되었다. 語形 '납, 라온'은 消滅語로 볼 수 있다.

(爛) ; 믈움, 석다

; 能히 뻐듀미 ᄃ외며 믈우미 ᄃ외며(則能爲綻爲爛)〈능8-101〉
; ᄆ촘내 虛空이 서거 ᄒ야디다 듣디 몯ᄒ리니(終不聞爛壞虛空)〈능4-80〉

'믈움, 석다'는 (爛)에 대한 대역이다. 『두시언해』에는 '므르녹다, 므르닉다'로 『구상·구하·태요·두창』에는 '니기다, ᄂ로니, 므르다, 헤여디다, 농난히, ᄆ르다, 석다, 즛므르다'로 『유합』에는 '블에니글, 빗날'로 대역되었다. 語形 '농난히'는 消滅語로 볼 수 있다.

(亂) ; 어즈럽다

; 섯거 어즈러우면 中 자봃디 업스니라(混亂則無所取中也)〈능1-70〉

'어즈럽다'는 (亂)에 대한 대역이다. 『두시언해』에는 '셔다, 어즈럽다, ᄒ다, 兵亂, 喪亂, 相亂, 逆亂'으로 『남명천계송언해·정속언해·유합』에는 '어즈럽다, 어즈러이, 어러울'로 『납약·두창』에는 '어즈럽다, 어즐어으다'로 대역되었다.

(擎) ; 잡다

; 四大眞ᄋᆞᆯ 자바 이ᄂᆞ니(而四大擎眞而成)〈능4-40〉

'잡다'는 (擎)에 대한 대역이다. 『두시언해』에는 '잡다'로 『훈몽자회』에는 '후리쁠'로 字釋되었다. 語形 '후리쁠'은 消滅語로 볼 수 있다.

(覽) ; 보다

; 다 보ᄂᆞ니(徧覽)〈능2-33〉

'보다'는 (覽)에 대한 대역이다. 『두시언해』에도 '보다'로 『훈몽자회·유합』에는 '볼'로 字釋되었다.

(浪) ; 믌결

　; 浪은 믌겨리라〈능1-64〉


　　'믌결'는 (浪)에 대한 대역이다. 『두시언해』에는 '믌결, 쇽졀업다'로 『훈몽자
회 · 유합』에는 '믓결, 믈결'로 字釋되었다.

(略) ; 젹다

　; 젼츠로 져기 ᄒ시니라(躡前故略之)〈능1-111〉


　　'젹다'는 (略)에 대한 대역이다. 『두시언해』에는 '잢간, ᄀ리티다, ᄇ리다, 모
략'으로 『유합』에는 '대강'으로 字釋되었다.

(兩) ; 둘

　; 몸과 눈괘 둘히 아ᄂᆞ니라(身眼兩覺)〈능1-61〉


　　'둘'은 (兩)에 대한 대역이다. 『두시언해』에는 '두, 두번'으로 『훈몽자회 · 천
자문』 광주 · 석봉 본에는 '두'로 주해 본에는 '두, 수뤼'로 『유합』에는 '두, 스믈
네슈'로 『태요』에는 '두, 둘'로 대역되었다. 語形 '수뤼'는 消滅語로 볼 수 있다.

(良) ; 어딜다

　; 어딜써 觀世音이여(良哉觀世音)〈능6-65〉


　　'어딜다'는 (良)에 대한 대역이다. 『두시언해』에는 '둏다, 어딜다'로 『구상 ·
구하』에는 '됴ᄒ다, 진실'로 『유합 · 천자문』 석봉 · 주해 본에는 '어딜'로 광주
본에는 '알'로 字釋되었다. 語形 '알'은 消滅語로 볼 수 있다.

(量) ; 혜아리다

　; 흔갓 情의 그르스로 혜아린 젼치라(徒以情器量度故也)〈능2-41〉


　　'혜아리다'는 (量)에 대한 대역이다. 『두창 · 유합』에는 '혜아릴'로 『천자문』

광주 본에는 '혜아리'로 석봉 본에는 '혜아릴'로 주해 본에는 '혜아릴, 말되, 한량'으로 대역되었다.

(侶) ; 무리, 벋

　; 侶는 무리라〈능9-2〉
　; 버들 모디 세 사른물 흐느니(侶須三人)〈능1-33〉

　'무리, 벋'은 (侶)에 대한 대역이다. 『두시언해 · 훈몽자회 · 유합』에는 모두 '벋'으로 대역되었다. 語形 '무리'의 대역이 특이하다.

(慮) ; 혜다, 思念

　; 곧 혜물 그치며 무슨물 얼읾씨라(卽息慮凝心也)〈능5-31〉
　; 慮는 思念이라〈능7-75〉

　'혜다, 思念'은 (慮)에 대한 대역이다. 『두시언해』에는 '혜아룜'으로 『유합』에는 '분별'로 字釋되었다. 語形 '분별'의 字釋이 특이하다.

(礪) ; 뿟돌

　; 礪는 뿟돌이니 뮈워 フ다 드믈씨라〈능1-37〉

　'뿟돌'은 (礪)에 대한 대역이다. 『두시언해』에는 '글이다'로 『훈몽자회 · 유합』에는 모두 '뿟돌'로 字釋되었다.

(礫) ; 지벽

　; 흔지샛 지벽을 가져(取一瓦礫)〈능5-72〉

　'지벽'은 (礫)에 대한 대역이다. 『永嘉集諺解 하 73』에 ' 디샛 지역을 메며 즘 근흐니라(擔負瓦礫)'에서 대역어를 찾아 볼 수 있다. 語形 '지벽'은 消滅語로 볼 수 있다.

(力) ; 힘

　; 力은 히미라〈능1-3〉

　　'힘'은 (力)에 대한 대역이다. 『두시언해 · 훈몽자회 · 유합 · 천자문』 광주 ·
석봉 본에는 모두 '힘'으로 주해 본에는 '힘, 힘쁠'로 대역되었다.

(歷) ; 디나다

　; 僧祇룰 디나디 아니ᄒᆞ야(不歷僧祇)〈능3-111〉

　　'디나다'는 (歷)에 대한 대역이다. 『두시언해』에는 '디나가다, 디내다'로 『태
요』에는 '디내다'로 『유합』에는 '디날'로 字釋되었다.

(聯) ; 닛다

　; 聯은 니슬씨니〈능6-66〉

　　'닛다'는 (聯)에 대한 대역이다. 『두시언해』에도 '닛다'로 『유합』에는 '긇니을'
로 字釋되었다. 語形 '긇니을'은 消滅語로 볼 수 있다.

(憐) ; 스랑ᄒᆞ다, 어엿비

　; 내 네 色을 스랑ᄒᆞ야(我憐汝色)〈능3-31〉
　; 오히려 어엿비 너기샤믈 믿ᄌᆞ와(猶恃憍憐)〈능1-76〉

　　'스랑ᄒᆞ다, 어엿비다'는 (憐)에 대한 대역이다. 『두시언해』에는 '슳다, 슬프
다, 스랑ᄒᆞ다, 어엿비ᄒᆞ다, 둧오다, 둏오다, 愛憐ᄒᆞ다'로 『남명천계송언해』에는
'어엿비ᄒᆞ다'로 『유합』에는 '에엿비너길'로 『훈몽자회』에는 '에엿블'로 字釋되었
다. 語形 '둧오다, 둏오다'은 消滅語로 볼 수 있다.

(裂) ; ᄣᅥ야디다, 헐에ᄒᆞ다, ᄒᆞ야디다

　; 道術이 ᄒᆞ마 ᄣᅥ야디어(道術旣裂)〈능1-2〉
　; 그 고둘 것거믈 헐에ᄒᆞ료(摧裂其處)〈능9-47〉

; 뛰여 ᄒᆞ야디디 아니ᄒᆞ료(而不振裂)〈능9-45〉

'ᄣᅥ야디다, 헐에ᄒᆞ다, ᄒᆞ야디다'는 (裂)에 대한 대역이다. 『두시언해』에는 'ᄣᅥ
디다, ᄣᅥ여디다, 버혀다'로 『남명천계송언해』에는 'ᄒᆞ야ᄇᆞ리다'로 『유합』에는
'믜여딜'로 字釋되었다.

(冽) ; 치움

; 冽은 치울씨라〈능8-82〉

'치움'은 (冽)에 대한 대역이다. 『두시언해』에는 '서늘ᄒᆞ다'로 『유합』에는 '츨'
로 字釋되었다.

(列) ; 버리다

; 다ᄉᆞᆺ 일후믈 버려 뵈샤(列示五名)〈능1-21〉

'버리다'는 (列)에 대한 대역이다. 『두시언해』에는 '벌다, 열다, 行列'로 『석
보상절 · 남명천계송언해 · 유합 · 천자문』에는 모두 '벌다'로 대역되었다.

(斂) ; 가ᄃᆞ다

; 몰기 가야 氣푼이 가ᄃᆞ면(澄霽斂氛)〈능2-29〉

'가ᄃᆞ다'는 (斂)에 대한 대역이다. 『두시언해』에는 '消斂ᄒᆞ다, 收斂ᄒᆞ다'로 『유
합』에는 '거둘'로 字釋되었다.

(靈) ; 이대

; 이대 아로미 덞류ᄆᆞ로(靈悟所染)〈능9-57〉

'이대'는 (靈)에 대한 대역이다. 『두시언해』에는 '넋, 靈'으로 『정속언해』에는
'녕ᄒᆞ다'로 『유합』에는 '령홀'로 『처자문』 광주 · 석봉 본에는 '녕홀'로 주ᄒᆡ 본
에는 '어딜, 신령'으로 『훈몽자회』에는 '신령'으로 字釋되었다. 語形 '이대'는 消
滅語로 볼 수 있다.

(領) ; 가졔다, 거느리다, 받다

　; ᄒᆞ마 寶藏ᄋᆞᆯ 가졔니(旣領寶藏)〈능1-19〉

　; ᄂᆞᆫ호아 거느려(分領)〈능1-31〉

　; 다 기픈 恩惠ᄅᆞᆯ 바다(皆領深惠)〈능7-48〉

　　'가졔다, 거느리다, 받다'는 (領)에 대한 대역이다. 『두시언해』에는 '거느리다, 목'으로 『유합』에는 'ᄃᆞ릴'로 『천자문』 광주 본에는 '목'으로 석봉 본에는 '깃'으로 주해 본에는 '옷깃, 목, 바들, 거느리다'로 대역되었다.

(聆) ; 듣다

　; 모기 소리 듣ᄃᆞᆺᄒᆞ야(聆於蚊蚋)〈능4-3〉

　　'듣다'는 (聆)에 대한 대역이다. 『훈몽자회』에는 'ᄃᆞ를'로 字釋되었다.

(齡) ; 나히

　; 大王아 네 이졔 나히(大王汝今生齡)〈능2-5〉

　　'나히'는 (齡)에 대한 대역이다. 이는 『능엄경』에서만 발견되는 대역 語形이다.

(例) ; 견주다, 例

　; 내 주머귓 理ᄅᆞᆯ 견주건대(例我拳理)〈능1-99〉

　; 바ᄅᆞ 뼈나다 例로 니ᄅᆞ시니라(例稱瞪發)〈능3-5〉

　　'견주다, 例'는 (例)에 대한 대역이다. 『두시언해』에는 '例'로 『훈몽자회』에는 '례ᄉᆞ'으로 『유합』에는 '녜ᄉᆞ'로 字釋되었다.

(禮) ; 禮數ᄒᆞ다, 禮節

　; 머리조ᅀᅡ 禮數ᄒᆞᅀᆞ오며 슬허 우러(頂禮悲泣)〈능1-39〉

　; 禮節 ᄀᆞ촘과(禮備)〈능6-15〉

'禮數ㅎ다, 禮節'은 (禮)에 대한 대역이다. 『두시언해』에는 '禮, 禮度, 禮法, 禮數, 禮接ㅎ다'로 『훈몽자회』에는 '례수'로 『유합』에는 '녜도'로 『천자문』 광주 본에는 '절'로 석봉 본에는 '녜도'로 주해 본에는 '례돗'으로 字釋되었다. 고유어 로 대역된 語形은 '절' 하나뿐이다.

(齒) ; 사오나온 흙

; 齒ᄂᆞᆫ 사오나온 흙기오〈능2-22〉

'사오나온 흙'은 (齒)에 대한 대역이다. 이는 『능엄경』에서만 발견되는 대역 語形이다.

(蘆) ; 굴

; 가줄비건댄 뭇군 ᄀᆞ리(譬如束蘆)〈능5-8〉

'굴'은 (蘆)에 대한 대역이다. 『두시언해·훈몽자회·유합』에도 모두 '굴'로 대역되었다.

(露) ; 나다나다

; ᄒᆞ오ᅀᅡ 나다난 모미라 호미라(獨露身者也)〈능2-30〉

'나다나다'는 (露)에 대한 대역이다. 『두시언해』에는 '나댓다, 이슬'로 『남명 천계송언해·유합』에는 '이슬'로 『태요·두창』에는 '나다, 내왇다, 이슬'로 대역 되었다. 語形 '내왇다'는 消滅語로 볼 수 있다.

(勞) ; 잇부다, 잇비다

; 바ᄅᆞ뗘 잇부미 난 相이라(瞪發勞相)〈능3-1〉
; 잇비 내 닷디 아니ᄒᆞ야도(無勞我修)〈능1-92〉

'잇부다, 잇비다'는 (勞)에 대한 대역이다. 『두시언해』에는 'ᄌᆞᆺ가다, ᄌᆞᆺ비다, 잇비다'로 『구상』에는 '잇버, 이처ᄒᆞ다'로 『정속언해』에는 'ᄀᆞᆮ브다'로 『유합』에는 '굿블'로『천자문』광주 본에는 '잇블'로 석봉 본에는 '잇쓸'로 주해 본에는 '위로, 부즈런, 굿블'로 대역되었다. 語形 '굿비다, 잇비다, 이쳐ᄒ다'는 消滅語로 볼 수 있다.

(鑪) ; 火鑪

; 能히 더운지와 火鑪숫 ᄃ외오(能爲熱灰鑪炭)〈능8-97〉

'火爐'는 (鑪)에 대한 대역이다.『두시언해』에는 '불무'로 대역되었다. 語形 '불무'는 '풀무'에 의하여 消滅語로 볼 수 있다.

(漉) ; 츳듣다

; 다와다 츳듣게ᄒ며(蹙漉)〈능8-92〉

'츳듣다'는 (漉)에 대한 대역이다.『두시언해』에는 '거르다'로『훈몽자회』에는 '건딜'로 字釋되었다. 語形 '츳듣다'는 消滅語로 볼 수 있다.

(論) ; 말씀, 議論ᄒ다

; 모ᄃᆞᆫ 世間 노ᄅᆞᆺ샛 말ᄊᆞ맷 名相으로(以諸世間戱論名相)〈능2-70〉
; 세 經ㅅ 큰 그틀 議論컨대(論三經大致)〈능1-20〉

'말씀, 議論ᄒ다'는 (論)에 대한 대역이다.『두시언해』에는 '닐오다, 議論'으로『두창』에는 '의논ᄒ다, 헤다, 혜다'로『유합・천자문』석봉・주해 본에는 '의론'으로 광주 본에는 '말씀'으로 字釋되었다. 語形 '헤다, 혜다'는 消滅語로 볼 수 있다.

(聾) ; 귀먹다

; 귀머근 사ᄅᆞ미(聾人)〈능4-3〉

'귀먹다'는 (聾)에 대한 대역이다.『두시언해』에는 '귀머구다'로『훈몽자회・유합』에는 '귀머글'로 字釋되었다.

(籠) ; 凶리다, 끼다, 쓈

  ; 한 마술 凶려 取ᄒᆞᄂᆞᆫ 젼ᄎᆞ로(籠取群味故)〈능8-104〉

  ; 누네 씰씨(籠眼)〈능1-58〉

  ; 琉璃로 누네 쓈ᄆᆞᆫ (琉璃籠眼)〈능1-57〉

    '凶리다, 끼다, 쓈'은 (籠)에 대한 대역이다. 『두시언해』에는 '籠, 얼의다'로 『훈몽자회·유합』에는 '롱'으로 字釋되었다. 語形 '얼의다'는 消滅語로 볼 수 있다.

(牢) ; 굳다

  ; 보ᄃᆞ라와 구드니 업스니라(無牢强者)〈능2-4〉

    '굳다'는 (牢)에 대한 대역이다. 『두시언해』에는 '드므다, 서의여히'로 『훈몽자회』에는 '옥'으로 『유합』에는 '구들, 어리'로 대역되었다. 語形 '서의여히, 어리'는 消滅語로 볼 수 있다.

(了) ; 이로다

  ; 決定히 이로미 第一이오(決子第一)〈능1-27〉

    '이로다'는 (了)에 대한 대역이다. 『두시언해·유합』에는 'ᄆᆞᄎᆞ다'로 對譯되었다.

(陋) ; 더럽다

  ; 더럽디 아니코(不陋)〈능8-128〉

    '더럽다'는 (陋)에 대한 대역이다. 『두시언해』에는 '더럽다'로 『유합』에는 '조블'로 字釋되었다.

(縷) ; 실, 쓰다

  ; ᄑᆞᆳ닙과 실 마조매 니르러도(乃至草葉縷結)〈능1-87〉

  ; 낫나치 쓰디 몯ᄒᆞ리니(不可縷疏)〈능1-17〉

'실, 쓰다'는 (縷)에 대한 대역이다. 『두시언해·두창』에는 '실'로 『훈몽자회』에는 '뵛오리'로 『유합』에는 '올'로 字釋되었다.

(累); 버믈다

 ; 얼구릐 버므로매 건내 띄여(超越形累)〈능1-102〉

'버믈다'는 (累)에 대한 대역이다. 『두시언해』에는 '굴포다, 버믈다, 여러'로 『석보상절』에는 '범글다'로 『정속언해·유합』에는 '여러'로 『천자문』광주 본에는 '띡'로 석봉 본에는 '더러일'로 주해 본에는 '더러울, 얼킬, 포갤, 죄류'로 『태요·두창』에는 '만히, 만ᄒ다,'로 대역되었다. 語形 '띡, 범글다, 죄류'는 消滅語로 볼 수 있다.

(漏); 싀다

 ; 사ᄅ미 싀는 자내 믈브스며(有人水灌漏卮)〈능6-106〉

'싀다'는 (漏)에 대한 대역이다. 『두시언해』에는 '싀다, 漏刻'으로 『석보상절』에는 '싀다'로 『구상·구하·태요』에는 '석다, 스몿다, 흐르다'로 『훈몽자회』에는 '루루'로 『유합』에는 '믈싈'로 字釋되었다. 語形 '루루'는 消滅語로 볼 수 있다.

(屢); ᄌᄌ

 ; 알픽 ᄌᄌ 일ᄀᆞ릭샨(前之屢稱)〈능3-110〉

'ᄌᄌ'는 (屢)에 대한 대역이다. 『두시언해』에도 'ᄌᄌ'로 대역되었다.

(淚); 눉믈디다

 ; 다시 슬허 눉믈디여(重復悲淚)〈능1-92〉

'눉믈디다'는 (淚)에 대한 대역이다. 『두시언해·구하·훈몽자회·유합』 등에는 모두 '눈믈'로 對譯되었다.

(留) ; フ리다

　; 모돈 フ리논 시름 머로매 니르리(至遠諸留患)〈능8-35〉

　'フ리다'는 (留)에 대한 대역이다. 『두시언해』에는 '머물다, 주다'로 『남명천계송언해 · 유합』에는 '머물다'로 『태요 · 납약』에는 '두다, 머물다'로 대역되었다.

(類) ; 곧다, 무리

　; 事義 서르 곧도소이다(事義相類)〈능1-99〉
　; 열두 무리 잇ᄂ니(有十二類)〈능1-47〉

　'곧다, 무리'은 (類)에 대한 대역이다. 『두시언해』에는 '類'로 『구하 · 태요』에는 '것, 돌히'로 『유합』에는 '동뉴'로 字釋되었다.

(流) ; ᄃ외다, 흐르다

　; 그 ᄉ시예 고텨 ᄃ외물(其間流易)〈능2-7〉
　; 다 흘러다 몰애 삐는 迷惑흔 소니며(皆流爲蒸砂迷客)〈능1-3〉

　'ᄃ외다, 흐르다'는 (流)에 대한 대역이다. 『두시언해』에는 '물, 믈, 흐르다'로 『남명천계송언해 · 정속언해』에는 '흐르다'로 『구하 · 두창 · 태요』에는 '흐르다, 나다'로 『유합』에는 '흐를'로 『천자문』 광주 본에는 '흐를'로 석봉 본에는 '흐룰'로 주해 본에는 '흐룰, 내릴'로 對譯되었다.

(陸) ; 묻

　; 믈와 묻과 ᄂ라 ᄃ니는(水陸飛行)〈능1-74〉

　'묻'은 (陸)에 대한 대역이다. 『두시언해』에는 '묻, 뭍'으로 『훈몽자회』에는 '두듥'으로 字釋되었다. 語形 '묻'은 '뭍'으로 대체되었다. 語形 '두듥'의 대역이 특이하다.

(倫) ; 무리

　; ᄆᆞᅀᆞᆷ과 눈 잇는 무리 아니라(非心眼倫也)〈능1-47〉

　'무리'는 (倫)에 대한 대역이다. 『두시언해』에는 '무레, 次第'로 『유합 · 천자문』 광주 · 석봉 본에는 '물'로 주해 본에는 '무리, ᄎᆞ례'로 대역되었다.

(綸) ; 닛다

　; 이 ᄒᆞᆫ 經 니ᅀᅥ ᄢᅦ여슈미(此乃一經綸貫)〈능1-22〉

　'닛다'는 (綸)에 대한 대역이다. 『두시언해』에는 '실, 낫줄'로 『유합』에는 '실ᄲᅵᆯ'로 字釋되었다. 語形 '실ᄲᅵᆯ'은 消滅語로 볼 수 있다.

(輪) ; 술위ᄢᅵ

　; 輪은 숤가락 그미 횟도라 술위ᄢᅵ ᄀᆞᆮᄒᆞᆯ씨라〈능1-84〉

　'술위ᄢᅵ'는 (輪)에 대한 대역이다. 『두시언해』에는 '바회, 둘에'로 『구상』에는 '이'로 『훈몽자회』에는 '바회'로 『유합』에는 '술위ᄢᅵ'로 字釋되었다.

(率) ; 몬져

　; 率은 몬져홀씨〈능9-70〉

　'몬져'는 (率)에 대한 대역이다. 『유합』에는 '드릴'로 字釋되었다.

(凌) ; 업시오다

　; 몸 믿고 ᄂᆞᆷ 업시오ᄆᆞᆫ(恃己凌他)〈능9-78〉

　'업시오다'는 (凌)에 대한 대역이다. 『두시언해』에는 '凌犯ᄒᆞ다, 어름'으로 대역되었다. 語形 '어름'은 消滅語로 볼 수 있다.

(履) ; 넓다, 신

　; 머리 엇뎨 넓디 몯ᄒ며(頭奚不履)〈능4-104〉

　; 화와 신과 裘氄(靴履裘氄)〈능6-96〉

　'넓다, 신'은 (履)에 대한 대역이다. 『두시언해 · 훈몽자회』에는 '신'으로 『유
합 · 천자문』 광주 · 석봉 본에는 '블올'로 주해 본에는 '블롤, 신'으로 대역되었다.

(詈) ; 구짖다

　; 티며 구지저도(捶詈)〈능6-107〉

　'구짖다'는 (詈)에 대한 대역이다. 『훈몽자회』에는 '구지즐'로 『유합』에는 '쑤
지즐'로 字釋되었다.

(離) ; 여희다, 離

　; 한 魔ㅅ 이를 여희여 ᄒᄂ니(離衆魔事)〈능1-3〉

　; 들쓸 닐온 離오 날쏠 닐온 微라〈능4-106〉

　'여희다, 離'는 (離)에 대한 대역이다. 『두시언해』에는 '버으리완다, 병으리완
다, 여희다, 소기, 허여디다'로 『유합 · 천자문』 광주 · 석봉 본에는 '여흴'로 주
해 본에는 '쩌날, 괫고리, ᄇ릴, 브틀'로 대역되었다. 語形 '버으리완다, 병으리
완다'는 消滅語로 볼 수 있다.

(恪) ; 앗기다

　; 物을 貪ᄒ면 앗겨 ᄇ리디 몯ᄒᄂ 젼ᄎ로(貪物則恪著不釋故)〈능8-115〉

　'앗기다'는 (恪)에 대한 대역이다. 『훈몽자회』에도 '앗기다'로 字釋되었다.

(林) ; 수플

　; 수플와 걸와(林渠)〈능2-48〉

'수플'은 (林)에 대한 대역이다. 『두시언해 · 훈몽자회 · 유합 · 천자문』등에
도 모두 '수플'로 대역되었다.

(臨) ; 디러다, 臨ᄒ다

  ; 노픈듸 디러보미(臨高)〈능10-89〉
  ; 오직 滅을 臨ᄒ샤 기텨 맛디 시논 이리라(獨臨滅遺付之事)〈능1-18〉

'디러다, 臨ᄒ다'는 (臨)에 대한 대역이다. 『두시언해』에는 '디러다, 臨ᄒ다'
로『석보상절』에는 '다돋다'로『남명천계송언해』에는 '디르다'로『구상 · 태요 ·
납약 · 두창』에는 '다혀, 제, 비르서, ᄢᅢ, 임의'로『유합』에는 '디늘'로『천자문』
광주 본에는 '디늘'로 석봉 본에는 '디늘'로 주해 본에는 '림홀, 곡'으로 대역되
었다. 語形 '다혀, 디러다, 디르다, 디늘, 곡, 제'는 消滅語로 볼 수 있다.

(立) ; 셔다

  ; 니러 셔(起立)〈능1-105〉

'셔다'는 (立)에 대한 대역이다. 『두시언해』에는 '建立ᄒ다, 셰다, 셔다, 니러
셔다'로『석보상절 · 남명천계송언해』에는 '셔다'로『구상 · 두창 · 태요』에는 '즉
재, 즉제, 즉자히, 즉시'로『훈몽자회 · 유합 · 천자문』에는 '셜'로 字釋되었다.

(麻) ; 열

  ; ᄒ르 흔열과 흔밀홀 머거도(日餐一麻一麥)〈능9-106〉

'열'은 (麻)에 대한 대역이다. 『두시언해』에는 '삼, 뵈'로『남명천계송언해 ·
훈몽자회 · 유합』등에는 모두 '삼'으로『구상 · 구하』에는 '마, 삼, 뿌추다, 열'로
대역되었다. 語形 '열, 뿌추다'는 消滅語로 볼 수 있다.

(摩) ; 믄지다, ᄢᅮᆺ듯ᄒ다

  ; 阿難이 뎡바기를 믄지샤(摩阿難頂)〈능1-49〉
  ; 솑바당으로 虛空을 자바 ᄢᅮᆺ듯ᄒ야(如以手掌撮摩虛空)〈능2-70〉

'믄지자, 뿟돗ᄒ다'는 (摩)에 대한 대역이다. 『두시언해』에는 'ᄆ다'로 『남명천계송언해』에는 'ᄀᆞᆯ'로 『구하·태요』에는 '믄지다, 비븨다, 뿌츠다'로 『유합·천자문』 석봉 본에는 '믄질'로 광주 본에는 'ᄆᆞ릴'로 주해 본에는 '믄질, ᄀᆞᆯ'로 대역되었다. 語形 '뿟돗ᄒ다, 뿌츠다, ᄆᆞ릴'은 消滅語로 볼 수 있다.

(馬); ᄆᆞᆯ

; 象과 ᄆᆞᆯ와 쇼와 羊과(象馬牛羊)〈능3-22〉

'ᄆᆞᆯ'은 (馬)에 대한 대역이다. 『두시언해·석보상절·구상·남명천계송언해·정속언해·훈몽자회·유합』 등 대부분의 문헌에 'ᄆᆞᆯ'로 對譯되었다.

(莫); 아니ᄒ다

; 生死變티 아니ᄒᆞ야(生死莫變)〈능1-95〉

'아니ᄒ다'는 (莫)에 대한 대역이다. 『두시언해』에는 '말다, 아니ᄒ다, 몯ᄒ다'로 대역되었다.

(蔓); 너출

; 또 엇뎨 楞嚴에 지리히 너출에 ᄒ시리오(復何枝蔓於楞嚴哉)〈능1-119〉

'너출'은 (蔓)에 대한 대역이다. 『두시언해·유합』에도 '너출'로 『훈몽자회』에는 '쉿무수'로 字釋되었다. 語形 '쉿무수'는 死語로 볼 수 있다.

(晩); 늦다

; 晩年ᄋᆞᆫ 느즐 나히라〈능4-64〉

'늦다'는 (晩)에 대한 대역이다. 『두시언해』에는 '늦다, 나죄, 더듸다, 늣다, 늙다'로 『훈몽자회·유합·천자문』 등에 모두 '느즐'로 字釋되었다.

(謾) ; 쇽절업다

　 ; 求ㅎ야 ᄇ라미 쇽절업슨 잇부미라(求冀謾勞)〈능6-90〉

　 '쇽절업다'는 (謾)에 대한 대역이다. 『두시언해』에는 '쇽절없다'로 『유합』에
는 '거즛말'로 字釋되었다.

(挽) ; 느리혀다

　 ; 네 엇뎨 보물 느리혀(汝豈挽見)〈능2-43〉

　 '느리혀다'는 (挽)에 대한 대역이다. 『두시언해』에는 '잡다, 잡아 ᄃ리다, ᄃ
리다'로 『구하』에는 '긋다'로 『유합』에는 'ᄃᆼ길'로 字釋되었다. 語形 '느리혀다,
ᄃ리다, 잡아 ᄃ리다'는 消滅語로 볼 수 있다.

(灣) ; 믈횟도ᄂ자ㅎ

　 ; 灣은 믈횟도ᄂ 자히오〈능10-7〉

　 '믈횟도ᄂ자ㅎ'는 (灣)에 대한 대역이다. 이는 『능엄경』에서만 발견되는 대
역 語形이다.

(沫) ; 더품

　 ; 믌 더푸므로 體ᄅᆯ 삼고(以水沫爲體)〈능7-89〉

　 '더품'은 (沫)에 대한 대역이다. 『두시언해』에는 '춤'으로 『훈몽자회』에는 '거
품'으로 字釋되었다. 語形 '춤'의 대역이 특이하다.

(末) ; ᄀᇀ

　 ; 第十卷ㅅ 그틀 當ㅎ야(當第十卷末)〈능1-17〉

　 'ᄀᇀ'은 (末)에 대한 대역이다. 『두시언해』에는 '긑, ᄀᇀ'으로 『석보상절』에는
'ᄀᇀ'으로 『구상·구하·태요·두창』에는 'ᄀᄅ, 낫다, ᄆᄎ다, 봋다, 細末ᄒ다,

ᄀᆞᆯ, 글, 기다'로『유합』에는 '글'으로 字釋되었다. 語形 '기다, 벗다'의 대역이
특이하다.

(忘) ; 닞다

; 닐며 업수믈 다 니즐씨니(雙忘起滅)〈능1-40〉

'닞다'는 (忘)에 대한 대역이다.『두시언해』에는 '닞다, 닛다'로『석보상절·
남명천계송언해 』에는 '닞다'로『유합·천자문』광주·주해 본에는 '니즐'로 석
봉 본에는 '니즐'로 字釋되었다.

(茫) ; 어즐ᄒᆞ다

; 어즐ᄒᆞ야 이 ᄠᅳ듸 ᄆᆞ춤과 처엄과ᄅᆞᆯ 아디 몯ᄒᆞ야(茫然不知是義終始)〈능2-53〉

'어즐ᄒᆞ다'는 (茫)에 대한 대역이다.『두시언해』에는 '아ᄉᆞ라ᄒᆞ다'로『유합』
에는 '아득'으로 字釋되었다. 語形 '아ᄉᆞ라ᄒᆞ다'는 消滅語로 볼 수 있다.

(亡) ; 업게ᄒᆞ다, 잃다, 죽다

; 大乘은 바ᄅᆞ 하나흘 업게ᄒᆞ야(大乘直亡一)〈능4-106〉
; ᄯᅩ 그 솑가라ᄀᆞᆯ 일흐리리(亦亡其指)〈능2-23〉
; 漸漸스러 주거니 주구미(漸漸銷殞亡)〈능2-4〉

'업게ᄒᆞ다, 잃다, 죽다'는 (亡)에 대한 대역이다.『두시언해』에도 '주글'로『구
하』에는 '죽다'로『유합』에는 '업슬'로『천자문』광주 본에는 '주글'로 석봉 본에
는 '업슬'로 주해 본에는 '도망, 업슬'로 대역되었다.

(芒) ; ᄀᆞ늘다

; 芒은 ᄀᆞ늘씨라〈능9-44〉

'ᄀᆞ늘다'는 (芒)에 대한 대역이다.『두시언해』에는 'ᄀᆞᄉᆞ라기, 가시'로『구하』
에는 'ᄀᆞᄉᆞ라기'로『유합』에는 '곡식삭'으로 字釋되었다. 語形 '곡식삭'은 消滅語
로 볼 수 있다.

(妄) ; 거즛, 거츨다, 그릇, 외오

  ; 다시 거즛혜물 내야(復生妄計)〈능1-53〉

  ; 그 中에 거츠리 제 어즈러이 뮈유믈 처섬 아ᄂᆞ니(方覺於中妄自擾動)〈능1-107〉

  ; 境을 因ᄒᆞ야 그르 알면(因境妄認)〈능2-23〉

  ; 외오 아론거시라(妄認者)〈능1-82〉


   '거즛, 거츨다, 그릇, 외오'는 (妄)에 대한 대역이다. 『두시언해·구상·남명천계송언해』 등에는 '간대로'로 『태요』에는 '간대로, 망냥'으로 『유합』에는 '망녕'으로 字釋되었다. 語形 '간대로, 외오'는 消滅語로 볼 수 있다.

(罔) ; 거츨다, 없다

  ; 性情이 거츠리 어르우며(性情罔昧)〈능7-91〉

  ; 알ᄑᆡ 둟듸 업서ᄒᆞ던 ᄠᅳ들 朦ᄒᆞ야(朦前罔措之意)〈능2-56〉


   '거즛, 없다'는 (罔)에 대한 대역이다. 『유합』에는 '업슬, 두룰'로 대역되었다.

(網) ; 그믈

  ; 網은 그므리니〈능1-103〉


   '그믈'은 (網)에 대한 대역이다. 『두시언해』에는 '그믈, 줄'로 『구상·훈몽자회·유합』에는 '그믈'로 대역되었다.

(昧) ; 어듭다

  ; 어드우며 사오나올ᄊᆡ(昧劣)〈능4-3〉


   '어듭다'는 (昧)에 대한 대역이다. 『두시언해』에는 '아둑ᄒᆞ다, 아즐ᄒᆞ다'로 『남명천계송언해』에는 '아즐ᄒᆞ다'로 『훈몽자회』에는 '아둑'으로 『유합』에는 '어두울'로 字釋되었다. 語形 '아즐ᄒᆞ다'는 消滅語로 볼 수 있다.

(媒) ; 쇠

　; 媒는 쇠 쁠씨니〈능4-28〉

　'쇠'는 (媒)에 대한 대역이다. 『훈몽자회』에는 '듕신'으로 『유합』에는 '듕미'로
字釋되었다. 語形 '듕신'은 消滅語로 볼 수 있다.

(寐) ; 자다

　; 니기 자며 뷘 입십는 마래(熟寐囈言)〈능9-84〉

　'자다'는 (寐)에 대한 대역이다. 『두시언해』에는 '줌, 자리'로 『훈몽자회·유
합·천자문』에는 모두 '잘'로 字釋되었다.

(猛) ; 모딜다, 믜이, 勇敢ᄒ다

　; 모딘브리 盛히브터(猛火熾烈)〈능8-103〉
　; 스라 믜이 뛰에ᄒ고(然命猛熾)〈능7-16〉
　; 싁스기 勇敢홈과(威猛)〈능6-15〉

　'모딜다, 믜이, 勇敢ᄒ다'는 (猛)에 대한 대역이다. 『두시언해』에는 '모딜다,
믜오다, 勇猛ᄒ다'로 『남명천계송언해』에는 '밉다'로 『구상·두창』에는 '믜이,
ᄆᆔ이'로 『훈몽자회·유합』에는 '믜올'로 字釋되었다. 語形 '믜이, ᄆᆔ이'는 消滅語
로 볼 수 있다.

(蟲) ; 듕위

　; 蟲은 듕위라〈능9-68〉

　'듕위'는 (蟲)에 대한 대역이다. 『두시언해』에는 '듕의'로 字釋되었다. 語形
'듕위, 듕의'는 消滅語로 볼 수 있다.

(盲) ; 눈멀다

　; 눈머니와 귀머그니(盲聾)〈능7-43〉

'눈멀다'는 (盲)에 대한 대역이다. 『훈몽자회』에는 '쇼경'으로 『유합』에는 '눈멀'로 字釋되었다.

(面) ; ᄂᆞᆾ, ᄂᆞᆾ

　; 그 ᄂᆞ춘(其面)〈능2-9〉
　; 머리 세며 ᄂᆞ치 살찌여(髮白面皺)〈능2-5〉

　'ᄂᆞᆾ, ᄂᆞᆾ'은 (面)에 대한 대역이다. 『두시언해』에는 'ᄂᆞᆾ, ᄂᆞᆾ, 쌤, 앎, 面'으로 『석보상절 · 남명천계송언해』에는 'ᄂᆞᆾ'으로 『구상 · 태요 · 두창 · 납약』에는 'ᄂᆞᆾ,ᄂᆞᆾ'으로 『훈몽자회 · 유합 · 천자문』 석봉 · 주해 본에는 모두 'ᄂᆞᆾ'으로 광주 본에는 'ᄂᆞᆫ'으로 字釋되었다. 語形 'ᄂᆞᆫ'의 대역이 특이하다.

(免) ; 免ᄒᆞ다

　; 輪廻를 免ᄒᆞ면(免輪廻)〈능5-3〉

　'免ᄒᆞ다'는 (免)에 대한 대역이다. 『두시언해』에는 '免ᄒᆞ다'로 『구하』에는 '버서나다'로 『유합』에는 '면홀'로 字釋되었다.

(縣) ; 범글다

　; 범그러 機織이 잇ᄂᆞᆫ듯ᄒᆞ야(縣然若有機織)〈능67-4〉

　'범글다'는 (縣)에 대한 대역이다. 『두시언해 · 구상 · 태요 · 훈몽자회 · 유합 · 천자문』 광주 · 석봉 본에는 모두 '소옴'으로 주해 본에만 '멀, 소옴, 약홀'로 對譯되었다. 語形 '범글다'는 消滅語로 볼 수 있다.

(滅) ; 滅ᄒᆞ다, 없다

　; 머리 여회면 쏘 모든 生死因은 滅ᄒᆞ야(則復滅除諸生死因)〈능2-94〉
　; 주머귀 ᄆᆞᄎᆞᆷ내 업시니(拳畢竟滅)〈능1-100〉

'滅ᄒ다, 없다'는 (滅)에 대한 대역이다. 『두시언해』에는 '滅하다, 배다'로 『남명천계송언해』에는 '배다'로 『훈몽자회』에는 'ᄢᅥ딜'로 『두창』에는 '스다'로 『유합』에는 '블ᄢᅥ딜'로 『천자문』 광주 · 석봉 본에는 'ᄢᅵᆯ'로 주해 본에는 'ᄭᅳᆯ'로 字釋되었다.

(命) ; 목숨

　　; 네 내 목수믈 지며(汝負我命)〈능4-31〉

　'목숨'은 (命)에 대한 대역이다. 『두시언해』에는 '목숨, 블로다, 人命, 性命, 命令, 命'으로 『석보상절』에는 '긔걸'로 『남명천계송언해 · 구하』에는 '목숨'으로 『정속언해』에는 '얼이, 명'으로 『훈몽자회』에는 '목숨'으로 『유합』에는 '목숨, 시길'로 『천자문』 광주 · 석봉 본에는 '목'으로 주해 본에는 '목숨, 영혼'으로 대역되었다. 語形 '긔걸, 얼이'는 消滅語로 볼 수 있다.

(冥) ; 깊다, 맞다, 어둡다

　　; 기피 더드므며 너비 무러(冥捜博訪)〈능1-3〉
　　; 眞에 마ᄌ며(冥眞)〈능4-8〉
　　; 어드운 ᄯᅡ히 다 붉거ᄒᆞ되(使冥者皆明)〈능1-5〉

　'깊다, 맞다, 어둡다'는 (冥)에 대한 대역이다. 『두시언해』에는 '깁다, 아ᅀᅡ라히, 아득ᄒ다, 어듭다, 죽다'로 『유합』에는 '어두울'로 『천자문』 광주 · 석봉 본에는 '아득홀'로 주해 본에는 '아득 홀, 바다'로 대역되었다. 語形 '아ᅀᅡ라히'는 消滅語로 볼 수 있다.

(名) ; 일홈

　　; 이 일후미 뭇노푼 法共養이라 ᄒ신대(是名最上法之共養)〈능1-4〉

　'일홈'은 (名)에 대한 대역이다. 『두시언해 · 훈몽자회 · 유합 · 천자문』에도 모두 '일홈'으로 『구상 · 태요 · 누장 · 납약』에는 '일홈, 일홈, 명, 일흠'으로 대역되었다.

(溟) ; 바롤

  ; 溟은 바르리라〈능2-20〉


'바롤'은 (溟)에 대한 대역이다. 『두시언해』에는 '바롤, 바룻믈'로 『유합』에는 '바다'로 字釋되었다. 語形 '바롤'은 消滅語로 볼 수 있다.

(明) ; 븕다

  ; ㅁ숨 블긇·사르미(明心之士)〈능1-2〉


'븕다'는 (明)에 대한 대역이다. 『두시언해』에는 '븕다, 번득ㅎ다'로 『석보상절』에는 '번ㅎ다'로 『남명천계송언해·정속언해』에는 '븕기'로 『구상·태요·두창』에는 '븕다, 맑다, 묽다'로 『훈몽자회·유합』에는 '볼ㄱ'로 『천자문』에는 '븕다'로 字釋되었다. 語形 '번ㅎ다'는 消滅語로 볼 수 있다.

(慕) ; 그리다, ㅂ라다, ㅅ랑ㅎ다

  ; 慕는 그릴씨라〈능2-54〉
  ; 밧굴 ㅂ라 妄히 求ㅎ샤미라(外慕妄求也)〈능5-83〉
  ; 드샷 ㅅ랑호ᄆᆞᆯ 낸 젼치며(生愛慕故)〈능10-39〉


'그리다, ㅂ라다, ㅅ랑ㅎ다'는 (慕)에 대한 대역이다. 『유합·천자문』 석봉·주해 본에는 'ㅅ모'로 광주 본에는 'ㅅ못'으로 字釋되었다.

(耄) ; 늙다

  ; 耄는 늘거니 즐힐울씨라〈능2-5〉


'늙다'는 (耄)에 대한 대역이다. 『유합』에는 '늘글'로 字釋되었다.

(毛) ; 터럭

  ; 듣글은 터럭 ㄱᄐᆞᆫ 國土애(於塵毛國土)〈능1-9〉

'터럭'은 (毛)에 대한 대역이다. 『두시언해』에는 '터리'로 『석보상절·남명천계송언해』에는 '터리, 터럭'으로 『구하·두창』에도 '짗, 털'로 『훈몽자회·유합·천자문』에는 모두 '터럭'으로 字釋되었다. 語形 '짗'은 消滅語로 볼 수 있다.

(某) ; 아모

; 시혹 如來 아모딕 出世ᄒ시다 니ᄅ며(或言如來某處出世) 〈능9-98〉

'아모'는 (某)에 대역이다. 『훈몽자회』에는 '아못'으로 『유합』에는 '아모'로 字釋되었다.

(暮) ; 나죄

; 어루 아ᄎᆞᆷ 나죄 ᄯᆞᄅ미어니(可唯旦暮) 〈능1-16〉

'나죄'는 (暮)에 대한 대역이다. 『두시언해』에는 '나죗, 늙다'로 『훈몽자회·유합』에는 '겨믈'로 字釋되었다. 語形 '나죄'는 消滅語로 볼 수 있다.

(倅) ; 긇다

; 불셔 부톗긔 긇건 마른(固已倅佛) 〈능1-37〉

'긇다'는 (倅)에 대한 대역이다. 『두시언해』에는 '궅다'로 대역되었다. 語形 '긇다'는 消滅語로 볼 수 있다.

(模) ; 法

; 模ᄂᆞᆫ 法이라 〈능7-6〉

'法'은 (模)에 대한 대역이다. 『두시언해』에는 '얼의엣다'로 『유합』에는 '도국'으로 『훈몽자회』에는 '얼굴'로 字釋되었다. 語形 '얼의엣다, 도국'은 消滅語로 볼 수 있다.

(沒) ; 주기다

  ; 能히 性을 毒ᄒᆞ야 모믈 주기ᄂᆞ니라(能毒性沒身)〈능8-83〉


   '주기다'는 (沒)에 대한 대역이다. 『두시언해』에는 '뻐디다, 무티다, 죽다, 돔 기다, 드리ᄃᆞ르리다'로 『석보상절』에는 '뻐디다'로 『유합』에는 '묻딜일'로 字釋 되었다. 語形 '드리ᄃᆞ르리다, 묻딜일'은 消滅語로 볼 수 있다.

(蒙) ; 닙ᄉᆞ다, 어듭다

  ; 부텻 慈愛를 닙ᄉᆞ와(蒙佛慈愛)〈능1-76〉
  ; 蒙ᄋᆞᆫ 뜨디 어득홀씨라〈능8-67〉


   '닙ᄉᆞ다, 어듭다'는 (蒙)에 대한 대역이다. 『두시언해』에는 '닙다, 둪다'로 『구상』에는 '둪다'로 『훈몽자회 · 유합 · 천자문』 광주 · 석봉 본에는 '니블'로 주 해 본에는 '어릴, 덥플, 닙을'로 對譯되었다.

(瞢) ; 아득히, 어듭다

  ; 쌜아 아득히 부텨 보ᅀᆞ와와(瞪瞢瞻佛)〈능2-15〉
  ; 나죄 어드우면 夢이니(夕瞢則夢)〈능10-3〉


   '아득히, 어듭다'는 (瞢)에 대한 대역이다. 이는 『능엄경』에서만 발견되는 대 역 語形이다.

(猫) ; 괴

  ; 곧 괴 가히 ᄃᆞᆰ 돋 類라(卽猫犬雞㹠類也)〈능8-122〉


   '괴'는 (猫)에 대한 대역이다. 『구하 · 유합』에는 모두 '괴'로 대역되었다. 語 形 '괴'는 消滅語로 볼 수 있다.

(妙) ; 됴ᄒᆞ다, 微妙ᄒᆞ다

  ; 貴ᄒᆞᆫ 차반 우업슨 됴ᄒᆞᆫ 마ᄉᆞᆯ 만히 노쑵고(廣設珍羞無上妙味)〈능1-31〉

; 우업슨 그데 微妙히 다돋게 ᄒ시며(而妙極乎無上之致)〈능1-8〉

'됴ᄒ다, 微妙ᄒ다'는 (妙)에 대한 대역이다. 『두시언해』에는 '微妙ᄒ다, 精妙
ᄒ다, 神妙ᄒ다'로 『구상·납약·두창·태요』에는 '긔묘ᄒ다, 긔특ᄒ다, 둏다,
싀원ᄒ다'로 『유합』에는 '神妙ᄒ다'로 字釋되었다. 語形 '시원ᄒ다'의 대역이 특
이하다.

(眇) ; 젹다

; 眇는 져글씨라〈능9-49〉

'젹다'는 (眇)에 대한 대역이다. 『두시언해』에는 '아ᅀᆞ라ᄒ다'로 『구하』에는
'멀다'로 『유합』에는 '쟈글'로 字釋되었다. 語形 '아ᅀᆞ라ᄒ다'는 消滅語로 볼 수
있다.

(舞) ; 춤추다

; 제 놀애 브르고 제 춤츠며(自歌自舞)〈능9-75〉

'춤추다'는 (舞)에 대한 대역이다. 『두시언해·석보상절·훈몽자회·유합』에
는 모두 '춤'으로 『남명천계송언해』에는 '춤츠다'로 대역되었다.

(無) ; 업다

; 그 用이 지숌 업거시니(其用無作)〈능1-8〉

'업다'는 (無)에 대한 대역이다. 『두시언해』에는 '몯ᄒ다, 아니ᄒ다, 업다'로
『남명천계송언해·정속언해』에는 '업다'로 『구상·납약·태요』에는 '아니ᄒ다,
말다, 업다'로 『유합·천자문』 광주·석봉 본에는 '업슬'로 주해 본에는 '업슬,
션홀'로 對譯되었다. 語形 '션홀'은 消滅語로 볼 수 있다.

(巫) ; 심방

 ; 곧 巫祝를 브터 吉凶을 傳ᄒᆞᄂᆞᆫ 거시라 巫ᄂᆞᆫ 겨집 심방이오 祝ᄂᆞᆫ 男人 심방이라
 (卽附巫祝而傳吉凶者)〈능8-117〉

 '심방'은 (巫)에 대한 대역이다. 『두시언해』에는 '스슝, 巫'로 『월인석보』에는
'심방'으로 『두창』에는 '무당'으로 『정속언해』에는 '스슝'으로 『훈몽자회·유합』
에는 '무당'으로 字釋되었다. 語形 '심방'은 消滅語로 볼 수 있다.

(誣) ; 거즛, 외다

 ; 거즛 허로매 發ᄒᆞᄂᆞ니(發於誣謗)〈능8-92〉
 ; 외디 아니ᄒᆞ와(不誣)〈능7-52〉

 '거즛, 외다'는 (誣)에 대한 대역이다. 『훈몽자회·유합』에는 '거즛'으로 字釋
되었다. 語形 '외다'는 消滅語로 볼 수 있다.

(茂) ; 크다

 ; 奇特ᄒᆞᆫ 지조와 큰 그르시(奇才茂器)〈능1-3〉

 '크다'는 (茂)에 대한 대역이다. 『두시언해·천자문』 석봉 본에는 '거츨다'로
광주 본에는 '덤거울'로 주해 본에는 '힘쁠, 셩홀'로 『유합』에는 '셩홀'로 字釋되
었다. 語形 '덤거울'은 消滅語로 볼 수 있다.

(務) ; 힘쓰다

 ; 힘뻐 議情을 아ᅀᆞᆯ디니라(務去議情也)〈능5-8〉

 '힘쓰다'는 (務)에 대한 대역이다. 『두시언해』에는 '일, 힘뻐다, 事務'로 『훈
몽자회·유합·천자문』 광주·석봉 본에는 '힘쁠'로 주해 본에는 '힘쓸'로 字釋
되었다.

(黙) ; 줌줌ᄒ다

　; 줌줌ᄒ야 제 일흐니라(黙然自失)〈능1-91〉


　'줌줌ᄒ다'는 (黙)에 대한 대역이다. 『두시언해』에는 '줌줌ᄒ다'로 『유합』에
는 '줌줌'으로 『천자문』 광주 본에는 '괴외'로 석봉·주해 본에는 '줌줌'으로 字
釋되었다. 語形 '괴외'는 消滅語로 볼 수 있다.

(文) ; 글

　; 아랫 그레 니ᄅ샤ᄃᆡ(下文云)〈능2-53〉


　'글'은 (文)에 대한 대역이다. 『두시언해』에는 '글, 글월, 션ᄇᆡ'로 『석보상절·
정속언해』에는 '글'로 『남명천계송언해·구상』에는 '글, 금'으로 『훈몽자회·유
합·천자문』 광주·석봉 본에는 모두 '글월'로 주해 본에는 '글월, ᄭᅮ밀'로 對譯
되었다. 語形 'ᄭᅮ밀, 션ᄇᆡ'의 대역이 특이하다.

(聞) ; 듣다, 맡다

　; 해 드로ᄆᆞᆯ 쇽졀업시 잘가냥ᄒ야(虛驕多聞)〈능1-3〉
　; 香을 마트니(聞香)〈능3-25〉


　'듣다, 맡다'는 (聞)에 대한 대역이다. 『두시언해·석보상절』에는 '듣다'로 『남
명천계송언해』에는 '듣다, 들이'로 『정속언해』에는 '듯다'로 『구상·두창·태요』
에는 '듣다, 듯다, 맡다'로 『훈몽자회』에는 '드를'로 『유합』에는 '드롤'로 『천자문』
광주 본에는 '드늘'로 석봉 본에는 '드를'로 주해 본에는 '느를, 소문'으로 對譯되
었다. 語形 '드늘'의 대역이 특이하다.

(問) ; 묻ᄌᆞᆸ다

　; 藥王如來ᄱᅴ 法供養 ᄠᅳ들 아리 묻ᄌᆞ온대(甞問藥王如來法供養義)〈능1-3〉


　'묻ᄌᆞᆸ다'는 (問)에 대한 대역이다. 『두시언해』에는 '묻ᄂᆞ다, 묻ᄂᆞ다, 무룸'으
로 『석보상절·정속언해』에는 '무다'로 『남명천계송언해·구상』에는 '믇다'로

『훈몽자회 · 유합 · 천자문』 광주 본에는 '무를'로 석봉 · 주해 본에는 '무를'로
각각 대역되었다.

(紊) ; 어즈럽다

  ; 條理이셔 어즈럽디 아니ᄒ시니(有條不紊)〈능1-18〉

  '어즈럽다'는 (紊)에 대한 대역이다. 『유합』에는 '헛글'로 字釋되었다. 語形
'헛글'은 消滅語로 볼 수 있다.

(糜) ; 쥭

  ; 能히 데운 丸과 쇠 쥭이 ᄃ외오(能爲焦丸鐵糜)〈능8-97〉

  '쥭'은 (糜)에 대한 대역이다. 『훈몽자회』에는 '쥭'으로 『유합』에는 '믈그여딜'
로 字釋되었다. 語形 '믈그여딜'은 消滅語로 볼 수 있다.

(彌) ; ᄀᄃ기, 더욱

  ; 國土애 ᄀᄃ기 두푸미 ᄃ외오(彌覆國土)〈능8-104〉
  ; 더욱 나토미라(彌露也)〈능6-95〉

  'ᄀᄃ기, 더욱'은 (彌)에 대한 대역이다. 『두시언해』에는 'ᄀ둑ᄒ다, 다ᄒ다,
더욱'으로 『유합』에는 '더욱'으로 字釋되었다.

(未) ; 몯

  ; 그 몯미처 보니도(其未及見者)〈능1-16〉

  '몯'은 (未)에 대한 대역이다. 『두시언해』에는 '몯ᄒ다, 아니ᄒ다'로 『태요 ·
두창』에는 '아니ᄒ다, 못ᄒ다, 어렵다'로 대역되었다.

(微) ; ᄀᄆᄒ다

  ; ᄀᄆ흔 ᄇᄅ미 뎌 사ᄅ미 ᄂ츨 ᄈᆞ릴니(則有微風拂彼人面)〈능3-82〉

'ᄀᄆᆫᄒᆞ다'는 (微)에 대한 대역이다.『두시언해』에는 'ᄀᄂᆞᆯ다, 젍간, 젹다, 죠고맛, 微微ᄒᆞ다, 微少ᄒᆞ다, 微賤ᄒᆞ다'로『남명천계송언해』에는 '죠고맛'으로『정속언해』에는 '쟉다'로『태요·납약·구상』에는 '잠깐, 잠간'으로『훈몽자회』에는 '아출'로『유합』에는 '쟈굴'로 字釋되었다. 語形 'ᄀᄆᆫᄒᆞ다, 아출'은 消滅語로 볼수 있다.

(靡) ; 업다
  ; 至極디 아니ᄒᆞ딘 업거시늘(靡所不至)〈능1-3〉

'업다'는 (靡)에 대한 대역이다.『두시언해』에는 '아니ᄒᆞ다, 쓰렛ᄒᆞ다'로『유합』에는 '쓰러딜'로 字釋되었다. 語形 '쓰렛ᄒᆞ다'는 消滅語로 볼 수 있다.

(味) ; 맛
  ; 貴흔 차반 우업슨 됴흔 마술 만히 노ᄊᆞᆸ고(廣設珍羞無上妙味)〈능1-31〉
  ; 들쑬 닐온 離와 날쑬 닐온 微라〈능4-106〉

'맛'은 (味)에 대한 대역이다.『두시언해·석보상절·구상·훈몽자회·유합』등에 모두 '맛'으로 對譯되었다.

(迷) ; 모ᄅᆞ다, 몰라, 몰롬, 迷惑ᄒᆞ다, 어리다, 어리우다, 어즐ᄒᆞ다
  ; 제 몸 모ᄅᆞᄂᆞᆫ 무리해 드로믈 흣갓 向ᄒᆞ고(迷己之流一向多聞)〈능1-37〉
  ; 모몰 몰라 物을 사마(迷已爲物)〈능2-44〉
  ; 몰롬과 아롬괘(迷悟)〈능1-93〉
  ; 다 흘러가 몰애 ᄢᅵ는 迷惑흔 소니며(皆流爲蒸砂迷客)〈능1-3〉
  ; 져근 道애 어리디 아니ᄒᆞ야(使不迷於小道)〈능1-8〉
  ; 愚ᄂᆞᆫ 어릴씨니 어린내라ᄒᆞ미라〈능1-16〉
  ; 어리워 ᄀᆞ료미 드윈 견칠씨(迷障故也)〈능1-104〉
  ; 中이 반ᄃᆞ기 어즐티 아니ᄒᆞ야(中必不迷)〈능1-69〉

'모ᄅᆞ다, 몰라, 몰롬, 迷惑ᄒᆞ다, 어리다, 어리우다, 어즐ᄒᆞ다'는 (迷)에 대한 대역이다.『두시언해』에는 '어즐ᄒᆞ다, 迷路'로『석보상절』에는 '입'으로『훈몽

자회』에는 '미혹홀'로 『유합』에는 '길일홀'로 字釋되었다.

(尾) ; 꼬리

 ; 머리와 꼬리와룰 서르 밧고니(首尾相換)〈능2-13〉

 '꼬리'는 (尾)에 대한 대역이다. 『두시언해』에는 '귿, 꼬리'로 『구하·납약·
두창』에는 '꼬리, 낭죵'로 『훈몽자회·유합』에 모두 '꼬리'로 字釋되었다. 語形
'낭죵'의 대역이 특이하다.

(眉) ; 눈섭

 ; 눈섭과 누니 어루 보믈(眉目可見)〈능4-57〉

 '눈섭'은 (眉)에 대한 대역이다. 『두시언해·석보상절·남명천계송언해·훈
몽자회·유합』에 모두 '눈섭'으로 대역되었다.

(米) ; 쌀

 ; 깁 두드리며 쌀 디흐면(搗練舂米)〈능4-130〉

 '쌀'은 (米)에 대한 대역이다. 『두시언해·석보상절·남명천계송언해·구
상·태요·훈몽자회·유합』 등에 모두 '쌀'로 對譯되었다.

(泯) ; 업다

 ; 자최업게 호미라(所以泯迹)〈능1-40〉

 '업다'는 (泯)에 대한 대역이다. 『두시언해』에는 '긋다, 업다'로 『유합』에는
'싀여딜'로 字釋되었다. 語形 '싀여딜'은 消滅語로 볼 수 있다.

(悶) ; 답깝다

 ; 네 迷惑ᄒᆞ야 답까와(汝自迷悶)〈능2-31〉

'답깝다'는 (悶)에 대한 대역이다. 『두시언해』에는 '답깝다, 닶겨다'로 『구상 · 납약 · 두창 · 태요』에는 '답깝다, 답답ᄒ다, 민망ᄒ다'로 『유합』에는 '답답'으로 字釋되었다. 語形 '답깝다'는 消滅語로 볼 수 있다.

## (民); 百姓

; 이 方앳 네 百姓이 곧ᄒ니(如此方四民)〈능3-88〉

'百姓'은 (民)에 대한 대역이다. 『두시언해』에는 '百姓'으로 『훈몽자회 · 유합』에는 '빅셩'으로 字釋되었다.

## (敏); 쌘ᄅ다

; 敏ᄋᆫ 쌘ᄅ며 通達ᄒᆯ씨라〈능1-28〉

'ᄲᆞᄅ다'는 (敏)에 대한 대역이다. 『두시언해』에는 'ᄲᆞ리, 敏捷'으로 『유합』에는 'ᄲᆞ리잘ᄒᆞᆯ'로 字釋되었다.

## (密); 그슥ᄒ다, 秘密

; 그스기 올모몰(密移)〈능2-6〉
; 엇뎨 秘密ᄒᆞᆯ 因을 브트시며(何假密因)〈능1-8〉

'그슥ᄒ다, 秘密'는 (密)에 대한 대역이다. 『두시언해』에는 '그스기, 칙칙ᄒ다, 칙칙ᄒ다, 周密히, 秘密히, 親密ᄒ다'로 『석보상절』에는 'ᄀᆞᄆᆞ니, ᄀᆞ마니'로 『남명천계송언해』에는 '칙칙기, 칙칙ᄒ다'로 『구하 · 태요』에는 'ᄉᆞ외, 칙칙ᄒ다, ᄌᆞ오기'로 『유합』에는 '칙칙'으로 『천자문』 광주 본에는 '볼'로 석봉 본에는 '빅빅ᄒᆞᆯ'로 주해 본에는 '비밀, 빅빅'으로 對譯되었다. 語形 '그슥ᄒ다, 그스기, 칙칙ᄒ다, 칙칙ᄒ다'는 消滅語로 볼 수 있다.

## (薄); 다왇다

; 薄ᄋᆫ 氣分이 가 다와ᄃᆞᆯ씨오〈능9-113〉

'다왇다'는 (薄)에 대한 대역이다. 『두시언해』에는 '사오나다, 열우다'로 『남명천계송언해 · 구하 · 두창』에는 '엷다'로 『유합』에는 '열울'로 『천자문』광주 · 석봉 본에는 '열울'로 주해 본에는 '열울, 발박, 잠간, 다흘'로 對譯되었다. 語形 '다왇다, 열우다, 발박, 다흘'은 消滅語로 볼 수 있다.

(霍) ; 무뤼

　; 能히 번게 ᄃᆞ외며 무뤼 ᄃᆞ외야(則能爲電爲霍)〈능8-99〉

　'무뤼'는 (霍)에 대한 대역이다. 『훈몽자회 · 유합』에는 모두 '무뤼'로 字釋되었다. 語形 '무뤼'는 消滅語로 볼 수 있다.

(撲) ; 톰

　; 도기 다몸과 잘인 녀허 툐미잇ᄂᆞ니(甕盛囊撲)〈능8-88〉

　'톰'은 (撲)에 대한 대역이다. 『두시언해』에는 '티다'로 『태요』에는 '셋다'로 대역되었다.

(博) ; 너비

　; 너비 빈호미 第一이오(博學第一)〈능1-28〉

　'너비'는 (博)에 대한 대역이다. 『두시언해』에도 '너비'로 『유합』에는 '너블'로 『훈몽자회』에는 '밧골, 너블'로 대역되었다.

(剝) ; 빼다

　; 네 微細히 萬象애 헤혀 빼야(汝可微細披剝萬象)〈능2-48〉

　'빼다'는 (剝)에 대한 대역이다. 『두시언해』에는 '빠다, 아소다'로 『구하』에는 '밧기다'로 대역되었다. 語形 '아소다'는 消滅語로 볼 수 있다.

(泊) ; 긔저리다

　; 괴외혼 거슬 긔저려 어즈리 누린다(泊亂澄寂)〈능1-107〉

　'긔저리다'는 (泊)에 대한 대역이다. 『두시언해』에는 '미다, 닿다, 붙다'로 『유합』에는 '믈 굴'로 字釋되었다. 語形 '긔저리다'는 消滅語로 볼 수 있다.

(伴) ; 벋

　; 처서믜 時節과 곧과 主와 벋과롤 버려(初陳時處主作)〈능1-20〉

　'벋'은 (伴)에 대한 대역이다. 『두시언해 · 훈몽자회』에는 '벋'으로 『유합』에는 '동모'로 字釋되었다. 語形 '동모, 벋'은 死語로 볼 수 있다.

(攀) ; 븓둥기다

　; 븓둥기요물 브터닌들 나토시니(由攀緣起)〈능1-46〉

　'븓둥기다'는 (攀)에 대한 대역이다. 『두시언해 · 남명천계송언해』에는 '더위잡다'로 『태요』에는 '더위잡다, 잡다'로 『유합』에는 '더위자볼'로 字釋되었다. 語形 '븓둥기다, 더위잡다'는 消滅語로 볼 수 있다.

(飯) ; 밥, 이받다

　; 諸天의 밥머고미(諸天飯食)〈능2-86〉
　; 훈삑 즁 이바도리라(同時飯僧)〈능1-31〉

　'밥, 이받다'는 (飯)에 대한 대역이다. 『두시언해』에는 '밥, 먹다'로 『석보상절 · 남명천계송언해 · 구하 · 두창 · 훈몽자회 · 유합 · 천자문』 광주 · 석봉 본에는 '밥'으로 주해 본에는 '밥, 먹다'로 對譯되었다. 語形 '이받다'는 消滅語로 볼 수 있다.

(反) ; 무르혀다, 드위혀다

　; 또 フ모매 能히 몸 안홀 두르혀 보면(且合能反觀身中)〈능1-61〉

; 솑바당 드위혀며셔 샌로니(速於反掌)〈능1-16〉

　'두르혀다, 드위혀다'는 (反)에 대한 대역이다. 『두시언해』에는 '도라오다, 도로혀, 도ᄅᆞ혀, 도로, 두위힐다, 反逆, 反ᄒᆞ다'로 『구상·납약』에는 '도ᄅᆞ혀, 뒤지다'로 『유합』에는 '뒤혈'로 字釋되었다. 語形 '도로혀, 도ᄅᆞ혀, 두르혀다, 드위혀다, 뒤혈'은 消滅語로 볼 수 있다.

(返) ; 도라오다

; 오히려 能히 도라오디 몯ᄒᆞᄂ니라(猶不能返)〈능4-58〉

　'도라오다'는 (返)에 대한 대역이다. 『두시언해』에는 '도로, 도로혀'로 『유합』에는 '도라올'로 字釋되었다.

(畔) ; ᄀᆞᆽ

; 어듸브터 ᄀᆞᇫ이 ᄃᆞ외얫ᄂᆞᆫ뇨(自何爲畔)〈능2-102〉

　'ᄀᆞᆽ'은 (畔)에 대한 대역이다. 『두시언해』에는 'ᄀᆞᇫ, ᄀᆞᆽ'으로 『구하』에는 'ᄀᆞᆽ'으로 대역되었다.

(盼) ; 보다

; 머리 도ᄅᆞ혀 右녀글 보아(廻首右盼)〈능1-110〉

　'보다'는 (盼)에 대한 대역이다. 이는 『능엄경』에서만 발견되는 대역 語形이다.

(魅) ; ᄀᆞ몰

; 魅은 ᄀᆞ몷 鬼라〈능8-115〉

　'ᄀᆞ몰'은 (魅)에 대한 대역이다 .이는 『능엄경』에서만 발견되는 대역 語形이다.

(撥) ; 떨다

　;因果를 떠러 업스니라홀씨라(撥無因果)〈능8-91〉

　‘떨다’는 (撥)에 대한 대역이다. 『두시언해』에는 ‘ᄇ리다, 쌔혀다’로 『구상』에
는 ‘헤혀다’로 대역되었다. 語形 ‘헤혀다’는 消滅語로 볼 수 있다.

(拔) ; 쌔혀다, 쌔혓다

　;未來를 쌔혀며 濟度ᄒ야(拔濟未來)〈능1-24〉
　;부러 쌔혓디 아니ᄒ야(不故拔)〈능6-96〉

　‘쌔혀다, 쌔혓다’는 (拔)에 대한 대역이다. 『두시언해』에는 ‘쌔혀다, ᄇ리다’
로 『석보상절』에는 ‘쌔혓다, 쌔혓다’로 『남명천계송언해』에는 ‘쌔혀다’로 『태
요·두창』에는 ‘쌔아다, 들시다’로 『유합』에는 ‘쌔틸’로 字釋되었다. 語形 ‘들시
다’는 消滅語로 볼 수 있다.

(髮) ; 머리

　;예셔 닐오면 머리 누른 外道니(此云黃髮外道)〈능1-36〉

　‘머리’는 (髮)에 대한 대역이다. 『두시언해』에는 ‘머리, 머리털’로 『구하·태
요·두창』에는 ‘마리, 머리털, 털’로 『훈몽자회·천자문』 광주·석봉 본에는
‘터럭’으로 주해 본에는 ‘털억’으로 『유합』에는 ‘머리털’로 字釋되었다.

(鉢) ; 바리

　;바리를 닐오 應器라(鉢曰應器)〈능1-33〉
　‘바리’는 (鉢)에 대한 대역이다. 『훈몽자회·유합』에는 모두 ‘바리’로 字釋되
었다.

(發) ; 내다, 니르왇다, 發ᄒ다, 펴다

　;ᄠᆮ 내요ᄆ(發意)〈능1-32〉
　;兵馬를 니르와다 텨더로딕(發兵馬討除)〈능1-46〉

; 火오ᄅ고 水ᄂ려 섯거 發ᄒ야(火勝水降交發)〈능4-18〉

; 妙明心을 펴샤(發妙明心)〈능1-94〉

'내다, 니ᄅ왇다, 發ᄒ다, 펴다'는 (發)에 대한 대역이다. 『두시언해』에는 '글다, 나가다, 나ᄂ다, 내다, 쌔혀다, 베푸다, 피다' 등으로 『구상·납약·태요·두창』에는 '내욤, 나다, 앓다, 돋다'로 『유합·천자문』에는 '베풀'로 字釋되었다. 語形 '니ᄅ왇다'는 消滅語로 볼 수 있다.

## (勃); 드틀

; 鬱勃ᄋᆫ 드틀닌 양지라〈능2-29〉

'드틀'은 (勃)에 대한 대역이다. 이는 『능엄경』에서만 발견되는 대역 語形이다. 語形 '드틀'은 消滅語로 볼 수 있다.

## (方); 너모, 모나다, 보야ᄒ로, 비르서, 져기, 처섬

; 方器ᄂ 너모난 그르시라〈능2-42〉

; 器ᄂ 모나미 두려우미 잇거니와(器有方圓)〈능2-42〉

; 보야ᄒ로 盛ᄒ고(方盛)〈능1-20〉

; 비르서 조히 그처믈 得ᄒ리라(方得蕩絶也)〈능1-107〉

; 져기 주그며 져기 산 ᄉᆡ롤 니ᄅ시니라(謂方死方生之間也)〈능8-72〉

; 그 中에 그츠리 제 어즈러이 뮈유믈 처섬아ᄂ니(方覺於中妄自擾動)〈능1-107〉

'너모, 모나다, 보야ᄒ로, 비르서, 져기, 처섬'은 (方)에 대한 대역이다. 『두시언해』에는 '보야ᄒ로, 뵈야ᄒ로, 짜ᄒ, 딕'로 『석보상절』에는 '뵈야ᄒ로, 모ᄒ'로 『남명천계송언해』에는 '뵈야ᄒ로, 녁'으로 『태요·두창』에는 '방문, 보야ᄒ로, 막, 브야ᄒ로'로 『유합』에는 '모날'로 『천자문』 광주 본에는 '못'으로 석봉 본에는 '모'로 주해 본에는 '브야ᄒ로, 견졸, 방소, 모방'으로 대역되었다.

## (旁); 너비

; 佛土를 너비 보게ᄒ리라(旁見佛土)〈능9-110〉

'너비'은 (旁)에 대한 대역이다. 『두시언해』에는 '바라다, ᄀ'으로 대역되었다.

(謗) ; 誹謗ᄒ다, 헐다

  ; 부텨 誹謗마고믈 爲ᄒ샤(佛爲誹謗)〈능5-47〉

  ; 거즛 허로매 發ᄒᄂ니(發於誣謗)〈능8-92〉

   '誹謗ᄒ다, 헐다'는 (謗)에 대한 대역이다. 『두시언해』에는 '구숑ᄒ다, 하롬, 하리'로 『훈몽자회』에는 '헐쓰릴'로 字釋되었다. 語形 '구숑ᄒ다, 하롬, 하리, 헐쓰릴'은 消滅語로 볼 수 있다.

(放) ; 펴다

  ; 種種 光을 펴시니(放種種光)〈능1-78〉

   '펴다'는 (放)에 대한 대역이다. 『두시언해』에는 '놓다, 펴다'로 『석보상절·남명천계송언해·정속언해』에는 '놓다'로 『구상·두창』에는 '쉬울다, 놓다'로 『유합』에는 '노홀'로 字釋되었다. 語形 '쉬울다'는 消滅語로 볼 수 있다.

(陪) ; 뫼ᅀᆞ다

  ; ᄒ오사 黃卷聖賢을 뫼ᅀᆞ와(獨陪黃卷聖賢)〈능1-3〉

   '뫼ᅀᆞ다'는 (陪)에 대한 대역이다. 『두시언해』에는 '뫼시다, 뫼ᅀᆞᆸ다'로 『훈몽자회』에는 '믈일'로 『유합·천자문』에는 모두 '뫼실'로 字釋되었다. 語形 '믈일'은 消滅語로 볼 수 있다.

(輩) ; 무리

  ; 輩는 무리라〈능2-11〉

   '무리'는 (輩)에 대한 대역이다. 『두시언해』에는 '무리'로 『두창』에는 '네'로 『유합』에는 '흔층'으로 字釋되었다. 語形 '흔층'은 消滅語로 볼 수 있다.

(背) ; 뒤돌다, 背叛ᄒ다

　; 시혹 히를 뒤도랴 슈미(或背日)〈능2-87〉
　; 眞을 일흐며 道를 背叛ᄒ야(失眞背道)〈능1-94〉

　'뒤돌다, 背叛ᄒ다'는 (背)에 대한 대역이다. 『두시언해』에는 '도라셔다, 둥어리, 졋다'로 『석보상절』에는 '둥, 뒤돌다'로 『남명천계송언해』에는 '지여ᄇ리다'로 『구상·태요·유합』에는 '둥'으로 『훈몽자회·천자문』 석봉 본에는 '둥'으로 광주 본에는 '질'로 주해 본에는 '둥, 어긜'로 대역되었다. 語形 '질, 어긜'은 消滅語로 볼 수 있다.

(排) ; 미리왇다, 밀다

　; 두 쩔이 서르 미리왇는 젼ᄎ로(二쩔相排故)〈능8-92〉
　; 다 미러 ᄇ리시ᄂ니(俱排擯)〈능3-64〉

　'미리왇다, 밀다'는 (排)에 대한 대역이다. 『두시언해』에는 '버으리다, 굴이다, 미러들다'로 『천자문』에는 '머믈'로 『훈몽자회』에는 '베와들'로 『유합』에는 '버릴'로 字釋되었다. 語形 '미리왇다, 버으리다, 베와들'은 消滅語로 볼 수 있다.

(配) ; 마초다

　; 夫妻ᄧ 마초고(匹配夫妻)〈능8-133〉

　'마초다'는 (配)에 대한 대역이다. 『두시언해』에는 '어울다, 流配ᄒ다'로 『유합』에는 'ᄧ'으로 字釋되었다.

(白) ; 셰다, 솔오다

　; 머리 셰며 ᄂ치 살찌여(髮白面皺)〈능2-5〉
　; 부텻긔 솔오ᄃ(白佛)〈능1-105〉

　'셰다, 솔오다'는 (白)에 대한 대역이다. 『두시언해』에는 '불가, 새, 셰다, 허여ᄒ다, 희다'로 『석보상절』에는 '희, 솗다'로 『남명천계송언해』에는 '희, 솗다,

하아야'로 『정속언해』에는 '히'로 『구상·구하·납약·두창·태요』에는 '밀, 희다, 슬히다, 돟다'로 『훈몽자회·유합·천자문』 광주·석봉 본에는 '흰'으로 주해 본에는 '흰, 슬을'로 對譯되었다. 語形 '슬오다, 슯다, 슬'은 消滅語로 볼 수 있다.

(百) ; 온가지

; 光明애 온가짓 보빗 비치 겨시니라(光有百寶色)〈능1-39〉

'온가지'는 (百)에 대한 대역이다. 『두시언해』에는 '온, 온가짓, 온번'으로 『남명천계송언해』에는 '온, 온갓'으로 『구하·납약·태요』에는 '온, 온가지, 빅가지'로 『유합·천자문』 주해 본에는 '일빅'으로 『훈몽자회』와 광주·석봉 본에는 '온'으로 字釋되었다. 語形 '온'은 死語로 '온가짓'은 消滅語로 볼 수 있다.

(飜) ; 飜譯ᄒ다

; 쁜 飜譯호매(義飜)〈능1-78〉

'飜譯ᄒ다'는 (飜)에 대한 대역이다. 『두시언해』에는 '도로혀, 두위다, 드위다, 飜譯ᄒ다'로 『남명천계송언해』에는 '드위티다, 드위혀'로 『구하·태요』에는 '드위힐후다, 되혀다'로 『유합』에는 '뒤틸'로 字釋되었다. 語形 '도로혀, 두위다, 드위다, 드위힐후다, 되혀다'는 消滅語로 볼 수 있다.

(燔) ; 블디르다

; 聚落 블디르디 말라ᄒ니라(無燔聚落)〈능4-34〉

'블디르다'는 (燔)에 대한 대역이다. 『훈몽자회』에는 '구을'로 字釋되었다.

(筏) ; 떼

; 筏은 떼니 經을 가줄비니라〈능1-3〉

'떼'는 (筏)에 대한 대역이다. 『두시언해·훈몽자회』에도 '떼'로 대역되었다.

(凡) ; 모다

　; 모다 二千三百이 잇고(凡有二千三百)〈능2-84〉

　　'모다'는 (凡)에 대한 대역이다. 『두시언해』에는 '사오납다, 샹녯, 믈읫, 凡常
ᄒ다, 大凡ᄒ다'로 『석보상절·남명천계송언해·유합』에는 '믈읫'으로 『정속언
해』에는 '믈의'로 『구상·구하·납약·두창·태요』에는 '大凡ᄒ다, 믈읫, 므릇,
믈읫'으로 對譯되었다. 語形 '믈읫, 므릇'은 消滅語로 볼 수 있다.

(範) ; 法, 쇠디기

　; 三界예 큰 法이 ᄃ외며(弘範三界)〈능1-24〉
　; 範은 쇠디기엣 소히오〈능2-20〉

　　'法, 쇠디기'는 (範)에 대한 대역이다. 『유합』에는 '도국'으로 字釋되었다. 語
形 '쇠디기, 도국'은 消滅語로 볼 수 있다.

(僻) ; 기울다

　; 멀오 기운 길히니(遠僻道)〈능9-15〉

　　'기울다'는 (僻)에 대한 대역이다. 『두시언해』에는 '偏僻ᄒ다, 幽僻ᄒ다'로
『정속언해』에서는 '술갑'으로 『유합』에는 '칙ᄃ롤'로 字釋되었다. 語形 '술갑,
칙ᄃ롤'은 消滅語로 볼 수 있다.

(壁) ; ᄇ름

　; 이 ᄇ르미오 通ᄒ니(是壁通者)〈능2-48〉
　　'ᄇ름'은 (壁)에 대한 대역이다. 『두시언해』에는 'ᄇ름, 石壁, 城壁'으로 『석
보상절·구상·태요·훈몽자회·천자문』 광주 본에는 'ᄇ름'으로 석봉·주해
본과 『유합』에는 'ᄇ람'으로 字釋되었다. 語形 'ᄇ름'은 消滅語로 볼 수 있다.

(辯) ; 굴히다, 말

　; ᄃ위힐훠 굴히야 ᄇ기 시니라(展轉辯明)〈능1-62〉

;辯才는 말잘ᄒᆞᄂᆞᆫ 직죄라〈능1-4〉

　'굴히다, 말'은 (辯)에 대한 대역이다. 『두시언해』에는 '말ᄊᆞᆷ'으로 『훈몽자회』
에는 '말잘홀'로 字釋되었다. 語形 '굴히다'는 消滅語로 볼 수 있다.

(變) ; 變ᄒᆞ다

　;그 變ᄒᆞ미(其變)〈능2-7〉

　'變ᄒᆞ다'는 (變)에 대한 대역이다. 『두시언해』에는 '고티다, 改變ᄒᆞ다'로 『구
상』에는 '다ᄅᆞ게'로 『유합』에는 '고틸'로 字釋되었다. 語形 '다ᄅᆞ게'의 대역이 특
이하다.

(邊) ; ᄀᆞᆺ

　;모미 가온ᄃᆡ와 ᄀᆞᆺ과 두 ᄡᅳ디 잇ᄂᆞ니(身有中邊二義)〈능1-70〉

　'ᄀᆞᆺ'은 (邊)에 대한 대역이다. 『두시언해』에는 'ᄀᆞ, 邊方'으로 『석보상절』에도
'ᄀᆞ'으로 『남명천계송언해 · 훈몽자회 · 유합』에는 'ᄀᆞᆺ'으로 『구하 · 두창 · 태요』
에는 'ᄀᆞ, ᄀᆞᆺ, 곁'으로 對譯되었다.

(別) ; 다ᄅᆞᆫ, 닫, 달오다

　;오직 阿難이 몬져 다ᄅᆞᆫ딋 請을 바다(先受別請)〈능1-32〉
　;닫 아랫 그를 니ᄅᆞ와ᄃᆞ시니라(別起下文)〈능4-75〉
　;두 거무미 달오미 잇ᄂᆞ니(二黑有別)〈능1-101〉

　'다ᄅᆞᆫ, 닫, 달오다'는 (別)에 대한 대역이다. 『두시언해』에는 '다ᄅᆞ다, 여희다,
各別히'로 『석보상절』에는 '갈히다, 닫'으로 『정속언해』에는 '굴히다'로 『구하 ·
태요』에는 '各別히, 다ᄅᆞᆫ, 다ᄅᆞ다'로 『유합』에는 '글'로 『천자문』 광주 본에는
'다를'로 석봉 본에는 '다늘'로 주해 본에는 '다를, ᄡᅥ날, ᄂᆞᆫ홀'로 對譯되었다. 語
形 '굴히나, 다늘'은 消滅語로 볼 수 있다.

(瞥) ; 문득

  ; 믄득 니로몰브터(瞥起)〈능2-20〉

  '문득'은 (瞥)에 대한 대역이다. 『월인석보 序 3』에는 '오직 ᄆᅀᅮ미 믄득 니
라 나몰브트면(只緣妄心瞥起)'에서 '믄득'의 대역이 발견된다.

(屛) ; 屛風, 내좇다

  ; 屛風과 帳과 几와 돗굴 겨틔셔 보매(則合傍觀屛帳几筵)〈능2-81〉
  ; 반ᄃ기 내조차 ᄇᆞ료디리(當屛棄)〈능7-54〉

  '屛風, 내좇다'는 (屛)에 대한 대역이다. 『두시언해』에는 '石壁, 屛風'으로 『유
합』에는 '병풍'으로 字釋되었다. 語形 '내좇다'의 대역이 특이하다.

(迸) ; 흐러

  ; 흐러 ᄡᅳ리면 盛히 부치ᄂ니라(迸灑煽鼓)〈능8-97〉

  '흐러'는 (迸)에 대한 대역이다. 『두시언해』에는 '솟다, 흘리다'로 『태요』에는
'나다'로 『유합』에는 '내틸,흐를'로 대역되었다.

(駢) ; 어울다

  ; 駢은 어울ᄡᅵ니 소내 몯ᄡᅳᆯ 슰가라기 도ᄃᆞᄉ며 바래 몯 ᄡᅳᆯ 고기 니슬씨라〈능1-19〉

  '어울다'는 (駢)에 대한 대역이다. 『두시언해』에는 '모닷도다'로 대역되었다.

(並) ; 흔ᄢᅴ

  ; 흔ᄢᅴ 볼씨(並視)〈능4-52〉

  '흔ᄢᅴ'는 (並)에 대한 대역이다. 『두시언해』에는 'ᄀᆞᆯ오다, 다'로 『태요·납
약·두창』에는 '다, 훔ᄭᅴ'로 대역되었다.

(寶) ; 보비

; 보빗 光을 소사내시니(涌出寶光)〈능1-95〉

'보비'는 (寶)에 대한 대역이다. 『두시언해』에는 '보비, 珍寶'로 『석보상절·
남명천계송언해·유합』에는 모두 '보비'로 『훈몽자회』에는 '보빗'으로 『천자문』
광주 본에는 '보빗'로 석봉·주해 본에는 '보비'로 字釋되었다.

(步) ; 거름, 걷다

; 거름마다 주글 짜해 감 곧ᄒ니라(步步趍死地)〈능2-4〉
; 城門애 날호야 거러(徐步廓門)〈능1-34〉

'거름, 걷다'는 (步)에 대한 대역이다. 『두시언해』에는 '걷다, 거녀다, 거롬'으
로 『석보상절·남명천계송언해』에는 '걷다, 거름'으로 『유합 』에는 '거름'으로
『훈몽자회·천자문』광주·석봉 본에는 '거름'으로 주해 본에는 '거름, 보수, ᄂ
ᄅ'로 대역되었다. 語形 '보수, ᄂᄅ'는 消滅語로 볼 수 있다.

(保) ; 맛다, 保ᄒ다

; 맛다 가져 일티 아니ᄒ야(保持不失)〈능8-18〉
; 다 니ᄅ샤ᄃᆡ 保ᄒ야 가디며 두퍼 간슈ᄒ라 ᄒ샴ᄃᆞᆯ(皆云保持覆護等)〈능9-83〉

'맛다, 保ᄒ다'는 (保)에 대한 대역이다. 『두시언해』에는 '믿다, 안보'로 『정
속언해』에는 '가지다, 슈ᄒ다, 보인ᄒ다'로 『유합』에는 '안봇'으로 字釋되었다.
語形 '보인ᄒ다'는 消滅語로 볼 수 있다.

(報) ; 갑다

; 우으로 갑ᄉ 오려ᄒ니라(上報也)〈능3-113〉

'갑다'는 (報)에 대한 대역이다, 『두시언해』에는 '알외다, 갑다, 갚다, 니르다'
로 『석보상절·정속언해』에는 '갚다'로 『남명천계송언해』에는 '알외다'로 『유합』
에는 '가폴'로 字釋되었다.

(普) ; 너비

　　; 너븐 부텟世界(普佛世界)〈능1-78〉

　　'너비'는 (普)에 대한 대역이다. 『두시언해 · 유합』에도 '너블'로 대역되었다.

(輔) ; 돕다

　　; 輔는 도올씨니 님금을 도올씨라〈능9-3〉

　　'돕다'는 (輔)에 대한 대역이다. 『훈몽자회』에는 '도을'로 『유합』에는 '도올'로 字釋되었다.

(複) ; 겹

　　; 複은 겨비라〈능8-15〉

　　'겹'은 (複)에 대한 대역이다. 이는 『능엄경』에서만 발견되는 대역 語形이다.

(服) ; 닙다, 쓰다

　　; 닙디 아니ᄒ며 먹디 아니ᄒ면(不服不食)〈능6-97〉
　　; 服은 쓸씨라〈능8-121〉

　　'닙다, 쓰다'는 (服)에 대한 대역이다. 『두시언해』에는 '옷, 降服ᄒ다'로 『정속언해』에는 '거상옷, 몽상옷'으로 『구상 · 구하 · 두창 · 납약 · 태요』에는 '먹다, 변, 服'으로 『유합』에는 '의장'으로 『천자문』 광주 본에는 '옷'으로 석봉 본에는 '니블'로 주해 본에는 '니블, 옷, 항복'으로 對譯되었다. 대부분 對譯語의 의미가 옷에 관계되어 있는데 반하여 한의서에 對譯된 語形들은 藥을 服用하는 의미에 중점을 두고 있음이 특징이다. 語形 '거상옷, 몽상옷'은 死語로 볼 수 있다.

(覆) ; 둪다, 업ᄃ리다

　　; 法界를 다 두프시ᄂ 體니라(周覆法界之體)〈능1-9〉
　　; 虛空애 업ᄃ라(覆懸虛空)〈능7-21〉

'둪다, 업더리다'는 (覆)에 대한 대역이다. 『두시언해』에는 '둪다, 업더디다'로 『석보상절』에는 '솓다'로 『남명천계송언해』에는 '둪다'로 『구상・태요』에는 '업더리다, 덮다, 엎다'로 『유합』에는 '더플'로 『천자문』 광주 본에는 '두플'로 석봉 본에는 '다시'로 주해 본에는 '다시, 업칠, 더플'로 對譯되었다. 語形 '솓다'의 대역이 특이하다.

(伏) ; 굿블다, 숨다, 降伏ᄒ다

 ; 妄覺이 굿블면(妄覺伏)〈능4-17〉
 ; ᄀ마니 根소배 수멋도소이다(潛伏根裏)〈능1-56〉
 ; 能히 것거 降伏히디 몯ᄒ야(不能折伏)〈능1-76〉

'굿블다, 숨다, 降伏ᄒ다'는 (伏)에 대한 대역이다. 『두시언해』에는 '굽다, 업더리다, 降伏ᄒ다'로 『구상』에는 '업데우다'로 『유합・천자문』 광주 본에는 '굿블'로 석봉 본에는 '굿쓸'로 주해 본에는 '업딀, 알안을'로 對譯되었다. 語形 '알안을'은 消滅語로 볼 수 있다.

(復) ; ᄂ외다, 다시, 도라가다, 쏘

 ; ᄂ외 나ᅀᅡ 닷고미 업고(無復進修)〈능1-18〉
 ; 다시 거즛혜ᄆᆯ 내야(復生妄計)〈능1-53〉
 ; 眞實 조호매 도라가고져 홇딘댄(欲復眞淨)〈능1-4〉
 ; 쏘 므스글 求ᄒ리며(復何所求)〈능1-19〉

'ᄂ외다, 다시, 도라가다, 쏘'는 (復)에 대한 대역이다. 『두시언해』에는 '다시, 도로, 쏘'로 『석보상절』에는 '다시'로 『남명천계송언해』에는 'ᄂ외야'로 『구상・구하・두창・유합』에는 '다시, 도로'로 對譯되었다. 語形 'ᄂ외다'는 消滅語로 볼 수 있다.

(本) ; 근원, 밑, 本來

 ; 니ᄅᆯ 사ᄅ미 律 노ᇦ샨 ᄠ들 根源티 아니ᄒᆢ고(說者不本抉律之意)〈능1-18〉
 ; 미틀 셰시니(以立本)〈능1-18〉
 ; 本來ㅅ 妙心ᄋᆞᆯ 볼겨(使明本妙心)〈능1-8〉

'根源, 밑, 본리'는 (本)에 대한 대역이다. 『두시언해』에는 '민, 본디, 본래, 根本'으로 『석보상절』에는 '민, 밑'으로 『정속언해』에서 '근원ᄒ다'로 『구상·두창·태요』에는 '밑, 본리, 본디'으로 『유합·천자문』 광주·석봉 본에는 '민'으로 주해 본에는 '밋'으로 字釋되었다.

(鋒) ; 난겻

; 是와 非왜 난겻 니러(是非鋒起)〈능5-22〉

'난겻'은 (鋒)에 대한 대역이다. 『두시언해·유합』에는 '갈늘'로 『남명천계송언해』에는 '늘캅'으로 『훈몽자회』에는 '칼늘'로 『태요』에는 '늘'로 대역되었다. 語形 '난겻'은 消滅語로 볼 수 있다.

(蜂) ; 벌

; 버리 想이 잇디 아니ᄒ오니(非有蜂想)〈능7-91〉

'벌'은 (蜂)에 대한 대역이다. 『두시언해·구하·훈몽자회·유합』에도 모두 '벌'로 對譯되었다.

(奉) ; 받ᄌᆞᆸ다

; 慈嚴ᄒ샤믈 恭敬ᄒ야 받자와(欽奉慈嚴)〈능1-28〉

'받ᄌᆞᆸ다'는 (奉)에 대한 대역이다. 『두시언해』에는 '받ᄌᆞᆸ다, 奉命ᄒ다, 使命'으로 『석보상절』에는 '받다'로 『유합』에는 '위와들'로 『천자문』 광주 본에는 '바들'로 석봉 본에는 '받들'로 주해 본에는 '밧들, 록봉'으로 대역되었다. 語形 '위와들'은 消滅語로 볼 수 있다.

(棒) ; 막다히

; 棒은 막다히다〈능8-86〉

'막다히'는 (棒)에 대한 대역이다. 『金剛經三家解』에 '棒은 막다히라'로 대역된 語例가 발견된다.

(富) ; 가ᅀᅳ멸다

; 가ᅀᅳ며닐 ᄇ리니(捨富)〈능1-34〉

'가ᅀᅳ멸다'는 (富)에 대한 대역이다. 『두시언해』에는 '가ᅀᅳ멸다, 해, 富貴ᄒ
다'로 『남명천계송언해 · 유합 · 훈몽자회 · 천자문』 광주 본에는 모두 '가ᅀᅳ멸
다'로 석봉 · 주해 본에는 '가ᅌᅳ멸다'로 『정송언해』에는 '부귀'로 대역되었다. 語
形 '가ᅀᅳ멸다, 가ᅌᅳ멸다, 해'는 消滅語으로 볼 수 있다.

(剖) ; 빼다

; 精見을 빼혀 내디 몯ᄒ리니(剖出精見)〈능2-50〉

'빼다'는 (剖)에 대한 대역이다. 『두시언해』에는 '빼혀다'로 『유합』에는 '빼혈'
로 字釋되었다.

(傅) ; 스승

; 皇后ㅅ 스스이 ᄃ외야(爲皇后傅)〈능6-20〉

'스승'은 (傅)에 대한 대역이다. 『훈몽자회』에도 '스승'으로 字釋되었다.

(付) ; 맛디다

; 오직 滅을 臨ᄒ샤 기텨 맛디시논 이리라(獨臨滅遺付之事)〈능1-18〉

'맛디다'는 (付)에 대한 대역이다. 『두시언해 · 유합』에 '브티다'로 대역되었다.

(符) ; 맞다

; 이리 이 마래 마ᄌ니라(事符此說)〈능7-61〉

'맞다'는 (符)에 대한 대역이다. 『두시언해』에는 '맛다, 符節'로 『유합』에는

'부험'으로 字釋되었다. 語形 '부험'은 消滅語로 볼 수 있다.

(敷) ; 펴다, 푸다

  ; 날爲ㅎ샤 펴 불어 니르쇼셔(爲我敷演)〈능2-40〉

  ; 곳 푸미 곧ㅎ니(猶敷花)〈능1-19〉

'펴다, 푸다'는 (敷)에 대한 대역이다. 『구하』에는 'ㅂㄹ다'로 『유합』에 '베플'로 字釋되었다.

(浮) ; 뜨다

  ; 다민데 쁜 너기미니 이런ᄃ로(特浮想耳故)〈능1-65〉

'뜨다'는 (浮)에 대한 대역이다. 『두시언해』에는 '뻐다, 띄우다, 뜨다'로 『남명천계송언해』에는 '뜨다'로 『구하·두창·태요』에는 '뻐다, 붓다'로 『유합·천자문』 광주·석봉 본에는 '쁠'로 주해 본에는 '쓸'로 字釋되었다.

(扶) ; 도ᄋ다

  ; 律을 도ᄋ시고(扶律)〈능1-18〉

'도ᄋ다'는 (扶)에 대한 대역이다. 『두시언해』에는 '더위잡다, 브티다'로 『구하·두창·태요』에는 '븓들다, 붓들다'로 『유합·천자문』 석봉 본에는 '븓들'로 광주 본에는 '더위잡다'로 주해 본에는 '붓들다'로 字釋되었다. 語形 '더위잡다'는 消滅語로 볼 수 있다.

(夫) ; 아비

  ; 밥 니르는 주으린 아비 두외놋다(說食飢夫)〈능1-3〉

'아비'는 (夫)에 대한 대역이다. 『두시언해』에는 '남진, 놈, 사롬, 샤옹'으로 『남명천계송언해·정속언해』에는 '남진'으로 『구하·태요』에는 '샤옹, 남진'으로 『유합·천자문』 석봉 본에는 '짓아비'로 『훈몽자회·천자문』 광주 본에는

'샤옹'으로 주해 본에는 '짓아비, 쟝부, 어조사'로 對譯되었다. 語形 '샤옹'은 消滅語로 '남진, 짓아비'는 死語로 볼 수 있다.

(負) ; 지다, 짐지다

　; 바미 고래 지여드로미(夫夜壑負趍)〈능1-16〉
　; 내 짐질 사른미 드외야(我爲負人)〈능5-68〉

　'지다, 짐지다'는 (負)에 대한 대역이다. 『두시언해』에는 '져브리다, 지다'로 『훈몽자회·유합』에는 '질'로 字釋되었다.

(府) ; 집

　; 府는 지비라〈능1-60〉

　'집'은 (府)에 대한 대역이다. 『두시언해』에는 '府'로 『유합·천자문』 석봉 본에는 '마올'로 광주 본에는 '마을'로 주해 본에는 '마올, 장부'로 『훈몽자회』에는 '마슬'로 字釋되었다. 語形 '장부'는 消滅語로 볼 수 있다.

(不) ; 몯다, 몯ᄒ다

　; 이 ᄠᅳ디 올티 몯다(是義不然)〈능2-43〉
　; 道力을 올오디 몯ᄒ야(不全道力)〈능1-3〉

　'몯다, 몯ᄒ다'는 (不)에 대한 대역이다. 『두시언해』에는 '몯ᄒ다, 아니ᄒ다, 업다'로 『석보상절·남명천계송언해』에는 '아니ᄒ다'로 『징속언해』에는 '날다, 아니ᄒ다, 몯ᄒ다'로 『구상·납약·두창·태요』에는 '말다, 아니ᄒ다, 몯ᄒ다'로 『유합』에는 '아닐'로 字釋되었다.

(否) ; 아니다

　; 아니ᄒ면 긋ᄂ니(否則息)〈능3-78〉

　'아니다'는 (否)에 대한 대역이다. 『두시언해』에는 '외다, 몯ᄒ다, 말다'로

『유합』에는 '사오나올, 아닐'로 『훈몽자회』에는 '몯ᄒ다'로 字釋되었다. 語形 '외다'는 消滅語로 볼 수 있다.

(紛) ; 어즈러이

; 어즈러이 섯거(紛雜)〈능2-37〉

'어즈러이'는 (紛)에 대한 대역이다. 『두시언해』에는 '어즈럽다, 해'로 『유합』에는 '어즈러울'로 字釋되었다. 語形 '해'는 消滅語로 볼 수 있다.

(奔) ; 돋다

; 돋ᄂᆞᆫ 물ᄀᆞᄐᆞᆫ 젼ᄎᆞ로(猶如奔馬故)〈능2-5〉

'돋다'는 (奔)에 대한 대역이다. 『두시언해』에는 'ᄃᆞ니다, 돋다, 奔走ᄒᆞ다'로 『남명천계송언해』에는 '간대로'로 『유합』에는 'ᄃᆞ룰'로 字釋되었다. 語形 '간대로'는 消滅語로 볼 수 있다.

(分) ; 갈다, ᄂᆞ호다, 두루

; 內分과 外分이 갈아 여니라(分開內分外分)〈능8-68〉
; 菩薩와 阿羅漢ᄋᆞᆯ ᄂᆞ호아 거ᄂᆞ려(分領菩薩及阿羅漢)〈능1-31〉
; 조ᄍᆞ와 두루펴(隨順分布)〈능1-4〉

'갈다, ᄂᆞ호다, 두루'는 (分)에 대한 대역이다. 『두시언해』에는 'ᄂᆞᄒᆞ다, 여희다, 性分, 義分, 職分'으로 『석보상절』에는 '난호다'로 『남명천계송언해』에는 'ᄂᆞᄒᆞ다'로 『정속언해』에는 '논호다'로 『구상·납약·두창·태요』에는 'ᄂᆞ호다, 홉, 픈, 분ᄒᆞ다'로 『유합·훈몽자회·천자문』 광주·석봉 본에는 'ᄂᆞ홀'로 주해 본에는 '분수, ᄂᆞ홀, 분촌'으로 對譯되었다.

(佛) ; 부텨

; 이제 우리 부텻 ᄀᆞᄅᆞ촘 펴샨 次第ᄅᆞᆯ 마초아 보ᅀᆞᆸ건대(今准吾佛設敎之序)〈능1-118〉

'부텨'는 (佛)에 대한 대역이다. 『두시언해 · 훈몽자회 · 유합』에는 모두 '부텨'로 대역되었다.

(拂) ; 떠러ᄇ리다, 떨다

; 特別히 爲ᄒ야 떠러ᄇ리시니라(特爲遣拂)〈능1-104〉
; 偏計를 굴포 떠르샤(疊拂偏計)〈능2-69〉

'떠러ᄇ리다, 떨다'는 (拂)에 대한 대역이다. 『두시언해』에는 '다티다, 떨다, 떨티다'로 『훈몽자회』에는 '뿔'로 『유합』에는 '뻘틸'로 字釋되었다.

(崩) ; 믈어디다

; 緣故업시 믈어디여 ᄒ야디며(無故崩裂)〈능9-47〉

'믈어디다'는 (崩)에 대한 대역이다. 『두시언해』에는 '믈어디다, 엎드리다, 죽다'로 『훈몽자회 · 유합』에는 '믈허딜'로 『태요』에는 '나다'로 대역되었다.

(沸) ; 글ᄒ다

; 넘ᄢᅵ미 ᄃ외며 글호미 ᄃ외오(爲洋爲沸)〈능8-101〉

'글ᄒ다'는 (沸)에 대한 대역이다. 『두시언해』에는 '봇괴다'로 『구상 · 두창 · 태요』에는 '글는, 솟글다, 쓸다, 쓸히다, 소솜'으로 『유합』에는 '글흘'로 字釋되었다. 語形 '봇괴다'는 消滅語로 볼 수 있다.

(非) ; 아니다, 외오

; 自然히 네 몸미 아니릴씨(自非汝體)〈능1-61〉
; ᄒ마 외면 어운고돌 조차 ᄆᆞ슴미 조차 잇ᄂᆞ니라 니ᄅ디 몯ᄒ리로다
(既非則不可謂隨所合處)〈능1-68〉

'아니다, 외다'는 (非)에 대한 대역이다. 『두시언해 · 석보상절 · 남명천계송언해 · 정속언해』에는 '아니ᄒ다, 외다'로 『태요』에는 '아니다'로 『유합』에는 '아닐'

로 『훈몽자회』에는 '욀, 안득'으로 대역되었다. 語形 '안득, 외다'는 消滅語로 볼
수 있다.

(秘) ; ㄱ초다, 秘密
　；안ㅎ로 菩薩을 ㄱ초고(內秘菩薩)〈능1-23〉
　；秘密혼 經典을 크게 펴샤(誕敷秘典)〈능1-3〉

　'ㄱ초다, 秘密'은 (秘)에 대한 대역이다. 『두시언해·유합』에는 모두 '秘密'로
대역되었다. 語形 'ㄱ초다'는 現代語 '감추다'에 의하여 消滅되었다.

(臂) ; 불
　；金色 불흘 펴샤(舒金色臂)〈능1-49〉

　'불'은 (臂)에 대한 대역이다. 『두시언해·구상』에는 '불, 폴'로 『두창·유합』
에는 '폴'로 對譯되었다.

(譬) ; 가줄비다
　；가줄비건댄 艱難혼 子息이 아비 브리고 逃亡ㅎ야 감ㄹ다 스이다
　(譬如窮子捨父逃逝)〈능1-93〉

　'가줄비다'는 (譬)에 대한 대역이다. 『法華經諺解4 ; 40』 '져곰을 구지즈샤 큰
게 나소샤믈 가줄비ᅀᆞᆸ고(譬呵小進大)'에 대역된 語例가 있다. 語形 '가줄비다'
는 消滅語로 볼 수 있다.

(備) ; ᄀᆞᆽ다
　；다 내게 ㄱᄌ리라(皆備於我矣)〈능1-9〉

　'ᄀᆞᆽ다'는 (備)에 대한 대역이다. 『두시언해·두창』에는 'ㄱ초다'로 『태요』에
는 '쟝만ㅎ다'로 『유합』에는 'ㄱ줄'로 字釋되었다.

(悲) ; 슳다, 慈悲

　; 다시 슬허 눈믈 디여(重復悲淚)〈능1-92〉
　; 부톄 慈悲로 ㄱ르치샤믈 기드리ᅀᆞᆸ더니(佇佛悲誨)〈능1-102〉

　　'슳다, 慈悲'는 (悲)에 대한 대역이다. 『두시언해』에는 '슳다, 슬프다'로 『남
명천계송언해』에는 '슳다'로 『유합』에는 '슬홀'로 『천자문』 광주 · 석봉 본에는
'슬훌'로 주해 본에는 '슬플'로 字釋되었다.

(飛) ; 늘다

　; 구룸 올옴과 새 ᄂᆞ롬(雲騰鳥飛)〈능2-34〉

　　'늘다'은 (飛)에 대한 대역이다. 『석보상절 · 두시언해 · 남명천계송언해 · 훈
몽자회 · 유합 · 천자문 · 구하 · 납약』 등에 모두 '늘'로 對譯되었다.

(肥) ; 슬지다

　; 肥ᄂᆞᆫ 슬질씨라〈능6-97〉

　　'슬지다'는 (肥)에 대한 대역이다. 『두시언해 · 두창』에도 '슬지다'로 『구상』
에는 '슬지다, 진'으로 『훈몽자회 · 유합 · 천자문』에는 '슬질'로 字釋되었다.

(鄙) ; 더러움

　; 福이 더러우며(福鄙)〈능7-4〉

　　'더러움'은 (鄙)에 대한 대역이다. 『두시언해』에는 '더러운'으로 『훈몽자회』
에는 'ᄀᆞᆽ'으로 『유합』에는 '더러울'로 字釋되었다.

(貧) ; 艱難ᄒᆞ다

　; 艱難ᄒᆞᆯ 부리고(捨貧)〈능1-34〉

　　'艱難ᄒᆞ다'는 (貧)에 대한 대역이다. 『두시언해』에는 '가난ᄒᆞ다'로 『훈몽자
회 · 유합』에는 '가난홀'로 字釋되었다.

(擯) ; 브리다

　; 다 미리 브리시ᄂᆞ니(俱排擯)〈능3-64〉

　'브리다'는 (擯)에 대한 대역이다. 『유합』에는 '네틸'로 字釋되었다.

(氷) ; 어름

　; 므리 어름 ᄃᆞ외얫다가(水成氷)〈능3-67〉

　'어름'은 (氷)에 대한 대역이다. 『두시언해 · 남명천계송언해 · 구하 · 태요 · 훈몽자회 · 유합』 등에 모두 '어름'으로 對譯되었다.

(事) ; 일

　; 한 魔ㅅ 이ᄅᆞᆯ 여희여 ᄒᆞᄂᆞ니(離衆魔事)〈능1-3〉

　'일'은 (事)에 대한 대역이다. 『두시언해』에는 '섬기다, 일'로 『석보상절』에는 '일, 것, ᄃᆞ'로 『남명천계송언해』에는 '시, 일, 섬기다'로 『정속언해』에는 '섬기다'로 『구상 · 두창 · 훈몽자회 · 유합 · 천자문』 주해 본에는 '일'로 광주 · 석봉 본에는 '셤길'로 字釋되었다. 語形 '것, 시, ᄃᆞ'는 消滅語로 볼 수 있다.

(謝) ; 가다, 거절ᄒᆞ다, 굴다

　; 境이 가면(境謝)〈능8-13〉
　; 謝ᄂᆞᆫ 주어든 것 거절ᄒᆞᆯ씨라〈능3-110〉
　; 올마 굴며 새와 새왜(還謝新新)〈능2-118〉
　; 匿王代 브료미(匿王代謝)〈능1-16〉

　'가다, 거절ᄒᆞ다, 굴다, 브룜'은 (謝)에 대한 대역이다. 『두시언해』에는 '여희다, 拜謝ᄒᆞ다, 謝拜ᄒᆞ다'로 『유합 · 천자문』 석봉 본에는 '샤례'로 『천자문』 광주 본에는 '샤녯'으로 수해 본에는 'ᄉᆞ양, 샤례'로 대역되었다.

(乍) ; 믄득

　; 믄득 외다ᄒᆞ샤ᄆᆞᆯ 듣ᄌᆞ온 젼ᄎᆞ로(乍聞非斥故)〈능1-87〉

'믄득'은 (乍)에 대한 대역이다. 『두시언해 · 유합』에는 '갔간'으로 대역되었다.

(射) ; 쏘다

    ; 티며 쏘며(擊射)〈능8-88〉

'쏘다'는 (射)에 대한 대역이다. 『두시언해』에는 '소다'로 『훈몽자회 · 천자문』 광주 · 석봉 본에는 '뽈'로 『유합』에는 '활뽈. 마칠'로 『천자문』 주해 본에는 '쏠, 마칠, 슬흘, 복야'로 대역되었다. 語形 '복야'는 消滅語로 볼 수 있다.

(思) ; 스랑ᄒ다

    ; 드롬과 스랑홈과 닷고물브터(從聞思修)〈능1-94〉

'스랑ᄒ다'는 (思)에 대한 대역이다. 『두시언해』에는 '뜯, ᄆ숨, 스랑ᄒ다, 思慕ᄒ다'로 『석보상절』에는 '혜다'로 『남명천계송언해』에는 '너기다, 스랑ᄒ다'로 『정속언해』에는 '스랑ᄒ다'로 『납약 · 두창』에는 '싱각'으로 『유합』에는 '싱각, 뜯'으로 『천자문』 광주 본에는 '스량'으로 석봉 본에는 '싱각'으로 주해 본에는 '싱각, 의ᄉ스, 어조ᄉ'로 대역되었다. 語形 '스랑ᄒ다'는 '싱각ᄒ다'에 의하여 消滅되었다. '싱각'은 16세기경에 등장한 어휘로 볼 수 있다.

(沙) ; 몰애

    ; 다 흘러가 몰애 ᄢ는 迷惑흔 소니며(皆流爲蒸砂迷客)〈능1-3〉

'몰애'는 (沙)에 대한 대역이다. 『두시언해 · 석보상절 · 남명천계송언해 · 구상 · 훈몽자회 · 유합』 등 모두 '몰애'로 對譯되었다.

(四) ; 네

    ; 네흔 妄想을 그처 업서(四者斷滅妄想)〈능6-26〉

'네'는 (四)에 대한 대역이다. 『두시언해』에는 '너, 네, 四面, 四方'으로 『석보상절』에는 '넉, 네ᄒ'로 『남명천계송언해』에는 '네ᄒ'으로 『정속언해』에는 '네'

로『구상·유합·천자문』에는 '넉'으로 對譯되었다. 語形 '넉'은 消滅語로 볼 수 있다.

(私) ; 아름

　; 各各 아름뎌 受ᄒᆞ니잇가(各各私受)〈능8-66〉

　'아름'는 (私)에 대한 대역이다『두시언해』에는 '아룺'으로『유합』에는 '아름'으로 字釋되었다. 語形 '아름'은 消滅語로 볼 수 있다.

(詐) ; 거즛

　; 거즛 쩔이 섯거 달애요미(詐쩔交誘)〈능8-86〉

　'거즛'은 (詐)에 대한 대역이다.『훈몽자회』에는 '간곡홀'로『유합』에는 '간사'로 字釋되었다.

(似) ; ᄀᆞᆮᄒᆞ다, ᄃᆞᆺᄒᆞ다

　; 因緣아니 ᄀᆞᆮᄒᆞ며(似非因緣)〈능2-65〉

　; 다른 ᄃᆞᆺᄒᆞ야(似異) ; 〈능3-72〉

　'ᄀᆞᆮᄒᆞ다, ᄃᆞᆺᄒᆞ다'는 (似)에 대한 대역이다.『두시언해』에는 'ᄀᆞᆮᄒᆞ다, ᄀᇀ다, ᄃᆞᆺᄒᆞ다'로『남명천계송언해』에는 '마치'로『구상·두창』에는 'ᄀᆞᆮᄒᆞ다, ᄀᇀ다, ᄃᆞᆺᄒᆞ다'로『유합·천자문』광주·석봉 본에는 'ᄀᇀ'로 주해 본에는 'ᄀᇀ, 나을, 향홀'로 對譯되었다. 語形 'ᄃᆞᆺᄒᆞ다, 나을, 향홀'은 消滅語로 볼 수 있다.

(斯) ; 이

　; 이는 엇뎨 소리 分別홀 ᄆᆞᅀᆞᆷ 쑨니리오(斯則豈惟聲分別心)〈능2-25〉

　'이'는 (斯)에 대한 대역이다.『두시언해·유합·천자문』광주·석봉 본에는 '이'로 주해 본에는 '이, ᄢᆡ칠'로 대역되었다.

(使) ; 브리다

　; ᄆᆞᄉᆞ미 브리ᄂᆞᆫ것과(及心所使)〈능2-15〉

　'브리다'는 (使)에 대한 대역이다. 『두시언해』에는 '히여곰, 使者, 使臣, 使命'으로 『석보상절』에는 '히다, 브리다, 시기다'로 『남명천계송언해』에는 '히다, 브리다, 달호다'로 『정속언해·천자문』 광주·석봉 본에는 '브릴'로 주해 본에는 '브리, 브릴, ᄒᆞ야금'으로 『두창』에는 'ᄒᆞ여곰'으로 대역되었다. 語形 '히여곰, 히다, ᄒᆞ야금'은 消滅語로 볼 수 있다. 15세가 당시에는 '히여곰, 브리다, 시기다'가 동등한 의미로 사용된 것으로 추정된다.

(師) ; 스승

　; 法 바롤 스스이니(軌範師)〈능1-33〉

　'스승'은 (師)에 대한 대역이다. 『두시언해』에는 '스승, 軍師, 王師'로 『석보상절·남명천계송언해·정속언해』에는 모두 '스승'으로 『훈몽자회·천자문』 광주·석봉 본에는 '스승' 으로 주해 본에는 '군ᄉᆞ, 스승, 벼슬'로 『유합』에는 '스승'으로 字釋되었다.

(捨) ; ᄇᆞ리다

　; 아비 ᄇᆞ리고 逃亡ᄒᆞ야 감ᄀᆞᆮ다 ᄉᆞ이다(捨父逃逝)〈능1-93〉

　'ᄇᆞ리다'는 (捨)에 대한 대역이다. 『두시언해』에는 'ᄇᆞ리다, 마롬'으로 『유합』에는 '노홀'로 字釋되었다. 語形 '마롬'은 消滅語로 볼 수 있다.

(士) ; 사ᄅᆞᆷ

　; ᄆᆞᄋᆞᆷ불긇 사ᄅᆞ미(明心之士)〈능11-2〉

　'사ᄅᆞᆷ'은 (士)에 대한 대역이다. 『두시언해』에는 '사ᄅᆞᆷ, 軍士, 士卒, 人士'로 『정속언해』에는 '냥반'으로 『훈몽자회』에는 '됴ᄉᆞᆺ'으로 『유합』에는 '됴ᄉᆞ, 선ᄇᆡ'로 『천자문』 광주 본에는 '계츔'으로 『두창·천자문』 석봉 본에는 '선ᄇᆡ'로 주해 본에는 '션비, 군ᄉᆞ, 일'로 대역되었다. 語形 '계츔'은 消滅語로 볼 수 있다.

(蓰) ; 더을다

　; 蓰는 다숫볼 더을씨라〈능6-99〉


　　'더을다'는 (蓰)에 대한 대역이다. 이는『능엄경』에서만 발견되는 대역 語形이다.

(削) ; 쟈다

　; 나모 갓글 굳ᄒᆞ리니(猶如削木)〈능9-60〉


　　'쟈다'는 (削)에 대한 대역이다.『두시언해 · 석보상절 · 남명천계송언해』에는 모두 '쟈다'로『구상』에는 '갓다'로『유합』에는 '갓글'로 字釋되었다.

(爍) ; 뷔치다

　; 다 뷔치여 그츨씨(悉皆爍絕)〈능8-46〉


　　'뷔치다'는 (爍)에 대한 대역이다. 이는『능엄경』에서만 발견되는 대역 語形이다.

(酸) ; 시욤

　; 이벳 믈와 바랫 시요문(口水足酸)〈능2-116〉


　　'시욤'은 (酸)에 대한 대역이다.『두시언해』에는 '싀히'로『구상 · 태요』에는 '싀다'로『훈몽자회 · 유합』에는 '싈'로 字釋되었다.

(山) ; 뫼

　; 뫼콰 내(山川)〈능2-34〉


　　'뫼'는 (山)에 대한 대역이다.『두시언해 · 구하 · 납약 · 훈몽사화 · 납약 · 유합』에는 모두 '뫼'로『석보상절 · 남명천계송언해』에는 '뫼ㅎ'로 對譯되었다.

(揷) ; 곶다

; 고기예 놀 고줄씨라(揷刃於肉也)〈능8-107〉

'곶다'는 (揷)에 대한 대역이다. 『두시언해』에도 '곶다'로 『훈몽자회』에는 '고
즐'로 『유합』에는 '고줄'로 字釋되었다.

(澁) ; 머흘다

; 머흘며 믯믯ㅎ며 ᄎ며(澁滑冷)〈능2-113〉

'머흘다'는 (澁)에 대한 대역이다. 『두시언해』에는 '보ᄆᆡ다'로 『구상·구하·
태요』에는 '굳다, 쩌럽다, 쇠이다, 습ㅎ다'로 『유합』에는 '범빌'로 字釋되었다.
語形 '보ᄆᆡ다, 습ㅎ다, 범빌'은 消滅語로 볼 수 있다.

(上) ; 높다, 위, 우희, 爲頭ㅎ다

; ᄆᆞᆺ 노픈 法共養이라ㅎ신대(最上法之共養)〈능1-4〉
; 우 업슨 그데 微妙히 다ᄃᆞᆮ게 ㅎ시며(而妙極乎無上之致)〈능1-8〉
; 上座ᄂᆞᆫ 우흿 사ᄅᆞᆷ〈능1-32〉
; 일후미 爲頭ᄒᆞᆫ 마시니(名爲上味)〈능3-26〉

'높다, 위, 우희, 爲頭ㅎ다'는 (上)에 대한 대역이다. 『두시언해』에는 '높다,
오르다, 오ᄅᆞ다, 우ㅎ, 처섬, 타다'로 『석보상절』에는 '오ᄅᆞ다, 우ㅎ'로 『남명천
계송언해』에는 '우ㅎ, 돋다'로 『정속언해』에는 '옿'으로 『구상·태요·두창·납
약』에는 'ᄀᆞ장, 언짜, 였다, 오르다, 올이다, 우희, 웃, 오, 들다, 비왇다, 돋다,우
히, 올오다'로 『훈몽자회·천자문』 광주 본에는 '마디'로 『유합』 석봉 본에는
'옷'으로 주해 본에는 '오롤, 더을, 숭상'으로 對譯되었다. 語形 '마디, 돋다, 옿,
처섬'의 대역이 특이하다.

(尙) ; 더으다, 숟직, 오히려

; 楞嚴에 너으니 넙스니라(無尙楞嚴矣)〈능1-19〉
; 숟직 나ᄆᆞᆫ 疑心이 잇ᄂᆞᆫ 젼ᄎᆞ로(尙有餘疑故)〈능1-103〉

; 오히려 누니 이실씩(尙有眼存)〈능1-66〉

'더으다, 숟지, 오히려'는 (尙)에 대한 대역이다. 『두시언해』에는 '오히려, 崇尙ᄒ다'로 『남명천계송언해 · 정속언해 · 두창』에는 '오히려'로 『유합』에는 '거 윗, 슝샹'으로 대역되었다. 語形 '숟지, 거윗'은 消滅語로 볼 수 있다.

(爽) ; 맞다, 어긔윰
; 이베 마ᄌ며(爽口)〈능6-99〉
; 能히 주으류미 ᄃ외며 어긔유미 ᄃ외오(則能爲餒爲爽)〈능8-101〉

'맞다, 어긔윰'은 (爽)에 대한 대역이다. 『두시언해』에는 '몱다, 서늘ᄒ다'로 『유합』에는 '그룰, 볼굴'로 대역되었다.

(價) ; 갑다
; 뎌의 나ᄆ 갑술 갑ᄂ니라(價彼餘直)〈능8-124〉

'갑다'는 (價)에 대한 대역이다. 『훈몽자회』에는 '가풀'로 『유합』에는 '가폴'로 字釋되었다.

(想) ; 너기다
; ᄆᅀᆞᆷ 사모미 다ᄆᆞᆫ데 ᄠᅳᆫ 너기미니 이런ᄃᆞ로(爲心特浮想耳故)〈능1-65〉

'너기다'는 (想)에 대한 대역이다. 『두시언해』에는 '스치다, 思想'으로 『유합』에는 '녀길'로 『천자문』 광주 본에는 '슷칠'로 석봉 본에는 '스칠'로 『두창』과 주해 본에는 '싱각'으로 대역되었다. 語形 '스치다'는 '싱각'에 의하여 消滅되었다. '너기다'는 '여기다'로 '생각'과 의미가 분화된 것으로 추정된다.

(狀) ; 근, 얼굴
; 근업시(無狀)〈능4-33〉
; 제 實흔 얼구리 업거니(自無實狀)〈능3-60〉

'글, 얼굴'은 (狀)에 대한 대역이다. 『두시언해』에는 '얼굴, 양ㅈ'로 『훈몽자회・유합』에는 '얼굴'로 字釋되었다. 語形 '양ㅈ'는 消滅語로 볼 수 있다.

(喪) ; 잃다

; 行實을 수이 일허(輕喪行實)〈능1-94〉

'잃다'는 (喪)에 대한 대역이다. 『두시언해』에는 'ㅂ스왜다, 喪失, 잃다'로 『두창』에는 'ㅁ츠다'로 『유합』에는 '상ㅅ. 일흘'로 대역되었다. 語形 'ㅂ스왜다'는 消滅語로 볼 수 있다.

(常) ; 댱샹, 덛덛ㅎ다

; 댱샹 잇ᄂ 眞實 ㅁᄉ모 가미 업순디(常位眞心)〈능2-24〉
; 괴외ㅎ며 덛덛흔 心性 아디 몯호몰브테니(良由不知寂常心性)〈능1-94〉

'댱샹, 덛덛ㅎ다'는 (常)에 대한 대역이다. 『두시언해』에는 '댱샹, 덛덛ㅎ다, 미샹, 샹, 샹녜'로 『석보상절』에는 '내'로 『남명천계송언해』에는 '덛덛ㅎ다, 샹녜'로 『정속언해』에는 '샹녜'로 『구상・구하・태요・납약』에는 '댱샹, 샹녜, 미양'으로 『천자문』 광주・석봉 본에는 '샹녜'로 주해 본에는 '덛덛, 샹녜'로 對譯되었다.

(嘗) ; 맛보다

; 맛과 혀와 맛보미(味舌與嘗)〈능3-39〉

'맛보다'는 (嘗)에 대한 대역이다. 『두시언해』에는 '맛보다, 먹다, 일즉'로 『정속언해・유합・천자문』 광주・석봉 본에는 모두 '맛보다'로 주해 본에만 '맛볼, 졔ᄉ, 일즉'으로 대역되었다. 語形 '일즉, 졔ᄉ'의 대역이 특이하다.

(像) ; 새주ᇰㅎ다

; 像ᄋ 뼈쥬ᇰ흘씨니 부텨거신젹괴 새주ᇰ흘씨라〈능1-2〉

'쌔줏ᄒ다'는 (像)에 대한 대역이다. 『두시언해』에는 '얼굴, 스츠다'로 대역되었다. 語形 '쌔줏ᄒ다, 스츠다'는 消滅語로 볼 수 있다.

(桑) ; 쌍남

; 本來 쌍남깃 벌에라(本爲桑虫)〈능7-91〉

'쌍남'은 (桑)에 대한 대역이다. 『두시언해』에는 '누에, 쌍'으로 『남명천계송언해 · 훈몽자회 · 유합』 등에 모두 '쌍나무'로 『구하』에는 '쌍'으로 對譯되었다. 語形 '누에'의 대역이 특이하다.

(霜) ; 서리

; 그 비치 서리 ᄀᆞᆮᄒ니(其色如霜)〈능1-55〉

'서리'는 (霜)에 대한 대역이다. 『두시언해 · 남명천계송언해 · 구하 · 훈몽자회 · 유합 · 천자문』 등에 모두 '서리'로 對譯되었다.

(相) ; 서르, 얼굴

; 서르 섯고ᄆᆞᆯ(相參)〈능4-111〉
; 얼굴 몯읋거슬 업수미 ᄃᆞ외니(不相成無)〈능3-103〉

'서르, 얼굴'은 (相)에 대한 대역이다. 『석보상절 · 두시언해 · 남명천계송언해 · 구상 · 정속언해 · 훈몽자회 · 유합 · 두창 · 천자문』 광주 · 석봉 본 등에 모두 '서르'로 주해 본에는 '서릭, 정승, 막대, 볼'로 對譯되었다. 語形 '정승, 막대, 볼'의 대역 특이하다.

(傷) ; 슳다

; 네 이제 머리 셰면 ᄎ 삻쥬믈 슬ᄂ니(汝今自傷髮白面皺)〈능2-9〉

'슳다'는 (傷)에 대한 대역이다. 『두시언해』에는 '슳다, 히야디다, 傷ᄒ다'로 『석보상절』에는 '허리다'로 『구상 · 구하 · 태요 · 납약』에는 '헐다, 傷ᄒ다, 버히다, 샹호다'로 『유합』에는 '샹홀'로 『천자문』 광주·석봉 본에는 '헐다'로 주해 본에는 '헐다, 슬플'로 對譯되었다. 語形 '허리다'는 消滅語로 볼 수 있다.

**(穡) ; 거두다**

  ; 穡은 穀食 거두미라〈능1-19〉

  '거두다'는 (穡)에 대한 대역이다. 『두시언해』에는 '것'으로 『훈몽자회』에는 '거둘'로 『유합』에는 '츄슈'로 字釋되었다. 語形 '것'은 消滅語로 볼 수 있다.

**(色) ; 빛, 양지**

  ; 光明에 온가짓 보빗 비치 겨시니라(光有百寶色)〈능1-39〉
  ; 壯흔 양직 머므디 아니호미(壯色不停)〈능2-5〉

  '빛, 양직'는 (色)에 대한 대역이다. 『두시언해』에는 '눗빛, 빗, 빛'으로 『석보상절·남명천계송언해』에는 '빛'으로 『구상·태요·두창』에는 '빛, 빗'으로 『유합·천자문』 광주·석봉 본에는 '빗'으로 주해 본에는 '빗, 치싴'으로 對譯되었다. 語形 '양직'는 消滅語로 볼 수 있다.

**(生) ; 내다**

  ; 구틔여 分別을 내ᄂᆞ니(强生分別)〈능2-14〉

  '내다'는 (生)에 대한 대역이다. 『두시언해』에는 '나다, 낳다, 내다, 돋다, 사룸, 살다, 人生, 生'으로 『석보상절』에는 '니다, 살다'로 『남명천계송언해』에는 '나다, 낳다'로 『정속언해』에는 '나, 살다'로 『구상·태요·두창·납약』에는 '나다, 놀, 싱, 뛰다, 돋다, 싱으살다'로 『훈몽자회·유합·천자문』 광주·석봉 본에는 '날'로 주해 본에는 '날, 살'로 對譯되었다. 語形 '놀'과 한자어 '싱'이 동등하게 사용되어 現代語에서도 '날계란, 날고기, 날김치'와 '생맥주, 생고기, 생크림'과 같은 어휘가 있다.

(眚) ; 㾮病

; 眚은 㾮病이라〈능2-80〉


'㾮病'은 (眚)에 대한 대역이다. 『유합』에는 '익'으로 字釋되었다. 語形 '익'은 消滅語로 볼 수 있다.

(暑) ; 덥다

; 치움과 더움괘(寒暑)〈능2-6〉


'덥다'는 (暑)에 대한 대역이다. 『석보상절』에는 '덥다'로 『남명천계송언해』에는 '더위'로 『구상 · 태요』에는 '쎵, 덥다'로 『훈몽자회 · 천자문』에는 '더울'로 字釋되었다.

(叙) ; 버륨

; 이 버류미 다ᄉᆞ시 잇ᄂᆞ니(此叙有五)〈능2-32〉


'버륨'은 (敘)에 대한 대역이다. 『두시언해』에는 '베퍼다'로 『유합』에는 '펼'로 字釋되었다.

(噬) ; 너흘다

; 빗복 너흘 ᄉᆞ룸ᄀᆞᆮ거니(如噬臍人)〈능6-112〉


'너흘다'는 (噬)에 대한 대역이다. 『두시언해』에는 '너흘다, 무룸'으로 『훈몽자회 · 유합』에는 '믈'로 字釋되었다. 語形 '너흘다'는 消滅語로 볼 수 있다.

(舒) ; 그르다

; 비긴 六根이 미존 것 그르논 次第를 뵈샤(次示六根舒結倫次)〈능1-21〉

'그르다'는 (舒)에 대한 대역이다. 『두시언해』에는 '펴다, 프리다'로 『유합』에는 '펼'로 字釋되었다.

(徐) ; 날호야

　; 城門에 날호야 거러(徐步郭門)〈능1-34〉


　'날호야'는 (徐)에 대한 대역이다. 『두시언해』에는 '날호야, 날회야'로 『석보상절·정속언해』에는 '날호야'로 『태요·두창』에는 '날회다, 첨'으로 『유합』에는 '날횔'로 字釋되었다. 語形 '날호야'는 消滅語로 볼 수 있다.


(庶) ; 百姓, ᄇ라ᅀᅩ다

　; 庶ᄂᆞᆫ 할씨니 百姓을 니ᄅᆞ시니라〈능7-57〉
　; 發明을 ᄇ라ᅀᅩ니라(庶幾發明也)〈능2-2〉


　'百姓, ᄇ라ᅀᅩ다'는 (庶)에 대한 대역이다. 『두시언해』에는 '여러, 거싀'로 『석보상절』에는 '거싀'로 『정속언해』에는 '샹해, 샹사룸'으로 『유합』에는 '뭇'으로 『천자문』 광주·석봉 본에는 '물'로 주해 본에는 '거의, 셔얼, 만홀'로 對譯되었다. 語形 'ᄇ라ᅀᅩ다, 거싀, 샹해, 샹사룸'은 消滅語로 볼 수 있다.


(序) ; 실ᄀᆞᆮ

　; 序ᄂᆞᆫ 싥그티니 고티예 그틀어드면〈능1-5〉


　'실ᄀᆞᆮ'은 (序)에 대한 대역이다. 『두시언해』에는 '추례, 節序, 次序, 次第'로 『유합』에는 '추셔, 흑댱'으로 對譯되었다. 語形 '실ᄀᆞᆮ'의 대역이 특이하다. '흑댱'은 消滅語로 볼 수 있다.


(書) ; 쓰다

　; 시혹 宅中에 쓰면(或書宅中)〈능7-46〉


　'쓰다'는 (書)에 대한 대역이다. 『두시언해』에는 '글스다, 글월, 스다, 書信, 音書, 書冊'으로 『석보상절』에는 '글왈, 쓰다'로 『남명천계송언해』에는 '스다'로 『정속언해』에는 '글'로 『구상·태요·두창』에는 '스다, 써다, 편지'로 『유합·천자문』 광주·석봉 본에는 '글월'로 주해 본에는 '글, 쓸, 편지'로 對譯되었다.

(逝) ; 가다

; 가줄비건댄 艱難흔 子息이 아비 브리고 逃亡ᄒᆞ야 감ᄀᆞᆮ다 ᄉᆞ이다
(譬如窮子捨父逃逝)〈능1-93〉

'가다'는 (逝)에 대한 대역이다. 『두시언해』에는 '나가다, 흘르가다'로 『유합』
에는 '갈'로 字釋되었다.

(席) ; 돗

; 席은 돗기라〈능1-35〉

'돗'은 (席)에 대한 대역이다. 『두시언해 · 남명천계송언해 · 훈몽자회 · 유합』
등에 모두 '돗'으로 『구상 · 태요』에는 돗, 지즑, 자리'로 對譯되었다. 語形 '지
즑'은 消滅語로 볼 수 있다.

(曙) ; 새다

; 曙는 샐씨오〈능10-45〉

'새다'는 (曙)에 대한 대역이다. 『두시언해』에는 '새다, 새밧'으로 『훈몽자회』
에는 '샐'로 字釋되었다.

(釋) ; 그르다, 사기다

; 절로 그르리라(自釋矣)〈능1-95〉
; ᄒᆞ마 알ᄑᆡᆺ 사굠 ᄀᆞᆮ거니와(已如前釋)〈능1-9〉

'그리다, 사기다'는 (釋)에 대한 대역이다. 『두시언해』에는 '녹다, 놓다'로 『석
보상절』에는 '사기다'로 『유합 · 천자문』 광주 본에는 '그를'로 석봉 본에는 '그
를'로 주해 본에는 '풀, 노흠, 훈석'으로 對譯되었다.

(析) ; 빼혀다(ᄲᅳ릴)

; 다시 鄰虛를 빼혀면(更析鄰虛)〈능3-68〉

'빼혀다'는 (析)에 대한 대역이다. 『유합』에는 '뜨릴'로 字釋되었다.

(昔) ; 녜

　; 녜 月盖 比丘(昔月盖比)〈능1-3〉

　'녜'는 (昔)에 대한 대역이다. 『두시언해 · 훈몽자회』에는 모두 '녜'로 대역되었다.

(旋) ; 도라오다, 두르혀다

　; 이제 도라올 時節에(今旋時)〈능2-111〉
　; 보몰 두르혀 元을 조초미(旋見循元)〈능5-41〉

　'도라오다, 두르혀다'는 (旋)에 대한 대역이다. 『두시언해』에는 '돌다, 횟돌다'로 『구하 · 구상 · 납약』에는 '어즐ᄒ다, 횟두루다'로 『훈몽자회』에는 '두를'로 『유합』에는 '도로힐, 조초홀'로 對譯되었다. 語形 '두르혀다'는 消滅語로 볼 수 있다.

(先) ; 몬져, 아릿

　; 請호ᄃᆡ 몬져 마키오리라(請先質之)〈능1-16〉
　; 아릿 비들 가포ᄃᆡ(賱償先債)〈능8-124〉

　'몬져, 아릿'은 (先)에 대한 대역이다. 『두시언해』에는 '녯, 몬져, 블셔'로 『구상 · 태요 · 납약』에는 '몬져, 민'로 『유합』에는 '먼져'로 字釋되었다. 語形 '아릿'의 대역이 특이하다.

(尠) ; 젹다

　; 가비야오며 져군디(輕尠)〈능2-56〉

　'젹디'는 (尠)에 내한 내녁이다. 이는 『능엄경』에서만 발견되는 대역 語形이다.

(禪) ; ᄀᆞ롬

　; 서르 ᄀᆞ로미 다 올ᄆᆞ며(相禪皆轉)〈능7-84〉

　'ᄀᆞ롬'은 (禪)에 대한 대역이다. 『두시언해』에는 '禪, 坐禪'으로 대역되었다. 'ᄀᆞ롬'은 『능엄경』에서만 발견된다. 語形 'ᄀᆞ롬'은 消滅語로 볼 수 있다.

(善) ; 됴타, 이대

　; 됴타 일ᄏᆞᄅᆞ샤미라(所以稱善)〈능1-43〉
　; 諸有에 이대 걷내 ᄲᅱ며(善超諸有)〈능1-24〉

　'됴터, 이대'는 (善)에 대한 대역이다. 『두시언해』에는 '믿다, 어디다, 이대, 잘ᄒᆞ다, 善ᄒᆞ다'로 『석보상절·남명천계송언해』에는 '인, 이대'로 『정속언해』에는 '잘ᄒᆞ다'로 『훈몽자회』에는 '됴ᄒᆞᆯ'로 『두창』에는 '둏다, 잘, 잘ᄒᆞ다'로 『유합·천자문』 광주·석봉 본에는 '어딜'로 주해 본에는 '어딜, 착히너길'로 대역되었다. 語形 '이대'는 消滅語로 볼 수 있다.

(設) ; 노ᄊᆞᆸ다

　; 貴흔 차반 우업슨 됴흔 마ᄉᆞᆯ 만히 노ᄊᆞᆸ고(廣設珍羞無上妙味)〈능1-31〉

　'노ᄊᆞᆸ다'는 (設)에 대한 대역이다. 『두시언해』에는 '베퍼다, 베푸다'로 『두창』에는 '버리다'로 『유합·천자문』 광주·석봉 본에는 '베플'로 주해 본에는 '베플, 셜ᄉᆞ'로 대역되었다.

(說) ; 니ᄅᆞ다, 말

　; 밥 니ᄅᆞᄂᆞ 주으린 아비 ᄃᆞ외놋다(說食飢夫)〈능1-3〉
　; 張觀文의 마리오(張觀文之說)〈능1-16〉

　'니ᄅᆞ다, 말'은 (說)에 대한 대역이다. 『두시언해·훈몽자회』에는 '니ᄅᆞᆯ'로 『유합』에는 '니ᄅᆞᆯ, 달앨셰'로 『천자문』 광주 본에는 '니를'로 석봉 본에는 '니늘'로 주해 본에는 '깃글열, 말ᄉᆞᆷ열, 달낼셰'로 대역되었다.

(爇) ; 스로다, 술다

 ; 이 이운 나모 스로몰 브트리오(爇此枯木)〈능3-25〉
 ; 爇은 쪼 술씨라〈능8-106〉

 '스로다, 술다'는 (爇)에 대한 대역이다. 『두시언해』에는 '딛다'로 대역되었
다. 語形 '딛다'는 消滅語로 볼 수 있다.

(媟) ; 더럽다

 ; 쁘디 더러운 欲올 나토아(意彰媟欲)〈능9-95〉

 '더럽다'는 (媟)에 대한 대역이다. 이는 『능엄경』에서만 발견되는 대역 語形
이다.

(纖) ; 죠고만

 ; 죠고만 그린것도 흰히 업서(郭無纖)〈능1-4〉

 '죠고만'은 (纖)에 대한 대역이다. 『두시언해』에는 'ㄱ놀다'로 『유합』에는 'ㄱ
놀'로 字釋되었다.

(躡) ; 드듸다

 ; 알폴 드듸신 젼츠로 져기ᄒ시니라(躡前故略之)〈능1-111〉

 '드듸다'는 (躡)에 대한 대역이다. 『두시언해』에는 '넓다'로 대역되었다.

(涉) ; 들에ᄒ다, 버믈다, 븓다

 ; 重重히 서르 들에ᄒ고(重重相涉)〈능7-21〉
 ; 모든 妄애 버므디 아니토다(不涉諸妄矣)〈능3-104〉
 ; 生死애 븓디 아니ᄒ미(不涉生死)〈능1-82〉

 '들에ᄒ다, 버믈다, 븓다'는 (涉)에 대한 대역이다. 『두시언해』에는 '건너다,
넌내다'로 『남명천계송언해』에는 '거름'으로 『태요』에는 '건너다'로 『유합』에는

'건널'로 字釋되었다. 語形 '들에ᄒ다, 버믈다, 븓다'는 消滅語로 볼 수 있다.

(懾) ; 저프다, 저히다
  ; 놀라와 저픈 젼ᄎ로(以可警懾故)〈능8-93〉
  ; 能히 魔外를 저히샤(能懾魔外)〈능1-39〉

'저프다, 저히다'는 (懾)에 대한 대역이다. 이는 『능엄경』에서만 발견되는 대역 語形이다. 語形 '저프다, 저히다'는 消滅語로 볼 수 있다.

(盛) ; 담다
  ; 도기 다몸과 잘이 너허됴미(甕盛囊撲)〈능8-88〉

'담다'는 (盛)에 대한 대역이다. 『두시언해』에는 '盛ᄒ다, 하다'로 『석보상절·남명천계송언해』에는 '담다'로 『구상·태요·두창·납약』에는 '넣다, 담다, ᄀ장, 만ᄒ다, 셩ᄒ다'로 『훈몽자회』에는 '다믈'로 『유합·천자문』 광주·석봉 본에는 '셩홀'로 주해 본에는 '셩홀, 담을'로 對譯되었다.

(城) ; 城
  ; 城中에 ᄯ 長者와 居士왜(城中復有長者居士)〈능1-31〉

'城'은 (城)에 대한 대역이다. 『두시언해』에는 '잣, 城'으로 『유합·훈몽자회·천자문』 광주·석봉 본에는 모두 '잣'으로 주해 본에는 '셩'으로 字釋되었다. 語形 '잣, 城'은 15세기 당시부터 雙形으로 사용되던 것이 한자어 '셩'에 의하여 '잣'은 消滅되었다.

(成) ; ᄃ외다, 이다, 일우다
  ; 엇뎨 안히 ᄃ외료(云何成內)〈능1-60〉
  ; 便安히 셔미 이디 몯ᄒ리라(不成安立)〈능2-37〉
  ; 뭇正覺을 일워(成最正覺)〈능1-3〉

'ᄃ외다, 이다, 일우다'는 (成)에 대한 대역이다. 『두시언해』에는 'ᄃ외다, 밍굴다, 일우다, 짓다, 成熟ᄒ다'로 『남명천계송언해』에는 '일다, 이ᄅ다'로 『정속언해』에는 '일다, 일우다'로 『구상·태요·두창』에는 'ᄃ외다, 일다, 짓다, 되다'로 『유합』에는 '일울'로 『천자문』 광주 본에는 '일'로 석봉 본에는 '이룰'로 주해 본에는 '이울'로 字釋되었다.

(腥) ; 비리다

; 비리 누류미 섯 모ᄃ며(腥膹交遘)〈능1-42〉

'비리다'는 (腥)에 대한 대역이다. 『두시언해』에는 '비뉘ᄒ다, 비린내'로 『유합』에는 '비릴'로 字釋되었다. 語形 '비뉘ᄒ다'는 消滅語로 볼 수 있다.

(勢) ; 양지

; 勢는 양지라〈능3-11〉

'양지'는 (勢)에 대한 대역이다. 『두시언해』에는 '양지, 權勢, 形勢'로 『유합』에는 'ᄉ셔'로 字釋되었다. 語形 '양지, ᄉ셔'는 消滅語로 볼 수 있다.

(歲) ; 설

; 첫 열서린 時節에셔 늘그며(老初十歲時)〈능2-6〉

'설'은 (歲)에 대한 대역이다. 『두시언해』에는 '나히, 설, 히, 歲月'로 『남명천계송언해』에는 '히, 설'로 『정속언해·훈몽자회·유합·천자문』 등에는 모두 '히'로 『두창·납약』에는 '솔'로 대역되었다.

(細) ; 微細ᄒ다

; 微細ᄒ 或은 불교미 어려우니(細或難明)〈능1-107〉

'微細ᄒ다'는 (細)에 대한 대역이다. 『두시언해』에는 'ᄀ늘다'로 『남명천계송인해·유합』에는 'ᄀ늘'로 『구상·태요·두창·납약』에는 'ᄀᄂ니, ᄂ로니, ᄀ늘다, 졸다, 츤츤히, 셰말ᄒ다, ᄀᄂ'으로 對譯되었다. 語形 'ᄂᄅ니, ᄂ로니'는

消滅語로 볼 수 있다. 한자어로 대역된 語形은 『능엄경』에서만 발견된다.

(燒) ; 술다, 퓌우다

　　; 제 能히 네 소냇 뿍글 술란딕(自能燒汝手中之艾)〈능3-75〉
　　; 純히 沉水를 퓌우딕(純燒沉水)〈능7-14〉

　　'술다, 퓌우다'는 (燒)에 대한 대역이다. 『두시언해』에는 '굽다, 블블다, 술다'
로 『구상 · 구하 · 태요 · 두창』에는 '데다, 술다, 블퓌다, 스라다, 스로다'로 『훈
몽자회 · 유합』에는 '술다'로 字釋되었다. 語形 '술다'는 '불 사르다'에 의하여 消
滅된 것으로 추정된다.

(掃) ; 쁠다

　　; 掃는 쁠씨오〈능5-45〉

　　'쁠다'는 (掃)에 대한 대역이다. 『두시언해』에는 '쁠다'로 대역되었다.

(霄) ; 밤

　　; 엇뎻 밨 中에 白月畵에 바도물 기드리리오(何待中霄承白月畵)〈능3-79〉

　　'밤'은 (霄)에 대한 대역이다. 『두시언해』에는 '밤, 하늘'로 『천자문』 광주 ·
석봉 본에는 '하늘'로 주해 본에는 '한을'로 字釋되었다.

(召) ; 블러다

　　; 다시 블러 니르시니라(復召告也)〈능3-67〉

　　'블러다'는 (召)에 대한 대역이다. 『두시언해』에는 '브르다'로 『유합』에는 '브
를'로 字釋되었다.

(消) ; 스러브리다

　　; 둗온 欲을 스러브리고(消其愛欲)〈능1-17〉

'스러브리다'는 (消)에 대한 대역이다. 『두시언해』에는 '녹ᄂ다, 스로다'로 『구상·구하·두창·납약』에는 '노기다, 녹다, 슬다, 삭다, 스ᄂ다, 스러디다'로 『유합』에는 '스러딜'로 字釋되었다.

(昭) ; 븕다

; 昭ᄂ 불굴씨라〈능6-19〉

'븕다'는 (昭)에 대한 대역이다. 『두시언해』에는 '븕다, 번득'으로 『유합』에는 '발굴'로 字釋되었다.

(所) ; 곧

; 흐마 보빗고대 다ᄃ라니(旣到寶所)〈능1-19〉

'곧'은 (所)에 대한 대역이다. 『두시언해』에는 '딕, 바, 배'로 『석보상절』에는 '바, 디'로 『구상』에는 '딕'로 『남명천계송언해』에는 '바, 딕'로 『정속언해』에는 '곧'으로 『천자문』 광주·석봉 본에는 '바'로 주해 본에는 '바,곳'으로 對譯되었다.

(素) ; 깁

; 죠희어나 기비어나(紙素)〈능7-46〉

'깁'은 (素)에 대한 대역이다. 『두시언해』에는 '본딕, 셴, 하얀'으로 『태요·두창』에는 '본딕, 소호다'로 『유합』에는 '흴, 아리'로 『훈몽자회·천자문』 광주·석봉 본에는 '흴'로 주해 본에는 '본딕, 흴, 실박, 빌'로 대역되었다.

(紹) ; 닛다

; 부텻 位ᄒᆞᆯ 이긔예 니스시릴씨(堪紹佛位)〈능5-38〉

'닛다'는 (紹)에 대한 대역이다. 『유합』에는 '니슬'로 字釋되었다.

(笑) ; 웃다

　; 사룸 곳 보면 우서(見人則笑)〈능9-75〉

　'웃다'는 (笑)에 대한 대역이다. 『두시언해 · 석보상절 · 남명천계송언해』에는
'우숨, 웃다'로 『구상 · 훈몽자회』에는 '우숨'으로 『유합 · 천자문』 광주 · 주해
본에는 '우음'으로 석봉 본에는 '우움'으로 字釋되었다.

(銷) ; 녹다, 슬다

　; 더운므레 어름 녹둣 ᄒ야(如湯銷氷)〈능4-117〉
　; 漸漸스러 주거니 주구미(漸漸銷殞亡)〈능2-4〉

　'녹다, 슬다'는 (銷)에 대한 대역이다. 『두시언해』에는 '스로다, 스라다, 놋다,
녹다, 스러다'로 『유합』에는 '쇠노길'로 字釋되었다.

(續) ; 닛다

　; 煩惱는 生死를 니서(煩惱續諸生死)〈능1-95〉

　'닛다'는 (續)에 대한 대역이다. 『두시언해』에는 '닛다'로 『유합 · 천자문』 석
봉 본에는 '니을'로 『천자문』 광주 · 주해 본에는 '니을'로 字釋되었다.

(東) ; 뭇다

　; 가줄비건댄 뭇군 ᄀ리(譬如東蘆)〈능5-8〉

　'뭇다'는 (東)에 대한 대역이다. 『두시언해』에는 '씌우다, 얽미다, 뮭다, 미다'
로 『유합 · 천자문』 광주 본에는 '뭇'으로 석봉 본에는 '뭇글'로 주해 본에는 '묵
글, 약속'으로 대역되었다.

(速) ; 샐ᄅ다

　; 솞바당 드위혀메며 샐ᄅ니(速於反掌)〈능1-16〉

　'샐ᄅ다'는 (速)에 대한 대역이다. 『두시언해 · 석보상절 · 남명천계송언해 ·

구상·두창』에도 모두 '샬리'로 『유합』에는 '샬룰'로 字釋되었다.

(俗); 世俗

　; 世俗앳 뜨들 거스려 마기오시니라(逆質俗情也)〈능2-72〉

　'世俗'은 (俗)에 대한 대역이다. 『두시언해』에는 '民俗, 世俗, 俗人, 時俗, 風俗'으로 『석보상절·남명천계송언해』에는 '쇼'로. 『두창』에는 '셔쇽, 쇽다'로 『유합·천자문』 광주·석봉 본에는 모두 '風俗'으로 주해 본에는 '풍쇽, 쇽쇽'으로 대역되었다.

(飡); 먹다

　; 飡은 머글씨오〈능7-18〉

　'먹다'는 (飡)에 대한 대역이다. 『두시언해』에도 '먹다'로 『천자문』 광주 본에는 '반찬'으로 석봉 본에는 '밥'으로 주해 본에는 '먹을, 밥'으로 대역되었다.

(牽); 몬져

　; 牽은 몬져홀씨〈능9-70〉

　'먼져'는 (牽)에 대한 대역이다. 『두시언해』에는 '브티들여다, 잇기이다'로 『유합·천자문』 석봉 본에는 '드릴'로 『천자문』 광주 본에는 '드낼'로 주해 본에는 '드릴, 조츨, 구률, 슈, 그믈'로 대역되었다. 語形 '브티들여다, 잇기이다'는 消滅語로 볼 수 있다.

(送); 서르

　; 微妙흔 光이 서르 發ᄒ야(妙光送發)〈능9-7〉
　'서르'는 (送)에 대한 대역이다. 『두시언해』에는 '보내다, 餞送'으로 『유합』에는 '보내다'로 字釋되었다.

(灑) ; 쓰리다

; ᄒᆞ러 쓰리면 盛히 부치ᄂᆞ니라(迸灑煸鼓)〈능8-97〉

'쓰리다'는 (洒)에 대한 대역이다. 『두시언해』에는 '쓸다, 젓다'로 『두창』에는 '쓸히다'로 『유합』에는 '믌브릴'로 字釋되었다.

(衰) ; 衰ᄒᆞ다

; 또 스믈헤셔 衰ᄒᆞ야(又衰二十)〈능2-6〉

'衰ᄒᆞ다'는 (衰)에 대한 대역이다. 『두시언해』에는 '늙다, 衰殘ᄒᆞ다'로 『유합』에는 '쇠ᄒᆞᆯ'로 字釋되었다.

(殊) ; 다ᄅᆞ다, ᄠᆞ로

; 見精은 다ᄅᆞ디 아니ᄒᆞᆫ돌(見精不殊)〈능2-33〉

; ᄠᆞ로 다ᄅᆞ샤(殊絕)〈능1-42〉

'다르다, ᄠᆞ로'는 (殊)에 대한 대역이다. 『두시언해』에는 'ᄀᆞ장, 달오다, ᄃᆞᄅᆞ다, 멀다, ᄌᆞ모, 殊異ᄒᆞ다'로 『태요』에는 '다르다'로 『유합』에는 '다ᄅᆞᆯ'로 『천자문』 광주 본에는 '다ᄅᆞᆯ'로 석봉 본에는 '다ᄂᆞᆯ'로 주해 본에는 '다ᄅᆞᆯ, 주글, 어조사'로 대역되었다. 語形 'ᄠᆞ로'의 대역이 특이하다.

(竪) ; 셔다

; 八萬四千 빗그면 션 어즈러운 想이 이니(成八萬四千橫竪亂想)〈능7-80〉

'셔다'는 (竪)에 대한 대역이다. 『태요』에는 '세우다'로 『유합』에는 '셰울'로 字釋되었다.

(修) ; 닷다

; ᄂᆞ외 나ᅀᅡ 닷고미 업고(無後進修)〈능1-118〉

'닷다'는 (修)에 대한 대역이다. 『두시언해』에는 '닷다, 修理ᄒ다, 修補ᄒ다'로 『석보상절 · 남명천계송언해 · 정속언해』에는 모두 '닷다'로 『유합』에는 '닷글'로 字釋되었다.

(授) ; ᄇ리다, 섬기다

; 五體를 ᄯ해 ᄇ려(五體授地)〈능1-92〉
; 부톄 그스기 섬기샤믈 ᄇ라ᅀᆞᆸ더니(冀佛冥授)〈능5-29〉

'ᄇ리다, 섬기다'는 (授)에 대한 대역이다. 『두시언해』에는 '맛디다, 주다'로 『유합』에는 '줄'로 字釋되었다.

(搜) ; 더듬다

; 기피 더드므며 너비 무러(冥搜博訪)〈능1-3〉

'더듬다'는 (搜)에 대한 대역이다. 『두시언해』에는 '더듬다'로 『훈몽자회 · 유합』에는 '더드믈'로 字釋되었다.

(守) ; 가졧다

; 이런드로 가졧던 거슬 일흐니라(故失所守)〈능2-53〉

'가졧다'는 (守)에 대한 대역이다. 『두시언해』에는 '固守ᄒ다, 딕히다, 防守ᄒ다, 守巡ᄒ다, 巡守'로 『석보상절 · 남명천계송언해 · 두창』에는 '딕히다'로 『정속언해』에는 '딕킈다, 슈호ᄒ다'로 『유합 · 천자문』 석봉 본에는 '디킐'로 광주 본에는 '딕힐'로 주해 본에는 '직킐, 슈령'으로 대역되었다.

(須) ; 모디

; 바ᄅ 모디 그슥호 ᄲᅵ듬 헤터 여러(直須破開陰隙)〈능1-107〉

'모디'는 (須)에 대한 대역이다. 『두시언해 · 구상 · 태요』에는 '모로매'로 『남명천계송언해 · 유합』에는 '모로미'로 對譯되었다.

(需) ; 기다리다

　　; 사ᄅᆞᆷ믈 기드려 치이ᄂᆞ니라(需人以養者)〈능2-5〉


　　'기다리다'는 (需)에 대한 대역이다. 이는『능엄경』에서만 발견되는 대역 語形이다.

(誰) ; 뉘, 므스글

　　; 뉘 動ᄒᆞ며 뉘 靜ᄒᆞᄂᆞ뇨(誰動誰靜)〈능1-109〉
　　; 므스글 가져 因을 셰여우(將誰立因)〈능4-123〉


　　'뉘, 므스글'은 (誰)에 대한 대역이다.『두시언해·구상』에는 '뉘, 눌'로『훈몽자회·유합』에는 '뉘'로『천자문』광주 본에는 '누굿'으로 석봉·주해 본에는 '누구'로 字釋되었다. 語形 '므스글'의 대역이 특이하다.

(樹) ; 나무, 남기

　　; 有毒ᄒᆞᆫ 나못 여르므로(以毒樹果)〈능7-92〉
　　; ᄒᆞ다가 남기 見이 아닌댄(若樹非見)〈능2-52〉


　　'나모, 남긔'는 (樹)에 대한 대역이다.『두시언해』에는 '나모, 남기, 셰다'로『석보상절·남명천계송언해』에는 '즘게'로『구상·구하·태요』에는 '나모, 남긔, 나무'로『유합』에는 '큰나모'로 字釋되었다. 語形 '즘게'는 '큰나무'에 의하여 消滅된 것으로 추정해 볼 수 있다.

(壽) ; 목숨

　　; 一期 목수믈 머믈우고(駐一期之壽)〈능8-130〉


　　'목숨'은 (壽)에 대한 대역이다.『두시언해』에는 '목숨, 獻壽'로『태요』에는 '댱슈'로『훈몽자회·유합』에는 '목숨'으로 字釋되었다. 語形 '댱슈'는 消滅語로 볼 수 있다.

(酬) ; 對答ᄒᆞ다

  ; 고ᄃᆞᆫ ᄆᆞᅀᆞᆷ로 내 무로ᄆᆞᆯ 對答ᄒᆞ야ᅀᅡ ᄒᆞ리라(直心酬我所問)〈능1-44〉


  '對答ᄒᆞ다'는 (酬)에 대한 대역이다. 『두시언해』에는 '갑다, 갚다'로 『훈몽자회 · 유합』에는 '가플, 가폴'로 字釋되었다.


(數) ; 두ᅀᅥ

  ; 두ᅀᅥ 자위로딕(數尺)〈능9-108〉


  '두ᅀᅥ'는 (數)에 대한 대역이다. 『두시언해』에는 '두ᅀᅥ, ᄌᆞ조, 혜요다, 數'로 『석보상절』에는 '혜다'로 『남명천계송언해』에는 '혜아리다, 두ᅀᅥ'로 『구상 · 구하 · 태요 · 두창』에는 '좃다, 여러, ᄌᆞᆫᄂᆞ다, 두어'로 『유합』에는 '수고슴'으로 字釋되었다. 語形 '혜다, 혜아리다, ᄌᆞ조, ᄌᆞᆫᄂᆞ다, 수고슴'은 消滅語로 볼 수 있다.


(垂) ; 드리우다

  ; 니르샤딕 ᄆᆞᆺ後ㅅ 法 드리우미라(言最後垂範者)〈능1-17〉


  '드리우다'는 (垂)에 대한 대역이다. 『두시언해』에는 '다ᄃᆞ랫다, 드롓다'로 『석보상절』에는 '드리우다'로 『구상 · 구하 · 태요』에는 '싸디다, 드리워다, 드리오다'로 『유합』에는 '드리올'로 『천자문』 광주 본에는 '드를'로 석봉 본에는 '드리울'로 주해 본에는 '드리울, 거의'로 對譯되었다.


(受) ; 받다

  ; 오직 阿難이 몬져 다ᄅᆞᆫ딧 請을 바다(先受別請)〈능1-32〉


  '받다'는 (受)에 대한 대역이다. 『두시언해 · 석보상절』에는 '받다, ᄐᆞ다'로 『남명천계송언해』에는 '받다, 받ᄌᆞᆸ다'로 『정속언해』에는 '받다'로 『태요 · 납약』에는 '받다, 들다'로 『유합 · 천자문』 광주 본에는 'ᄐᆞᆯ'로 석봉 본과 『훈몽자회』에는 '바ᄃᆞᆯ'로 주해 본에는 '바들'로 字釋되었다.

(羞) ; 차반

　; 貴흔 차반 우업슨 됴흔 마슬 만히 노섭고(廣設珍羞無上妙味)〈능1-31〉


'차반'은 (羞)에 대한 대역이다. 『두시언해』에는 '붓그려, 飮食, 차반'으로 『유합』에는 '붓그릴'로 字釋되었다.

(孰) ; 뉘

　; 뉘 萬行이 두외리오(孰爲萬行)〈능1-8〉


'뉘'는 (孰)에 대한 대역이다. 『두시언해·훈몽자회』에는 '뉘'로 『천자문』 광주 본에는 '누국'으로 석봉 본에는 '누구'로 주해 본에는 '누구, 닉을'로 대역되었다.

(俶) ; 비르서

　; 비르서 연장호야 길흘 나사가(俶裝前途)〈능1-105〉


'비르서'는 (俶)에 대한 대역이다. 이는 『능엄경』에서만 발견되는 대역 語形이다.

(宿) ; 아릿

　; 耶輸와 혼가지로 아릿 因올 아라(與耶輸同悟宿因)〈능1-17〉


'아릿'은 (宿)에 대한 대역이다. 『두시언해』에는 '자다'로 『구상·태요』에는 '밤'으로 『유합』에는 '잘, 별'로 『천자문』 광주·석봉 본에는 '잘'로 주해 본에는 '별, 잘, 본뒤'로 對譯되었다. 語形 '아릿'의 대역이 특이하다.

(熟) ; 닉다

　; 熟은 니글씨니 이 닷 쓰디라〈능8-33〉


'닉다'는 (熟)에 대한 대역이다. 『두시언해·석보상절』에도 '닉다'로 『구상·

태요』에는 '닉다, 부븨다'로 『훈몽자회·유합』에는 '니글'으로 字釋되었다. 語形 '부븨다'의 대역이 특이하다.

(瞬) ; 곰죽ᄒ다, 눈곰다

 ; 눈쪼쇠 곰죽디 아니ᄒ야(目睛不瞬)〈능2-15〉
 ; 瞬은 눈ᄀ몰씨오〈능9-115〉

 '곰죽ᄒ다, 눈곰다'는 (瞬)에 대한 대역이다. 이는 『능엄경』에서만 발견되는 대역 語形이다.

(順) ; 順ᄒ다

 ; 어긔며 順홈과(違順)〈능3-13〉

 '順ᄒ다'는 (順)에 대한 대역이다. 『두시언해』에는 '順ᄒ다, 順호다'로 『남명천계송언해』에는 '順ᄒ다, 順히'로 『납약』에는 '슌ᄒ다'로 『유합』에는 '슌홀'로 字釋되었다.

(馴) ; 질드리다

 ; 사ᄅ미게 질드ᄂᆞ니(馴服於人)〈능8-122〉

 '질드리다'는 (馴)에 대한 대역이다. 『두시언해』에는 '질드리다'로 『유합』에는 '질드릴'로 字釋되었다.

(述) ; 닐어다, 밍굴다

 ; 물론 因을 다시 닐어(重述迷因)〈능1-95〉
 ; 이런ᄃ로 序引을 밍ᄀ라(故述序引)〈능1-5〉

 '닐어다, 밍굴다'는 (述)에 대한 대역이다. 『유합』에는 '니어지을'로 字釋되었다.

(膝) ; 무릎

　; 올흔 무릎 싸해 다혀(右膝著地)〈능1-76〉

　　'무릎'은 (膝)에 대한 대역이다. 『두시언해』에는 '무룹'으로 『훈몽자회 · 유합』
에는 '무롭'으로 字釋되었다.

(習) ; 닉다

　; 錯亂히 닷가 니긴(錯亂修習)〈능1-81〉

　　'닉다'은 (習)에 대한 대역이다. 『두시언해』에는 '닉다, 비호다'로 『훈몽자
회 · 천자문』 광주 본에는 '비홀'로 『유합』과 석봉 · 주해 본에는 '니길'로 字釋
되었다.

(憎) ; 저흐다, 젇논다

　; 魂慮一變ᄒᆞ야 저호믄(魂慮變憎)〈능2-54〉
　; 그 魂慮變ᄒᆞ야 젇논돌 아ᄅᆞ시고(知其魂慮變憎)〈능2-54〉

　　'저흐다, 젇논다'는 (憎)에 대한 대역이다. 이는 『능엄경』에서만 발견되는 대
역 語形이다. '저흐다, 젇논다'는 消滅語로 볼 수 있다.

(承) ; 듣줍다, 받다

　; 내 녜 諸佛 ᄀᆞᄅ치샤믈 듣줍디 몯ᄒᆞᅀᆞ와(我昔未承諸佛誨勅)〈능2-2〉
　; 부텻 神力을 바다(承佛神力)〈능2-32〉

　　'듣줍다, 받다'는 (承)에 대한 대역이다. 『두시언해』에는 '닙ᄉᆞ다, 닛다, 받다'
로 『석보상절』에는 '닛다'로 『두창』에는 '받다'로 『유합』에는 '니슬'로 『천자문』
광주 본에는 '니을'로 석봉 본에는 '니올'로 주해 본에는 '니을, 도올'로 대역되
었다.

(升) ; 되, 오르다

　; 뿔 半되를 取ᄒ야(取蜜半升)〈능7-16〉
　; 日輪이 하늘해 오르면(日輪升天)〈능2-28〉

　'되, 오르다'는 (升)에 대한 대역이다. 『두시언해』에는 '되, 오르다'로 『구상·태요·두창』에는 '되, 디'로 『훈몽자회·유합』에는 모두 '되'로 字釋되었다.

(昇) ; 올아

　; 하늘해 올아(昇天)〈능1-101〉

　'올아'는 (昇)에 대한 대역이다. 『두시언해』에는 '오르다'로 대역되었다.

(繩) ; 노

　; 繩은 먹티는 노히라〈능1-18〉

　'노'는 (繩)에 대한 대역이다. 『두시언해·구상·훈몽자회·태요·유합』 등에 모두 '노'로 對譯되었다.

(呞) ; 씹다

　; 呞는 쉬 먹고 도로내야 씨블씨라〈능5-46〉

　'씹다'는 (呞)에 대한 대역이다. 이는 『능엄경』에서만 발견되는 대역 語形이다.

(示) ; 뵈다

　; 내 이제 네게 兜羅緜手를 뵈소니(我今示汝兜羅緜手)〈능1-55〉

　'뵈다'는 (示)에 대한 대역이다. 『두시언해』에도 '뵈다'로 『유합』에는 '뵐'로 字釋되있나.

(始) ; 비르스

    ; 徵心辯見에 비르스샤(始於徵心辯見)〈능1-9〉

    '비르스'는 (始)에 대한 대역이다. 『두시언해』에는 '비롯, 처섬'으로 『석보상
절』에는 'ᄀᆞ자, 비르서, 처섬'으로 『남명천계송언해』에는 '비릇, 비르서, 첫'으로
『정속언해』에는 '비릇'으로 『구상·두창』에는 '처음, 비로소'로 『유합·천자
문』 광주·석봉 본에는 '비르슬'로 주해 본에는 '비로슬'로 대역되었다.

(侍) ; 뫼ᅀᆞ다

    ; 부톄 뫼ᅀᆞ왯다가(侍佛)〈능1-104〉

    '뫼ᅀᆞ다'는 (侍)에 대한 대역이다. 『두시언해』에는 '뫼시다, 뫼ᅀᆞ다, 侍從ᄒ
다, 侍衛ᄒᆞ다'로 『유합·천자문』에는 모두 '뫼실'로 字釋되었다.

(時) ; 쁴, 時, 時節

    ; 흔 쁴 부톄(一時佛)〈능1-23〉
    ; 時예 波斯匿王이(時波斯匿王)〈능2-2〉
    ; 諸佛이 아니 니르싫 時節 업스시며(諸佛無時不說)〈능1-17〉

    '쁴, 時, 時節'은 (時)에 대한 대역이다. 『두시언해』에는 '뿔, 쁴, 적, 제, 時節'
로 『석보상절』에는 '디, 쁴, 적, 제'로 『남명천계송언해』에는 '쁴, 적, 제'로 『정
속언해』에는 '딘, 시절, 적, 제'로 『구상·구하·태요·두창·납약』에는 '뻬, 씽
졇, 時節, 時刻, 잇다감, 쁴, 적, 제, 때,'로 『훈몽자회』에는 '쁴'로 『유합·천자
문』 석봉 본에는 '시절'로 광주 본에는 '쁴니'로 주해 본에는 '시절, 째'로 對譯
되었다. 語形 '쁴, 뿔'는 消滅語로 볼 수 있다.

(屎) ; 똥

    ; 흙과 똥과 오좀과(土屎尿)〈능8-87〉

    '똥'은 (屎)에 대한 대역이다. 『구상』에도 '똥'으로 대역되었다.

(試) ; 試驗ᄒᆞ다

; 네 試驗ᄒᆞ야 길헤(汝試於途)〈능1-100〉

　‘試驗ᄒᆞ다’은 (試)에 대한 대역이다. 『두시언해』에는 ‘맛보다, 비르서’로 『구상 · 태요 · 두창』에는 ‘뼈다, 디내다, 시험, 쓰다’로 『유합』에는 ‘ᄒᆞ야볼’로 字釋되었다. 語形 ‘ᄒᆞ야볼’은 消滅語로 볼 수 있다. ‘맛보다’의 뜻으로는 한자어 ‘試食’에서 그 뜻을 찾아 볼 수 있다.

(是) ; 이

; 如來 이에(如來於是)〈능1-110〉

　‘이’는 (是)에 대한 대역이다. 『두시언해』에도 ‘이’로 『훈몽자회 · 유합』에는 ‘올홀, 이’로 字釋되었다.

(恃) ; 믿다, 믿ᄌᆞᆸ다

; 흔갓 神力을 미더도(徒恃神力)〈능9-48〉
; 오히려 어엿비 너기샤믈 믿ᄌᆞ와(猶恃憍憐)〈능1-76〉

　‘믿다, 믿ᄌᆞᆸ다’는 (恃)에 대한 대역이다. 『유합』에는 ‘미들’로 『천자문』 광주본에는 ‘미들’로 석봉 · 주해 본에는 ‘미돌’로 字釋되었다.

(啻) ; ᄯᆞ름

; 엇뎨 億萬 ᄯᆞᄅᆞ미리오(何啻億萬)〈능1-4〉

　‘ᄯᆞ름’은 (啻)에 대한 대역이다. 『두시언해』에도 ‘ᄯᆞ름’으로 대역되었다.

(飾) ; ᄭᅮ미다

; 싁싀기 ᄭᅮ뮤미라(嚴飾也)〈능7-20〉

　‘ᄭᅮ미다’는 (飾)에 대한 대역이다. 『두시언해』에도 ‘ᄭᅮ미다’로 『훈몽자회 · 유합』에는 ‘ᄭᅮ밀’로 字釋되었다.

(蝕) ; 이저흐다

　　; 蝕은 이저흐야 브릴씨라〈능9-113〉


　　'이저흐다'는 (蝕)에 대한 대역이다. 『훈몽자회』에는 '벌에머글'로 字釋되었
다. 語形 '이저흐다'는 消滅語로 볼 수 있다.

(息) ; 긋다, 긏다, 숨, 숨쉬다

　　; 긋디 아니흐니(不息)〈능2-4〉
　　; 쉬여 그추미 잇디 아니흐리라(未有休息)〈능3-66〉
　　; 나며드는 수믈 혜라흐야시는(調出入息)〈능5-44〉
　　; 息은 숨쉴씨라〈능9-115〉


　　'긋다, 긏다, 숨, 숨쉬다'는 (息)에 대한 대역이다. 『두시언해』에는 '긋다, 쉬
다'로 『구상』에는 '숨쉬다'로 『정속언해』에는 '기리'로 『훈몽자회』에는 '긔별'로
『유합』에는 '쉴, 부러날'로 『천자문』 광주·석봉 본에는 '쉴'로 주해 본에는 '그
칠숨, 즈식, 들'로 대역되었다.

(植) ; 심구다

　　; 艱難흐니이 因 심구믈 爲흐니 如來 외다흐샤믄(爲貧者植因如來詞之)〈능1-34〉


　　'심구다'는 (植)에 대한 대역이다. 『두시언해』에는 '生植흐다'로 『훈몽자회·
유합·천자문』 광주·석봉 본에는 '시믈'로 주해 본에는 '시믈, 셰울치, 둘치'로
대역되었다.

(愼) ; 삼가흐다

　　; 筌자바 고기 사모믈 삼가만 後에사(愼勿執筌爲魚然後)〈능1-10〉


　　'삼가흐다'는 (愼)에 대한 대역이다. 『구상·두창』에는 '잠깐, 삼가'로 『유
합·천자문』에는 '삼갈'로 字釋되었다.

(身) ; 몸

　; 刹을 조차 모물 나토아(隨刹現身)〈능1-26〉


　'몸'은 (身)에 대한 대역이다. 『두시언해 · 훈몽자회 · 유합 · 천자문 · 두창』
등에도 모두 '몸'으로 대역되었다.


(信) ; 믿부다

　; 믿부믈 마긔오고(以證信)〈능1-20〉


　'믿부다'는 (信)에 대한 대역이다. 『두시언해』에는 '믿다, 書信, 진실, 眞實'로
『석보상절 · 남명천계송언해』에는 '믿다'로 『훈몽자회』에는 '미들'로 『두창』에
는 '밋다'로 『유합』에는 '미더울, 미들'로 『천자문』 광주 본에는 '미들'로 석봉
본에는 '미들'로 주해 본에는 '밋블, 미들, 긔별'로 대역되었다.


(神) ; 神奇ᄒ다

　; 비르서 神奇ᄒᆫ 珠 밧굴조차 得디 아니호믈 알리라(方悟神珠非從外得)〈능4-62〉


　'神奇ᄒ다'는 (神)에 대한 대역이다. 『두시언해』에는 '精神, 神奇ᄒ다, 神靈,
神妙ᄒ다, 鬼神, 神, ᄆᆞᅀᆞᆷ'으로 『구상 · 두창 · 납약』에는 '씬긔ᄒ다, 귀신, 손님,
신령, 신긔롭다, 정신'으로 『훈몽자회 · 유합 · 천자문』 석봉 본에는 '신령'으로
광주 본에는 '실령'으로 주해 본에는 '정신, 귀신'으로 對譯되었다.


(訊) ; 묻다

　; 權詐로 相考ᄒ야 무르며(權詐考訊)〈능8-90〉


　'묻다'는 (訊)에 대한 대역이다. 『두시언해』에는 '무로다, 묻다'로 『훈몽자
회 · 유합』에는 '무를'로 字釋되었다.


(辛) ; 믜옴, 受苦롭다

　; 똠과 淡과 ᄃ롬과 믜오미(鹹淡甘辛)〈능3-51〉

; 모물 이긔여 受苦로이 브즈러이ᄒᆞ야(剋己辛勤)〈능9-102〉

'미옴, 受苦롭다'는 (辛)에 대한 대역이다. 『두시언해』에는 '슬프다, 辛苦롭다, 슬허ᄒᆞ다, 슈고로이'로 『훈몽자회』에는 '미올'로 『유합』에는 '미올'로 字釋되었다.

(失) ; 그르ᄒᆞ다, 글움, 외욤, 잃다

; 猛利호매 그르ᄒᆞ야(失於猛利)〈능9-73〉
; 能히 글우미 업스니어늘(乃能無失)〈능9-72〉
; 알ᄑᆡᆺ 외요물 애ᄃᆞ니라(慨前之失也)〈능1-92〉
; 准을 일흐면(失准)〈능1-18〉

'그르ᄒᆞ다, 글움, 외욤, 잃다'는 (失)에 대한 대역이다. 『두시언해』에는 '잃다, 失ᄒᆞ다, 그르ᄒᆞ다, 흘리다, 업다'로 『구상』에는 '그르ᄒᆞ다, 몯ᄒᆞ다'로 『석보상절·남명천계송언해·정속언해·태요·두창』에는 모두 '잃다'로 『유합』에는 '일흘'로 字釋되었다. 語形 '흘리다'는 消滅語로 볼 수 있다.

(悉) ; 다, 다ᄒᆞ다

; 다 제 體업서(悉無自體)〈능2-17〉
; 悉은 다ᄒᆞᆯ씨라〈능3-73〉

'다, 다ᄒᆞ다'는 (悉)에 대한 대역이다. 『두시언해·납약』에는 '다'로 대역되었다.

(實) ; 實, 여름

; ᄠᅳ디 實로 ᄀᆞᆮ디 아니커든(義實不類)〈능1-99〉
; 곳과 여름괘 體ᄒᆞᆫ가지며(華實同體)〈능7-13〉

'實, 여름'은 (實)에 대한 대역이다. 『두시언해』에는 '여름, 진실, 眞實, 實'로 『석보상절』에는 '여름, 열다'로 『남명천계송언해』에는 '여름'으로 『구상·두창·납약』에는 '염글다, 진실, 셩ᄒᆞ다'로 『유합』에는 '여믈'로 『천자문』 광주 본

에는 '염믈'로 석봉 본에는 '염귤'로 주해 본에는 '열매, 메올, 진실'로 對譯되었
다. 語形 '여름, 메올'은 消滅語로 볼 수 있다.

(心) ; ᄆᆞᅀᆞᆷ

  ; ᄆᆞᅀᆞᆷ ᄇᆞᆯ긇 사ᄅᆞ미(明心之士)〈능1-2〉

  'ᄆᆞᅀᆞᆷ'은 (心)에 대한 대역이다. 『두시언해』에는 'ᄆᆞᅀᆞᆷ, 가온데, ᄆᆞᅀᆞᆷ'으로 『석
보상절 · 남명천계송언해』에는 'ᄆᆞᅀᆞᆷ'으로 『구상 · 태요 · 두창 · 납약』에는 '가슴,
ᄆᆞᅀᆞᆷ, 안, 엄, 념통, ᄆᆞᅀᆞᆷ, 마음, 명치'로 『훈몽자회 · 천자문』 광주 본에는 'ᄆᆞᅀᆞᆷ'
으로 석봉 · 주해 본과 『유합』에는 'ᄆᆞᅀᆞᆷ'으로 字釋되었다. 語形 '명치'의 대역이
특이하다.

(審) ; 궐히다, 술피다

  ; 다시 微細흔 惑을 궐히야 덜게ᄒᆞ샤(更審除微細惑)〈능3-113〉
  ; 쏘 煩惱根本을 술피게ᄒᆞ샤(又審煩惱根本)〈능1-21〉

  '궐히다, 술피다'는 (審)에 대한 대역이다. 『유합』에는 '샹찰'로 『천자문 · 두
창』에는 '슬필'로 字釋되었다. 語形 '샹찰'은 消滅語로 볼 수 있다.

(深) ; 깊다

  ; 信호미 어려운 기픈 經은(難信深經)〈능1-3〉

  '깊다'는 (深)에 대한 대역이다. 『두시언해』에는 '깁다, 깊다'로 『석보상절 ·
유합 · 천자문』 광주 본에는 '기플'로 석봉 본에는 '기풀'로 주해 본에는 '기플,
기피'로 『구상 · 태요 · 두창』에는 '들다, 깁다'로 대역되었다. 語形 '들다'의 대역
이 특이하다.

(雙) ; 두

  ; 꼬깃 ᅌᅡᇰ이 부 숪톱 相을(肉形雙爪之相)〈능3-43〉

'두'는 (雙)에 대한 대역이다. 『두시언해』에는 '두, 둘, 雙'으로『훈몽자회』에는 '두'로『유합』에는 '두짝'으로『구상』에는 '어우령'으로 대역되었다. 語形 '어우령'는 消滅語로 볼 수 있다.

(我) ; 나, 내, 우리

 ; 너와 나 왜 同氣라(汝我同氣)〈능1-41〉

 ; 내 願호딕 일로(我願以此)〈능1-4〉

 ; 우리둘히(我等)〈능1-94〉

'나, 내, 우리'는 (我)에 대한 대역이다. 『두시언해』에도 '나, 내, 우리'로『석보상절』에는 '나, 우리'로『남명천계송언해』에는 '우리'로『정속언해·훈몽자회·유합』에는 '나'로 字釋되었다. 중세어에서는 '나, 우리'가 동등한 자격으로 사용되던 것이 後代에 오면서 '나'의 사용이 우세한 것으로 보아 '나'와 '우리'의 의미가 분화된 것으로 추정된다.

(餓) ; 주으리다

 ; 주으린 衆生을 주며(施餓衆生)〈능6-107〉

'주으리다'는 (餓)에 대한 대역이다. 『두시언해』에는 '주리다'로『훈몽자회·유합』에는 '주릴'로 字釋되었다. 語形 '주리다'는 現代語 '굶주리다'에 의하여 消滅語로 볼 수 있다.

(兒) ; 아히, 子息

 ; 졋 일혼 아히(如失乳兒)〈능2-1〉

 ; 훍무저글 브터 子息을 사므며(附塊爲兒)〈능7-92〉

'아히, 子息'은 (兒)에 대한 대역이다. 『두시언해』에는 '아돌, 아히, 삿기, 男兒'로『석보상절』에는 '아돌, 아히'로『구하·태요·두창』에는 '아기, 아긔, 즈식'으로『훈몽자회·유합·천자문』 광주·석봉 본에는 '아돌, 아히'로 주해 본에는 '아히, 예가예'로 대역되었다. 語形 '예가예'는 消滅語로 볼 수 있다.

(牙) ; 엄

　; 그쁴 여슷 엄가진 象ᄋᆞᆯ 타(乘六牙象)〈능5-54〉

　'엄'은 (牙)에 대한 대역이다. 『두시언해·구상·구하·납약』에는 '니, 엄'로
『석보상절·남명천계송언해·훈몽자회』 등에 모두 '엄'으로 대역되었다.

(雅) ; 正ᄒᆞ다

　; 雅ᄂᆞᆫ 正ᄒᆞᆯ씨라〈능1-30〉

　'正ᄒᆞ다'는 (雅)에 대한 대역이다. 『두시언해』에는 '맑다, 샹녜, 淸雅ᄒᆞ다'로
『유합』에는 '졍ᄒᆞᆯ'로 『천자문』 광주·석봉 본에는 '몰골'로 주해 본에는 '바롤,
가마괴, 샹례, 풍류'로 대역되었다. 語形 '가마괴'의 대역이 특이하다.

(惡) ; 궂다, 모딜다, 아쳘다, 惡ᄒᆞ다

　; 멀텁고 구저(麤惡)〈능1-42〉
　; 모딘거슬 헐며 魔ᄅᆞᆯ 저히ᄂᆞ니(破惡怖魔)〈능1-23〉
　; 生ᄋᆞᆯ 즐기고 死ᄅᆞᆯ 아쳐씨(好生惡死)〈능8-72〉
　; ᄀᆞ장 善ᄒᆞ니와 ᄀᆞ장 惡ᄒᆞ니(極善極惡)〈능8-96〉

　'궂다, 모딜다, 아쳘다, 惡ᄒᆞ다'는 (惡)에 대한 대역이다. 『두시언해』에는 '모
디다, 믜여ᄒᆞ다, 사오납다, 아쳗다'로 『석보상절』에는 '멎다'로 『남명천계송언
해』에는 '모딜다'로 『구상·태요·납약·두창』에는 '모딜다, 구지다, 모디다, 슬
허ᄒᆞ다, 독ᄒᆞ다, 샹ᄒᆞ다, 더럽다, 사오나온'으로 『유합』에는 '모딜, 아쳐'로 『천
자문』 광주·석봉 본과 『훈몽자회』에는 '모딜'로 주해 본에는 '사오날, 뮈올엇
지'로 대역되었다. 語形 '아쳘다'는 消滅語로 볼 수 있다.

(握) ; 주여다

　; 구펴 주여 사름 뵈실씨(屈握示人)〈능1-98〉

　'주여다'는 (握)에 대한 대역이다. 『두시언해』에는 '잡다, 쥐다'로 『구상·태

요』에는 '우희욤, 쥐오다, 쥼, 쥐다'로『유합』에는 '자볼'로 字釋되었다. 語形 '주여다, 주희욤'은 消滅語로 볼 수 있다. 語形 '쥐다, 잡다'는 現代語에서는 이미意味가 分化되었다.

(按) ; 눌루다, 마초뼈

; 내 솏가락 눌루메(如我按指)〈능24-54〉
; 이제 經을 마초뼈(今按經)〈능9-90〉

'눌루다, 마초뼈'는 (按)에 대한 대역이다.『구상·두창』에는 '눌러, 쌔, 누로다'로『유합』에는 '져줄'로 字釋되었다. 語形 '마초뼈, 져줄'은 消滅語로 볼 수 있다.

(安) ; 엇데, 便安히

; 엇데 如來 외다 아니ᄒ시고(安知如來不訶)〈능1-35〉
; ᄒ마 부텻 道애 便安히 位호ᄃᆡ(旣已安位佛道)〈능1-19〉

'엇데, 便安히'는 (安)에 대한 대역이다.『두시언해』에는 '어느, 엇데, 편안ᄒ다'로『구상·구하·,태요·납약』에는 '간대로, 두다, 便安ᄒ다, 놓다, 안치다, 편안ᄒ다, 둏다'로『남명천계송언해·정속언해·유합·천자문』광주·석봉 본에는 모두 '편안'으로 주해 본에는 '엇디'로 字釋되었다. 語形 '간대로'는 消滅語로 볼 수 있다.

(顏) ; ᄂᆞᆾ

; ᄂᆞᆾ 양ᄌᆞᄂᆞᆫ(顏貌)〈능2-5〉

'ᄂᆞᆾ'은 (顏)에 대한 대역이다.『두시언해』에는 'ᄂᆞᆺ, ᄂᆞᆾ'으로『석보상절』에는 'ᄂᆞᆾ'으로『훈몽자회·유합』에는 'ᄂᆞᆺ'으로 字釋되었다.

(眼) ; 눈, ᄌᆞ올다

; ᄒ마 내 눈 곳 업스면(旣無我眼)〈능1-99〉
; 잇브면 ᄌᆞ올오 자몰 니기ᄒ면(勞倦則眼睡熟)〈능3-14〉

'눈, 즈올다'는 (眼)에 대한 대역이다. 『두시언해 · 석보상절 · 남명천계송언
해 · 훈몽자회 · 유합』 등에 모두 '눈'으로 『구상 · 구하 · 두창』에는 '눈, 즈올다'
로 대역되었다.

(壓) ; 누르다

 ; 사룸 다와다 누르는 젼ᄎ로(逼壓於人故)〈능8-93〉

'누르다'는 (壓)에 대한 대역이다. 『두시언해』에는 '지즐다, 鎭壓ᄒ다'로 『석보
상절』에는 'ᄂ올, 누르다'로 『구상 · 태요』에는 '누르다, 지즐워다, 눌러'로 『훈몽
자회』에는 '지즐울'로 『유합』에는 '누를'로 字釋되었다. 語形 'ᄂ올, 지즐다'는 消
滅語로 볼 수 있다.

(暗) ; 그ᅀ기, 어드움

 ; 그ᅀ기 뵈아며 서르 ᄀ라(暗促迭更)〈능2-7〉
 ; 어드우미 ᄆᆡ자(結暗)〈능2-18〉

'그ᅀ기, 어드움'은 (暗)에 대한 대역이다. 『두시언해』에는 '그ᅀ기, 어듭다'
로 『남명천계송언해』에는 '어듭다'로 『훈몽자회』에는 '아ᄃᆨᄒᆞᆯ'로 『유합』에는
'어두울'로 字釋되었다. 語形 '그ᅀ기, 아ᄃᆨᄒ다'는 消滅語로 볼 수 있다.

(黯) ; 어득ᄒ다

 ; 여슷 根이 어득ᄒ야(六根黯然)〈능4-118〉

'어득ᄒ다'는 (黯)에 대한 대역이다. 『두시언해』에는 '아ᄃᆨᄒ다'로 『유합』에
는 '거믈'로 字釋되었다. 語形 '아ᄃᆨᄒ다'는 消滅語로 볼 수 있다.

(仰) ; 아ᅀᆸ다, 울월다

 ; ᄆᆞᅀᆞ미 고ᄅᆞ디 아니타 ᄒ신ᄃᆞᆯ ᄒᆞ마 아ᅀᆸ고 如來마곰 업수믈 여르샤
 (心不均平欽仰如來開闡無遮)〈능1-34〉
 ; 恭敬ᄒ야 울워ᅀᆞ와(欽仰)〈능1-34〉

'아ᄉᆞᆸ다, 울월다'는 (仰)에 대한 대역이다. 『두시언해』에는 '울월'로 『석보상절』에는 '울월'로 『구상』에는 '우월다'로 『정속언해』에는 '울얼'로 『훈몽자회』에는 '울월'로 『유합』에는 '울얼'로 『천자문』 광주 본에는 '울월'로 석봉 본에는 '울얼'로 주해 본에는 '울럴, 어들'로 對譯되었다. 語形 '아ᄉᆞᆸ다, 어들'은 消滅語로 볼 수 있다.

(礙) ; 막다

; 마ᄀᆞ틱 업슨 辯才ᄅᆞᆯ 得ᄒᆞ야(得無礙辯)〈능1-4〉

'막다'는 (礙)에 대한 대역이다. 『두시언해』에는 'ᄀᆞ리다'로 『유합』에는 'ᄀᆞ리올'로 『두창』에는 '것티다'로 대역되었다. 語形 '것티다'는 消滅語로 볼 수 있다.

(哀) ; 어엿비

; 어엿비 너겨 救ᄒᆞ리 업ᄃᆞᆺᄒᆞ리라(無可哀救)〈능110-49〉

'어엿비'는 (哀)에 대한 대역이다. 『두시언해』에는 '슬프다, 슳다'로 『남명천계송언해』에는 '슬프다'로 『유합』에는 '슬흘'로 字釋되었다. 語形 '어엿비'는 消滅語로 볼 수 있다.

(愛) ; ᄃᆞᆺ오다, 즐기다

; ᄃᆞᆺ온 欲을 스러ᄇᆞ리고(消其愛欲)〈능1-17〉
; 鬼神을 統ᄒᆞ야 國土救護호ᄆᆞᆯ 즐기거든(愛統鬼神救護國土)〈능6-13〉

'ᄃᆞᆺ오다, 즐기다'는 (愛)에 대한 대역이다. 『두시언해』에는 'ᄉᆞ랑ᄒᆞ다, 앗기다'로 『석보상절·남명천계송언해』에는 'ᄃᆞᆺ오다'로 『정속언해』에는 'ᄉᆞ랑ᄒᆞ다'로 『훈몽자회』에는 'ᄃᆞ술'로 『유합』에는 'ᄉᆞ랑'로 『천자문』 광주 본에는 'ᄃᆞᆺ욀'로 석봉 본에는 'ᄉᆞ랑'으로 주해 본에는 'ᄉᆞ랑, 앗길'로 對譯되었다. 語形 'ᄉᆞ랑, ᄃᆞᆺ오다'는 15세기 당시 동일한 의미로 사용되던 것이 後代에 오면서 'ᄃᆞᆺ오다'는 消滅되고 'ᄉᆞ랑'만이 現代語에서 사용되고 있다. 語形 '앗기다'의 대역이 특이하다.

(涯) ; 믌ᄀ

  ; 涯ᄂᆫ 믌ᄀ시라〈능6-57〉

  '믌ᄀ'는 (涯)에 대한 대역이다. 『두시언해』에는 'ᄀ'으로 『훈몽자회·유합』
에는 '믓ᄀ'로 字釋되었다.

(隘) ; 좁다

  ; 늘이 田地險ᄒ야 조바(津口田地險隘)〈능5-68〉

  '좁다'는 (隘)에 대한 대역이다. 『두시언해』에는 '며옛도다, 좁다'로 『유합』에
ᄂᆫ '조ᄫᆯ'로 『훈몽자회』에는 '모개'로 字釋되었다. 語形 '며옛도다, 모개'는 消滅
語로 볼 수 있다.

(液) ; 진

  ; 고롬과 피왜 섯근 나ᄆᆫ 지니니(膿血雜亂餘液)〈능6-99〉

  '진'은 (液)에 대한 대역이다. 『훈몽자회·유합』에도 모두 '진'으로 字釋되
었다.

(野) ; 드르

  ; 이제 世間애 너븐 드르콰 기픈 뫼햇(世間曠野深山)〈능9-22〉

  '드르'는 (野)에 대한 대역이다. 『두시언해』에는 '드르, 뫼해'로 『남명천계송
언해』에는 '드르ㅎ, 뫼ㅎ'로 『구하·태요·납약』에는 '뫼햇, 믯, 산'으로 『훈몽자
회』에는 '뫼'로 『유합』에는 '들'로 『천자문』 광주 본에는 '뫼'로 석봉 본에는 '드
ᄅᆞ'로 주해 본에는 '들, 야ᄒᆞᆯ'로 대역되었다. 語形 '뫼해, 믯, 야ᄒᆞᆯ'은 消滅語로
볼 수 있다. 語形 '산, 뫼'의 대역이 특이하다.

(弱) , ᄆᆞ트나

  ; 히ᄆᆡ 세며 믈우믈 조차(隨力强弱)〈능4-30〉

'므르다'는 (弱)에 대한 대역이다. 『두시언해』에는 'ㄱ는, 보드랍다, 여리다, 殘弱ᄒ다, 져믄'으로 『훈몽자회·유합』에는 '약홀, 약홀'로 『천자문』 광주 본에는 '바드라올'로 석봉 본에는 '약홀'로 주해 본에는 '약홀, 어릴'로 『두창』에는 '약ᄒ다'로 대역되었다. 語形 '바드라올, 져믄'은 消滅語로 볼 수 있다.

(洋) ; 넘ᄢᅳ다, 녹다

; 넘ᄢᅳ미 ᄃ외며 글호미 ᄃ외오(爲洋爲沸)〈능8-101〉
; 能히 鑊애 더운믈와 노근 구리 ᄃ외오(能爲鑊湯洋銅)〈능8-97〉

'넘ᄢᅳ다, 녹다'는 (洋)에 대한 대역이다. 『훈몽자회』에는 '큰바다'로 『유합』에는 '큰믈'로 字釋되었다. 語形 '넘ᄢᅳ다'는 消滅語로 볼 수 있다. 語形 '녹다'의 대역이 특이하다.

(養) ; 치이다

; 사ᄅᆞ믈 기드려 치이ᄂᆞ리라(需人以養者)〈능2-5〉

'치이다'는 (養)에 대한 대역이다. 『석보상절·남명천계송언해·태요』에는 '치다'로 『훈몽자회·유합』에는 '칠'로 『두창』에는 '기ᄅᆞ다'로 대역되었다. 語形 '치다, 기ᄅᆞ다'는 現代語에서 이미 의미가 분화되었다.

(揚) ; 늘다, 펴다

; 順흔 ᄇᆞᄅᆞ매 늘아둧ᄒ니(揚于順風)〈능7-5〉
; 나를 펴 내요믈 ᄀᆞᄅᆞ쳐시ᄂᆞᆯ(敎我發揚)〈능5-58〉

'늘다, 펴다'는 (揚)에 대한 대역이다. 『두시언해』에는 '베플다, 드놓다'로 『남명천계송언해』에는 '펴다'로 『유합』에는 '폐플'로 字釋되었다. 語形 '드놓다'는 消滅語로 볼 수 있다.

(於) ; 그

; 그ᄢᅴ ᄯᅩ 恒沙菩薩와(於時復有恒沙菩薩)〈능1-41〉

'그'는 (於)에 대한 대역이다. 『두시언해』에는 '그, 와'로 『유합·천자문』 광
주·석봉 본에는 '늘'로 주해 본에는 '늘, 슬플오'로 대역되었다.

(魚) ; 고기

　; 숯자바 고기 사모물 삼간만 後에사(愼勿執筌爲魚然後)〈능1-10〉

　'고기'는 (魚)에 대한 대역이다. 『두시언해·남명천계송언해·훈몽자회·유
합·천자문』 등에는 모두 '고기'로 『구상·구하·태요·두창』에는 '고기, 믌고
기, 믓고기, 믈고기'로 대역되었다.

(語) ; 말

　; 마롤 븓디 아니ᄒ며(不依語)〈능1-3〉

　'말'은 (語)에 대한 대역이다. 『두시언해』에는 '닐오다, 말ᄉ'으로 『남명천계
송언해』에는 '말ᄉ, 말ᄒ다'로 『유합·천자문』광주·석봉 본에는 '말ᄉ'으로 주
해 본에는 '말ᄉ, 닐올'로 『구상·납약』에는 '말'로 대역되었다. 語形 '닐오다,
닐온'은 死語로 볼 수 있다.

(臆) ; 斟酌

　; 이 斟酌 아닌들 알리라(知此非臆矣)〈능7-15〉

　'斟酌'은 (臆)에 대한 대역이다. 『두시언해』에는 'ᄉ랑ᄒ다, 思億ᄒ다'로 대역
되었다.

(抑) ; 그치누르다

　; 雜想올 그치눌러 降伏히와(抑伏雜想)〈능9-59〉

　'그치누르다'는 (抑)에 대한 대역이다. 『두시언해』에는 '그치눌러다, ᄀ리외
여다'로 『유합』에는 '누를'로 字釋되었다. 語形 '그치누르다, ᄀ리외여다'는 消
滅語로 볼 수 있다.

(偃) ; 눕다

  ; 偃은 누울씨라〈능4-111〉

   '눕다'는 (偃)에 대한 대역이다. 『두시언해』에는 '기우리다'로 대역되었다.

(言) ; 니ᄅ다, 닐오다, 말

  ; 어루 ᄒᆞᆫ가지라 니ᄅ리라(乃可言同)〈능1-17〉
  ; 모다 닐오ᄃᆡ(都言)〈능2-10〉
  ; 오ᄂᆞᆳ나래 眞實ᄒᆞᆫ 말로(今日實言)〈능1-99〉

   '니ᄅ다, 닐오다, 말'은 (言)에 대한 대역이다. 『두시언해』에는 '니ᄅ다, 말'로 『석보상절』에는 '니ᄅ다, 말, 말ᄒᆞ다'로 『정속언해』에는 '말'로 『훈몽자회 · 유합 · 천자문』 광주 · 석봉 본에는 '말ᄊᆞᆷ'으로 주해 본에는 '말ᄊᆞᆷ, 어조ᄉᆞ'로 『두창』에는 '니ᄅ다'로 대역되었다.

(掩) ; 닫다

  ; 一生ᄋᆞᆫ 門닫고(一生掩關)〈능1-3〉

   '닫다'는 (掩)에 대한 대역이다 『두시언해』에는 'ᄀᆞ리다, 다도다'로 『구상』에는 'ᄀᆞ리오다'로 『유합』에는 '더플'로 字釋되었다.

(如) ; ᄀᆞᆮ다, ᄒᆞ다가

  ; ᄒᆞ마 알ᄑᆡ 사곰 ᄀᆞᆮ거니와(已如前釋)〈능1-9〉
  ; ᄒᆞ다가 뎌 힘이시며(如彼有力)〈능8-124〉

   'ᄀᆞᆮ다, ᄒᆞ다가'는 (如)에 대한 대역이다. 『두시언해』에는 'ᄀᆞᆮ다, ᄀᆞᇀ다'로 『석보상절』에는 'ᄃᆞ시, ᄃᆞᆺᄒᆞ다'로 『남명천계송언해』에는 'ᄀᆞᆮᄒᆞ다, ᄀᆞᇀ, ᄃᆞ시, ᄃᆞᆺᄒᆞ다'로 『정속언해』에는 'ᄀᆞᆮ티'로 『구상 · 대요 · 두창』에는 'ᄀᆞᆮᄒᆞ다, 만, 만ᄒᆞ다, ᄒᆞ다가, ᄃᆞᆺᄒᆞ다, 마곰, 마치ᅳᄃᆞ시, ᄀᆞᆺᄐᆞ, 만일'로 『유합』에는 'ᄀᆞᇀ, 만일'로 『천자문』 광주 · 석봉 본에는 'ᄀᆞᇀ'로 주해 본에는 'ᄀᆞᇀ, 갈, 엇지'로 대역되었다. 語形 'ᄒᆞ다가'는 消滅語로 볼 수 있다.

(欤) ; 쑨

　; 엇데 釋迦쑨니 시리오(豈止釋迦欤)〈능1-17〉


　'쑨'은 (欤)에 대한 대역이다. 이는 『능엄경』에서만 발견되는 대역 語形이다.

(與) ; 과, 곧호다, 어우러다, 와

　; ㅎ다가 눈과 對홀딘댄(若與眼對)〈능1-59〉
　; 아니 드롬과 곧호미(與不聞)〈능1-93〉
　; 뜯ㄱㅌ니와 어루러코져 ㅅ랑ㅎ야(恩與同志)〈능1-3〉
　; 번드기 物와 섯글씨(而現與物雜)〈능2-31〉


　'과, 곧호다, 어우러다, 와'는 (與)에 대한 대역이다. 『두시언해』에는 '다뭇, 와'로 『석보상절』에는 '주다, 더블다, 돌'로 『남명천계송언해』에는 '주다, 더블다'로 『구상・태요・두창』에는 '주다, 과, 그러ㅎ다'로 『유합』에는 '다뭇, 더브러'로 대역되었다. 語形 '다뭇'은 消滅語로 볼 수 있다.

(餘) ; 남다, 년듸, 다른

　; 곧 나믄 둘히오(即餘二也)〈능1-9〉
　; 圓通이 년듸셔 너므리니(圓通超餘者)〈능6-79〉
　; 다른 大 다 그러홀씨(餘大皆然)〈능3-91〉


　'남다, 년듸, 다른'은 (餘)에 대한 대역이다. 『두시언해』에는 '기타다, 남다'로 『석보상절・남명천계송언해・정속언해』에는 모두 '남다'로 『구상・태요・두창』에는 '남즈기, 녀ㄴ다, 남다, 남즉이'로 『유합』에는 '나믈'로 『천자문』에는 '나밀'로 字釋되었다. 語形 '년듸'는 消滅語로 볼 수 있다.

(汝) ; 너

　; 너와 나 왜 同氣라(汝我同氣)〈능1-41〉


　'너'는 (汝)에 대한 대역이다. 『두시언해』에는 '너, 네'로 『남명천계송언해・

정속언해·유합』등에 모두 '너'로 대역되었다. 語形 '네'는 『두시언해』에서만 발견된다.

(亦) ; 쏘

; 쏘 기틴 쁘디 얼믜여 ᄒ도다(亦髣髴遺意矣)〈능1-16〉

'쏘'는 (亦)에 대한 대역이다. 『두시언해』에도 '쏘'로 『구상·태요·납약·두창』에 '또, 쏘혼'으로 『유합』에는 '도'로 『천자문』 광주·석봉 본에는 '쏘'로 주해 본에는 '쏘, 겨ᄃ랑'으로 대역되었다. 語形 '겨ᄃ랑'의 대역이 특이하다.

(逆) ; 거스리다

; 거스리 셰요미 갓굴어날(逆竪爲倒)〈능2-12〉

'거스리다'는 (逆)에 대한 대역이다. 『두시언해』에는 '거슬쁘다, 거슬다'로 『남명천계송언해』에는 '거슬, 거스리'로 『구상·구하·태요·납약』에는 '거스리다, 왜틀다, 갓고로, 거스리다, 거슬다'로 『유합』에는 '거스릴'로 字釋되었다. 語形 '왜틀다'는 消滅語로 볼 수 있다.

(易) ; 고티다

; 그 ᄉᄋ예 고텨 드시요믈(其間流易)〈능2-7〉

'고티다'는 (易)에 대한 대역이다. 『두시언해』에는 '수이, 쉽다, 쉬이'로 『남명천계송언해』에는 '쉽, 수이'로 『정속언해』에는 '쉬, 수이, 밧고'로 『구상·구하·태요·두창』에는 'ᄀ람ᄒ다, 갈다, 수이, 수비, 스이븐'으로 『훈몽자회』에는 '밧꼴'로 『유합』에는 '밧골, 쉬울'로 『천자문』 광주 본에는 '밧꼴'로 석봉 본에는 '밧골'로 주해 본에는 '다ᄉ릴, 밧골, 쉬울'로 대역되었다. 語形 'ᄀ람ᄒ다, 간다'는 消滅語로 볼 수 있다.

(研) ; 窮究ᄒ다, ᄀ다듬다, 다듬다

; 妙明을 精히 窮究ᄒ야(精研妙明)〈능9-58〉

; 重重히 フ다두도몰 至極히ᄒ야(重重研極)〈능7-66〉

; ᄇ리ᄂ 모ᄉ몰 전혀 다두마(專研捨心)〈능9-16〉

'窮究ᄒ다, フ다듬다, 다듬다'는 (研)에 대한 대역이다. 『구상·태요·납약』
에는 '굴다, 딯다'로 『훈몽자회·유합』에는 모두 '굴다'로 字釋되었다.

(筵) ; 돗

; 筵은 돗기라〈능1-29〉

'돗'은 (筵)에 대한 대역이다. 『두시언해·훈몽자회·천자문』 광주 본에는
'돗'으로 석봉 본에는 '디의'로 주해 본에는 '자리'로 字釋되었다. 語形 '돗, 디의'
는 消滅語로 볼 수 있다. '돗'은 '돗자리'에서만 그 殘形을 찾아 볼 수 있을 뿐
이다.

(然) ; 그러나, 그러ᄒ다, 그러니, 날, 올타, 뙤다, 혀다

; 그러나 이 갓フ로몬(然此顚倒)〈능2-13〉

; 이미 그러ᄒᆲ들 아ᄅ샤(懸知其然)〈능1-3〉

; 그러니 經을 科ᄒ오몰(然其科經)〈능1-16〉

; 然은 날씨니〈능9-104〉

; 이 ᄠ디 올티 몯다(是義不然)〈능2-43〉

; 光과 光 서르 뙤여(光光相然)〈능9-6〉

; 燈을 혀 블고몰 닛ᄉ오며(然燈續明)〈능5-41〉

'그러나, 그러ᄒ다, 그러니, 날, 올타, 뙤다, 혀다'는 (然)에 대한 대역이다.
『두시언해』에는 '그러ᄒ다, 븕다'로 『남명천계송언해』에는 '그러ᄒ다, 그러나,
그러면'으로 『구상』에는 '그라니'로 『유합』에는 '그러, 블브틀'로 대역되었다.
語形 '날, 뙤다, 혀다'는 消滅語로 볼 수 있다.

(延) ; 혀다

; 두 省이 서르 혀ᄂ 전ᄎ로(二省相延故)〈능8-86〉

'혀다'는 (延)에 대한 대역이다. 『두시언해』에는 '길다, 머물다, 혀다'로 『석보상절』에는 '느리다'로 『태요』에는 '므너다'로 『유합』에는 '너븨, 긴댱'으로 대역되었다. 語形 '혀다, 므너다, 긴댱, 느리다'는 消滅語로 볼 수 있다.

(嚥) ; 먹다

; 津液을 머거(嚥津液)〈능8-131〉

'먹다'는 (嚥)에 대한 대역이다. 『구상 · 태요 · 납약』에는 '숨끼다'로 『훈몽자회』에는 '숨낄'로 字釋되었다.

(涎) ; 춤

; 涎은 추미라〈능8-68〉

'춤'은 (涎)에 대한 대역이다. 『두시언해 · 구상 · 훈몽자회 · 유합』에도 모두 '춤'으로 대역되었다.

(鷰) ; 져비

; 곧 社앳 져비와(卽社鷰)〈능8-121〉

'져비'는 (鷰)에 대한 대역이다. 『두시언해』에도 '져비'로 대역되었다.

(淵) ; ᄀᆞ마니

; 이예 제 ᄀᆞ마니 이셔 묽ᄂᆞ니(斯自淵澄)〈능8-10〉

'ᄀᆞ마니'는 (淵)에 대한 대역이다. 『훈몽자회』에는 '못'으로 『유합』에는 '소'로 字釋되었다. 語形 'ᄀᆞ마니'의 대역 특이하다.

(熱) ; 덥다

; 오히려 더운 相이 업거니(尙無熱相)〈능3-75〉

'덥다'는 (熱)에 대한 대역이다. 『두시언해』에는 '덥다, 더위, 더운'으로『석보상절·정속언해』에는 '덥'으로 『남명천계송언해』에는 '더위'로 『구상·구하·태요·납약·두창』에는 '덥다, 덥달다, 봇다, 더여다, 열, 쁘쁜시덥게ᄒᆞ다'로 『유합·천자문』에는 '더울'로 字釋되었다. 語形 '덥달다'는 消滅語로 볼 수 있다.

(捏) ; 비븨다

　；눈 비븨유믈 因ᄒᆞ야(因捏)〈능2-27〉

'비븨다'는 (捏)에 대한 대역이다. 『훈몽자회』에는 '뱌빌'로 字釋되었다. 語形 '뱌빌'은 消滅語로 볼 수 있다.

(魘) ; ᄀᆞ오누르다

　；魘은 ᄀᆞ오누르는 깃거시라〈능8-116〉

'ᄀᆞ오누르다'는 (魘)에 대한 대역이다. 『구상』에서도 'ᄀᆞ오루다'로 대역되었다.

(染) ; 더럽다, 덞굼, 믈드리다

　；淸淨ᄒᆞ야 더러우미 업서(淸淨無染)〈능1-3〉
　；이대 아로미 덞규ᄆᆞ로(靈悟所染)〈능9-57〉
　；거므니 믈드려 밍ᄀᆞ론디 아니라(黑非染造)〈능10-9〉

'너럽다, 덞굼, 믈드리다'는 (染)에 대한 대역이다. 『두시언해』에는 '무티다, 믈드리다, 젖다'로 『석보상절』에는 '믈들다, 묻다'로 『남명천계송언해』에는 '묻다, 무티다, 믈드리다'로 『정속언해』에는 '닮다'로 『두창』에는 '두창'으로 『유합』에는 '믈들'로 『훈몽자회』에는 '믈, 므드릴'로 『천자문』 광주 본에는 '므들'로 석봉 본에는 '믈들'로 주해 본에는 '더러일, 믈들'로 대역되었다. 기존의 문헌에는 일상적 語辭로 대역되었지만 한의서에서는 질병 명으로 대역됨이 특이하다. '染病'은 한의서에 대역된 '두창(痘瘡)'과 같은 뜻으로 추정된다. 語形 '두창'은 消滅語로 볼 수 있다.

(厭) ; 아쳗다

　; 아쳐러 브릴씨(厭捨)〈능1-43〉

　'아쳗다'는 (厭)에 대한 대역이다. 『두시언해』에는 '아쳗다, 아쳐러ᄒ다'로 『유합』에는 '슬믤'로 字釋되었다. 語形 '아쳗다, 슬믤'은 消滅語로 볼 수 있다.

(營) ; 밍ᄀᆞᆯ다

　; 齊 밍ᄀᆞᆯ오(營齊)〈능1-31〉

　'밍ᄀᆞᆯ다'는 (營)에 대한 대역이다. 『두시언해』에는 '經營ᄒ다, 일우다, 營求ᄒ다, 짓다, 軍營, 짓다, 兵營, ᄂᆞ라ᄃᆞ니다'로 『훈몽자회』에는 '바오닼'로 『유합』에는 '밍ᄀᆞᆯ'로 『천자문』 광주 본에는 '집'으로 석봉 본에는 '지을'로 주해 본에는 '혜아릴'로 字釋되었다. 語形 '바오닼'은 몽골어로 이미 15세기 소멸된 어휘인데 훈몽자회에 표기된 것이 특이하다.

(迎) ; 마쯉다, 맏즙다

　; 자애 여래를 마쯉고(自迎如來)〈능1-31〉
　; 부톄를 맏ᄌᆞ오니라(以迎佛也)〈능5-33〉

　'마쯉다, 맏즙다'는 (迎)에 대한 대역이다. 『두시언해』에는 '맛ᄂᆞ다, 맞다'로 『남명천계송언해』에는 '맞다'로 『유합』에도 '마즐'로 字釋되었다.

(影) ; 그르메, 그리메

　; 따 그르메 아니니라(非是月影)〈능2-27〉
　; 이 法塵엣 그리멧 이리라(是法塵影事)〈능1-90〉

　'그르메, 그리메'는 (影)에 대한 대역이다. 『두시언해』에도 '그르메, 그리메'로 『훈몽자회·유합』에는 '그르메'로 字釋되었다.

(永) ; 기리

　; 中間애 기리 여러 구븐 相이 업스니라(中間永無諸委曲相)〈능1-44〉

　‘기리’는 (永)에 대한 대역이다. 『두시언해·유합』에도 ‘기리’로 『구상·구하』
에는 ‘오라, 오래’로 『천자문』 석봉 본·주해 본에는 ‘길’로 광주 본에는 ‘긴’으
로 字釋되었다. 語形 ‘오라, 오래’의 대역이 특이하다.

(縈) ; 범글다

　; 오히려 疑悔예 범글면(尙縈疑悔)〈능4-4〉

　‘범글다’는 (縈)에 대한 대역이다. 『두시언해·유합』에는 ‘버믈다’로 대역되
었다. 語形 ‘범글다’는 消滅語로 볼 수 있다.

(映) ; 비취다

　; 形體 ᄉᄆᆺ 비취샤미(形體映徹)〈능1-42〉

　‘비취다’는 (映)에 대한 대역이다. 『두시언해』에는 ‘비취다’로 『훈몽자회』에
는 ‘ᄇᆡ실’로 『두창』에는 ‘빗’으로 『유합·천자문』 광주 본에는 ‘ᄇᆡ일’로 석봉 본
에는 ‘비췰’로 주해 본에는 ‘비췰’로 字釋되었다. 語形 ‘ᄇᆡ일, ᄇᆡ실’은 消滅語로
볼 수 있다.

(翳) ; ᄀᆞ리다

　; 죠고민 ᄀᆞ린것도 훤히 업서(廓無纖翳)〈능1-4〉

　‘ᄀᆞ리다’는 (翳)에 대한 대역이다. 『두시언해』에도 ‘ᄀᆞ리다’로 『유합』에는 ‘ᄀᆞ
리올’로 字釋되었다.

(穢) ; 더러움

　; 조ᄒᆞ며 더러움 나토샤미 ᄀᆞᆮ디 아니ᄒᆞ시며(現淨예之不同)〈능2-86〉

'더러움'은 (穢)에 대한 대역이다. 『두시언해』에는 '더러움'으로 『태요·유합』에는 모두 '더럽다'로 대역되었다.

(豫) ; 미리

;미리 모로매 戒備ᄒᆞ샤(豫須戒備)〈능6-92〉

'미리'는 (豫)에 대한 대역이다. 『두시언해·석보상절·유합·천자문』 광주본에는 모두 '미리'로 석봉·주해 본에는 '즐길, 깃글, 편알홀, 미리'로 『태요·구하·두창』에는 '미리, 부으다'로 대역되었다. 語形 '부으다'는 消滅語로 볼 수 있다. 語形 '깃글, 즐길, 편알홀'의 대역이 특이하다.

(囈) ; 븸입 십다

;니기 자며 븸입 십는 마래(熟寐囈言)〈능9-84〉

'븸입 십다'는 (囈)에 대한 대역이다. 이는 『능엄경』에서만 발견되는 대역 語形이다. 다른 문헌에 대역된 '븸입십다'의 한자는 (譫)에 대한 대역이다. '븸입 십다'는 現代語 '군입다시다'에 의하여 消滅된 語辭로 볼 수 있다.

(霓) ; 암므지게

;虹은 수므지게오 霓는 암므지게라〈능2-87〉

'암므지게'는 (霓)에 대한 대역이다. 『훈몽자회·유합』에는 '므지게'로 字釋되었다. 語形 '암므지게'는 消滅語로 볼 수 있다.

(瞖) ; 눉病

;瞖는 눉病이라〈능4-36〉

'눉病'은 (瞖)에 대한 대역이다. 이는 『능엄경』에서만 발견되는 대역 語形이다.

(吾) ; 내, 우리

; 내 반득기 發明호야(吾當發明)〈능4-101〉
; 우리 부텻 ▽르춈 펴샨 次第를 마초아 보습건대(准吾佛設敎之序)〈능1-18〉

'내, 우리'는 (吾)에 대한 대역이다. 『두시언해』에는 '나, 내, 우리'로 『유합 · 훈몽자회』에는 '나'로 字釋되었다.

(汗) ; 더러이다

; 조흔 ㅁ스물 더러이며(汗淨心)〈능2-91〉

'더러이다'는 (汗)에 대한 대역이다. 『두시언해』에도 '더러이다'로 『두창』에 는(穢 · 汚)에 대하여 '더럽다'로 대역되었다.

(瘖) ; 씨다

; 씨다과 잠괘 상녜호나히라(瘖寐恒一)〈능10-1〉

'씨다'는 (瘖)에 대한 대역이다. 『두시언해』에는 '씰'로 대역되었다.

(誤) ; 모르다, 외오

; 몰라 넓디 아니호며(不誤踐)〈능6-96〉
; 외오 眞實을 사모다실씨니(誤爲眞實)〈능1-91〉

'모르다, 외오'는 (誤)에 대한 대역이다. 『두시언해』에는 '그르다, 외오'로 『석보상절』에는 '그르다, 외, 외오'로 『남명천계송언해』에는 '그르다'로 『정속언해』에는 '그릇, 외오'로 『구상 · 두창』에는 '그르다, 속이다'로 『유합』에는 '그를'로 字釋되었다. 現代語 '속이다'는 『두창』에 처음으로 등장한다. 語形 '외, 외오'는 '속이다'에 의하여 消滅된 語辭로 볼 수 있다.

(鼫) ; 늙드라미

; 鼫는 늙드라미오〈능8-119〉

'넓ᄃ라미'는 (鼉)에 대한 대역이다. 『두시언해·훈몽자회』에는 'ᄃ라미'로 대역되었다.

(慠) ; ᄆ더니 너기다, 업시오다

  ; 서르 ᄆ더니 너교ᄆ(相慠)〈능9-78〉

  ; 慠ᄂ ᄂ 업시올씨라〈능8-115〉

'ᄆ더니 너기다, 업시오다'는 (慠)에 대한 대역이다. 『두시언해』에는 '傲慢ᄒ다'로 『유합』에는 '갸록'으로 字釋되었다. 語形 '갸록'은 消滅語로 볼 수 있다.

(烏) ; 가마괴, 엇뎨

  ; 가마괴 本來 거므며(烏從來黑)〈능10-9〉

  ; 엇뎨 서르 應ᄒ리 잇고ᄒ니(烏得相應耶)〈능4-122〉

'가마괴, 어뎨'는 (烏)에 대한 대역이다. 『두시언해』에는 '가마괴, 검다'로 『구하·태요』에는 '검다'로 『훈몽자회·유합』에는 '가마괴'로 字釋되었다. 語形 '엇뎨'의 대역이 특이하다.

(忤) ; 거슬ᄢᆞ

  ; 서르 거슬ᄲᅮ메 發ᄒᄂ니(發於相忤)〈능8-85〉

'거슬ᄢᆞ'은 (忤)에 대한 대역이다. 『두시언해』에는 '거슬뼈, 거슬ᄢᅥ'로 『유합』에는 '거스릴'로 『납약』에는 '샤긔'로 대역되었다. 語形 '거슬ᄢᆞ, 거슬뼈, 거슬ᄢᅥ'는 모두 消滅語로 볼 수 있다.

(奧) ; 쏠

  ; 기픈 쏠ᄒᆞᆯ 펴 뵈신대(宣示深奧)〈능1-229〉

'쏠'은 (奧)에 대한 대역이다. 『두시언해』에는 '기피, 깁수윈'으로 『유합』에는 '기픈ᄃᆡ'로 字釋되었다. 語形 '쏠'은 消滅語로 볼 수 있다.

(悟) ; 아롬, 아숩다, 알다, 알외다

   ; 몰롬과 아롬괘(迷悟)〈능1-93〉

   ; 븓텻 法音 아숩ᄂᆞ거시라(卽悟佛法音者也)〈능2-25〉

   ; 뭇 처섬 아라(最初悟解)〈능1-107〉

   ; 警戒ᄒᆞ야 알외시니ㅣ라(警悟也)〈능2-31〉


    '아롬, 아숩다, 알다, 알외다'는 (悟)에 대한 대역이다. 『구상』에는 '씌다'로
『유합』에는 '씌ᄃᆞᆯ'로 字釋되었다.

(五) ; 다ᄉᆞᆺ

   ; 다ᄉᆞᆺ 일후미 잇서늘(有五名)〈능1-9〉


    '다ᄉᆞᆺ'은 (五)에 대한 대역이다. 『두시언해』에는 '다ᄉᆞᆺ, 닷, 덧, 대'로 『석보상
절·남명천계송언해·정속언해·훈몽자회·유합·천자문』 등에 모두 '다ᄉᆞᆺ'으
로 『구상·구하·태요』에는 '닷, 다ᄉᆞᆺ, 대, 다'로 대역되었다. 語形 '대, 덧'으로
대역된 경우는 '대자(五尺)' 또 (四五)를 '너덧'으로 대역된 用例에서 찾아 볼 수
있다.

(甕) ; 독

   ; 도기 다몸과 잘이 너허 됴미(甕盛囊撲)〈능8-88〉


    '독'은 (甕)에 대한 대역이다. 『두시언해·유합』에도 '독'으로 대역되었다.

(壅) ; 막다

   ; 또 마고몰 分別ᄒᆞᄂᆞᆫ 고대(則復觀壅分別之處)〈능2-28〉


    '막다'는 (壅)에 대한 대역이다. 『구상·납약』에는 '둪다, 엏다, 마키다'로 『유
합』에는 '마굴'로 字釋되었다.

(完) ; 암ᄀᆞ다, 올다

　; 道器 암ᄀᆞ디 아니ᄒᆞ면(道器不完)〈능6-1〉
　; 儀ᄀᆞᆺ고 律이 올면(儀備律完)〈능7-26〉

　‘암ᄀᆞ다, 올다’는 (完)에 대한 대역이다.『두시언해』에는 ‘암근’으로『유합』에는 ‘ᄀᆞᆺ고구들’로 字釋되었다. 語形 ‘암ᄀᆞ다, 올, ᄀᆞᆺ고구들’은 消滅語로 볼 수 있다.

(曰) ; 니ᄅᆞ다

　; ᄯᅩ 니ᄅᆞ샤ᄃᆡ(且曰)〈능1-17〉

　‘니ᄅᆞ다’는 (曰)에 대한 대역이다.『두시언해』에도 ‘니ᄅᆞ다’로『태요 · 두창』에는 ‘ᄀᆞᆯ오다, ᄃᆞ려, 니로ᄃᆡ’로『유합 · 천자문』광주 · 석봉 본에는 ‘ᄀᆞᆯ’로 주해 본에는 ‘ᄀᆞᆯ, 이예’로 대역되었다. 語形 ‘ᄀᆞᆯ, 이예’는 消滅語로 볼 수 있다.

(枉) ; 구피다

　; 어디닐 다와 구피ᄃᆞᆺ ᄒᆞ니(逼枉良善)〈능8-92〉

　‘구피다’는 (枉)에 대한 대역이다.『두시언해』에는 ‘굽다, 굴다, 구굽뤼다’로『훈몽자회 · 유합』에는 ‘구블’로 字釋되었다.

(往) ; 가다

　; 제 갏곧 업ᄃᆞᆺ ᄒᆞ야(自無攸往)〈능1-105〉

　‘가다’는 (往)에 대한 대역이다.『두시언해』에는 ‘가다, 디나가다’로『유합 · 천자문』에는 모두 ‘갈’로 字釋되었다.

(畏) ; 저프다

　; 뎡바기예 온가짓 보빗 저품업슨 光明을 펴시니(頂放百寶無畏光明)〈능1-38〉

'저프다'는 (畏)에 대한 대역이다. 『두시언해』에는 '므싀다, 저흐다'로 『석보상절·남명천계송언해』에는 '졓'으로 『유합·천자문』에는 '저흘'로 字釋되었다. 15세기 당시에는 '저프다, 므싀다'가 동등한 의미로 사용되던 것이 '므싀다'의 사용이 우세한 결과 語形 '저프다, 저흐다'는 '므싀다'에 의하여 消滅된 語辭로 볼 수 있다.

(遙) ; 멀다

　;河 버으로미 먼 짜해(去河遙處)〈능3-87〉

'멀다'는 (遙)에 대한 대역이다. 『두시언해』에는 '멀다, 아ᄉ라히'로. 『유합』에는 '멀, 노닐'로 『천자문』 광주 본에는 '아ᄉ라올'로 석봉 본에는 '노닐'로 주해 본에는 '멀, 노닐'로 대역되었다. 語形 '아ᄉ라히, 아ᄉ라올'은 消滅語로 볼 수 있다.

(要) ; 모로매, 조ᅀᄅ왼, 조ᅀ리다

　;모로매 가줄보ᄆ로(要以譬喻)〈능1-99〉
　;道ᄇ빅홀 조ᅀᄅ왼(學道之要)〈능1-94〉
　;覺心 조히올 조ᅀ리라(淨覺心之要也)〈능2-95〉

'모로매, 조ᅀᄅ왼, 조ᅀ리다'는 (要)에 대한 대역이다. 『두시언해』에는 '맞다, 조소로이, 청ᄒ다, 要求ᄒ다, 要約ᄒ다, 要請ᄒ다'로 『석보상절·남명천계송언해』에는 '조ᄆ로이'로 『태요·두창』에는 '종요롭다'로 『유합』에는 '종요'로 『천자문』 광주 본에는 '요강'으로 석봉 본에는 '종요' 주해 본에는 '종요, 부를, 구홀, 기드릴, 허리'로 대역되었다. 語形 '조ᅀᄅ왼, 조ᄆ로이, 종요롭다, 요강'은 消滅語로 볼 수 있다.

(夭) ; 죽다

　;夭ᄂ 져버셔 주글씨라〈능7-57〉

'죽다'는 (夭)에 대한 대역이다. 『훈몽자회』에는 '주글'로 『유합』에는 '일주글'로 字釋되었다.

(搖) ; 뮈다, 이어다

 ; 힘 올ㅁ며 脉 뮈요ㅁ(筋轉脉搖)〈능1-51〉

 ; 모든 緣이 안ㅎ로 이어고(聚緣內搖)〈능2-18〉

 '뮈다, 이어다'는 (搖)에 대한 대역이다. 『두시언해』에는 '흐늘다, 이어다'로 『월인석보』에는 '뮐다'로 『석보상절』에는 '무으다'로 『남명천계송언해』에는 '이어, 이어긔'로 『유합』에는 '흔들'로 字釋되었다. 語形 '이어다, 무으다'는 '흔들다'의 前段階 語形인 '흐늘다'에 의하여 消滅된 語辭로 볼 수 있다.

(凹) ; 우묵ㅎ다

 ; 거우루 ᄀᆞᆮ호ᄃᆡ 우묵ㅎ니라(似鏡而凹)〈능3-74〉

 '우묵ㅎ다'는 (凹)에 대한 대역이다. 이는 『능엄경』에서만 발견되는 대역 語形이다.

(擾) ; 어즈럽다

 ; 그 中에 거츠리 제 어즈러이 뮈유믈 처엄 아ᄂᆞ니(方覺於中妄自擾動)〈능1-107〉

 '어즈럽다'는 (擾)에 대한 대역이다. 『유합』에는 '요란'으로 字釋되었다.

(曜) ; 비취다

 ; 네 心目을 비취ᄂᆞᆫ다(曜汝心目)〈능1-84〉

 '비취다'는 (曜)에 대한 대역이다. 『훈몽자회』에는 'ᄇᆞ실'로 『유합』에는 '희들 별'로 『천자문』 광주 본에는 '빗날'로 석봉 본에는 '비칄'로 주해 본에는 '비칄, 희빗'로 대역되었다. 語形 '희들별'의 대역이 특이하다. 語形 'ᄇᆞ실'은 消滅語로 볼 수 있다.

(耀) ; 빗

 ; 블ᄀᆞᆫ 비치 잇고(則有明耀)〈능2-28〉

'빗'은 (耀)에 대한 대역이다. 『두시언해』에는 '빗나다'로 『유합』에는 '빗날'로 字釋되었다.

(涌·湧) ; 봄뇌다, 솟다

　;涌은 봄뇔씨오〈능5-4〉
　;보빗 光을 소사내시니(湧出寶光)〈능1-95〉

'봄뇌다, 솟다'는 (涌)에 대한 대역이다. 『두시언해』에는 '붑괴다, 솟다'로 『남명천계송언해·구상』에는 '솟다'로 『유합』에는 '믈소슬'로 字釋되었다. 語形 '봄뇌다, 붑괴다'는 消滅語로 볼 수 있다.

(鎔) ; 녹다

　;거우루는 엇뎨 녹디 아니ᄒᆞᄂᆞ뇨(鏡何不鎔)〈능3-75〉

'녹다'는 (鎔)에 대한 대역이다. 『훈몽자회』에는 '노길'로 『유합』에는 '쇠판, 쇠노길'로 대역되었다.

(春) ; 딯다

　;깁 두드리며 뿔 디흐며(擣練春米)〈능4-130〉

'딯다'는 (春)에 대한 대역이다. 『두시언해』에는 '딯다, 방핫소리'로 『훈몽자회·유합』에는 '디흘'로 字釋되었다.

(容) ; 담다, 드리다, 양, 양직, 容貌

　;줌줌히 다마(黙容)〈능4-99〉
　;阿難이 모매 阿難을 드리디 몯호미 굳ᄒᆞ니라(如阿難體不容阿難)〈능2-110〉
　;내 양 分別호ᄆᆞ(分別我容)〈능2-25〉
　;고기 양이 두 솏돕 샹올(肉形雙爪之相)〈능3-43〉
　;양ᄌᆞ를 正히ᄒᆞ야 物을 알에 홀 씨라(正容悟物也)〈능1-26〉
　;容貌 밧ᄀᆞ로 굳ᄒᆞ야도(容上外同)〈능8-25〉

'담다, 드리다, 양, 양즈, 容貌'는 (容)에 대한 대역이다. 『두시언해』에는 '얼굴, 양즈, 容納ᄒ다, 容許ᄒ다'로 『훈몽자회·유합·천자문』광주·석봉 본에는 모두 '즛'로 주해 본에 '얼굴, 용납'으로 대역되었다. 語形 '양, 양즈, 즛'은 消滅語로 볼 수 있다.

(又) ; 坐

; 이 坐 授記예 븓들여 先後 一定호미 올티 몯ᄒ니라
(此又不應局授記而定先後也) 〈능1-17〉

'坐'는 (又)에 대한 대역이다. 『두시언해·석보상절·구상·납약·두창·유합』 등에 모두 '坐'로 대역되었다.

(迂) ; 멀다

; 迂闊은 멀며 어월씨라 〈능8-44〉

'멀다'는 (迂)에 대한 대역이다. 『유합』에는 '엔길'로 字釋되었다. 語形 '엔길'은 消滅語로 볼 수 있다.

(宇) ; 집기슭

; 담과 집기슭 스싀에(牆宇之間) 〈능2-28〉

'집기슭'은 (宇)에 대한 대역이다. 『두시언해』에는 '집, 宇宙, 스싀'로 『훈몽자회·유합·천자문』 광주·석봉 본에는 '집'으로 주해 본에는 '쳠하'로 字釋되었다. 語形 '쳠하'의 대역이 특이하다.

(佑) ; 도ᄋ다

; 우흘 도ᄋ시며(佑上) 〈능5-55〉

'도ᄋ다'는 (佑)에 대한 대역이다. 이는 『능엄경』에서만 발견되는 대역 語形이다.

(偶) ; 마좋다, 딱

; 마좋디 업스(無偶)〈능8-10〉

; 根과 境괘 따기 아니실씬(則根境不偶)〈능6-30〉

'마좋다, 딱'에 대한 대역이다. 『두시언해』에는 '딱, 偶然히'로 『구상』에는 '마조다'로 『유합』에는 '딱'으로 字釋되었다. 語形 '마좋다'는 消滅語로 볼 수 있다.

(優) ; 할

; 優는 할씨오〈능4-96〉

'할'은 (優)에 대한 대역이다. 『두시언해』에는 '어위크다'로 『훈몽자회』에는 '노롯바치'로 『유합』에는 '디투, 유여'로 『천자문』 광주 본에는 '어글어울'로 석봉 본에는 '나을'로 주해 본에는 '넉넉, 나을, 챵우'로 대역되었다. 語形 '할, 어위크다, 노롯바치, 티유, 유여, 어글어울, 챵울'은 모두 消滅語로 볼 수 있다.

(愚) ; 어리다

; 愚는 어릴씨니 어린내라호미라〈능1-16〉

'어리다'는 (愚)에 대한 대역이다. 『두시언해』에도 '어리다'로 『훈몽자회 · 천자문』에는 '어릴'로 字釋되었다. 語形 '어리다'는 現代語 '어리석다'에 의하여 의미가 轉意되었다.

(殞) ; 믈어듐, 죽다

; 수이 스러 믈어듀믈 볼기시니라(易以銷殞也)〈능9-44〉

; 漸漸스러 주거니 주구미(漸漸銷殞亡)〈능2-4〉

'믈어듐, 죽다'는 (殞)에 대한 대역이다. 『두시언해 · 태요』에는 '죽다'로 대역되었다.

(雲) ; 구룸

; 구룸 올옴과 새 ᄂᆞ롬(雲騰鳥飛)〈능2-34〉


'구룸'은 (雲)에 대한 대역이다. 『두시언해 · 석보상절 · 남명천계송언해 · 훈
몽자회 · 유합 · 천자문』 광주 · 석봉 본에도 '구룸'으로 주해 본에는 '구룸'으로
字釋되었다.

(云) ; 닐오다

; 닐오매 白傘盖니(云白傘盖也)〈능1-9〉


'닐오다'는 (云)에 대한 대역이다. 『두시언해』에는 '니ᄅᆞ다, 닐오다'로 『태요』
에는 '굴오다'로 『유합』에는 '니를'로 『천자문』 광주 본에는 'ᄀᆞ롤'로 석봉 본에
는 '니를'로 주해 본에는 '니룰, 구룸, 셩홀'로 대역되었다. 이중 주해 본에 '구
룸'으로 字釋됨은 '云'을 '雲'으로 동일시한 誤譯이 아닌가 한다.

(運) ; 뮈다

; 세홀 ᄒᆞᆫ쁴 뮈워(三者齊運)〈능1-40〉


'뮈다'는 (運)에 대한 대역이다. 『두시언해』에는 '옮기다, 運用ᄒᆞ다, 運行ᄒᆞ
다, 혜아리다'로 『유합 · 천자문』 광주 · 석봉 본에는 '옴길'로 주해 본에는 '옴
길, 운수'로 대역되었다. 語形 '뮈다, 혜아리다'는 消滅語로 볼 수 있다.

(雄) ; 게엽다

; 雄毅ᄂᆞᆫ 게엽고 늘날씨라〈능8-70〉


'게엽다'는 (雄)에 대한 대역이다. 『두시언해』에는 '수, 雄壯ᄒᆞ다'로 『태요 ·
두칭 · 구상』에는 '수, 숫'으로 『훈몽자회 · 유합』에는 '수'로 字釋되었다. 語形
'게엽다'는 消滅語로 볼 수 있다.

(遠) ; 멀다

　; 머리 돋녀 도라 몯와(遠遊未遷)〈능1-32〉

　'멀다'는 (遠)에 대한 대역이다. 『두시언해』에는 '머리, 멀다'로 『석보상절·
남명천계송언해·정속언해·훈몽자회·유합·천자문』 광주·석봉 본에는 모
두 '멀'로 주해 본에는 '멀, 멀리홀'로 『태요·납약·구하』에는 '멀다, 오라다,
멀'로 대역되었다. 語形 '오라다'의 대역이 특이하다.

(源) ; 根源

　; 네 보미 根源을 ᄀ장ᄒ라(極汝見源)〈능2-34〉

　'根源'은 (源)에 대한 대역이다. 『두시언해』에는 '츌'로 『유합』에는 '믈불휘'로
字釋되었다. 語形 '츌'은 消滅語로 '믈불휘'는 死語로 볼 수 있다.

(願) ; 願ᄒ다

　; 法要를 듣줍고져 願ᄒ읍더니(願聞法要)〈능1-38〉

　'願ᄒ다'는 (願)에 대한 대역이다. 『두시언해』에도 '願ᄒ다'로 『유합·천자문』
에는 '원홀'로 字釋되었다.

(垣) ; 담

　; 소리 담 디나ᄃᆞᆺᄒᆞ야(如聲度垣)〈능6-42〉

　'담'은 (垣)에 대한 대역이다. 『두시언해·훈몽자회·유합』에도 모두 '담'으
로 대역되었다.

(圓) ; 두려이

　; 바ᄅᆞ 一乘 두려이 微妙ᄒᆞᆫ 道애 나마 가릴씨(直造一乘圓妙之道)〈능1-18〉

　'두려이'는 (圓)에 대한 대역이다. 『두시언해』에는 '됴련ᄒ다, 두렵다'로 『석

보상절·남명천계송언해』』에는 '두렵다'로 『구상』에는 '도렴호다'로 『유합』에는 '두려울'로 『천자문』 광주 본에는 '두리'로 석봉 본에는 '두렫' 주해 본에는 '두렷, 둥굴'로 대역되었다. 語形 '됴렴호다, 두렴다'는 消滅語로 볼 수 있다. 現代語 '둥굴다'는 『천자문』 주해 본에서 시작된 것으로 추정된다.

(元) ; 根源, 딛더다

; 見精의 불근 根源이(見精明元)〈능2-27〉
; 네의 本來 딛더든 거슬 일흔 젼칠씨(失汝元常故)〈능1-84〉

'根源, 딛더다'는 (元)에 대한 대역이다. 『두시언해·남명천계송언해』에는 '본딕'로 『태요·납약·두창·구하』에는 '밀, 설날, 본딕, 원긔, 제자해'로 『유합』에는 '머리'로 字釋되었다. 語形 '딛더다, 제자해'는 消滅語로 볼 수 있다. 『유합』에 '머리'로 字釋된 것이 특이하다.

(苑) ; 짜ㅎ

; 苑은 나모 심곤 짜히라〈능2-51〉

'짜ㅎ'는 (苑)에 대한 대역이다. 『두시언해』에는 '苑'으로 『유합』에는 '후원'으로 『훈몽자회』에는 '동산'으로 字釋되었다.

(越) ; 걷내다, 멀다

; 여러 塵累를 걷내ᄂ니러니(越諸塵累)〈능1-24〉
; 眞實ㅅ 마래 어긔여 머러(違越誠言)〈능4-123〉

'걷내다, 멀다'는 (越)에 대한 대역이다. 『두시언해』에는 '건나다, 넘다'로 『석보상절』에는 '남다'로 『유합』에는 '너믈'로 字釋되었다.

(謂) ; 니ᄅ다

; 니ᄅ샨 徧知海와(所謂徧知海)〈능1-9〉

'니르다'는 (謂)에 대한 대역이다. 『두시언해』에는 '니르다, 너기다, 닐오다'로 『석보상절』에는 '니르'로 『남명천계송언해·정속언해』에는 '니르, 니르'로 『태요·두창·구하』에는 '닐오다, 니로다, ᄀ로다'로 『유합』에는 '니를'로 『천자문』 광주·석봉 본에는 '니를'로 주해 본에는 '닐을'로 字釋되었다. 語形 'ᄀ로다'는 消滅語로 볼 수 있다.

(爲) ; ᄃ외다, 밍글다, 爲ᄒ다

  ; 物의 옮교미 ᄃ외며(爲物所轉)〈능1-3〉
  ; 因ᄒ야 이 注를 밍근니라(因爲是解)〈능1-3〉
  ; 나를 爲ᄒ야 펴 니르쇼셔(爲我宣說)〈능2-26〉

  'ᄃ외다, 밍글다, 爲ᄒ다'는 (爲)에 대한 대역이다. 『두시언해』에는 'ᄃ외다, 밍글다, 삼다, ᄒ다, 爲ᄒ다'로 『석보상절』에는 '삼다, 위ᄒ다, ᄒ다'로 『남명천계송언해』에는 'ᄃ외다, 삼다, ᄒ다, ᄒ요다'로 『정속언해』에는 '삼다, ᄒ다'로 『태요·납약·두창·구상·구하』에는 '밍글다, ᄒ다, 싱장, 짓다'로 『유합』에는 'ᄒ다'로 『천자문』 광주·석봉 본에는 '홀'로 주해 본에는 '위ᄒ다, ᄒ다'로 대역되었다. 語形 'ᄃ오다, ᄒ다, 싱장, 홀'은 消滅語로 볼 수 있다.

(威) ; 저프다

  ; 嚴은 저프샤ᄆ로 슬오니라(嚴以威)〈능1-29〉

  '저프다'는 (威)에 대한 대역이다. 『두시언해』에는 '므싀다, 威嚴'로 『남명천계송언해』에는 '저프다'로 『훈몽자회·유합·천자문』에는 모두 한자어인 '威嚴'으로 字釋되었다. 語形 '저프다'는 消滅語로 볼 수 있다. 15세기 당시는 '므싀다, 저프다'가 동일한 의미로 사용되던 것이 現代語 '무섭다'의 前段階 語形인 '므싀다'에 의하여 消滅된 것으로 보인다.

(慰) ; 慰勞ᄒ다

  ; 뎡바질 몬져 慰勞ᄒ야(摩頂安慰)〈능7-7〉

'慰勞ㅎ다'는 (慰)에 대한 대역이다. 『두시언해』에도 '慰勞ㅎ다'로 대역되었다.

(圍) ; 테

; 圍는 테라〈능2-20〉

'테'는 (圍)에 대한 대역이다. 『두시언해』에는 '쯰롓다, 쯰리다, 둘엣다'로 『석보상절』에는 '두르다, 에워리'로 『남명천계송언해』에는 '두르다'로 『두창』에는 '둘러'로 『유합』에는 '에올'로 字釋되었다. 語形 '쯰롓다, 쯰리다'는 消滅語로 볼 수 있다.

(僞) ; 거츨다

; 일허 뜬 거츠로매 범그러(縣著浮僞)〈능7-89〉

'거츨다'는 (僞)에 대한 대역이다. 『두시언해』에는 '거즛'으로 『유합』에는 '거즛'으로 字釋되었다. 語形 '거츨다'는 消滅語로 볼 수 있다.

(違) ; ᄀᆞ릭려다, 어긔다, 어긔다

; 어루 ᄀᆞ릭려니와(可違)〈능7-3〉
; 일와 理왜 다 어긔니(事理俱違)〈능1-58〉
; ᄌᆞ모 해 어긔니(稍多違戾)〈능1-22〉

'ᄀᆞ릭려다, 어긔다, 어긔다'는 (違)에 대한 대역이다. 『두시언해』에는 '그릇히다, 어그르추다, 여희다'로 『유합』에는 '어글다'로 字釋되었다. 語形 'ᄀᆞ릭려다, 어그르추다'는 消滅語로 볼 수 있다.

(誘) ; 달애다

; 달애야 자보몰 모딕 마ᄀᆞ시니라(須防誘攝也)〈능6-101〉

'달애다'는 (誘)에 대한 대역이다. 『훈몽자회 · 유합』에는 '달앨'로 字釋되었다.

(幼) ; 졈다

　; 져므며 壯호며 老耄(幼壯老耄)〈능2-9〉

　'졈다'는 (幼)에 대한 대역이다. 『두시언해』에는 '아힛, 져믄이'로 『유합』에는 '져믈'로 字釋되었다.

(由) ; 젼ᄎ로

　; 반ᄃ기 眞際 ᄀᄅ치샤ᄆᆞᆯ 아디 몯혼 젼ᄎ로 소이다(當由不知眞際所指)〈능1-76〉

　'젼ᄎ로'는 (由)에 대한 대역이다. 『두시언해』에는 '말미ᄒ다, 브터'로 『석보상절』에는 '말미ᄒ다'로 『남명천계송언해』에는 '브터'로 『정속언해』에는 '좇다'로 『두창』에는 '말미암다'로 『유합』에는 '말미ᄒ다'로 字釋되었다. 語形 '젼ᄎ로'는 消滅語로 볼 수 있다.

(唯) ; ᄯᆞ롬, 오직

　; 어루 아춤 나죄 ᄯᆞᄅᆞ미어니(可唯旦暮)〈능1-16〉
　; 흔가지로 오직 ᄆᆞᅀᆞ미 지소ᄆᆞᆯ(一唯心造)〈능1-21〉

　'ᄯᆞ롬, 오직'은 (唯)에 대한 대역이다. 『두시언해』에는 '오직, 흔갓'으로 『유합』에는 '오직'으로 字釋되었다.

(逾) ; 나가다, 디나다

　; 城나가 出家ᄒᆞ야(逾城出家)〈능5-60〉
　; 百步 밧긔 디나(逾百步外)〈능4-3〉

　'나가다, 디나다'는 (逾)에 대한 대역이다. 『두시언해』에는 '남ᄃ, 넘다, 더욱'으로 『유합』에는 '너믈'로 字釋되었다.

(乳) , 졋

　; 졋일흔 아히(如失乳兒)〈능2-1〉

'졎'은 (乳)에 대한 대역이다. 『두시언해』에는 '삿기, 졎'으로 『석보상절』에는 '졎'으로 『태요·납약·두창·구상』에는 '젓, 졎'으로 『남명천계송언해·유합·훈몽자회』에는 '졋'으로 대역되었다. 語形 '삿기'의 대역이 특이하다.

(愈) ; 더옥

; 더옥 妄흔 젼츠로(愈妄故)〈능7-82〉

'더옥'는 (愈)에 대한 대역이다. 『두시언해』에는 '돟다, 더옥'으로 『석보상절』에는 '됴ᄒ다'로 『태요·납약·두창·구상』에는 '돟다, 흐리다, 됻ᄂ니라, 살다'로 『유합』에는 '병됴홀, 더을'로 대역되었다. 語形 '흐리다'는 消滅語로 볼 수 있다.

(遊) ; 돈녀다

; 머리 돈녀 도라 몯와(遠遊未還)〈능1-32〉

'돈녀다'는 (遊)에 대한 대역이다. 『두시언해』에는 '노롬, 노ᄂ다, 노니다'로 『석보상절』에는 '놀'로 『남명천계송언해』에는 '놀, 노니'로 『태요·구상』에는 '놀다, 놀아나다'로 『유합』에는 '노닐'로 『천자문』 광주 본에는 '노릴' 석봉 본에는 '노닐'로 주해 본에는 '놀'로 字釋되었다.

(諭) ; 알다

; 오히려 아디 몯홀씨(猶且未諭)〈능3-82〉

'알다'는 (諭)에 대한 대역이다. 『두시언해』에는 'ᄀ르치다'로 『훈몽자회·유합』에는 '알욀'로 字釋되었다.

(喻) ; ᄀ줄비다

; 아랫 가줄뷰미 어루 ᄇᆯ기리라(下喻可明)〈능1-56〉

'ᄀ줄비다'는 (喻)에 대한 대역이다. 『유합』에는 (諭)와 같은 한자로 '알욀'로

字釋되었다. 語形 'ㄱ줄비다'는 消滅語로 볼 수 있다.

(幽) ; 그슥ㅎ다, 깊다

; 그슥흔 쁴멧 드트를 가줄비니라(譬幽隙之塵也)〈능1-107〉
; 幽는 기플씨라〈능1-89〉

'그슥ㅎ다, 깊다'는 (幽)에 대한 대역이다. 『두시언해』에는 '그슥ㅎ다, 숨다, 어듭다, 幽深ㅎ다, 幽僻ㅎ다'로 『유합』에는 '어두울'로 字釋되었다. 語形 '그슥ㅎ다'는 消滅語로 볼 수 있다.

(攸) ; 곧

; 主人의 갏곧 업소매 가줄비니라(譬主人無攸往也)〈능1-1107〉

'곧'은 (攸)에 대한 대역이다. 이는 『능엄경』에서만 발견되는 대역 語形이다.

(有) ; 겨시다, 두다, 잇다

; 닐굽ㅂ른 무러 하르심미 겨시니(有七重微破)〈능1-46〉
; 衆生과 부터왜 흔가지 두쇼딕(生佛等有)〈능1-97〉
; 다숫 일후미 잇거늘(有五名)〈능1-9〉

'겨시다, 두다, 잇다'는 (有)에 대한 대역이다. 『두시언해』에도 '겨시다, 두다, 잇다'로 『남명천계송언해』에는 '겨시다, 이시다'로 『정속언해』에는 '잇다'로 『태요 · 구상』에는 '잇다, 이시, 잇'으로 『유합 · 천자문』 광주 · 석봉 본에는 '이실'로 주해 본에는 '이실, 쏘'로 대역되었다.

(遺) ; 기티다, 잃다, 주다

; 쏘 기틴 쁘디 얼의여 ᄒ도다(亦髣髴遺意矣)〈능1-16〉
; 제 性 일후믈 외다ᄒ시니라(遺自性也)〈능1-113〉
; 本來일훔 주리 업거늘(固無遺失)〈능2-12〉

'기티다, 잃다, 주다'는 (遺)에 대한 대역이다. 『두시언해』에는 '깉다, 드른, 브리다'로 『유합』에는 '기틸'로 字釋되었다. 語形 '드른'은 消滅語로 볼 수 있다.

(猶) ; 곧ㅎ다, 오히려

　　; 詮은 筌이 곧ㅎ니(詮猶筌也)〈능1-10〉
　　; 오히려 어엿비 너기샤몰 믿즈와(猶恃憍憐)〈능1-76〉

'곧ㅎ다, 오히려'는 (猶)에 대한 대역이다. 『두시언해 · 두창』에는 '오히려'로 『구상』에는 '순지'로 『유합』에는 'ᄀ틀, 그려도'로 『천자문』 광주 본에는 '오힐'로 석봉 본에는 'ᄀ틀'로 주해 본에는 'ᄀ틀, 개, 오히려, 쇠'로 대역되었다. 語形 '순지'는 消滅語로 볼 수 있다.

(游) ; 노니다

　　; 徧知海예 노녀(游徧知海)〈능1-3〉

'노니다'는 (游)에 대한 대역이다. 『두시언해』에는 '놀다'로 『훈몽자회』에는 '헤욤'으로 字釋되었다.

(牖) ; 窓

　　; 입과 窓괘 여러 휜홀씨(戶牖開豁)〈능1-49〉

'窓'은 (牖)에 대한 대역이다. 『두시언해』에는 '잎, 창'으로 『훈몽자회 · 유합』에는 '창'으로 字釋되었다. 語形 '잎'은 消滅語로 볼 수 있다.

(育) ; 내

　　; 育은 낼씨라〈능4-76〉

'내다'는 (育)에 대한 대역이다. 『훈몽자회 · 유합 · 천자문』에는 '칠'로 字釋되었다. 語形 '내다'는 消滅語로 볼 수 있다.

(六) ; 여슷

　; 여스슨 聞으로 熏호미(六者聞熏)〈능6-28〉


　　'여슷'은 (六)에 대한 대역이다. 『석보상절 · 남명천계송언해 · 훈몽자회』에도 '여슷'으로 『태요 · 구상』에는 '여슷, 엿'으로 『유합』에는 '여슷'으로 字釋되었다.

(亂) ; 닛다

　; 亂은 子孫이 서르 니을씨라〈능8-24〉


　　'닛다'는 (亂)에 대한 대역이다. 이는 『능엄경』에서만 발견되는 대역 語形이다.

(潤) ; 젖다

　; 寶明이 저주믈 내며(寶明生潤)〈능4-18〉


　　'젖다'는 (潤)에 대한 대역이다. 『두시언해』에는 '젖다, 潤澤, 빗나다'로 『태요』에는 '적시다'로 『유합』에는 '부를'로 字釋되었다.

(允) ; 眞實

　; 眞實로 보아 울워ㅅ옴도(允所瞻仰)〈능2-21〉


　　'眞實'은 (允)에 대한 대역이다. 『유합』에는 '맛당'으로 字釋되었다. 語形 '맛당'의 대역 특이하다.

(融) ; 노기다

　; 두려이 노겨 自在ᄒ면(圓融自在)〈능1-28〉


　　'노기다'는 (融)에 대한 대역이다. 『두시언해』에는 '녹다, ᄆᆞ슴, 흐웍ᄒ다'로 『유합』에는 '노굴'로 字釋되었다. 語形 '허웍ᄒ다'는 消滅語로 볼 수 있다.

(罵) ; 입더럽다

  ; 罵은 입더러울씨라〈능8-127〉


  '입더럽다'는 (罵)에 대한 대역이다. 이는 『능엄경』에서만 발견되는 대역 語
形이다.

(恩) ; 恩惠

  ; 慈는 恩惠로 숨고(慈以恩言)〈능1-29〉


  '恩惠'는 (恩)에 대한 대역이다. 『두시언해』에는 '恩惠, 恩寵'으로 『훈몽자
회 · 유합』에는 '은혯'으로 字釋되었다.

(陰) ; 그윽하다, ᄀᆞ늘, ᄀᆞ늘지다

  ; 바ᄅ 모디 그윽흔 ᄢᆞ믈 헤텨 여러(直須破開陰隙)〈능1-107〉
  ; 慈悲ᄀᆞ늘 微妙흔 구루믄(慈陰妙雲)〈능8-50〉
  ; 相이 ᄀᆞ늘지니 이 수프리오(相陰者是林)〈능2-48〉


  '그윽하다, ᄀᆞ늘, ᄀᆞ늘지다'는 (陰)에 대한 대역이다. 『두시언해』에는 'ᄀᆞ늘
다, 어듭다, 陰氣'로 『정속언해』에는 '그으기'로 『두창 · 구상 · 구하』에는 '흘레,
그늘, ᄀᆞ늘'로 『훈몽자회 · 천자문』 광주 본에는 'ᄀᆞ늘'로 『유합』과 석봉 본에
는 '그늘'로 주해 본에는 '그늘, 음긔, 음디'로 대역되었다. 語形 '그윽하다, 헐레'
는 消滅語로 볼 수 있다.

(飮) ; 마시다

  ; 비록 술 마슘과(縱經飮酒)〈능7-53〉


  '먹다'는 (飮)에 대한 대역이다. 『두시언해』에는 '마시다, 먹다'로 『석보상
절 · 남명천계송언해』에는 '마시다'로 『태요 · 납약 · 두창 · 구상』에는 '먹다, 셜
다, 마시다'로 『훈몽자회』에는 '마실'로 『유합』에는 '마실, 머길'로 대역되었다.

(婬) ; 婬亂ᄒ다

　; 婬亂ᄒ흔 모ᄆ로(婬躬)〈능1-35〉


　'婬亂ᄒ다'는 (婬)에 대한 대역이다. 이는 『능엄경』에서만 발견되는 대역 語形이다.

(泣) ; 울다

　; 머리조ᅀᅡ 禮數ᄒᅀᅩ며 슬허 우러(頂禮悲泣)〈능1-39〉


　'울다'는 (泣)에 대한 대역이다. 『두시언해 · 훈몽자회 · 유합』에도 모두 '울다'로 대역되었다.

(應) ; 맛게ᄒ다, 맛당ᄒ다, 應ᄒ다

　; 서르 맛게ᄒ면(相應)〈능8-14〉
　; 人天供養애 맛당ᄒ며(應人天供)〈능1-25〉
　; 서르 應ᄒ야ᅀᅡ(相應)〈능4-119〉


　'맛게ᄒ다, 맛당ᄒ다, 應ᄒ다'는 (應)에 대한 대역이다. 『두시언해』에는 '당당이, 마초다, 相應ᄒ다, 應當히, 應ᄒ다'로 『석보상절』에는 '당다이다, 應ᄒ다'로 『남명천계송언해』에는 '당다이다'로 『두창』에는 '딩답'으로 『유합』에는 '딩답, 일뎡'으로 대역되었다.

(凝) ; 얼의다

　; 凝然은 얼의욘 양지라〈능2-18〉


　'얼의다'는 (凝)에 대한 대역이다. 『석보상절 · 두시언해 · 남명천계송언해 · 유합 · 태요』 등에 모두 '얼의다'로 『납약』에는 '응긔다'로 대역되었다. 語形 '얼의다'는 消滅語로 볼 수 있다.

(儀); 짜

; 儀는 짜기니 하늜 짜기라〈능6-34〉


'짜'은 (儀)에 대한 대역이다.『두시언해』에는 '威儀, 禮儀'로『훈몽자회·유합』에는 '거동, 거동'으로『천자문』광주 본에는 '다슴'으로 석봉·주해 본에는 '거동, 거동'으로 字釋되었다. 語形 '다슴'은 消滅語로 볼 수 있다.


(擬); 너기다

; 엇뎨 뼈 므슴매 너기료(何用擬心)〈능2-84〉


'너기다'는 (擬)에 대한 대역이다.『두시언해』에도 '너기다'로『유합』에는 '견훌'로 字釋되었다. 語形 '견훌'의 대역이 특이하다.


(毅); 늘나다

; 雄毅는 게엽고 늘날씨라〈능8-70〉


'늘나다'는 (毅)에 대한 대역이다.『유합』에는 '세츨'로 字釋되었다. 語形 '세츠다'는 消滅語로 볼 수 있다.


(意); 뜯

; 뜯 내요문(發意)〈능1-32〉


'뜯'은 (意)에 대한 대역이다.『두시언해·석보상절·남명천계송언해』에도 '뜯'으로『정속언해』에는 '쁟'으로『태요·두창·구상』에는 '싱각ᄒ다, 뜻, 뜯'로『유합』에는 '뜯'으로 字釋되었다.


(疑), 疑心

; 愚一아롬뎌 疑心ᄒ노니(愚竊疑焉)〈능1-16〉


'疑心'은 (疑)에 대한 대역이다.『두시언해』에는 '疑心, 疑惑'으로『석보상절』

에는 '의심ᄒ다'로 『두창·유합·천자문』 광주·석봉 본에는 모두 '의심'으로 주해 본에는 '의심, 비로셜'로 대역되었다.

(義) ; 뜯

; 뜯 비호ᄂᆞᆫ 무리(義學之徒)〈능1-3〉

'뜯'은 (義)에 대한 대역이다. 『두시언해』에는 '뜯, 의리'로 『석보상절』에는 '뜯'으로 『유합』에는 'ᄆᆞᄅᆞ'로 『천자문』 광주 본에는 '클의'로 석봉·주해 본에는 '올ᄒᆞᆫ'으로 字釋되었다. 語形 'ᄆᆞᄅᆞ, 클의'는 消滅語로 볼 수 있다.

(爾) ; 그, 그러면

; 그ᄢᅴ 阿難이 大衆 中에 이셔(爾時阿難在大衆中)〈능1-76〉
; 一大 ᄒ마 그러면(一大旣爾)〈능3-91〉

'그, 그러면'은 (爾)에 대한 대역이다. 『두시언해』에는 '너, 네'로 『훈몽자회·유합』에는 '너'로 字釋되었다.

(二) ; 두, 둘, 둘찻

; 반ᄃ기 두 아로미 이시리니(應有二知)〈능1-61〉
; 곧 나ᄆᆞᆫ 둘히오(卽餘二也)〈능1-9〉
; 둘찻 ᄃ리 ᄀ른ᄒ니라 ᄒ시니(如第二月)〈능2-27〉

'두, 둘, 둘찻'는 (二)에 대한 대역이다. 『두시언해·석보상절·남명천계송언해』에는 '두, 둘ᄒ'로 『구상·태요·훈몽자회·유합·천자문』에는 모두 '두'로 대역되었다.

(利) ; 늘나다, 利益

; 頗羅墮ᄂᆞᆫ 늘난 根이오(頗羅墮利根也)〈능3-88〉
; ᄠᅳ들 利益을 흔ᄢᅴ 니필 뿐 아니라(竟非利被一時)〈능1-26〉

'늘나다, 利益'은 (利)에 대한 대역이다. 『두시언해』에는 '늘카롭다, 利ᄒᆞ다'로 『납약·두창·구상·구하』에는 '즈츼기, 들다, 즈츼다, 快ᄒᆞ다, 흴ᄒᆞ다'로 『유합』에는 '니흘'로 『천자문』 광주 본에는 '늘카올'로 석봉 본에는 '니흘'로 주해 본에는 '리흘, 칼들'로 대역되었다. 語形 '즈츼기, 즈츼다, 흴ᄒᆞ다, 니흘, 칼들'은 모두 消滅語로 볼 수 있다.

(餌) ; 먹다

; 餌ᄂᆞᆫ 머글씨라〈능8-130〉

'먹다'는 (餌)에 대한 대역이다. 『두시언해』에는 '낛밥'으로 『훈몽자회』에는 '낛밥, 썩'으로 『유합』에는 '약머글'로 字釋되었다. 語形 약머글'의 대역이 특이하다.

(耳) ; ᄯᆞ름

; 곧 드트리 어드울 ᄯᆞ름라(特塵暗耳)〈능1-101〉

'ᄯᆞ름'는 (耳)에 대한 대역이다. 『두시언해·석보상절·남명천계송언해·구상·훈몽자회·유합·두창·천자문』에는 모두 '귀'로 대역되었다. 주해 본에만 '귀, 어조스'로 대역되었다. 語形 'ᄯᆞ름'의 대역이 특이하다.

(已) ; ᄯᆞ름, ᄒᆞ마

; 곧 能詮혼 글월 ᄯᆞᄅᆞ미라(卽能詮之文而已)〈능1-10〉
; ᄒᆞ마 알어든(已知)〈능1-61〉

'ᄯᆞ름, ᄒᆞ마'는 (已)에 대한 대역이다. 『두시언해』에는 '불셔, ᄒᆞ마'로 『남명천계송언해』에는 'ᄒᆞ마'로 『정속언해』에는 '말다'로 『납약·두창·구상』에는 '이미, 불셔, 임의, ᄒᆞ마'로 대역되었다. 語形 'ᄯᆞ름'의 대역이 특이하다.

(益) ; 더욱, 더ᄒᆞ다

; 더욱 제 ᄀᆞ굴 ᄡᆞ니언뎡(私益自勞)〈능2-70〉

; 흔갓 드로믈 더ᄒ고(但益多聞)〈능2-78〉

  '더욱, 더ᄒ다'는 (益)에 대한 대역이다. 『두시언해』에는 '더욱, 有益ᄒ다, 利益'으로 『석보상절』에는 '더욱'으로 『태요 · 두창』에는 '더으다, 더, 더옥'으로 『유합 · 천자문』에는 모두 '더을'로 字釋되었다.

(引) ; 혀다

  ; 引은 혈씨라〈능1-5〉

  '혈다'는 (引)에 대한 대역이다. 『두시언해』에는 '혀다, 引接ᄒ다, 引ᄒ다'로 『구상 · 구하 · 태요 · 두창』에는 'ᄃᆞᆼ기다, ᄀᆞᆼ다, ᄃᆞᆼ긔다, 켜다'로 『유합』에는 '혈당, 혈'로 『훈몽자회 · 천자문』 광주 · 석봉 본에는 '혈'로 주해 본에는 '들릴, 길'로 대역되었다. 語形 '혀다, 혈다, 혈당, 들릴'은 消滅語로 볼 수 있다.

(認) ; 알다

  ; 외오 아론거시라(妄認者)〈능1-82〉

  '알다'는 (認)에 대한 대역이다. 『유합』에도 '알다'로 字釋되었다.

(人) ; 눔, 사름

  ; 제 利ᄒ며 ᄂᆞ믈 利케ᄒ리니(自利利人)〈능8-29〉
  ; 사ᄅᆞᄆᆞᆫ 갏고디 다 업슬ᄊᆡ(人都無所去)〈능2-24〉

  '눔, 사름'은 (人)에 대한 대역이다. 『두시언해 · 석보상절 · 남명천계송언해 · 구상 · 훈몽자회 · 유합 · 천자문』 등에 모두 '사름'으로 『정속언해』에는 '사름, 살음, 사롬, 사름, 살음'으로 對譯되었다.

(刃) ; 눌

  ; 고기예 눌 고ᄌᆞᆯ씨라(挿刃於肉也)〈능8-107〉

  '눌'은 (刃)에 대한 대역이다. 『훈몽자회』에도 '눌'로 字釋되었다.

(因) ; 因ᄒᆞ다

　　; 소리를 因ᄒᆞ야(因聲)〈능2-22〉

　　'因ᄒᆞ다'는 (因)에 대한 대역이다. 『석보상절 · 두시언해 · 남명천계송언해 · 구상』에는 모두 '因ᄒᆞ다'로 『유합』에는 '인홀'로 字釋되었다.

(日) ; 날, 히

　　; 오ᄂᆞᆳ나래ᅀᅡ(今日)〈능1-93〉
　　; 히와 ᄃᆞᆯ와 燈괘 업슨ᄃᆡ(無日月燈)〈능1-60〉

　　'날, 히'는 (日)에 대한 대역이다. 『두시언해』에는 '날, 낫, 낮, 아침, 적, 히, 힛빗'으로 『석보상절 · 남명천계송언해 · 정속언해 · 유합 · 천자문』에는 '날'로 『훈몽자회』에는 '나실'로 『구상 · 구하 · 태요 · 납약 · 두창』에는 'ᄒᆞᆯ, 날마다, 날, 히, 낫, 낮, ᄒᆞ로'로 대역되었다.

(逸) ; 逃亡ᄒᆞ다

　　; 흘러 逃亡ᄒᆞ야 境에 가기(流逸奔境)〈능4-100〉

　　'逃亡ᄒᆞ다'는 (逸)에 대한 대역이다. 『두시언해』에는 '放逸ᄒᆞ다, 俊逸ᄒᆞ다, 超逸ᄒᆞ다'로 『유합』에는 '놀다'로 『천자문』 광주 본에는 '안일'로 석봉 본에는 '편안홀'로 주해 본에는 '노홀, 편안, 쵸일홀, 숨을'로 대역되었다. 語形 '쵸일홀'은 消滅語로 볼 수 있다.

(溢) ; 넘ᄲᅵ다

　　; 形體예 흘러 넘ᄲᅵ면(流溢形體)〈능9-54〉

　　'넘ᄲᅵ다'는 (溢)에 대한 대역이다. 『두시언해』에는 '넘ᄢᅥ디'로 『구상』에는 '솟다'로 『훈몽자회』에는 '너믈'로 『유합』에는 '넘ᄭᅵᆯ'로 字釋되었다.

(一) ; 훈, 훈가지, 훈글ㅇ티, 훈갓

　; 훈쁴 두루 펴샤(一時周徧)〈능1-95〉

　; 훈가지로 오직 ᄆᅀᆞ미 지소몰(一唯心造)〈능1-21〉

　; 훈글ᄋᆞ티 向ᄒᆞ야 純에 드로미니(一向入純)〈능9-60〉

　; 제몸 모ᄅᆞᄂᆞᆫ 무리 해 드로몰 훈갓 向ᄒᆞ고(迷已之流一向多聞)〈능1-37〉

　'훈, 훈가지, 훈글ᄋᆞ티, 훈갓'은 (一)에 대한 대역이다. 『두시언해』에는 '훈, 훈가지, 훈번, ᄒᆞᄅᆞᆺ'으로 『석보상절 · 남명천계송언해 · 정속언해』에는 '훈, 훈낳' 으로 『구상 · 태요』에는 '훈, ᄒᆞ나ᅘ, 첫, ᄒᆞᄅᆞᆨ'로 『유합 · 훈몽자회 · 천자문』 광 주 · 석봉 본에는 모두 '훈'으로 주해 본에만 '훈, 인온, 젼일'로 대역되었다. 語 形 '인온, 젼일'은 消滅語로 볼 수 있다.

(任) ; 마ᄍᆞ다, 맛디다

　; 부톗 記ᄅᆞᆯ 이긔여 마ᄍᆞ오ᄃᆡ(堪任佛記)〈능1-19〉

　; 任運ᄋᆞᆫ ᄆᅀᆞ미 제 무유믈 맛딜씨라〈능8-23〉

　'마ᄍᆞ다, 맛디다'는 (任)에 대한 대역이다. 『두시언해』에는 '므던히, 믿다, 뼈, 任意'로 『석보상절 · 정속언해』에는 '맛다, 맛디다'로 『남명천계송언해』에는 '맛 다, 므던히, 뜯다히'로 『훈몽자회』에는 '맛쏠'로 『두창』에는 '임의'로 『유합』에 는 '맛딜, 감당'으로 『천자문』 광주 본에는 '금 움'으로 석봉 본에는 '맛들'로 주 해 본에는 '견딀, 맛들, 아당, 이긜, 임가'로 대역되었다. 語形 '뜯다히, 감당, 금 움, 아당, 긜, 임가'는 消滅語로 볼 수 있다.

(入) ; 들다

　; 佛智海예 들며 (入佛智海)〈능1-9〉

　'들다'는 (入)에 대한 대역이다. 『두시언해 · 석보상절 · 남명천계송언해 · 정 속언해 · 유합 · 천자문』 광주 · 석봉 본 등에도 모두 '들'로 『구상 · 태요 · 납 약 · 두창』에는 '들다, 차다, 넣다, 붓다, 담다'로 주해 본에는 '드릴, 들'로 대 역되었다.

(剩) ; 남다

　; 도로 그 나모닐 믈이ᄂᆞ니(反微其剩)〈능8-124〉


　'남다'는 (剩)에 대한 대역이다. 『두시언해』에는 'ᄀᆞ장, 남다'로 『유합』에는 '유여'로 字釋되었다. 語形 '유여'는 消滅語로 볼 수 있다.

(子) ; 아들, 여름, 子息

　; 竛竮ᄒᆞᆫ 아ᄃᆞ리(竛竮之子)〈능1-19〉
　; 惡叉果ᄂᆞᆫ 훈가지예 세 여르미니(惡叉果一枝三子)〈능1-82〉
　; 녜를 브터 도ᄌᆞ글 아라 子息ᄋᆞᆯ 삼도다(依舊認賊爲子)〈능1-84〉


　'아들, 여름, 子息'은 (子)에 대한 대역이다. 『두시언해』에는 '그듸, 사ᄅᆞᆷ, 삿기, ᄡᅵ, 아들'로 『남명천계송언해』에는 '아들'로 『정속언해』에는 'ᄌᆞ식'으로 『구상·구하·태요』에는 '알, ᄡᅵ, 子息, 아긔, ᄌᆞ식'로 『훈몽자회·유합·천자문』 석봉본에는 모두 '아들'로 광주 본에는 '아ᄃᆞ'로 주해 본에는 'ᄌᆞ식, 그듸, 벼슬'로 대역되었다. 語形 '여름'의 대역이 특이하다.

(自) ; 나, 브터, 自然, 저, 절로, ᄌᆞ개

　; 나와 ᄂᆞᄆᆞᆯ 分別ᄒᆞ라(分別自他)〈능2-33〉
　; 楞嚴이 唐브터 宋애 니르리(楞嚴自唐至宋)〈능1-16〉
　; ᄆᆞᄎᆞ매 自然히 뎌보디 아니ᄒᆞᄂᆞᆫ 相이라ᄒᆞ시니(終自非是彼不見相)〈능2-37〉
　; 어드우ᄆᆞ로 저를 샤ᄆᆞ려(以暗爲自)〈능2-66〉
　; 절로 어긔리니(自差)〈능1-18〉
　; 내 如來소니 ᄌᆞ개 펴락 쥐락ᄒᆞ샤ᄆᆞᆯ 보ᅀᆞ올 ᄲᅮ니언졍
　(我見如來手自開合)〈능1-1109〉


　'나, 브터, 自然, 저, 절로, ᄌᆞ개'는 (自)에 대한 대역이다. 『두시언해』에는 '그듸, 내, 스싀로, 저희, 절로, 제, 브터'로 『남명천계송언해』에는 'ᄌᆞ개, 제'로 『구상·태요·두창』에는 '절로, 븟터, 스스로, ᄌᆞ연히'로 『유합·훈몽자회』에는 '스스로'로 字釋되었다.

(資) ; 도ᄋ다, 븥다

　; 般若ㅅ 큰 慧를 도ᄋ샤(資般若之大慧)〈능1-37〉
　; 다 이에 브터 비르스 사니라(凡資始於此)〈능1-40〉

　'도ᄋ다, 븥다'는 (資)에 대한 대역이다. 『두시언해』에는 '두외오다, 資産, 資質'로 『남명천계송언해』에는 '돕다'로 『정속언해』에는 'ᄌ뢰ᄒ다'로 『유합』에는 'ᄀ숨'로 『훈몽자회』에는 '부를'로 『천자문』광주 본에는 '부늘'로 석봉 본에는 'ᄌ뢰'로 주해 본에는 'ᄌ뢰, 지물, 도을, ᄌ질'로 字釋되었다. 語形 'ᄌ뢰, ᄀ숨, 부늘, 부늘'은 消滅語로 볼 수 있다.

(恣) ; ᄀ장ᄒ다, 졊ᄌ

　; 貪올 ᄀ장ᄒ다(恣貪)〈능8-104〉
　; ᄀ장 시브며 졊ᄌ머거(大嚼恣噉)〈능6-99〉

　'ᄀ장ᄒ다, 졊ᄌ'은 (恣)에 대한 대역이다. 『두시언해』에는 'ᄀ장, 양ᄌ, 放恣ᄒ다'로 『남명천계송언해』에는 'ᄀ장'으로 『유합』에는 'ᄂ디롤'로 字釋되었다. 語形 'ᄀ장ᄒ다, 졊ᄌ, ᄂ디롤'은 消滅語로 볼 수 있다.

(咨) ; 묻줍다, 졊ᄌ

　; 무ᅀ맷 疑心올 묻ᄌ와 決ᄒ야(咨決心疑)〈능1-28〉
　; 졊ᄌ 즁이 드러내혀 홀씨(咨任僧擧)〈능1-29〉

　'묻줍다, 졊ᄌ'은 (咨)에 대한 대역이다. 『두시언해』에는 '슳다'로 대역되었다. 語形 '졊ᄌ'은 消滅語로 볼 수 있다.

(滋) ; 젖다

　; 져주믈 和合ᄒ야(和合滋)〈능7-80〉

　'젖다'는 (滋)에 대한 대역이다. 『두시언해』에도 '젖다'로 『훈몽자회·유합』에는 '부를'로 字釋되었다.

(者) ; 사룸

　; 빅홀 사르미(學者)〈능1-10〉


　'사룸'은 (者)에 대한 대역이다.『두시언해』에는 '사룸, 닌, 者'로『석보상절·
정속언해·천자문』광주·석봉 본에는 '놈'으로 주해 본에는 '놈, 어조사'로『태
요·두창』에는 '사룸, 사람'으로 대역되었다.

(煮) ; 숢다

　; 몰애 술마 됴흔 飮食 밍굴오져홈 근흐야(猶如煮沙欲成嘉饌)〈능1-81〉


　'숢다'는 (煮)에 대한 대역이다.『두시언해』에는 '글히다, 숢다'로『남명천계
송언해』에는 '글히다'로『구상·태요·두창·납약』에는 '숢다, 글히다, 달히다,
굽지지다'로『훈몽자회·유합』에는 '술믈'로 字釋되었다.

(字) ; 짓다

　; 어느고돌 일훔 지어(名字何處)〈능2-14〉


　'짓다'는 (字)에 대한 대역이다.『두시언해』에는 '字, 긂字'로『유합』에는 '글
즈즈'로『훈몽자회·천자문』광주·석봉 본에는 '글월즈'로 주해 본에는 '그월,
기를'로 대역되었다. 語形 '짓다'의 대역이 특이하다.

(紫) ; 즈디

　; 能히 거믄 닉와 즈디 브리 도와느니라(能爲黑烟紫焰)〈능5-57〉


　'즈디'는 (紫)에 대한 대역이다.『두시언해·천자문』에는 '블근'으로『태요·
두창』에는 '검블다'로『훈몽자회·유합』에는 '즈디'로 字釋되었다.

(灼) ; 번드기

　; 번드기 法華 아니어늘(灼非法華)〈능1-17〉

'번드기'는 (灼)에 대한 대역이다. 『구하』에는 '데다'로 『유합』에는 '블 굴'로 字釋되었다. 語形 '번드기'의 대역이 특이하다.

(作) ; 닐다, ᄃ외다, 짓다

; 作온 닐씨라〈능2-17〉

; 妙蓮華王이 ᄃ외야(作蓮華王)〈능1-9〉

; 또 이ᄀ티 ᄉ랑호믈 지쇼니(又作如是思惟)〈능1-59〉

'닐다, ᄃ외다, 짓다'는 (作)에 대한 대역이다. 『두시언해』에는 'ᄃ외다, 밍굴다, 뿌다, 짓다'로 『석보상절·남명천계송언해·정속언해』에는 '짓다'로 『구상·구하·태요·두창·납약』에는 '밍굴다, 짓다, 알다, ᄆᆫ들다, 짓다'로 『유합·천자문』 광주·석봉 본에는 '지을'로 주해 본에는 '지을, 비ᄅᆞ슬, 니러날'로 對譯되었다. 語形 '뿌다, 비ᄅᆞ슬'의 대역이 특이하다.

(斫) ; 버호다

; 블로 ᄉ르며 갈호 버효매(火燒刀斫)〈능9-60〉

'버호다'는 (斫)에 대한 대역이다. 『두시언해』에는 '베티다, 버후다'로 『구상』에는 '버히다'로 대역되었다.

(殘) ; 남다

; ᄆ라 이울면 나ᄆᆫ 모미 닛디 아니ᄒ리라(乾枯則殘質不續矣)〈능6-86〉

'남다'는 (殘)에 대한 대역이다. 『두시언해』에는 '깉다, 녹다, 衰殘ᄒ다, 殘亡ᄒ다'로 『유합』에는 '잔상'으로 字釋되었다.

(暫) ; 잢간

; 잢간 五陰蘧盧롤브터 사ᄂ 젼ᄎ로(暫托五陰蘧盧而止故)〈능1-107〉

'잢간'은 (暫)에 대한 대역이다. 『두시언해·유합』에도 '잢간'으로 대역되었다.

(潛) ; 그스기, 숨다

 ; 八萬四千 그스기 미즌 어즈러운 相이니(成八萬四千潛結亂想)〈능7-87〉
 ; 眼根소배 수멋다ᄒᆞ니(潛眼根之裏)〈능1-56〉

　‘그스기, 숨다’는 (潛)에 대한 대역이다. 『두시언해』에는 ‘ᄀᆞ마니, 깊다, 줌기다, 潛伏ᄒᆞ다’로 『유합·천자문』 석봉 본에는 ‘줌길’로 『훈몽자회』와 광주 본에는 모두 ‘줌길’로 주해 본에는 ‘줌길, 첨슈’로 대역되었다. 語形 ‘그스기, 첨슈’는 消滅語로 볼 수 있다.

(嗹) ; 샐다

 ; 無量이 샐먹고(無量嗹食)〈능8-101〉

　‘샐다’는 (嗹)에 대한 대역이다. 『두시언해』에는 ‘너흐다’로 『훈몽자회』에는 ‘믈다’로 字釋되었다. 語形 ‘너흐다’는 消滅語로 볼 수 있다.

(匝) ; 닫다

 ; 匝은 다들씨라〈능7-25〉

　‘닫다’는 (匝)에 대한 대역이다. 『두시언해』에는 ‘얼기다, 횟돌다’로 『유합』에는 ‘에울’로 字釋되었다. 語形 ‘에울’은 消滅語로 볼 수 있다.

(將) ; 쟝ᄎᆞ

 ; 쟝ᄎᆞ 密義를 求ᄒᆞᅀᆞᆸ어니(將求密義)〈능1-28〉

　‘쟝ᄎᆞ’는 (將)에 대한 대역이다. 『두시언해』에는 ‘가지다, 쟝ᄎᆞ, 將次, 將軍, 將兵, 將帥’로 『정속언해』에는 ‘쟝ᄎᆞ’로 『구상·두창』에는 ‘가지다, 쟝ᄎᆞ’로 『유합』에는 ‘쟝슈, 쟝ᄎᆞ’로 『훈몽자회·천자문』 광주·석봉 본에는 모두 ‘쟝슈’로 주해 본에는 ‘나아갈, 가딜, 쟝슈, 쟝ᄎᆞ, 보낼’로 對譯되었다.

(奬) ; 勸ᄒ다

  ; 阿難과 摩登伽ᄅᆯ 자바 勸ᄒ샤(提奬阿難及摩登伽)〈능1-38〉

  '勸ᄒ다'는 (奬)에 대한 대역이다. 이는 『능엄경』에서만 발견되는 대역 語形이다.

(掌) ; ᄀ슴알다, 솞바당

  ; 앉政을 ᄀ슴아ᄂ니(掌內政)〈능6-20〉
  ; 솞바당 드위혀메셔 샌ᄅ니(速於反掌)〈능1-16〉

  'ᄀ슴알다, 솞바당'은 (掌)에 대한 대역이다. 『두시언해』에는 '손, 손바당'으로 『남명천계송언해』에는 '손벽, 손바당'으로 『훈몽자회』에는 '솞바독'으로 『유합』에는 '손바닥'으로 字釋되었다. 語形 'ᄀ슴알다'는 消滅語로 볼 수 있다.

(裝) ; 연장ᄒ다

  ; 비르서 연장ᄒ야 길흘 나사가(俶裝前途)〈능1-105〉

  '연장ᄒ다'는 (裝)에 대한 대역이다. 『두시언해』에는 '쑤미다, 行裝'으로 『훈몽자회』에는 '쑤밀'로 字釋되었다.

(藏) ; ᄀ초다, ᄀ촐다, 숨다

  ; 心과 胃와ᄂ 안해 ᄀ초아실 쎄(心胃內藏)〈능1-52〉
  ; ᄇ름 ᄀ촐 싸이 숨디 아니니라(有藏風地)〈능3-83〉
  ; 眼根애 ᄆ슴 수머슈믈 가즐비니라(喩眼根藏心也)〈능1-57〉

  'ᄀ초다, ᄀ촐다, 숨다'는 (藏)에 대한 대역이다. 『두시언해』에는 '갊다, ᄀ초다, 숨다'로 『석보상절·남명천계송언해』에는 '갊다'로 『구하·태요』에는 '갊다, 간ᄉᄒ다, 갈ᄆ다'으로 『유합·천자문』광주·석봉 본에는 '갈믈'로 주해 본에는 '갈믈, 금출, 곳집'으로 對譯되었다. 語形 '갊다, 갈ᄆ다'는 消滅語로 볼 수 있다.

(障) ; 막다

　;能히 微妙히 불고물 막느니(能障妙明)〈능1-42〉


　　'막다'는 (障)에 대한 대역이다. 『두시언해』에는 '障子'로 『유합』에는 'ㄱ리올'
로 字釋되었다.

(莊) ; 싁싁ᄒ다, 집

　;齊法은 그후ᄒ며 싁싁ᄒ며 무거워(齊整莊重)〈능1-26〉
　;莊은 녀름 짓는 지비라〈능7-55〉


　　'싁싁혼, 집'은 (莊)에 대한 대역이다. 『두시언해』에는 '집'으로 『유합』에는
'춤다올'로 字釋되었다. 語形 '춤다올'의 대역이 특이하다.

(牆) ; 담

　;담과 집기슭 싀예(牆宇之間)〈능2-28〉


　　'담'은 (牆)에 대한 대역이다. 이는 『능엄경』에서만 발견되는 대역 語形이다.

(瘴) ; 病

　;瘴은 病이라〈능2-92〉


　　'病'은 (瘴)에 대한 대역이다. 『두시언해』에는 '더운, 더운 氣運, 더운 病'으로
대역되었다.

(才) ; 직조

　;奇特한 직조와 큰 그르시(奇才幾器)〈능1-3〉


　　'직조'는 (才)에 대한 대역이다. 『두시언해』에는 '직조, 직죄'로 『훈몽자회』에
는 '직좃'으로 『유합·천자문』 광주·석봉 본에는 '직조'로 주해 본에는 '직조,
직목, 겨요'로 대역되었다. 語形 '겨요'의 대역이 특이하다.

(在) ; 겨시다, 잇다

  ; 부톄 室羅筏城祇桓精舍에 겨샤(在室羅筏城祇桓精舍)〈능1-23〉

  ; 오직 ᄠᅳ디 잇ᄂᆞ디오(有義所在)〈능1-4〉

   '겨시다, 잇다'는 (在)에 대한 대역이다. 『두시언해·구상·태요·두창·납약·유합·천자문』 광주·석봉 본에는 모두 '이실'로 주해 본에만 '슬필, 이실'로 對譯되었다.

(纔) ; ᄀᆞᆺ

  ; ᄠᅳ든 ᄀᆞᆺ 아로미 이시면(意明纔有覺知)〈능1-74〉

   'ᄀᆞᆺ'은 (纔)에 대한 대역이다. 『두시언해』에는 '아야라, 애야라, 애야라시'로 『유합』에는 '계우'로 字釋되었다. 語形 '아야라, 애야라, 애야라시'는 消滅語로 볼 수 있다.

(諍) ; 말겻고다

  ; 諍ᄋᆞᆫ 말겻골씨오〈능4-8〉

   '말겻고다'는 (諍)에 대한 대역이다. 『두시언해』에는 '諫諍ᄒᆞ다'로 『훈몽자회』에는 '간홀'로 字釋되었다. 語形 '말겻고다'는 消滅語로 볼 수 있다.

(著) ; 닙다, 다히다, 두다

  ; 새로흔 옷 닙고(著新淨衣)〈능7-6〉

  ; 올흔 무릅 ᄯᅡ해 다혀(右膝著地)〈능1-76〉

  ; ᄆᆞᅀᆞ매 두믈 닐오디 思오(著心之謂思)〈능6-4〉

   '닙, 다히다, 두다'는 (著)에 대한 대역다. 『두시언해』에는 '다ᄃᆞᆮ다, 븥다, 스다'로 『남명천계송언해』에는 '신다'로 『구하』에는 '묻다'로 對譯되었다.

(杵) ; 방핫

; 방핫 소리를 쎨리 알오(遍知杵音)〈능4-130〉


'방핫'은 (杵)에 대한 대역이다. 『두시언해·석보상절』에는 '방핫고'로 『구하·태요』에는 '딯다'로 『훈몽자회』에는 '고' 俗稱碓觜 '방핫고'로 字釋되었다. 『유합』에는 '방핫고'로 字釋되었다.


(貯) ; 넣다, 담다

; 香ᄂᆞᄆᆞ채 너홇디니(貯於香囊)〈능7-46〉
; ᄀᆞᄆᆞ니 잇ᄂᆞᆫ 그르세 담둣ᄒᆞ니(貯於靜器)〈능4-89〉


'넣다, 담다'는 (貯)에 대한 대역이다. 『구하·태요』에는 '담다, 깃다'로 『유합』에는 '뎌젹'으로 字釋되었다. 語形 '깃다, 뎌젹'은 消滅語로 볼 수 있다.


(佇) ; 기드리다, ᄇᆞ라ᅀᆞᆸ다

; 부톄 慈悲로 ᄀᆞᄅᆞ차샤ᄆᆞᆯ 기드리ᅀᆞᆸ더니(佇佛悲誨)〈능1-102〉
; 기우려 渴望ᄒᆞ야 고초아 ᄇᆞ라ᅀᆞ와(傾渴翹佇)〈능1-77〉


'기드리다, ᄇᆞ라ᅀᆞᆸ다'는 (佇)에 대한 대역이다. 『두시언해』에는 '서서, 오래, 기드리다'로 대역되었다. 語形 'ᄇᆞ라ᅀᆞᆸ다'는 消滅語로 볼 수 있다.


(迪) ; 내다

; 이 시서 여러 내산(淘汰啓迪)〈능1-3〉


'내다'는 (迪)에 대한 대역이다. 『유합』에는 '인도홀'로 字釋되었다.


(賊) ; 도죽

; 도ᄌᆞ기 侵勞ᄃᆞ외야(爲賊所侵)〈능1-46〉


'도죽'은 (賊)에 대한 대역이다. 『두시언해』에는 '도죽, 盜賊'으로 『남명천계

송언해』에는 '도죽'으로『유합·천자문』광주·석봉 본에는 '도적'으로 주해 본
에는 '도즉, 해홀'로 字釋되었다. 語形 '해홀'의 대역이 특이하다.

(滴) ; 처디다

; 흔처딘 비예 니르러도(一滴之雨)〈능5-25〉

'처디다'는 (滴)에 대한 대역이다.『두시언해』에는 '뜯든다'로『남명천계송언
해』에는 '처디'로『구상·구하』에는 '처디다, 츳들이다'로 대역이다. 語形 '츳들
이다'는 消滅語로 볼 수 있다.

(籍) ; 븥다

; 筌筏을 브터(籍其筌筏)〈능1-3〉

'븥다'는 (籍)에 대한 대역이다.『두시언해』에는 '글월, 븥다'로『훈몽자회·
유합·천자문』광주·석봉 본에는 '글월'로 주해 본에는 '글월, 어즈러운'으로
대역되었다. 語形 '어즈러운'의 대역이 특이하다.

(積) ; 모드다, 한

; 홀기 모드면(土積)〈능4-40〉
; 한치위와 구든 어르미(有積寒堅氷)〈능8-82〉

'모드다, 한'은 (積)에 대한 대역이다.『두시언해』에는 '답사ᄒᆞ다, 사핫다'로『석
보상질』에는 '물나'로『남명천계송언해』에서는 '삻다, 사히다, 지샇'으로『정속
언해』에는 '쌓다'로『구하·납약』에는 '모다, 쌓다'로『유합』에는 '사홀, 누리'로
『천자문』광주 본에는 '물다'로 석봉 본에는 '사홀'로 주해 본에는 '사홀'로 대역
되었다. 語形 '답사ᄒᆞ다, 지샇'은 消滅語로 볼 수 있다.

(迹) ; 자최

; 버거 阿難이 자최 뵈요믈(次陳阿難示迹)〈능1-20〉

'좌최'는 (迹)에 대한 대역이다. 『두시언해·유합』에는 '좌최'로 대역되었다.

(適) ; 가윈딕

 ; 가윈딕 업슨 젼ᄎ로(則無適不可故)〈능8-21〉

'가윈딕'는 (適)에 대한 대역이다. 『두시언해』에는 '가다, 마초다, 맞다'로 『석보상절』에는 '맞다, 마초다, 마치다, 맛갑다'로 『남명천계송언해』에는 '맞다'로 『구상·두창』에는 '맛갑다, 마줌'으로 『유합』에는 '마즐, 갈'로 『천자문』 광주·석봉 본에는 '마즐'로 주해 본에는 '마즐, 갈, 뎍실, 마촘, 조츨'로 對譯되었다. 語形 '가윈딕'의 대역이 특이하다.

(敵) ; 펴다

 ; 物와 나왜 펴니 일어니와(則物我成敵)〈능6-29〉

'펴다'은 (敵)에 대한 대역이다. 『두시언해』에는 'ᄀᆞᆯ오다, 對敵ᄒᆞ다, 마준, ᄦᅡᆨ, 敵人, 편'으로 『훈몽자회』에는 'ᄀᆞᆯ올'로 『유합』에는 '딕뎍, 피뎍'으로 대역되었다. 語形 'ᄀᆞᆯ오다'는 消滅語로 볼 수 있다.

(寂) ; 괴외ᄒᆞ다

 ; 괴외ᄒᆞ며 덛덛ᄒᆞᆫ 心性이 아디 몯호ᄆᆞᆯ 브테니(良由不知寂常心性)〈능1-94〉

'괴외ᄒᆞ다'는 (寂)에 대한 대역이다. 『두시언해』에도 '괴외ᄒᆞ다'로 『유합·천자문』 광주 본에는 '괴외'로 석봉 본에는 '괴오'로 주해 본에는 '괴요'로 字釋되었다. 語形 '괴외ᄒᆞ다'는 消滅語로 볼 수 있다.

(典) ; 經典

 ; 秘密ᄒᆞᆫ 經典을 크게 펴샤(誕敷秘典)〈능1-3〉

'經典'은 (典)에 대한 대역이다. 『두시언해』에는 'ᄀᆞ옴알다, 法'으로 『유합·천자문』 광주·석봉 본에는 '법'으로 주해 본에는 '글월, 법, 뎐당, 직흴'로 『훈몽자회』에는 '글월'로 字釋되었다. 語形 'ᄀᆞ옴알다'는 消滅語로 볼 수 있다.

(轉) ; 그우다, 더욱, 옮기다

　; 믈리 그우디 아니ᄒᆞ매 셔니라(立不退轉)〈능1-4〉

　; 더욱 아디 몯홀씨(轉不知)〈능3-82〉

　; 모다 法輪을 옮기사(共轉法輪)〈능1-73〉


　　'그우다, 더욱, 옮기다'는 (轉)에 대한 대역이다. 『두시언해』에는 'ᄀᆞ장, 옮다'로 『석보상절』에는 '그울'로 『남명천계송언해』에는 '그울다, 더욱'으로 『구상·태요』에 '구으리다, 돌다, 옮다, 움즉이다, 두루혀다'로 『훈몽자회』에는 '올믈'로 『유합』에는 '구울'로 『천자문』 광주 본에는 '술위'로 석봉 본에는 '구을'로 주해 본에는 '구울, 구울일'로 對譯되었다. 語形 '두루혀다'는 消滅語로 볼 수 있다.


(前) ; 나ᅀᅡ가다, 아랫, 앒

　; 비르서 연장ᄒᆞ야 길흘 나ᅀᅡ가(俶裝前途)〈능1-105〉

　; ᄆᆞᅀᆞ매 아랫 사ᄅᆞᆷ믈 싱각ᄒᆞ야(心億前人)〈능8-68〉

　; 灌頂章句ᄂᆞᆫ 알ᄑᆡᆺ 세헤 통ᄒᆞ니(灌頂章句通前三也)〈능1-9〉


　　'나ᅀᅡ가다, 아랫, 앒'은 (前)에 대한 대역이다. 『두시언해』에는 '나ᅀᅡ가다, 녯, 몬져, 앒, 어제, 前에'로 『석보상절』에는 '앳가, 앗까, 前'으로 『남명천계송언해』에서는 '아래, 앒'으로 『구상·태요』에는 '앒, 압'으로 『유합』에는 '압'으로 『훈몽자회』에는 '앒'으로 字釋되었다. 語形 '앳가'는 消滅語로 볼 수 있다.


(煎) ; 글탈ᄒᆞ다, 글ᄒᆞ다, 달히다

　; 시름ᄒᆞ야 글탈ᄒᆞ미 煩이오(憂煎爲煩)〈능4-16〉

　; 글휴미 ᄃᆞ외며 구우미 ᄃᆞ외ᄂᆞ니라(爲煎爲炙)〈능9-106〉

　; 香水를 달혀(煎取香水)〈능7-16〉


　　'글탈ᄒᆞ다, 글ᄒᆞ다, 달히다'는 (煎)에 대한 대역이다. 『두시언해』에는 '글히다, 글타'로 『구상·구하·태요·두창·납약』에는 '글히다, 지지다, 더여다, 달히다'로 『훈몽자회』에는 '지질'로 『유합』에는 '달힐'로 字釋되었다. 語形 '글탈ᄒᆞ다'는 消滅語로 볼 수 있다.

(專) ; 오로, 전혀

　; 호觀올 오로호시고(謂專於一觀)〈능5-74〉
　; 專門은 전혀호 그를 비홀씨라〈능1-22〉


　'오로, 전혀'는 (專)에 대한 대역이다. 『두시언해』에는 '오온, 오ᄋ로, 전혀,
專一호다'로 『유합』에는 '독견, 전일'로 대역되었다. 語形 '오온, 오로'는 消滅語
로 볼 수 있다.


(全) ; 온, 올오다, 전혀, 젼혀

　; 부톗 온 모미(由佛全体)〈능1-98〉
　; 道力을 올오디 몯호야(不全道力)〈능1-3〉
　; 보미 전혀 업디 아니호니(非見全無)〈능1-100〉
　; 전혀 호眞覺 ᄯᆞ르미어늘(全一眞覺而已)〈능2-20〉


　'온, 올오다, 전혀, 젼혀'는 (全)에 대한 대역이다. 『두시언해』에는 '오ᄋ로,
오올다'로 『석보상절』에는 '오올다, 오ᄋ로, 오올오다'로 『두창』에는 '오로, 온'
『유합』에는 '오올'로 字釋되었다. 語形 '오올다, 올오다, 온'은 消滅語로 볼 수
있다.


(電) ; 번게

　; 能히 번게 ᄃᆞ외며 무뤼 ᄃᆞ외야(則能爲電爲雹)〈능8-99〉


　'번게'는 (電)에 대한 대역이다. 『두시언해·훈몽자회·유합』에도 모두 '번게'
로 대역되었다.


(纏) ; 미욤, 얽교매다

　; 二障애 미쪼문(二障所纏)〈능1-94〉
　; 시혹 얽교매 나몰 得호며(或得出纏)〈능1-17〉


　'미욤, 얽교매다'는 (纏)에 대한 대역이다. 『두시언해』에는 '버믈다, 얽다'로
『구상·태요』에는 '얽다, 감다'로 『유합』에는 '얼글'로 字釋되었다.

(顛) ; 업더디다

　; 顛은 업더딜씨오〈능5-72〉


　'업디다'는 (顛)에 대한 대역이다. 『두시언해』에는 '업드리다, 업듣다, 곹'으로 『유합』에는 '업더딜'로 字釋되었다.

(田) ; 밭

　; 므리 바틀 저져(如水浸田)〈능8-86〉


　'밭'은 (田)에 대한 대역이다. 『두시언해』에는 '녀름짓다, 받, 밭, 田園'으로 『남명천계송언해 · 정속언해』에서는 '밭'으로 『유합 · 훈몽자회 · 천자문』 광주 · 석봉 본에는 '받'으로 주해 본에는 '밧, 산영'으로 대역되었다. 語形 '녀름짓다, 산영'은 消滅語로 볼 수 있다.

(竊) ; 아름뎌

　; 愚一 아름뎌 疑心ㅎ노니(愚竊疑焉)〈능1-16〉


　'아름뎌'는 (竊)에 대한 대역이다. 『두시언해』에는 '그스기, 일벗다'로 『유합』에는 '그으기'로 『훈몽자회』에는 '일워술'로 字釋되었다. 語形 '아름뎌, 그스기, 그으기'는 消滅語로 볼 수 있다.

(切) ; 바혀 긏다

　; 切은 바혀 그츨씨라〈능6-99〉


　'바혀 긏다'는 (切)에 대한 대역이다. 『두시언해』에는 'ᄀ리다, ᄀ장, 버히다, 셔울다'로 『구상 · 태요 · 두창』에는 '사할다, 잠간, 긋다, 딮다, 싸홀다, 일절'로 『유합』에는 '졀훌'로 『천자문』 광주 본에는 'ᄀ졀'로 석봉 본에는 '그츨'로 주해 본에는 'ᄀ졀, 급훌, 버힐'로 對譯되었다.

(節) ; 미듭, 마다

　; 後에 미듭마다(後於節節)〈능8-66〉
　; 後에 미듭마다(後於節節)〈능8-66〉

　'미듭, 마다'는 (節)에 대한 대역이다. 『두시언해』에는 '무틴, 時節, 符節, 節
介, 節序'로 『남명천계송언해』에는 '대막대'로 『석보상절·훈몽자회·유합·천
자문』 광주·석봉 본에는 모두 '무틴'로 주해 본에는 '절조, 존절, 무틴'로 『구
상』에는 '무틴, 처다'로 대역되었다.

(黏) ; 븥다

　; 물굔틴 브터 거츠리날 씩(由黏湛妄發)〈능4-108〉

　'븥다'는 (黏)에 대한 대역이다. 『구상』에서도 '븥다'로 대역되었다.

(漸) ; 漸漸

　; 漸漸 이에 니르로이다(漸至於此)〈능2-6〉

　'漸漸'은 (漸)에 대한 대역이다. 『두시언해』에도 '漸漸'으로 『유합』에는 '졈춫'
으로 字釋되었다.

(接) ; 對接ᄒ다, 接ᄒ다

　; 臂ᄂᆞᆫ 자바 對接ᄒ시ᄂᆞᆫ 悲를 表ᄒ시고(臂表提接之悲)〈능6-41〉
　; 光明이 서르 接호문(光明相接)〈능3-75〉

　'待接ᄒ다, 接ᄒ다'는 (接)에 대한 대역이다. 『두시언해』에는 '닛다, 다핫다,
븓다, 블다, 接對ᄒ다, 接待ᄒ다, 待接ᄒ다, 接見ᄒ다'로 『석보상절』에는 '닿다'
로 『구ᄒᆞ』에는 '닛다'로 『천자문』 광주·서봉 본에는 '브틀'로 주해 본에는 '부
틸'로 字釋되었다.

(蝶) ; 나비

  ; 벌에 나비 두외면(如虫爲蝶)〈능7-83〉

   '나비'는 (蝶)에 대한 대역이다. 『두시언해』에는 '나뵈, 나비'로 『훈몽자회·
유합』에는 '나비'로 字釋되었다.

(頂) ; 덩바기, 머리

  ; 阿難익 덩바기를 모지샤(摩阿難頂)〈능1-88〉
  ; 머리조사 禮數ᄒᆞᅀᆞ오며 슬허우러(頂禮悲泣)〈능1-39〉

   '덩바기, 머리'는 (頂)에 대한 대역이다. 『두시언해』에는 '긑, 니마'로 『훈몽
자회·유합』에는 '덩바기'로 字釋되었다. 語形 '덩바기'는 消滅語로 볼 수 있다.

(停) ; 머믈다

  ; 生滅이 머므디 아니ᄒᆞ야(以生滅不停)〈능1-107〉

   '머믈다'는 (停)에 대한 대역이다. 『두시언해』에는 '긋다, 머믈다'로 『유합』에
는 '그칠'로 字釋되었다.

(呈) ; 바티다

  ; 다시 富那도 疑心을 바티게ᄒᆞ샤(復以富那呈疑)〈능4-1〉

   '바티다'는 (呈)에 대한 대역이다. 『훈몽자회』에는 '바칠'로 『유합』에는 '나톨'
로 字釋되었다.

(整) ; 고티다, ᄀᆞ족ᄒᆞ다

  ; 샹녜 오슬 고톄(常整衣)〈능3-82〉
  ; 齊法은 ᄀᆞ족ᄒᆞ며 싁싁ᄒᆞ며 므거워(齊整莊重)〈능1-35〉

   '고티다, ᄀᆞ족ᄒᆞ다'는 (整)에 대한 대역이다. 『두시언해』에는 'ᄀᆞ족ᄒᆞ다, 고티

다, 整齊ᄒ다'로『유합』에는 '출올'로 字釋되었다. 語形 '출올'은 消滅語로 볼 수 있다.

(睛) ; 쯔싀, 짜ᅀ

; 눈쯔싀 금죽디 아니ᄒ야(目睛不瞬)〈능2-15〉
; 눈쯔ᅀ를 뮈우디 아니ᄒ야(不動目睛)〈능2-109〉

'쯔싀, 짜ᅀ'는 (睛)에 대한 대역이다.『구상·납약』에는 '눈ᄌ시, ᄌ의'로『훈몽자회』에는 '눈ᄌ시'로 字釋되었다.

(情) ; 뜯

; 쁘디 天倫과 곧ᄒ니(情均天倫)〈능1-41〉

'뜯'은 (情)에 대한 대역이다.『두시언해·훈몽자회·유합·천자문』광주·석봉 본에도 '뜯'으로 주해 본에는 '쯧'으로 字釋되었다.

(定) ; 一定ᄒ다

; 몬져와 後예 보믈 一定ᄒ샤믄(定先後見)〈능1-49〉

'一定ᄒ다'는 (定)에 대한 대역이다.『두시언해』에는 '긋다, 安定ᄒ다, 一定ᄒ다'로『구상·구하』에는 '긋다, 미다'로『천자문』광주 본에는 '뎡홀'로 석봉 본에는 '일뎡'으로 주해 본에는 '일뎡, 고기, 니마'로 대역되었다.

(庭) ; 뜰

; 後에 뜼 ᄀ새 미츠리니(後及庭際)〈능1-53〉

'뜰'은 (庭)에 대한 대역이다.『두시언해·훈몽자회·유합·천자문』광주·석봉 본에도 '뜰'로 주해 본에는 '쓸'로 字釋되었다.

(淨) ; 조타, 조ᄒ다, 조히오다

　; 本來微妙히 붉고 조커늘(本妙明淨)〈능2-31〉

　; 더러우며 조흔 萬境에(於染淨萬境)〈능1-9〉

　; 覺心 조히올 조ᅀᆞ리라(淨覺心之要也)〈능2-95〉

　　'조타, 조ᄒ다, 조히오다'는 (淨)에 대한 대역이다. 『두시언해』에는 '조히, 조ᄒ다'로 『구상 · 두창』에는 '조히, 조초리ᄒ다'로 『유합』에는 '조ᄒᆯ'로 字釋되었다. 語形 '조ᄒ다, 조히오다, 조초리ᄒ다'는 消滅語로 볼 수 있다.

(亭) ; 집

　; 旅亭은 손드는 지비라〈능1-105〉

　　'집'은 (亭)에 대한 대역이다. 『두시언해』에는 '높다, 亭子'로 『유합 · 훈몽자회 · 천자문』 석봉 본에는 '뎡ᄌ'로 광주 본에는 '뎡ᄌᆺ'로 주해 본에는 '뎡ᄌ, 바롤'로 대역되었다. 語形 '바롤'의 대역이 특이하다.

(弟) ; 앗

　; 못져믄 앗이로니(最小之弟)〈능1-76〉

　　'앗'은 (弟)에 대한 대역이다. 『두시언해』에도 '앗'으로 『훈몽자회 · 유합 · 천자문』 광주 본에는 '아ᅀᆞ'로 석봉 본에는 '아ᅌᆞ'로 주해 본에는 '아ᅌᆞ, 효뎨, ᄎ례'로 대역되었다. 語形 '앗'은 消滅語로 볼 수 있다.

(提) ; 잡다

　; 阿難과 摩登伽ᄅᆞᆯ 자바 勸ᄒ샤(提獎阿難及摩登伽)〈능1-38〉

　　'잡다'는 (提)에 대한 대역이다. 『유합』에도 '자ᄇᆞᆯ'로 字釋되었다.

(除) ; 더룹다, 덜다

　; 오직 그르싀 方을 더룹디언졍(但除器方)〈능2-43〉

; 더디 몯홀씨(末除)〈능1-84〉

'더룹다, 덜다'는 (除)에 대한 대역이다. 『두시언해』에는 '덜다, ᄇᆞ리다, 업게 ᄒᆞ다, 더러ᄇᆞ리다, 미다, 아ᅀᅳᆯ다'로 『석보상절·남명천계송언해·유합』에는 모두 '덜'로 『구하·납약』에는 'ᄆᆞᆾ다, 다ᄋᆞ다, 덜다, 업다'로 대역되었다. 語形 '아ᅀᅳᆯ다, 다ᄋᆞ다'는 消滅語로 볼 수 있다.

(諸) ; 모든, 믈윗, 여러, 한

; 모든 行ᄒᆞᇙ 사ᄅᆞ미(諸行人)〈능1-22〉
; 믈윗 ᄒᆞ마 주그니(則諸已死)〈능1-66〉
; 여러如來 妙蓮華ᄅᆞᆯ 펴시거늘 듣ᄌᆞ오라ᄒᆞ시니(聞諸如來宣妙蓮華)〈능1-17〉
; 한 世間애 大地山河ᄅᆞᆯ 보ᄃᆡ(視諸世間大地山河)〈능10-1〉

'모든, 믈윗, 여러, 한'은 (諸)에 대한 대역이다. 『두시언해·석보상절·남명천계송언해』에는 '여러'로 『구상·구하·태요·납약』에는 '여러, 잡다, 모ᄃᆞᆫ'으로 『유합·천자문』 광주·석봉 본에는 '모ᄃᆞᆯ'로 주해 본에는 '모ᄃᆞᆯ, 어조ᄉᆞ'로 對譯되었다. 語形 '믈윗, 한'은 消滅語로 볼 수 있다.

(齊) ; ᄀᆞ즈기, ᄀᆞ죽ᄒᆞ다, ᄀᆞ죽호다, ᄒᆞᄢᅴ

; ᄀᆞ즈기 나ᄐᆞ며 다 비취샤미(齊彰並照)〈능1-79〉
; 宮이 日月와 ᄀᆞ죽ᄒᆞ니라(光明齊)〈능2-41〉
; 覺이 부텻 覺애 ᄀᆞ죽호미(覺齊佛覺)〈능8-36〉
; 세흘 ᄒᆞᄢᅴ 뮈워 세야나며(三者齊運)〈능1-40〉

'ᄀᆞ즈기, ᄀᆞ죽ᄒᆞ다, ᄀᆞ죽호다, ᄒᆞᄢᅴ'는 (齊)에 대한 대역이다. 『두시언해』에는 'ᄀᆞ죽ᄒᆞ다, ᄀᆞᆮ다'로 『남명천계송언해·유합』에는 'ᄀᆞ죽ᄒᆞ다, ᄀᆞ죽'으로 『구상』에는 'ᄀᆞ즈기'로 대역되었다. 語形 'ᄀᆞ즈기, ᄀᆞ죽ᄒᆞ다, ᄀᆞ죽호다, ᄒᆞᄢᅴ'는 消滅語로 볼 수 있다.

(臍) ; 빗복

; 빗복 너흘 사름 ᄀᆞᆮ거니(如噬臍人)〈능6-112〉

'빗복'은 (臍)에 대한 대역이다. 『구상·훈몽자회·유합』에는 모두 '빗복'으로 『두창』에는 '비속'으로 대역되었다. 語形 '빗복, 비속'은 消滅語로 볼 수 있다.

(濟) ; 濟度ᄒ다

; 未來를 ᄭᅢ혀며 濟度ᄒ야(拔濟未來)〈능1-24〉

'濟度ᄒ다'는 (濟)에 대한 대역이다. 『두시언해』에는 '거느리치다, 거리치다, 건나다'로 『훈몽자회』에는 '거느릴, 건널'로 『유합』에는 '건널, 건넬'로 『천자문』 광주 본에는 '거닐'로 석봉 본에는 '건널'로 주해 본에는 '건널, 제슈, 셩홀'로 대역되었다. 語形 '거느리치다, 거리치다'는 消滅語로 볼 수 있다.

(際) ; ᄀᆞᆺ

; 다시 眞實ㅅ ᄀᆞᆺ ᄀᆞᄅ치샤믈 모ᄅᆞ며(而後不知眞際所指)〈능1-19〉

'ᄀᆞᆺ'은 (際)에 대한 대역이다. 『두시언해』에는 'ᄀᆞᆼ, ᄉᆞᆼ'로 『구상』에는 'ᄉᆞᆼ'로 『유합』에는 'ᄀᆞᆺ'으로 字釋되었다.

(霽) ; 가야, 개다

; 믈기 가야 氛이 가ᄃᆞ면(澄霽斂氛)〈능2-29〉
; ᄯᅩ 새로 갠 제 淸陽이 하ᄂᆞᆯ해 올아(又如新霽 淸陽 升天)〈능1-105〉

'가야, 개다'는 (霽)에 대한 대역이다. 『두시언해』에도 '가야, 개다'로 『유합』에는 '갤'로 字釋되었다. 語形 '가야'는 消滅語로 볼 수 있다.

(制) ; 밍글다, 이지다

; 이룰 조ᄎᆞ샤 漸漸 밍ᄀᆞᄅᆞ샤(隨事漸制)〈능6-93〉
; 여러 外道를 이긔샤믈(制諸外道)〈능5-60〉

'밍글다, 이지다'는 (制)에 대한 대역이다. 『훈민정음·월인석보』에는 '밍ᄀᆞᄅᆞ실'로 『두시언해』에는 '잡쥐다, 짓다, 制度'로 『정속언해』에는 '법, 제어ᄒ다'로 『천자문』 광주 본에는 'ᄆᆞᄅᆞᆯ'로 석봉 본에는 '지을'로 주해 본에는 '지을, 제

도'로 대역되었다.

(肇) ; 비르소

  ; 볼셔 그 비르소믈 알며(已知其肇)〈능9-103〉

  '비르소'는 (肇)에 대한 대역이다. 『유합』에는 '비르슬'로 字釋되었다.

(早) ; 셜리

  ; 셜리 無上覺애 올아(早登無上覺)〈능3-113〉

  '셜리'는 (早)에 대한 대역이다. 『두시언해』에는 '오, 일, 이르다, 이른'으로
『남명천계송어해』에는 '일'로 『구상·구하·태요·납약』에는 '아츰, 올, 올벼,
아젹, 이르다'로 『훈몽자회·유합·천자문』 광주 본에는 모두 '이를'로 석봉
본에는 '이롤'로 주해 본에는 '일를'로 字釋되었다.

(徂) ; 가다

  ; 녀름브터 겨스레 가니(自夏徂冬)〈능1-17〉

  '가다'는 (徂)에 대한 대역이다. 『두시언해』에는 '디나가다'로 대역되었다.

(調) ; 고르다, 弄談ᄒ다, 혜다

  ; 고르며 마자(調適)〈능2-113〉
  ; 弄談ᄒ야 서르 혀는 젼ᄎ로(由調引相延故)〈능8-87〉
  ; 나며 드는 수믈 혜라ᄒ야시ᄂᆞᆯ(調出入息)〈능5-44〉

  '고르다, 弄談ᄒ다, 혜다'는 (調)에 대한 대역이다. 『두시언해』에는 '曲調, 調
和ᄒ다'로 『정속언해』에는 '됴화ᄒ다'로 『구상·구하·태요·납야·두창』에는
'고르다, 물다, 플다, 됴화ᄒ다, ᄣᅡ다'로 『유합』에는 '고룰'로 『천자문』 광주·석
봉 본에는 '고ᄅᆞ'로 주해 본에는 '고ᄅᆞ, 곡됴, 셜, 됴룡'으로 대역되었다. 語形
'혜다'는 消滅語로 볼 수 있다. 語形 '셜, 됴룡'의 대역이 특이하다.

(潮) ; 밀믈

   ; 潮ᄂᆞᆫ 밀므리니〈능2-15〉

   '밀믈'은 (潮)에 대한 대역이다. 『두시언해』에는 '潮水'로 『훈몽자회·유합』
에는 '밀믈'로 字釋되었다.

(曹) ; 무리

   ; 엇뎨 너희 무리(云何汝曹)〈능5-20〉

   '무리'는 (曹)에 대한 대역이다. 『두시언해』에는 '마ᄉᆞᆯ, 무리'로 대역되었다.
語形 '마ᄉᆞᆯ'의 대역이 특이하다.

(鳥) ; 새

   ; 구름과 올옴과 새 ᄂᆞ롬(雲騰鳥飛)〈능2-34〉

   '새'는 (鳥)에 대한 대역이다. 『석보상절·두시언해·남명천계송언해·훈몽
자회·납약·유합·천자문』 등에도 모두 '새'로 대역되었다.

(臊) ; 누리다

   ; 비리 누류미 섯 모ᄃᆞ여(腥臊交遘)〈능1-42〉

   '누리다'는 (臊)에 대한 대역이다. 『훈몽자회』에는 '누릴'로 字釋되었다.

(造) ; 나ᅀᅡ가다, 딩글다, 짓다

   ; 바ᄅᆞ 一乘 두려이 微妙ᄒᆞᆫ 道애 나ᅀᅡ가릴ᄊᆡ(直造一乘圓妙之道)〈능1-18〉
   ; 거므니 믈드려 딩ᄀᆞ론디 아니라(黑非染造)〈능10-9〉
   ; 惑을 니ᄅᆞ와다 業을 지ᅀᅥ(起惑造業)〈능1-107〉

   '나ᅀᅡ가다, 딩글다, 짓다'는 (造)에 대한 대역이다. 『두시언해』에는 '딩글다,
짓다'로 『훈몽자회』에는 '지ᅀᆞᆯ'로 『유합』에는 '딩글'로 『천자문』 광주·석봉 본

에는 '지을'로 주해 본에는 '조ᄎ, 지을, 갈'로 대역되었다. 語形 '조ᄎ'의 대역이
특이하다.

(助) ; 돕다

  ; 道 能히 敎化를 돕ᄉ고(道能助化)〈능1-26〉

  '돕다'는 (助)에 대한 대역이다. 『두창』에도 '돕다'로 『유합』에는 '도올'로 『천
자문』 광주 본에는 '도올'로 석봉 본에는 '도올'로 주해 본에는 '도을'로 字釋되
었다.

(粗) ; 멀다, 멀터이, 잢간

  ; 비록 멀데 相이 이시나(雖粗有相)〈능5-8〉
  ; 너른 혜무로 멀터이 보미라(以寬數粗觀也)〈능2-7〉
  ; 그 그틀 잢간 다ᄉ리고(粗治其末)〈능6-85〉

  '멀다, 멀터이, 잢간'은 (粗)에 대한 대역이다. 『유합』에는 '잢간'으로 字釋되
었다.

(朝) ; 아ᄎᆷ

  ; 아ᄎ민 ᄇᆰ고 나조흔 어드우며(朝明夕昏)〈능3-93〉

  '아ᄎᆷ'은 (朝)에 대한 대역이다. 『두시언해』에는 '아ᄎᆷ, 朝會, 朝廷'으로 『남
명천계송언해·유합·천자문』 광주·석봉 본에는 '아ᄎᆷ'으로 주해 본에는 '아
ᄎᆷ, 죠뎡, 됴회'로 『훈몽자회』에는 '아ᄎᆷ, 됴횟'으로 『두창·납약』에는 '아ᄎᆷ, 아
젹'으로 대역되었다.

(照) ; 비취다

  ; 能히 지븐 비취디 몯ᄒ둣ᄒ니(不能照室)〈능1-53〉

  '비취다'는 (照)에 대한 대역이다. 『두시언해·남명천계송언해』에도 '비취다'

로『구상·태요·두창』에는 '뵈다, 보다, 빗최다'로『훈몽자회·유합』에는 'ㅂ
실'로『천자문』광주 본에는 'ㅂ일'로 석봉 본에는 '비췰'로 주해 본에는 '비췰'
로 字釋되었다. 語形 'ㅂ실'은 消滅語로 볼 수 있다.

(藻) ; 말왐

; 藻ᄂᆞᆫ 말와미니〈능9-56〉

'말왐'은 (藻)에 대한 대역이다.『두시언해』에는 '말왐, 몱다, 빗나다'로『훈
몽자회』에는 '믈, 말왐'으로『유합』에는 '말왐'으로 字釋되었다. 語形 '말왐'은
消滅語로 볼 수 있다.

(遭) ; 맛나다

; 가린 길흘 맛나디 아니라(不遭枝岐)〈능1-22〉

'맛나다'는 (遭)에 대한 대역이다.『두시언해』에는 '맛나다, 맛니러다'로『유
합』에는 '만날'로 字釋되었다.

(條) ; 條理, 오리

; 條理이셔 어즈럽디 아니ᄒᆞ시니(有條不紊)〈능1-18〉
; 몬져 實로 ᄒᆞᆫ오리어늘(先實一條)〈능5-20〉

'條理, 오리'는 (條)에 대한 대역이다.『두시언해』에는 '가지, 미요다, 올'로『남
명천계송언해』에는 '올'로『훈몽자회』에는 '가지'로『태요·두창』에는 'ᄀᆞ놀다,
ᄀᆞ장'으로『유합』에는 '가지, 쇼도'로『천자문』광주·석봉 본에는 '올' 주해 본
에는 '가지, 됴목'으로 대역되었다. 語形 '쇼도'의 대역이 특이하다.

(措) ; 둟다

; 둟딜 일허 놀라(失措驚怖)〈능1-87〉

'둟다'는 (措)에 대한 대역이다.『유합』에는 '노홀'로 字釋되었다.

(爪) ; 손돕, 솟돕

　; 고깃 양이 두 솝돕 샹올(肉形雙爪之相)〈능3-43〉

　; 솟돕나며 머리터리 길며(爪生髮長)〈능1-51〉


　'손돕, 솟돕'은 (爪)에 대한 대역이다. 『두시언해 · 훈몽자회』에는 '손톱'으로 『석보상절 · 남명천계송언해 · 유합』에는 모두 '톱'으로 『태요 · 두창』에는 '톱, 손톱'으로 대역되었다. 語形 '톱'은 한자 (鋸)의 의미인 '톱'으로 轉義되었다.


(足) ; 발, 샬리, 쟉히

　; 바롤 禁止ᄒᆞ야(禁足)〈능1-29〉

　; 알핏 ᄯᅳ들 샬리드러(促擧前義)〈능4-10〉

　; 쟉히 妄올 알리로다(足知其妄矣)〈능2-82〉


　'발, 샬리, 쟉히'는 (足)에 대한 대역이다. 『두시언해』에는 '발, 쟉ᄒᆞ다'로 『남명천계송언해 · 훈몽자회 · 유합 · 천자문』 광주 · 석봉 본에는 모두 '발'로 주해본에는 '발, 보텔'로 『정속언해』에는 'ᄌᆞ래, ᄌᆞ라, ᄎᆞ다'로 『구상 · 태요 · 두창』에는 '발, 차다'로 대역되었다. 語形 'ᄌᆞ라, ᄌᆞ래'는 消滅語로 볼 수 있다. 또한 語形 '보텔, 샬리'의 대역이 특이하다.


(族) ; 아ᅀᅮᆷ

　; 王ㅅ 아ᅀᆞ미오(王族)〈능1-33〉


　'아ᅀᅮᆷ'은 (族)에 대한 대역이다. 『두시언해』에는 '아ᅀᅮᆷ, 族屬, 宗族'으로 『훈몽자회』에는 '아ᅀᆞᆷ'으로 『유합』에는 '결에'로 字釋되었다. 語形 '아ᅀᅮᆷ'은 消滅語로 볼 수 있다.


(存) ; 두다

　; 너희들히 ᄆᆞᅀᆞᄆᆞᆯ 두어(汝等存心)〈능10-70〉


　'두다'는 (存)에 대한 대역이다. 『두시언해』에는 '겨시다, 두다, 잇다'로 『구상』에는 '잇다'로 『유합·천자문』 광주·석봉 본에는 '잇실'로 주해 본에는 '이실, 무를'로 대역되었다. 語形 '무를'의 대역이 특이하다.

(卒) ; ᄆᆞᄎᆞᆷ내. 못다

; ᄆᆞᄎᆞᆷ내 닐워디 몯ᄒᆞᆫ 젼ᄎᆞ로(卒無以致故)〈능1-94〉

; 至極ᄒᆞᆫ 果애 ᄆᆞᄎᆞ시면(而卒乎極果)〈능8-57〉


'ᄆᆞᄎᆞᆷ내, 못다'는 (卒)에 대한 대역이다. 『두시언해』에는 'ᄆᆞᄎᆞᆷ'로 『구상·구하·납약·두창』에는 '과ᄀᆞᆯ이, 문득, 가ᄀᆞ기, 과ᄀᆞᆯ리, 졸현히'로 『훈몽자회』에는 '군ᄉᆞ'로 『유합』에는 '군졸, ᄆᆞᄎᆞᆷ'으로 대역되었다. 語形 '과ᄀᆞᆯ이, 가ᄀᆞ기, 과ᄀᆞᆯ리'는 消滅語로 볼 수 있다.

(種) ; 가지, 種子

; 이 두가지 아니니(非此二種)〈능1-71〉

; 衆生이 業의 種子 모도미 일며(衆生業種成聚)〈능1-82〉


'가지, 種子'는 (種)에 대한 대역이다. 『두시언해』에는 '가지, 삿기, ᄡᅵ, 심다, 種類'로 『석보상절·남명천계송언해·정속언해』에는 모두 '가지'로 『구상·납약』에는 '가지'로 『유합』에는 '시믈, ᄡᅵ'로 『훈몽자회』에는 '시믈'로 字釋되었다.

(終) ; 내죵, 못다

; 내죵내 能히 得디 몯ᄒᆞᄂᆞ니라(終不能得)〈능1-81〉

; 이 이근이 닷가 나ᅀᅡ갈 ᄒᆞᆫᄆᆞᄎᆞ미라(此利根修進之一終也)〈능1-21〉


'내죵, 못다'는 (終)에 대한 대역이다. 『두시언해』에는 'ᄆᆞᄎᆞᆷ, ᄆᆞᄎᆞᆷ내, ᄆᆞᄎᆞᆷ, ᄆᆞᆺ놋다, ᄆᆞᆺᄃᆞ록, ᄆᆞᆺ도록'으로 『석보상절』에는 'ᄆᆞᄎᆞ다'로 『남명천계송언해·정속해』에는 '내죵애, 내죵내'로 『훈몽자회·유합·천자문』에는 모두 'ᄆᆞᄎᆞᆷ'으로 『두창』에는 'ᄆᆞᆺ도록, ᄆᆞᆺᄎᆞᆷ내, 종시'로 대역되었다. 語形 'ᄆᆞᆺ놋다, 종시'는 消滅語로 '내죵'은 死語 볼 수 있다.

(鐘) ; 붚, 죵

   ; '부피 歇ㅎ야 소리 업거늘(鐘歇無聲)〈능4-125〉

   ; 鐘티라ㅎ시고(擊鐘)〈능4-126〉

   '붚, 죵'은 (鐘)에 대한 대역이다. 『두시언해』에는 '붑, 붑소리, 鍾鑄'로 『훈몽자회·유합·태요』에는 '쇠붑'으로 『천자문』 광주 본에는 '붑'으로 석봉 본에는 '죵즈'로 주해 본에는 '죵가, 그릇, 모들, 복'으로 대역되었다. 語形 '붚, 붑, 쇠붑'은 消滅語로 볼 수 있다.

(從) ; 븥다, 조쯉다, 좇다, 좃다

   ; 처엄 凡夫브터(始從凡夫)〈능1-21〉

   ; 부텨 조쯔와 道애 드러(從佛入道)〈능5-48〉

   ; 내부텨를 조쯔와 듣즈오라ㅎ니(我從佛聞)〈능1-23〉

   ; 조차 스기ᄂᆞ거시(則從而釋之者)〈능1-10〉

   '븥다, 조쯉다, 좇다, 좃다'는 (從)에 대한 대역이다. 『두시언해』에는 '므던히, 븥다, 좇다'로 『석보상절·남명천계송언해』에는 '좇다'로 『유합·천자문』 광주·석봉 본에는 '조츨'로 주해 본에는 '춍용, 결늬, 조출, 조춘'로 대역되었다. 語形 '춍용, 결늬'는 消滅語로 볼 수 있다.

(縱) ; ᄀᆞ장, 비록

   ; ᄀᆞ장 굴히시니라(縱辯也)〈능2-37〉

   ; 비록 能히 아디 몯ㅎ니(縱不能知)〈능1-52〉

   'ᄀᆞ장, 비록'은 (縱)에 대한 대역이다. 『두시언해』에는 'ᄀᆞ장, 비록, 放縱'으로 『유합』에는 '노흘'로 字釋되었다.

(坐) ; 앉다

   ; 믈러안자 줌줌ㅎ야(退坐黙然)〈능1-41〉

'앉다'는 (坐)에 대한 대역이다. 『두시언해』에도 '앉다'로 『석보상절』에는 '앉, 앓'로 『남명천계송언해』에 '앓'로 『구상·태요·두창』에는 '안치다, 걸다, 오르다, 앉다'로 『훈몽자회·유합·천자문』에는 모두 '안줄'로 字釋되었다. 語形 '걸다'의 대역이 특이하다.

(周) ; 너비, 다, 두루

; 이 보미 너비 두려워(此見周圓)〈능2-40〉

; 法界를 다 두프시는 體니라(周覆法界之體)〈능1-9〉

; 흔쁴 두루 펴샤(一時周徧)〈능1-95〉

'너비, 다, 두루'는 (周)에 대한 대역이다. 『두시언해』에는 '다, 두루, 둘어다'로 『유합·천자문』 석봉 본에는 '두루'로 광주 본에는 '두르'로 주해 본에는 '쥬국, 두루'로 대역되었다.

(洲) ; 셤

; 洲는 셔미라〈능2-84〉

'셤'은 (洲)에 대한 대역이다. 『두시언해』에는 '믈ㄱ쉭'로 『훈몽자회』에는 '믓긋'으로 『유합』에는 '쟈근 셤'으로 字釋되었다.

(駐) ; 머믈다

; 識을 브트니 ᄆᅀᆞᆷ믈 머믈우미라(依識所以駐心也)〈능5-57〉

'머믈다'는 (駐)에 대한 대역이다. 『두시언해』에도 '머믈다'로 대역되었다.

(誅) ; 주기다

; 誅는 주길씨라〈능6-112〉

'주기다'는 (誅)에 대한 대역이다. 『두시언해』에는 '軍糧, 뷔다, 誅求ᄒᆞ다, 주기다'로 『유합』에는 '주길'로 『천자문』 광주·석봉 본에는 '버힐'로 주해 본에는 '버힐, 쑤지즐'로 대역되었다.

(奏) ; 풍류

　; 奏는 풍류홀씨라〈능6-47〉


　　'풍류'는 (奏)에 대한 대역이다. 『두시언해』에는 '브르다, 엳줍다, 올이숩다'로 『남명천계송언해·훈몽자회』에는 '엳줍다'로 『유합』에는 '엳즈올'로 『천자문』 광주 본에는 '스올'로 석봉 본에는 '술올'로 주해 본에는 '나올, 분주'로 대역되었다. 語形 '스올, 술올, 나올, 분주'는 消滅語로 볼 수 있다.

(主) ; 爲頭ᄒ다

　; 惡星이 爲頭ᄒ며(惡星以爲其主)〈능7-58〉


　　'爲頭ᄒ다'는 (主)에 대한 대역이다. 『두시언해』에는 '님금, 님자, 웃듬, 人生, 主人'으로 『석보상절』에는 '님자'로 『남명천계송언해』에는 '웃듬'으로 『정속언해』에는 '님자ᄒ, 님쟝, 항것'으로 『유합·천자문』 광주·석봉 본에는 '님'으로 주해 본에는 '님금, 쥬홀, 쥬인'으로 『두창』에는 '웃씀'으로 대역되었다. 語形 '爲頭ᄒ다, 항것'은 消滅語로 볼 수 있다.

(住) ; 잇다

　; 곧 가 내죵내 쟝샹 잇디 아니커든(便去終不常住)〈능2-24〉


　　'잇다'는 (住)에 대한 대역이다. 『두시언해』에는 '머믈다, 잇다'로 『유합』에는 '이실'로 字釋되었다. 語形 '잇다'의 대역이 특이하다.

(准) ; 마초다, 平ᄒ다

　; 우리부텻 ᄀᆞᄅᆞ츔 펴샨 次第를 마초아 보ᅀᆞᆸ건대(准吾佛設敎之序)〈능1-18〉
　; 准은 平홀씨니 正케ᄒᆞᄂᆞᆫ 그르시라〈능1-18〉


　　'마초다, 平ᄒ다'는 (准)에 대한 대역이다. 이는 『능엄경』에서만 발견되는 대역 語形이다.

(中) ; 가온디, 솝, ᄉᆞ이

; 四卷 처ᅀᅥᆷᄆᆞ로 가온디 니르리라(四初至中)〈능1-21〉
; 도로 몸 소ᄇᆞᆯ 보리오(還見身中)〈능1-64〉
; 반ᄃᆞ기 根과 境과 ᄉᆞᅀᅵ예 이시리로다(當在根境之中也)〈능1-69〉

'가온디, 솝, ᄉᆞ이'는 (中)에 대한 대역이다. 『두시언해』에는 '가온디, 다시, 맛다, 속, 솝, ᄉᆞᅀᅵ, 안해'로 『석보상절』에는 '가온디'로 『남명천계송언해』에는 '가온디, 안'으로 『구상 · 구하 · 태요 · 납약 · 두창』에는 '가온디, 곳다, 굼긔, ᄡᅡ홀, 맞다, ᄉᆞᅀᅵ, 안해, 가운데, 속, 안, 빗속'으로 『유합』에는 '가온댓'로 『훈몽자회 · 천자문』 광주 · 석봉 본에는 모두 '가온디'로 주해 본에는 '즁도, 가온대, 마치, 마즐'로 대역되었다. 語形 '빗속'의 대역이 특이하다.

(重) ; 다시, ᄯᅩ, 므겁다, ᄇᆞᆯ, 重ᄒᆞ다

; 여러 뵈샤ᄆᆞᆯ 다시 請ᄒᆞᅀᆞ오니라(而重請開示)〈능1-87〉
; 精苦ᄅᆞᆯ ᄯᅩ 더ᄒᆞ야(重加精苦)〈능9-103〉
; 齊法은 ᄀᆞ죽ᄒᆞ며 싁싁ᄒᆞ며 므거워(齊整壓重)〈능1-35〉
; 닐곱ᄇᆞᆯ 무러 허르샤미 겨시니라(有七重徵破)〈능1-46〉
; ᄌᆞ오롬 重ᄒᆞᆫ 사ᄅᆞ미(如重睡人)〈능4-130〉

'다시, ᄯᅩ, 므겁다, ᄇᆞᆯ, 重ᄒᆞ다'는 (重)에 대한 대역이다. 『두시언해』에는 'ᄀᆞᆯ포, 다시, 도로, 둗겁다, 므겁다, ᄇᆞ리, ᄇᆞᆯ, 여러, 하다, 重疊ᄒᆞ다, 重ᄒᆞ다'로 『남명천계송언해』에는 '므겁다'로 『정속언해』에는 '듕ᄒᆞ다'로 『구상 · 구하 · 태요 · 납약 · 두창』에는 '重ᄒᆞ다, 므긔, ᄇᆞᆯ, 다시곰, 므거운, ᄯᅩ, 므즑ᄒᆞ다, 듕ᄒᆞ나, 서울'로 『유합』에는 '므겁다, 여러ᄇᆞᆯ'로 『천자문』 광주 · 석봉 본에는 '므거울'로 주해 본에는 '다시, 무거울, 겹'으로 대역되었다. 語形 'ᄀᆞᆯ포, ᄇᆞ리,ᄇᆞᆯ'은 消滅語로 볼 수 있다.

(衆) ; 모ᄃᆞᆫ, 한

; 能히 모ᄃᆞ니로 브르게 ᄒᆞ리잇고(能令衆飽)〈능1-54〉
; 한 魔ㅅ 이ᄅᆞᆯ 여희에 ᄒᆞᄂᆞ니(離衆魔事)〈능1-3〉

'모든, 한'은 (衆)에 대한 대역이다. 『두시언해』에는 '모다, 물, 여러가지'로 『남명천계송언해』에는 '믈'로 『구상』에는 '한'으로 『정속언해』에서는 '모든'으로 『유합』에는 '물'로 字釋되었다. 語形 '물, 믈, 한'은 消滅語로 볼 수 있다.

(卽) ; 곧, 나아가다, 즉재

　; 누니 곧 境곧ᄒᆞ야(眼卽同境)〈능1-58〉
　; ᄆᆞᅀᆞ매 나아가 알에ᄒᆞ시니라(使卽心而悟也)〈능2-17〉
　; 物노코 즉재가고(放物卽行)〈능5-68〉

　'곧, 나아가다, 즉재'는 (卽)에 대한 대역이다. 『두시언해 · 석보상절』에는 '곧'으로 『남명천계송언해』에는 '즉재'로 『구상 · 태요 · 납약 · 두창』에는 '즉제, 즉자히, 곧, 즉시, 민'으로 『유합』에는 '곧'으로 『천자문』 광주 본에는 '고'로 석봉 본에는 '즉제'로 주해 본에는 '나아갈, 즉제, 곳'으로 대역되었다. 語形 '고, 민'은 消滅語로 볼 수 있다.

(增) ; 더, 더으다

　; 더 나아가게 호리라(增進)〈능4-101〉
　; 더으디 아니ᄒᆞ며(不增)〈능1-96〉

　'더, 더으다'는 (增)에 대한 대역이다. 『두시언해』에는 '더어다, 더으다, 더ᄒᆞ다'로 『유합 · 천자문』 광주 · 석봉 본에는 '더을'로 주해 본에는 '더홀'로 字釋되었다.

(曾) ; 아래, 아릭

　; 아래 잇디 아니혼 이를 得과라 ᄒᆞ더니(得未曾有)〈능1-29〉
　; 아릭 잇디아니턴 이를 得과라 ᄒᆞ더라(得未曾有)〈능2-10〉

　'아래, 아릭'는 (曾)에 대한 대역이다. 『두시언해』에는 '일즉'으로 대역되었다. 語形 '아래, 아릭'는 消滅語로 볼 수 있다.

(憎) ; 믜욤

  ; 强히 드ᅀ며 믜요믈 니르와다(强起愛憎)〈능4-59〉


    '믜욤'은 (憎)에 대한 대역이다. 『두시언해』에는 '믜ᄂ다, 믜다, 믜여ᄒ다'로 『유합』에는 '믤'로 字釋되었다.

(蒸) ; 덥다, 삐다

  ; 싸히 해 더우며 축축거늘ᅀᅡ(地多蒸濕)〈능6-93〉
  ; 다 흘러가 몰애 삐는 迷惑ᄒ 소니며(皆流爲蒸砂迷客)〈능1-3〉


    '덥다, 삐다'는 (蒸)에 대한 대역이다. 『두시언해』에는 '삐다, 덥다'로 『구하·태요』에는 '뼈다, 삐다'로 『훈몽자회·유합』에는 '삘'로 字釋되었다.

(證) ; 마기오다, 마초다, 마초뼈, 심기, 證明

  ; 物을 혀 마기오샤(引物以證)〈능1-88〉
  ; 經으로 마초건대(以經證之)〈능1-19〉
  ; 글워를 마초뼈 자보미 잇ᄂ니(證執文籍)〈능8-89〉
  ; 法이 심기샨디(證法)〈능1-23〉
  ; 부텨 證明ᄃ외샤믈 請ᄒᅀᆞ오니라(請佛爲證也)〈능3-113〉


    '마기오다, 마초다, 마초뼈, 심기, 證明'은 (證)에 대한 대역이다. 『두시언해』에는 '마초뜰'로 『유합』에는 '증험'으로 字釋되었다. 語形 '마기오다, 마초다, 마초뼈, 마초뜰'은 消滅語로 볼 수 있다.

(池) ; 못

  ; 모든 심과 못과(及諸泉池)〈능3-18〉


    '못'은 (池)에 대한 대역이다. 『두시언해·훈몽자회·유합·천자문』에도 모두 '못'으로 대역되었다.

(遲) ; 더듸다

  ; 드듸메 샐로미(遲速)〈능6-54〉


　'더듸다'는 (遲)에 대한 대역이다. 『두시언해』에는 '날호다, 더듸다'로 『남명천계송언해 · 두창』에는 '더듸다'로 『유합』에는 '더딀'로 字釋되었다. 15세기 당시에는 '날호다, 더듸다'가 동등한 의미로 사용되다가 近代로 오면서 '날호다'는 '더듸다'에 의하여 消滅되고 '더듸다'는 現代語 '늦다'에 의하여 사용빈도가 줄어들고 있다.


(支) ; 활개

  ; 너 소느로 호활개 디롤 時節예(則汝以手捉一支時)〈능1-67〉


　'활개'는 (支)에 대한 대역이다. 『두시언해』에는 '괴오다, 四肢'로 『유합』에는 '괴올'로 字釋되었다. 語形 '괴오다'는 '괴다'에 의하여 消滅된 것으로 볼 수 있다.


(秖) ; 쌘, 오직

  ; 더욱 제 곳글 쌘니언졍(秖益自)〈능2-70〉
  ; 오직 伽藍올 보고(秖見伽藍)〈능2-40〉


　'쌘, 오직'은 (秖)에 대한 대역이다. 이는 『능엄경』에서만 발견되는 대역 語形이다.


(地) ; 짜ㅎ

  ; 一切 ᄆ츤 짜해 나ᅀᅡ가(而造乎一切畢竟之地)〈능1-3〉


　'짜ㅎ'는 (地)에 대한 대역이다. 『두시언해』에는 '짜ㅎ, 地位'로 『석보상절 · 남명천계송언해 · 훈몽자회 · 구상 · 유합 · 천자문』등에 모두 '짜ㅎ'로 대역되었다.


(枝) ; 가지, 지리히

  ; 흔가지예 세 여르미니(一枝三子)〈능1-82〉

; 또 엇뎨 楞嚴에 지리히 너출에 ᄒᆞ시리오(復何枝蔓於楞嚴哉)〈능1-19〉

'가지, 지리히'는 (枝)에 대한 대역이다. 『석보상절 · 두시언해 · 남명천계속언해 · 구상 · 태요 · 납약 · 두창 · 훈몽자회 · 유합 · 천자문』 광주 · 석봉 본에는 모두 '가지'로 『천자문』 주해 본 에는 '가지, 견ᄃᆡ다'로 대역되었다. 語形 '지리히'는 消滅語로 볼 수 있다. 語形 '견ᄃᆡ다'의 대역이 특이하다.

(舐) ; 할하다, 핥다

; 그 사ᄅᆞ미 혀로 입시우를 할하니(以舌舐吻)〈능3-9〉
; 입시울를 핥ᄂᆞ니(舐其脣吻)〈능8-5〉

'할하다, 핥다'는 (舐)에 대한 대역이다. 『훈몽자회』에는 '할훌'로 字釋되었다.

(脂) ; 기름(脂)

; 脂ᄂᆞᆫ 얼읜 기르미오〈능6-99〉

'기름'은 (脂)에 대한 대역이다. 『두시언해』에는 '기름, 脂'로 『구상 · 훈몽자회 · 태요』에는 '기름'으로 대역되었다.

(指) ; ᄀᆞᄅᆞ치다, 솑가락

; 반ᄃᆞ기 眞際 ᄀᆞᄅᆞ치샤ᄆᆞᆯ 아디 몯혼 젼ᄎᆞ로 소이다(當有不知眞際所指)〈능1-76〉
; 如來 솑가락 구펴(如來屈指)〈능1-84〉

'ᄀᆞᄅᆞ치다, 솑가락'은 (指에 대한 대역이다. 『두시언해』에는 '솑가락, ᄀᆞᄅᆞ치다'로 『남명천계송언해』에는 'ᄀᆞᄅᆞ치다, 솑가락'으로 『구상 · 태요 · 두창』에는 '가락, 손가락, 가락, ᄭᅡ락, 손ᄀᆞ락, 손'으로 『훈몽자회』에는 '솑가락'으로 『유합』에는 '손가락'으로 字釋되었다.

(止) ; ᄀᆞ마니, 머믈다

; ᄀᆞ마니 잇디 아니ᄒᆞ면(非止)〈능1-77〉

; 잢간 머므렛다가(暫止)〈능2-24〉

'ᄀ마니, 머믈다'는 (止)에 대한 대역이다. 『두시언해』에는 '그치다, 쉰, 이시다'로 『구상·태요·두창』에는 '말다, 근ᄂ다, 긋다, 그치다'로 『훈몽자회·천자문』 석봉 본에는 '그칠'로 광주 본에는 '그츨'로 주해 본에는 '그칠, 어조ᄉ'로 대역되었다. 語形 '이시다'의 대역이 특이하다.

(旨) ; 뜯

; 큰 ᄠ들 結ᄒ야 나토시니라(結顯大旨也)〈능1-21〉

'뜯'은 (旨)에 대한 대역이다. 『두시언해·훈몽자회』에도 '뜯'으로 『유합』에는 'ᄆᆞᆯ'로 字釋되었다. 語形 'ᄆᆞᆯ'는 消滅語로 볼 수 있다.

(志) ; 뜯

; ᄠᅳᆮᄀᆞ틔니와 어우러코져 ᄉᆞ랑ᄒ야(思與同志)〈능1-3〉

'뜯'은 (志)에 대한 대역이다. 『두시언해』에도 '뜯, 有志'로 『훈몽자회·천자문』 광주·석봉 본에는 '뜯'으로 주해 본에는 '쯧, 긔록홀'로 『유합』에는 '큰뜯'으로 字釋되었다.

(址) ; 터ㅎ

; 빗난 지븻 터히오(則華屋之址也)〈능5-1〉

'터ㅎ'는 (址)에 대한 대역이다. 『훈몽자회』에는 '터'로 字釋되었다.

(至) ; 니르다, 至極ᄒ다

; 니르리 實相이 구더 허디 아니호매 (至於實相堅固不壞)〈능1-9〉
; 至極디 아니ᄒᆞᆫ듸 업거시ᄂᆞᆯ(靡所不至)〈능1-3〉

'니르다, 至極ᄒ다'는 (至)에 대한 대역이다. 『두시언해』에는 '오다, 니르다,

至極히'로 『석보상절·남명천계송언해』에는 '이르다'로 『정속언해』에는 '이르다, 지극기, 지어'로 『구상·구하·태요·납약·두창』에는 '니르다, 오로, 니르다, 다들다, 드외다, 니르히다, 신지'로 『유합』에는 '리를'로 字釋되었다.

(智) ; 智慧

  ; 모든 智慧이쇼느닌(諸有智者)〈능1-99〉

  '智慧'는 (智)에 대한 대역이다. 『두시언해』에도 '智慧'로 『훈몽자회·유합』에는 '디혯, 디혜'로 字釋되었다.

(持) ; 디니다

  ; 여러 戒律을 디니거든(持諸戒律)〈능6-18〉

  '디니다'는 (持)에 대한 대역이다. 『두시언해』에는 '가지다, 디니다, 잡다'로 『석보상절』에는 '가지다, 디니다'로 『남명천계송언해·정속언해』에는 '디니다'로 『천자문』 광주 본에는 '디닐'로 석봉 본에는 '가질'로 주해 본에는 '가딜'로 字釋되었다.

(直) ; 갑, 뜨롬, 바르다

  ; 뎌의 나몬 갑슬 갑느니라(償彼餘直)〈능8-124〉

  ; 엇뎨 둘로 化홀 뜨르미랴(何直月化)〈능2-7〉

  ; 이룰 조초샤 漸漸 밍ㄱ르샤(隨事漸制)〈능6-93〉

  '갑, 뜨롬, 바르다'는 (直)에 대한 대역이다. 『두시언해』에는 '곧다, 바르다, 正直ᄒ다'로 『석보상절』에는 '곧, 바르다'로 『남명천계송언해』에는 '고다'로 『정속언해』에는 '고디식ᄒ다'로 『구상·태요』에는 '곧다, 바르, 딕히'로 『훈몽자회·유합·천자문』 광주·석봉 본에는 모두 '고든'으로 주해 본에는 '고든, 쓸직, 다만'으로 대역되었다. 語形 '다만, 뜨롬'의 대역이 특이하다.

(職) ; 전혀

　; 전혀 다 이롤 브트니라(職皆由此)〈능8-69〉


　　'전혀'는 (職)에 대한 대역이다. 『두시언해』에는 '벼슬, 職任'으로 『정속언해 · 유합』에는 '소임'으로 『훈몽자회 · 천자문』 광주 본에는 '벼슬'로 석봉 본에는 '벼슬'로 주해 본에는 '벼슬, 맛들, 전혀'로 대역되었다. 語形 '맛들'은 消滅語로 볼 수 있다.

(織) ; 짜다

　; 覺이 妄올 짜(織見覺之妄)〈능4-82〉


　　'짜다'는 (織)에 대한 대역이다. 『두시언해』에는 '짜다, 뺏다'로 『훈몽자회』에는 '뿔'로 『유합』에는 '뵈뿔'로 字釋되었다.

(陳) ; 니르시다, 무근, 버리다, 아릿, 펴다

　; 衆을 因ᄒ야 펴 니르시니(而因衆敷陳)〈능5-31〉
　; 녯業과 무근 비디와(舊業陳債)〈능7-60〉
　; 처서믜 時節과 곧과 主와 번과롤 버려(初陳時處主作)〈능1-20〉
　; 아릿 習이 ᄆᆞᆺ업서(子罔陳習)〈능10-2〉
　; 請호ᄃᆡ 管見을 펴리라(請陳管見)〈능1-18〉


　　'니르시다, 무근, 버리다, 아릿, 펴다'는 (陳)에 대한 대역이다. 『두시언해』에는 '묵다'로 『구상 · 태요』에는 '묵다, 닉다'로 『천자문』 광주 · 석봉 본에는 '무글'로 주해 본에는 '무글, 베플, 진'으로 대역되었다.

(振) ; 뮈다

，뮈어 ᄒᆞ아디디 이니ᄒ료(而不振裂)〈능9-45〉


　　'뮈다'는 (振)에 대한 대역이다. 『두시언해』에는 '니르왇다, 떨다, 뮈우다, 振動ᄒ다'로 『두창』에는 '모화'로 『유합』에는 '들틸'로 『천자문』 광주 본에는 '너틸'로 석봉 본에는 '떨'로 주해 본에는 '썰, 거둘, 만흘'로 대역되었다. 語形 '뮈우다, 너틸, 들틸'은 消滅語로 볼 수 있다.

**(鎭) ; 누르다**

  ; 鎭은 누를씨라〈능7-57〉

  '누르다'는 (鎭)에 대한 대역이다. 『두시언해』에는 '눌러, 鎭定ᄒ다'로 『유합』에는 '누를'로 字釋되었다.

**(盡) ; 다, 다ᄋ다, 다ᄒ다**

  ; 能히 다 알리 드므도다(罕能究盡)〈능1-3〉
  ; 다ᄋ며 셜리 가놋다(驟趍於盡也)〈능2-7〉
  ; 妙覺을 다ᄒ매 니르러(至盡妙覺)〈능7-66〉

  '다, 다ᄋ다, 다ᄒ다'는 (盡)에 대한 대역이다. 『두시언해』에는 '다, 다ᄋ다, 다ᄒ다'로 『석보상절』에는 '다ᄋ다, 다ᄒ다'로 『남명천계송언해』에는 '다ᄋ다'로 『구상·구하·태요·두창』에는 '다, 다ᄒ다, 그믈다, 다, 극키, 진ᄒ다'로 『유합』에는 '드올'로 『천자문』 광주·석봉 본에는 '드 올'로 주해 본에는 '다흘, 극진'으로 대역되었다.

**(震) ; 떨다**

  ; 震은 떨씨오〈능5-4〉

  '떨다'는 (震)에 대한 대역이다. 『두시언해』에는 '이어다, 震動ᄒ다'로 『유합』에는 '텬동'으로 字釋되었다. 語形 '이어다'는 消滅語로 볼 수 있다.

**(塡) ; 메오다**

  ; 다 平히 메오딘(皆平塡)〈능5-68〉

  '메오다'는 (塡)에 대한 대역이다. 『유합』에는 '몃굴'로 字釋되었다.

(津) ; 늘읽, 씀

 ; 늘읽 田地險ᄒ며 조바(津口田地險隘)〈능5-68〉
 ; 안ᄒ로 씀과 피와(內之津血)〈능5-74〉

　'늘읽, 씀'은 (津)에 대한 대역이다. 『두시언해』에는 '늘읽'로 『구상』에는 '춤'
으로 『훈몽자회』에는 'ᄂᆞ륵'로 『유합』에는 'ᄂᆞ륵, 진'으로 대역되었다. 語形 '늘
읽'는 消滅語로 볼 수 있다. 語形 '씀'의 대역도 특이하다.

(塵) ; 드틀

 ; 緣은 브틀씨오 塵은 드틀리라〈능1-3〉

　'드틀'은 (塵)에 대한 대역이다. 『두시언해·구상·유합』에도 모두 '드틀' 대
역되었다.

(眞) ; 眞實

 ; 다시 眞實ㅅ ᄀᆞᆺ ᄀᆞᄅ치샤믈 모르며(而復不知眞際所指)〈능1-19〉

　'眞實'는 (眞)에 대한 대역이다. 『두시언해』에는 '진실'로 『정속언해』에는 '진
짓'으로 『구하·태요·두창』에는 '진짓, 진딧'으로 『유합·천자문』에는 '춤진'으
로 『정속언해』에는 '진짓'으로 對譯되었다. 語形 '진딧, 진짓'은 消滅語로 볼 수
있다.

(挃) ; 디ᄅᆞ다

 ; 네 소ᄂᆞ로 네 몸 디ᄅᆞ듯ᄒ니(如汝以手自挃其體)〈능1-64〉

　'디ᄅᆞ다'는 (挃)에 대한 대역이다. 이는 『능엄경』에서만 발견되는 대역 語形
이다.

(質) ; 마기오다, 마키다, 몸, 읏듬
 ; 特別히 마기와 묻ᄌᆞ오니라(特與質問)〈능2-65〉

; 請호디 몬져 마키오리라(請先質之)〈능1-16〉

; 믈라 이울면 나믄 모미 닛디 아니ᄒ리라(乾枯則殘質不續矣)〈능6-86〉

; 本來 웃듬미 됴티 아니ᄒ면(本質不美)〈능6-89〉

'마키오다, 마키다, 몸, 웃듬'은 (質)에 대한 대역이다. 『두시언해』에는 '質朴
ᄒ다, 氣質, 몸, 얼굴'로 『유합』에는 '긔질'로 字釋되었다. 語形 '마키오다'는 消
滅語로 볼 수 있다. 또 語形 '몸'의 대역도 특이하다.

(窒) ; 막다

; 오직 能히 欲을 마가(但能窒欲)〈능8-135〉

'막다'는 (窒)에 대한 대역이다. 『유합』에는 '마글'로 字釋되었다.

(集) ; 모도다

; 이는 모동 사ᄅ미 부텨를 불투와 마롤셰니(此集者依佛立言)〈능1-23〉

'모도다'는 (集)에 대한 대역이다. 『두시언해』에는 '모드, 모다, 모도다, 모댓
다, 몯ᄂ다, 뫼헤다, 뫼회다'로 『훈몽자회 · 유합 · 천자문』 광주 · 석봉 본에는
모두 '모돌'로 주해 본에는 '모돌, 일을'로 『태요』에는 '뫼호다'로 대역되었다

(執) ; 잡다

; 구틔여 네 자바 닐오디(必汝執言)〈능1-61〉

'잡다'는 (執)에 대한 대역이다. 『두시언해 · 두창』에는 '잡다'로 『유합 · 천자
문』 광주 · 석봉 본에는 '자불'로 주해 본에는 '잡을'로 字釋되었다.

(瞪) ; 바ᄅ뻐다, 쌜아

; 바ᄅ뻐잇 보미 나며(瞪以發勞)〈능2-109〉

; 쌜아 아득히 부텨 보ᅀ와(瞪瞢瞻佛)〈능2-15〉

'바[르]ᄣᅥ다, 쌀아'는 (瞪)에 대한 대역이다. 이는『능엄경』에서만 발견되는 대역 語形이다.

(懲) ; 警戒ᄒ다

; 낫나치 처엄 警戒ᄒ신 後에ᅀᅡ(一一首懲然後)〈능6-89〉

'警戒ᄒ다'는 (懲)에 대한 대역이다.『두시언해』에도 '警戒ᄒ다'로『유합』에는 '다ᄉ올, 정다슬'로 대역되었다. 語形 '다ᄉ올, 정다슬'은 消滅語로 볼 수 있다.

(徵) ; 무러, 물이다

; 닐굽 ᄇ를 무러 허르샤미 겨시니(有七重微破)〈능1-46〉
; 도로 그 나ᄆ닐 물이ᄂ니(反徵其剩)〈능8-124〉

'무러, 물이다'는 (徵)에 대한 대역이다.『두시언해』에는 '브르다, 徵求ᄒ다'로『훈몽자회』에는 '물일'로『유합』에는 '효험'으로 字釋되었다. 語形 '물이다'는 消滅語로 볼 수 있다.

(澄) ; 몱다

; 믈 ᄀ며 괴외호ᄆ(澄寂)〈능1-105〉

'몱다'는 (澄)에 대한 대역이다.『두시언해』에는 '몱다'로『훈몽자회』에는 '믈 긿'로『유합』에는 '믈 굴, 믈 킬'로 대역되었다.

(次) ; 버거

; 버거 大衆보고(次觀大衆)〈능1-48〉

'버거'는 (次)에 대한 대역이다.『두시언해』에는 '머믈다, 버거, 次第'로『석보상절 · 정속언해』에는 '버거ᄒ다'로『구상 · 태요 · 두창』에는 '바거, 번, 버근, 번번, 식, 츠레, 一에'로『유합』에는 '츠례, ᄀ음'으로『천자문』광주 본에는 'ᄀ음'으로 석봉 본에는 'ᄀ음'으로 주해 본에는 '조ᄎ, 츠례, 머믈, 버금, 슈식'으로 대역되었다. 語形 '버거, ᄀ음, ᄀ음'은 消滅語로 볼 수 있다.

(且) ; 안즉

　; 다 안즉 이룰 혀 굴히야 一定ᄒ시고(皆且引事辯定)〈능1-49〉


　'안즉'은 (且)에 대한 대역이다. 『두시언해』에는 'ᄯ'로 『유합』에는 'ᄯ, 아직'
으로 대역되었다.

(差) ; 어긔다, 어긔릿다

　; 어긔여 섯거 ᄒ가지 아뇸ᄃᆯ홀씨라(差瓦不一)〈능10-27〉
　; 절로 어긔리니(自差)〈능1-18〉


　'어긔다, 어긔릿다'는 (差)에 대한 대역이다. 『두시언해』에는 '됴케ᄒ다, 差
等'으로 『구상·태요』에는 '듣ᄂ니라, 곱'으로 『유합』에는 '그를, 등데'로 대역
되었다. 語形 '곱, 어긔릿다'는 消滅語로 볼 수 있다.

(此) ; 잇ᄀ장

　; 알핏 經이 잇ᄀ장ᄒ시고(前經止此)〈능4-85〉


　'잇ᄀ장'은 (此)에 대한 대역이다. 『두시언해』에는 '이, 이어긔'로 『석보상
절·남명천계송언해·구상·태요·납약·유합·천자문』에도 모두 '이'로 대역
되었다.

(遮) ; 막다

　; 마곰 업수믈 여르샤(開關無遮)〈능1-34〉


　'막다'는 (遮)에 대한 대역이다. 『두시언해』에는 'ᄀ리오다'로 『유합』에는 'ᄀ
리올'로 字釋되었다.

(鑿) ; 파다, 폼, ᄑ다

　; 우믈 파 믈求홀제(鑿井求水)〈능3-87〉
　; ᄑ믈 因ᄒ야 잇ᄂ것가 因업시 제 난 것가(出因鑿所有無因)〈능3-87〉

; 홀굴 푸디 아니흔前에(未鑿土前)〈능1-88〉

　'파다, 폼, 푸다'는 (鑿)에 대한 대역이다. 『두시언해』에는 '푸다, 디허다'로 『남명천계송언해』에는 '푸'로 『구상·구하』에는 '쁼, 좃다'로 『훈몽자회』에는 '쁼'로 『유합』에는 '슬'로 字釋되었다. 語形 '쁼, 슬'은 消滅語로 볼 수 있다.

## (讚) ; 기리다

; 偈룰 술와 부톄룰 기리ᅀᆞ오딕(說偈讚佛)〈능3-108〉

　'기리다'는 (讚)에 대한 대역이다. 『훈몽자회·천자문』에는 '기릴'로 字釋되었다.

## (饌) ; 음식

; 됴흔 飮食 밍굴오져(欲成嘉饌)〈능1-81〉

　'음식'은 (饌)에 대한 대역이다. 『두시언해』에는 '이받다, 차반'으로 『훈몽자회·유합』에는 '반찬'으로 『두창』에는 '음식'으로 대역되었다. 語形 '이받다, 차반'는 消滅語로 볼 수 있다.

## (餐) ; 먹다

; 됴흔 차바는 먹디 아니ᄒ며(不餐嘉饌)〈능9-106〉

　'먹다'는 (餐)에 대한 대역이다. 『두시언해』에는 '밥, 차반'으로 대역되었다. 語形 '차반'은 消滅語로 볼 수 있다.

## (鑽) ; 비븨다

; 브를 비븨여(猶如鑽火)〈능8-41〉

　'비븨다'는 (鑽)에 대한 대역이다. 『두시언해』에도 '비븨다'로 『구상』에는 '들워'로 『훈몽자회』에는 '비븨'로 字釋하면서 또 '俗呼鐵又牽-- 활비븨'로 註釋하였다. 語形 '들워'는 消滅語로 볼 수 있다.

(刹) ; 뎔

　; 곧 조흔 덦 通흔 일후미라(卽淨刹通稱也)〈능7-57〉

　'뎔'은 (刹)에 대한 대역이다. 『훈몽자회』에도 '뎔'로 字釋되었다.

(察) ; 슬피다

　; 仔細히 슬피게 ᄒ시니라(슈許察)〈능3-90〉

　'슬피다'는 (察)에 대한 대역이다. 『남명천계송언해 · 유합 · 천자문 · 태요』
등에는 모두 '슬필'로 대역되었다.

(參) ; 섯다

　; 서르 섯고믈(相參)〈능4-111〉

　'섯다'는 (參)에 대한 대역이다. 『두시언해』에는 '다햇다, 티딜다, 參謀'로 『유
합』에 '참예'로 字釋되었다.

(磣) ; 돌

　; 磣은 바배 돌이실씨니〈능7-47〉

　'돌'은 (磣)에 대한 대역이다. 이는 『능엄경』에서만 발견되는 대역 語形이다.

(彰) ; 나토다, 나틱다

　; 뜨디 더러운 欲을 나토아(意彰媟欲)〈능9-95〉
　; ᄀᄌ기 나틱며 다 비취샤미(齊彰並熙)〈능1-39〉

　'나토다, 나틱다'는 (彰)에 대한 대역이다. 『유합』에는 '나타날'로 字釋되었다.

(唱) ; 니ᄅ다

　; 滅호려 니ᄅ시니(唱滅)〈능1-19〉

'니르다'는 (唱)에 대한 대역이다. 『두시언해』에는 '브르다'로 『훈몽자회·유합』에는 '브를'로 字釋되었다.

(菜) ; 菜蔬

    ; 플와 菜蔬 아니 날씩(草菜不生)〈능6-93〉

    '菜蔬'는 (菜)에 대한 대역이다. 『두시언해』에는 'ᄂᆞ믈, 菜蔬'로 『남명천계송언해·구하·훈몽자회·유합·천자문·납약』에는 모두 'ᄂᆞ믈'로 대역되었다.

(債) ; 빋

    ; 내 네 비들 가파(我還汝債)〈능4-31〉

    '빋'은 (債)에 대한 대역이다. 『훈몽자회·유합』에도 '빋'으로 字釋되었다.

(策) ; 몰채

    ; 策은 몰채오〈능1-37〉

    '몰채'는 (策)에 대한 대역이다. 『두시언해』에는 '쇠, 謀策'으로 『훈몽자회』에는 '채'로 『유합』에는 '모칙, 몰채'로 『천자문』광주 본에는 '무올'로 석봉 본에는 '막대'로 주해 본에는 '쥭, 쇠, 채, 막대'로 對譯되었다. 語形 '무올'은 消滅語로 볼 수 있다. 語形 '몰채'의 대역이 특이하다.

(責) ; 외다, 責ᄒ다

    ; 責은 외다홀씨라〈능1-77〉
    ; 結ᄒ야 責ᄒᄉᆞ(結責)〈능2-3〉

    '외다, 責ᄒ다'는 (責)에 대한 대역이다 『두시언해』에는 '구지람, 罪責'으로 『남명천계송언해』에는 '구지람'으로 『정속언해』에는 '칙ᄒ다'로 『유합』에는 '칙홀'로 字釋되었다. 語形 '외다'는 消滅語로 볼 수 있다.

(斥) ; 외다

　; 믄득 굴ᄒᆞ냐 외다ᄒᆞ샤믈 닙습고(乍蒙辯斥)〈능1-91〉


　　‘외다’는 (斥)에 대한 대역이다. 『두시언해』에는 ‘내좇다, 펴다’로 『훈몽자
회·유합』에는 ‘내틸’로 字釋되었다. 語形 ‘외다’는 消滅語로 볼 수 있다.


(尺) ; 자히

　; 홀기 흔자히 나면(出土一尺)〈능3-87〉


　　‘자히’는 (尺)에 대한 대역이다. 『두시언해』에는 ‘자, 자히, 尺度’로 『훈몽자
회·유합·천자문』에는 모두 ‘자’로 字釋되었다.


(擲) ; 티티다

　; ᄃᆞ무며 티티며 ᄂᆞ랏다가 ᄲᅥ러디며(沒溺勝擲飛墜)〈능8-87〉


　　‘티티다’는 (擲)에 대한 대역이다. 『두시언해·구상·훈몽자회·유합』에는
‘더디다’로 대역되었다. 語形 ‘더디다, 티티다’는 消滅語로 볼 수 있다.


(陟) ; 오ᄅᆞ다

　; ᄃᆞᄅᆞᆫ 하ᄂᆞᆯ홀 브터 오ᄅᆞ고(月從天陟)〈능3-80〉


　　‘오ᄅᆞ다’는 (陟)에 대한 대역이다. 『유합』에는 ‘오를’로 字釋되었다.


(踐) ; 넓다

　; 몰라 넓디 아니ᄒᆞ며(不誤踐)〈능6-96〉


　　‘넓다’는 (踐)에 대한 대역이다. 『훈몽자회·유합·천자문』 광주·석봉 본에
는 ‘ᄇᆞᆯ올’로 주해 본에는 ‘ᄇᆞ를’로 字釋되었다.

(天) ; 하늘

 ; 日輪이 하늘해 오르면(日輪昇天)〈능2-28〉


 '하늘'은 (天)에 대한 대역이다. 『두시언해』에는 '하늘, 天下'로 『남명천계송언해 · 훈몽자회 · 유합 · 천자문』 광주 · 석봉 본에는 모두 '하늘'로 주해 본에는 '한울'로 字釋되었다.


(穿) ; 들워

 ; 들워뎌근 구무 밍ᄀ로매(穿爲小竇)〈능2-43〉


 '들워'는 (穿)에 대한 대역이다. 『두시언해』에는 '들워, 들올, 듧다'로 『남명천계송언해』에는 '듧, 듧'으로 『구상 · 태요 · 두창』에는 '뻬다, 둘워, 닙다, 듧다, 굼기'로 『훈몽자회』에는 '들올'로 『유합』에는 '들올'로 字釋되었다. 語形 '듧다, 듧'은 消滅語로 볼 수 있다.


(遷) ; 옮다

 ; 올마 흘러(遷流)〈능2-6〉


 '옮다'는 (遷)에 대한 대역이다. 『두시언해 · 유합』에도 '옮다'로 대역되었다.


(遍) ; 샐리

 ; 방핫 소리를 샐리 알오(遍知杵音)〈능4-130〉


 '샐리'는 (遍)에 대한 대역이다. 이는 『능엄경』에서만 발견되는 대역 語形이다.


(川) ; 내

 ; 나모와 뫼콰 내(樹木山川)〈능2-34〉


 '내'는 (川)에 대한 대역이다. 『두시언해 · 석보상절 · 남명천계송언해 · 훈몽자회 · 유합 · 천자문』에 모두 '내'로 대역되었다.

(泉) ; 심

　; 수플와 시미라 굳ᄒᆞ니라(猶林泉也)〈능2-49〉

　'심'은 (泉)에 대한 대역이다. 『두시언해』에는 '심, 믈, 黃泉'으로 『석보상절·
훈몽자회·유합』에는 '심'으로 『구상』에는 '믈심'으로 『천자문』 광주 본에는
'츌'로 석봉 본에는 '시글'로 주해 본에는 '서늘'로 字釋되었다.


(徹) ; ᄉᆞᄆᆞᆺ다, ᄉᆞ못다

　; 능히 ᄉᆞᄆᆞᆺ디 몯ᄒᆞᄂᆞ니(不能徹)〈능6-55〉
　; 微妙ᄒᆞᆫ 理믈기 ᄉᆞᄆᆞ초믈(妙理淸微)〈능5-16〉

　'ᄉᆞᄆᆞᆺ다, ᄉᆞ못다'는 (徹)에 대한 대역이다. 『두시언해·남명천계송언해·구상』
에도 'ᄉᆞᄆᆞᆺ다, ᄉᆞ못다'로 『유합』에 'ᄉᆞᄆᆞ츌'로 字釋되었다.


(甛) ; 둘다

　; 둘며 ᄡᅳ믈브터(由甛與苦)〈능3-9〉

　'둘다'는 (甛)에 대한 대역이다. 『두시언해·훈몽자회』에도 '둘다'로 대역되
었다.


(瞻) ; 보ᅀᆞ다

　; ᄈᆞᆯ아 아득히 부텨 보ᅀᆞ와(瞪瞢瞻佛)〈능2-15〉

　'보ᅀᆞ다'는 (瞻)에 대한 대역이다. 『두시언해』에는 '보다'로 『훈몽자회·유합』
에는 '볼'로 字釋되었다.


(牒) ; 니르다

　; 牒은 우흘 드듸여 니를씨라〈능1-49〉

　'니르다'는 (牒)에 대한 대역이다. 『훈몽자회·유합』에는 '글월'로 字釋되었
다. 語形 '글월'의 대역이 특이하다.

(捷) ; 샐리

　; 내 날픠 샐리와(捷來我前)〈능5-72〉


　'샌르다'는 (捷)에 대한 대역이다. 『두시언해』에는 '샐리, 이긔다, 즈릆'으로 『납약』에는 '샌르다'로 『유합』에는 '늘랄'로 字釋되었다. 語形 '이긔다'의 대역이 특이하다.


(疊) ; 다시

　; 다시 무르샤ᄆᆞᆫ(疊問者)〈능4-125〉


　'다시'는 (疊)에 대한 대역이다. 『두시언해』에는 '답사ᄒᆞ다, 重疊ᄒᆞ다, 疊疊ᄒᆞ다'로 『유합』에는 '텹'으로 字釋되었다. 語形 '답사ᄒᆞ다'는 消滅語로 볼 수 있다.


(輒) ; 믄득

　; 믄득 判호ᄃᆡ(輒判)〈능1-18〉


　'믄득'은 (輒)에 대한 대역이다. 『태요』에도 '믄득'으로 대역되었다.


(淸) ; 조ᄒᆞ다, 조히ᄒᆞ다

　; 法筵엣 조ᄒᆞᆫ 衆이(法筵淸衆)〈능1-29〉
　; 合掌ᄒᆞ야 ᄆᆞᅀᆞᆷ 조히ᄒᆞ야(合掌淸心)〈능1-102〉


　'조ᄒᆞ다, 조히ᄒᆞ다'는 (淸)에 대한 대역이다. 『두시언해 · 석보상절 · 남명천계송언해 · 훈몽자회 · 유합』 등에는 모두 '묽다'로 『구상 · 태요』에는 '물ᄀᆞᆫ믈, 묽다, 흰ᄌᆞ의'로 對譯되었다. 語形 '조히ᄒᆞ다, 조ᄒᆞ다'는 消滅語로 볼 수 있다. '흰ᄌᆞ의'의 대역이 아주 특이하다.


(靑) ; 감포ᄅᆞ다

　; 靑蓮華ᄂᆞᆫ 天竺에 잇ᄂᆞ니 부텻 눈 감포ᄅᆞ샤미 ᄀᆞᆮᄒᆞ시니라〈능1-47〉

'감ᄑᆞᄅᆞ다'는 (靑)에 대한 대역이다.『두시언해』에는 '프르다'로『정속언해』
에는 '프르'로『구상 · 태요 · 두창』에는 '프르다, 플ᄅᆞ다'로『훈몽자회 · 유합 ·
천자문』석봉 본에는 '프를'로 광주 본에는 'ᄑᆞ를'로 주해 본에는 '푸를'로 字釋
되었다. 語形 '감ᄑᆞᄅᆞ다'의 대역이 특이하다.

(晴) ; 개다

; 虛靜호미 갠 허공 ᄀᆞᄐᆞ야(虛靜猶如晴空)〈능10-1〉

'개다'는 (晴)에 대한 대역이다.『두시언해』에도 '개다'로『훈몽자회 · 유합』
에는 '갤'로 字釋되었다.

(聽) ; 듣다

; 다시 이를 드르라(更聽此)〈능3-21〉

'듣다, 듣줍다'는 (聽)에 대한 대역이다.『두시언해』에는 '듣다'로『훈몽자회 ·
유합 · 천자문』광주 · 석봉 본에는 '드를'로 주해 본에는 '드를'로 字釋되었다.

(請) ; 請ᄒᆞ다

; 오직 阿難이 몬져 다ᄅᆞᆫ딧 請을 바다(先受別請)〈능1-32〉

'請ᄒᆞ다'는 (請)에 대한 대역이다.『두시언해』에도 '請ᄒᆞ다'로『유합』에는 '청
홀'로 字釋되었다.

(涕) ; 눇물

; 처엄 눇믈와 춤과브터(初從涕唾)〈능5-72〉

'눇믈'은 (涕)에 대한 대역이다.『두시언해』에도 '눇믈'로『구상』에는 '믈'로
『훈몽자회』에는 '곳믈'로 字釋되었다.

(逮) ; 밋다, 및다

  ; 닷가 니교매 밋디 몯다ᄒᆞ시ᄂᆞ니(不逮修習)〈능4-76〉
  ; 쟝츠 오라디 몯ᄒᆞ매 미처 가리어니(逮將不久)〈능2-5〉

    '밋다, 및다'는 (逮)에 대한 대역이다. 『두시언해』에는 '밋다'로 『유합』에는 '미츨'로 字釋되었다.

(掣) ; 동기다

  ; 左녀글 기우루 동기시고(偏掣其左)〈능5-24〉

    '동기다'는 (掣)에 대한 대역이다. 『두시언해』에는 'ᄀᆞ리티다'로 『구상』에는 '자바동기다'로 대역되었다. 語形 'ᄀᆞ리티다'는 消滅語로 볼 수 있다.

(諦) ; 仔細히

  ; 죰죰ᄒᆞ야 ᄉᆞ랑ᄒᆞ야 子細히 보건댄(沈思諦觀)〈능2-7〉

    '仔細히'는 (諦)에 대한 대역이다. 『유합』에는 '샹심'으로 字釋되었다. 語形 '샹심'의 字釋이 특이하다.

(剃) ; 머리갓다

  ; 부텨 조ᄍᆞ와 머리갓고이다(從佛剃落)〈능1-42〉

    '머리갓다'는 (剃)에 대한 대역이다. 이는 『능엄경』에서만 발견되는 대역 語形이다.

(遞) ; 샐리, 서르

  ; 샌리 도라오시는 젼ᄎᆞ로(遞歸故)〈능1-38〉
  ; 서르 上文을 드듸여(遞躡上文)〈능4-64〉

    '샐리, 서르'는 (遞)에 대한 대역이다. 『두시언해』에는 '가다, 서르, 멀리'로 『납약』에는 '믄득'으로 대역되었다.

(滯) ; 거리끼다, 막다

  ; 相보며 거리끼디 아니ᄒᆞ야(使不滯於相見)〈능1-8〉

  ; 疑心 마고밀씩(疑滯)〈능4-6〉


    '거리끼다, 막다'는 (滯)에 대한 대역이다. 『두시언해』에는 '머믈다, 留滯ᄒᆞ다'로 『납약』에는 '막히다, 톄ᄒᆞ다'로 『유합』에는 '멍귈'로 字釋되었다. 語形 '멍귈'은 消滅語로 볼 수 있다.


(替) ; ᄇᆞ리다

  ; 本覺ᄋᆞᆯ 뼈디워 ᄇᆞ릴씨라(淪替本覺)〈능2-79〉


    'ᄇᆞ리다'는 (替)에 대한 대역이다. 『두시언해』에는 '가놋다'로 『두창』에는 '놓다'로 대역되었다. 語形 '가놋다'는 消滅語로 볼 수 있다.


(焦) ; 데우다

  ; 能히 데운 丸과 쇠쥭이 ᄃᆞ외오(能爲焦丸鐵糜)〈능8-97〉


    '데우다'는 (焦)에 대한 대역이다 『두시언해』에는 '글탈놋다, 고ᄉᆞ미오다'로 『구하·태요·두창』에는 '눌, 눋다, ᄆᆞᄅᆞ다'로 『훈몽자회·유합』에는 '누를'로 字釋되었다. 語形 '글탈놋다, 고ᄉᆞ미오다'는 消滅語로 볼 수 있다.


(燋) ; 데우다

  ; 骨髓ᄅᆞᆯ 데워 므르게 홀씨라(燋爛骨髓)〈능8-103〉


    '데우다'는 (燋)에 대한 대역이다. 『두시언해』에는 '블, ᄆᆞᄅᆞ다'로 『구하』에는 '눋다'로 對譯되었다.


(初) ; 잢간, 첫

  ; 잢간도 이 이리 업슨 젼추로(初無是事故)〈능1-107〉

  ; 末世옛 첫 機(而末世初機)〈능1-3〉

'잢간, 첫'은 (初)에 대한 대역이다. 『두시언해』에는 '처엄'으로 『석보상절』에는 '첫'으로 『남명천계송언해』에는 '처엄'으로 『정속언해』에는 '처엄'으로 『구하 · 태요 · 납약 · 두창』에는 '처엄곧, 처엄, 처음ㄱ'으로 『유합』에는 '처엄, 원간'으로 『천자문』에는 '처엄'으로 字釋되었다. 語形 '원간'의 대역이 특이하다.

(超) ; 걷내뛰다, 건너뛰다, 뛰다

  ; 諸有에 이대 걷내뛰며(善超諸有)〈능1-24〉

  ; 情을 건너뛰며(超情)〈능4-8〉

  ; 흔 門으로 뛰여나논(一門超出)〈능1-50〉


   '걷내뛰다, 건너뛰다, 뛰다'는 (超)에 대한 대역이다. 『두시언해』에는 '넘다, 超越ㅎ다'로 『남명천계송언해』에는 '건납듸다, 건넵듸다, 뛰다'로 『유합』에는 '뿌여날'로 字釋되었다.

(哨) ; 십다

  ; 哨ᄂᆞᆫ 맛ㅎᆞ야 시블씨라〈능4-117〉


   '십다'는 (哨)에 대한 대역이다. 이는 『능엄경』에서만 발견되는 대역 語形이다.

(稍) ; ᄌᆞ모

  ; ᄌᆞ모 해 어긔니(稍多違戾)〈능1-22〉


   'ᄌᆞ모'는 (稍)에 대한 대역이다. 『두시언해』에는 '져기, 젹젹, 졈졈'으로 『구상 · 태요 · 두창』에는 '젹다, 젹이, 잠깐, 졈졈'로 『유합』에는 '졈졈'으로 字釋되었다.

(促) ; 뵈아다, 섈리, 젹다, ᄌᆞ조

  ; 그스기 뵈아미 서르ㄱ라(暗促遞更)〈능2-7〉

  ; 알핏 ᄠᅳ들 섈리드러(促擧前義)〈능4-10〉

; 局促은 그슴ᄒ야 져글씨라〈능4-46〉

; ᄌ조ᄆ로브터 子細히 보건댄(自促細觀)〈능2-7〉


 '뵈아다, 샐리, 젹다, ᄌ조'는 (促)에 대한 대역이다. 『두시언해』에는 '뵈아다, 샏ᄅ다'로 『구상』에는 'ᄌᆺ다'로 『유합』에는 '최촉'으로 字釋되었다. 중세어 '뵈아다, 샏ᄅ다'는 한자 '急'의 의미이고 '促'은 한자어 최촉(催促)의 의미인 '재촉'으로 의미가 轉義된 것으로 보인다. 그리고 語形 '뵈아다, ᄌᆺ다'는 消滅語로 볼 수 있다.


(觸) ; 다ᄃᆫ다, 다텿다, 다ᄒ다, 삘리다

; 이제 다ᄃ라 불곰디라(使觸事而明)〈능3-91〉

; 네 머리 다텿제 當ᄒ야(當汝觸頭)〈능1-68〉

; 다ᄒ 고대 알픽 現ᄒᆯ씩(觸處現前)〈능2-69〉

; 가싀예 삘여 모믈 ᄇ리며(觸刺而遺身)〈능6-78〉


 '다ᄃᆫ다, 다텿다, 다ᄒ다, 삘리다'는 (觸)에 대한 대역이다. 『두시언해』에는 '다딜오다, 다디ᄅ다, 다딜어다'로 『구하 · 두창』에는 '삘이다'로 『훈몽자회』에는 'ᄢ를'로 『유합』에는 '다틸'로 字釋되었다. 語形 '다딜오다, 다텿다, 다ᄒ다'는 消滅語로 볼 수 있다.


(矚) ; 보다

; 林園을 보노이다(方矚林園)〈능1-48〉


 '보다'는 (矚)에 대한 대역이다. 이는 『능엄경』에서만 발견되는 대역 語形이다.


(村) ; ᄆ술

; 聚落은 ᄆ술 져재라(聚落村市也)〈능4-34〉


 'ᄆ술'은 (村)에 대한 대역이다. 『두시언해』에는 'ᄆ술, 村落'으로 『훈몽자회』에는 'ᄆ술'로 『유합』에는 '촌'으로 字釋되었다. 語形 'ᄆ술'은 '마을'로 對替 消滅되고 한자어 '村落'은 현재까지 사용되고 있다.

(忖) ; 혜요다

　; 내이 스랑ᄒᆞ야 혜요맨(如我恩忖)〈능1-56〉


　'혜요다'는 (忖)에 대한 대역이다. 이는 『능엄경』에서만 발견되는 대역 語形이다.


(惣) ; 다, 뫼화다

　; 色ᄋᆞᆫ 五根六塵ᄋᆞᆯ 다 드러 니ᄅᆞ시고(色惣擧五根六塵也)〈능2-17〉
　; 뫼화 修行 方便ᄋᆞᆯ 사ᄆᆞ실 쎡(惣爲修行方便)〈능1-21〉


　'다, 뫼화다'는 (惣)에 대한 대역이다. 『두시언해』에는 '다, 가지다'로 대역되었다.


(寵) ; 스랑ᄒᆞ다

　; 나ᄂᆞᆫ 부텻 스랑ᄒᆞ시논 앗이라(我佛寵弟)〈능1-87〉


　'스랑ᄒᆞ다'는 (寵)에 대한 대역이다. 『두시언해』에는 '榮寵'으로 『훈몽자회』에는 '스랑홀'로 『유합 · 천자문』 석봉 본에는 '괼'로 광주 본에는 '괴일'로 주해 본에는 '괼, 스랑'으로 대역되었다. 15세기 당시에는 '스랑ᄒᆞ다, 괴일'이 같은 의미로 사용되다가 後代에 오면서 語形 '괴일'은 '스랑ᄒᆞ다'에 의하여 消滅된 것으로 보인다. 따라서 語形 '괼, 괴일'은 消滅語로 볼 수 있다.


(聰) ; 聰明ᄒᆞ다

　; 사ᄅᆞ미 聰明ᄒᆞ며 鈍ᄒᆞ니 이슈미(人有聰鈍)〈능8-74〉


　'聰明ᄒᆞ다'는 (聰)에 대한 대역이다. 『두시언해』에는 '聰明ᄒᆞ다, 슬가오니'로 『훈몽자회 · 유합』에는 '귀ᄇᆞᆯ글'로 字釋되있다. 語形 '슬가오니'는 消滅語로 볼 수 있다.

(撮) ; 그스다, 둥기다, 뫼화다, 잡다

　; 挽撮은 罪人을 믜야 그슬씨라〈능8-88〉

　; 아츰 나조히 ᄆᆞᅀᆞᄆᆞᆯ 둥기야(旦夕撮心)〈능9-72〉

　; 홀ᄀᆞᆯ 뫼호며 돌해 點ᄒᆞ야(撮土點石)〈능8-131〉

　; 虛空ᄋᆞᆯ 자바 빳ᄃᆞᆺᄒᆞ야(撮摩虛空)〈능2-70〉


　'그스다, 둥기다, 뫼화다, 잡다'는 (撮)에 대한 대역이다. 『구상 · 태요』에는 '져붐, 잡다, 쟈봄, 졸다, 조리혀다'로 『남명천계송언해』에는 '져붐'으로 『유합』에는 '치블'로 字釋되었다. 語形 '그스다, 져붐, 조리혀다, 치블'은 消滅語로 볼 수 있다.

(最) ; 믓

　; 믓져믄 앗이로니(最小之第)〈능1-76〉


　'믓'은 (最)에 대한 대역이다. 『두시언해』에는 'ᄀᆞ장, 안직'으로 『석보상절』에는 '믓다'로 『구상 · 구하 · 태요 · 납약』에는 'ᄀᆞ장, 잘, 믓, 싸허다'로 『유합』에는 'ᄀᆞ장'으로 字釋되었다. 語形 '믓, 안직, 싸허다'는 消滅語로 볼 수 있다.

(蕞) ; 젹다

　; 져근 몸 안해 아ᄂᆞ니(乃認之於蕞爾身中)〈능2-20〉


　'젹다'는 (蕞)에 대한 대역이다. 이는 『능엄경』에서만 발견되는 대역 語形이다.

(摧) ; 져다

　; 邪異를 것거 降伏히와(使摧伏邪異)〈능1-97〉


　'져다'는 (摧)에 대한 대역이다. 『두시언해』에는 '져다, 믈어디다'로 『유합』에는 '것글'로 字釋되었다. 語形 '믈어디다'는 消滅語로 볼 수 있다.

(墜) ; 떠러디다

　; 뻐디여 떠러듀믈 도라보디 아호미(不顧陷墜)〈능6-87〉

　　'떠러디다'는 (墜)에 대한 대역이다. 『두시언해』에는 '떠러디다, 디다'로 『구하』에는 '디다'로 『유합』에는 떠러딜'로 字釋되었다.

(麤) ; 멀텁다

　; 分別이 멀터우믈 가줄비고(喻分別之麤)〈능1-107〉

　　'멀텁다'는 (麤)에 대한 대역이다. 『구하 · 태요』에는 '거츨다, 굵다'로 『유합』에는 '굴글'로 字釋되었다. 語形 '멀텁다'는 消滅語로 볼 수 있다.

(追) ; 믈리다, 미좇다

　; 鹿園엣 綠을 믈리 무르샤(追問鹿園之綠)〈능1-104〉
　; 夢境을 미조차 ᄉ랑홀 ᄀᄐ니(如追憶夢境)〈능3-16〉

　　'믈리다, 미좇다'는 (追)에 대한 대역이다. 『두시언해』에는 '좇다, 좇다, 追求ᄒ다'로 『석보상절』에는 '미좇다'로 『유합』에는 '뽈올'로 字釋되었다. 語形 '미좇다'는 消滅語로 볼 수 있다.

(抽) ; 쌔혀다

　; 水애 사오나와 쌔혀(劣水抽)〈능4-18〉

　　'쌔혀다'는 (抽)에 대한 대역이다. 『두시언해』에는 '돋다'로 『유합 · 천자문』 광주 · 석봉 본에는 '쌔일'로 주해 본에는 쌔힐'로 字釋되었다.

(樞) ; 지도리

　; 樞ᄂᆞᆫ 門 지도리오〈능10-2〉

　　'지도리'는 (樞)에 대한 대역이다. 『훈몽자회 · 유합』에는 '지도리'로 字釋되었다. 語形 '지도리'는 消滅語로 볼 수 있다.

(推) ; 밀다, 推尋ᄒ다

　; 반ᄃ기 미러 옮기디 몯ᄒ리로다(應不推移)〈능3-27〉
　; 微細히 推尋ᄒ야 求컨댄(微細推求)〈능4-123〉

　'밀다, 推尋ᄒ다'는 (推)에 대한 대역이다.『두시언해』에는 '밀, 推行ᄒ다, 推尋ᄒ다, 推尊ᄒ다'로『남명천계송언해 · 천자문』광주 · 석봉 본에는 '밀' 주해 본에는 '밀, ᄎ줄, 밀칠'로『유합』에는 '밀, 츄심'으로『구하 · 태요』에는 '밀'로 대역되었다.

(捶) ; 티다

　; 티며 구지저도(捶詈)〈능6-107〉

　'티다'는 (捶)에 대한 대역이다.『두시언해』에는 '채질ᄒ다, 티다'로『훈몽자회』에는 '틸'로 字釋되었다. 語形 '채질ᄒ다'의 대역이 특이하다.

(椎) ; 티다

　; 누르며 텨 누르며(壓捺椎按)〈능8-92〉

　'티다'는 (椎)에 대한 대역이다.『두시언해』에도 '티다'로 대역되었다.

(秋) ; ᄀᆞ술

　; ᄀᆞ술 거두움미오(秋穫)〈능1-19〉

　'ᄀᆞ술'은 (秋)에 대한 대역이다.『두시언해 · 남명천계송언해 · 훈몽자회 · 천자문』광주 본에는 'ᄀᆞ술'로『유합 · 천자문』석봉 본에는 'ᄀᆞ올'로 주해 본에는 'ᄀᆞ올'로『납약』에는 'ᄀᆞ올'로 대역되었다.

(皺) ; 살찌다, 삻지다, 삻쥼

　; 머리 셰며 ᄂᆞ치 살찌여(髮白面皺)〈능2-5〉
　; 氣슬며 양지 삻지여(氣銷容皺)〈능10-82〉

; 네 이제 머리 세면 갓 삸쥬믈 슬ᄂᆞ니(汝今自傷髮白面皺)〈능2-9〉

'살찌다, 삸지다, 삸쥼'은 (皺)에 대한 대역이다. 『훈몽자회』에는 '삥긜'로 『태요』에는 '주리혀다'로 대역되었다. 語形 '삥긜, 주리혀다'는 消滅語로 볼 수 있다.

(畜) ; ᄀᆞ초다, 뫼호다, 즁ᄉᆡᆼ

; 分寸도 ᄀᆞ초디 아니ᄒᆞ며(分寸不畜)〈능6-107〉

; 惡ᄋᆞᆯ 뫼호ᄃᆞᆺᄒᆞ야(畜惡)〈능8-89〉

; 프성귀와 사ᄅᆞᆷ과 즁ᄉᆡᆼ쾌(草芥人畜)〈능2-34〉

'ᄀᆞ초다, 뫼호다, 즁ᄉᆡᆼ'은 (畜)에 대한 대역이다. 『두시언해』에는 '논'으로 『유합』에는 '칠'로 字釋되었다. 語形 '논'의 대역이 특이하다.

(逐) ; 나ᅀᅡ가다, 디르다, 좇다

; ᄒᆞ마 제 아로매 나ᅀᅡ가(旣自悟逐)〈능3-111〉

; 等覺妙覺애 ᄃᆞ리 디르며(逐階等妙)〈능6-89〉

; 아래 ᄠᅳ들 조차(下逐義)〈능1-66〉

'나ᅀᅡ가다, 디르다, 좇다'는 (逐)에 대한 대역이다. 『두시언해』에는 '내쬦다, 쬦다'로 『남명천계송언해』에는 '쬦다'로 『구하 · 태요』에는 '좇다, 즉제, 쬦다'로 『유합 · 천자문』 석봉 본에는 'ᄠᅩ출'로 광주 본에는 '조출'로 주해 본에는 '조출, 쏘출'로 대역되었다.

(蹙) ; 다왇다

; 다와다 츳들게ᄒᆞ며(蹙漉)〈능8-92〉

'다왇다'는 (蹙)에 대한 대역이다. 『두시언해』에는 '삥긔다'로 대역되었다. 語形 '다왇다, 삥긔다'는 消滅語로 볼 수 있다.

(縮) ; 움다, 움치다

　; 보미 體펴며 움는가 疑心ᄒ니(而疑見體舒縮)〈능2-40〉
　; 큰거시 움처 져기 듸외니 잇가(縮大爲小)〈능2-40〉

　　'움다, 움치다는 (縮)에 대한 대역이다. 『두시언해』에는 '움치혀다'로 『구
상·태요』에는 '움처들다, 움치들다, 움주쥐다, 조라다, 주리혀다'로 대역되었
다. 語形 '움다, 조라다, 주리혀다'는 消滅語로 볼 수 있다.

(築) ; 짓다

　; ᄒ다가 담의 집과 지서(若築牆宇)〈능2-43〉

　　'짓다'는 (築)에 대한 대역이다. 『두시언해』에는 '다ᄋ다, 슷다, 집, 卜築호다'
로 『훈몽자회·유합』에는 '솔'로 字釋되었다. 語形 '다ᄋ다, 솔'은 消滅語로 볼
수 있다.

(出) ; 나다

　; 시혹 얽교매 나믈 得ᄒ며(或得出纏)〈능1-17〉

　　'나다'는 (出)에 대한 대역이다. 『두시언해』에는 '나가다, 나다, 내다, 特出ᄒ
다'로 『석보상절·정속언해』에는 '나다'로 『남명천계송언해』에는 '나가다, 나다,
내왇다'로 『구상·태요·두창』에는 '나다, 내다, 돗다, 돋다'로 『유합·천자문』
광주·석봉 본에는 '날'로 주해 본에는 '날, 내칠'로 대역되었다. 語形 '내왇다'
는 消滅語로 볼 수 있다.

(衝) ; 다토다, 다티다

　; 瞋瞖이 섯거 다툐미(瞋瞖交衝)〈능8-85〉
　; 見에 다티면(衝見)〈능8-101〉

　　'다토다, 다티다'는 (衝)에 대한 대역이다. 『두시언해』에는 '티딜었다, 다딜
다'로 『구상·구하·태요』에는 '다와티다, 다딜다, 다티다'로 『유합』에는 '다디
를'로 字釋되었다. 語形 '티딜다, 다딜다'는 消滅語로 볼 수 있다.

(虫) ; 벌에

　;벌에 나빈 드외면(如虫爲蝶)〈능7-83〉


　　'벌에'는 (虫)에 대한 대역이다. 『두시언해』에는 '벌어지'로 『석보상절·유합』에는 '벌에'로 『구하·납약』에는 '벌에, 버러지, 틍중'로 대역되었다. 語形 '틍중'의 대역이 특이하다.


(充) ; 치오다

　;各各 本數를 브터 치오샤(各依本數充之)〈능6-41〉


　　'치오다'는 (充)에 대한 대역이다. 『두시언해』에는 '몌오다, 치오다'로 『월인석보』에는 '滿'의 뜻인 'ᄀᄃᆨᄒ다'로 『유합·천자문』에 모두 '츨' 字釋되었다.


(臭) ; 내

　;臭는 더러운 내라〈능3-7〉


　　'내'는 (臭)에 대한 대역이다. 『두시언해·훈몽자회·유합·두창』에 모두 '내'로 대역되었다. 語形 '내'는 '냄새'에 의하여 消滅되었다.


(聚) ; 모ᄃ시다, 모도다, 모든

　;道場애 와 모ᄃ시니(來聚道場)〈능1-30〉
　;惡叉의 모돔 굳ᄒ며(如惡叉聚)〈능11-80〉
　;모든 緣이 안흐로 이어고(聚緣內搖)〈능2-18〉


　　'모ᄃ시다, 모도다, 모든'는 (聚)에 대한 대역이다. 『두시언해』에는 '모다, 모ᄃ다, 모ᄃ락, 몯ᄂ다, 뫼화다'로 『정속언해』에는 '모도'로 『구상·태요』에는 '모다, 모도다'로 『유합·천자문』 광주·석봉 본에는 '모들'로 주해 본에는 '모들, 거둘로 대역되었다.

(驟) ; 섈리

　; 다오매 섈리 가숫다(驟趍於盡也)〈능2-7〉

　'섈리'는 (驟)에 대한 대역이다. 『유합』에는 '과ᄀ롤'로 字釋되었다. 語形 '과ᄀ롤'은 消滅語로 볼 수 있다.

(毳) ; 터럭 옷

　; 毳는 터럭오시라〈능6-107〉

　'터럭 옷'은 (毳)에 대한 대역이다. 이는 『능엄경』에서만 발견되는 대역 語形이다.

(趣) ; 가다, 곧, 뜯

　; 놀ᄀ니 ᄇ리고 새예 가ᄂ 견츠로(去故趣新故)〈능1-107〉
　; 諍징論론올 여흰 眞진 實씷ㅅ 고디라(離諍論之眞趣也)〈능4-8〉
　; 호마 一定훈 ᄠ디 업슬씨(旣無定趣)〈능2-68〉

　'가다, 곧, 뜯'은 (趣)에 대한 대역이다. 『두시언해』에는 '景趣, 興趣'로 『유합』에는 'ᄃ롤, ᄃ라들'로 대역되었다. 語形 'ᄃ롤, ᄃ라들다'는 消滅語로 볼 수 있다.

(取) ; 가지다, 잡다

　; 取ᄂ 가질씨라〈능1-112〉
　; 섯거 어즈러우면 中 자봃듸 업스니라(混亂則無所取中)〈능1-71〉

　'가지다, 잡다'는 (取)에 대한 대역이다. 『두시언해』에는 '받다, 얻다'로 『구상 · 구하 · 태요 · 납약』에는 '아ᄉ다, 츙ᄒ다, 빼ᄃ외다, 앗다, 내다, 얻다, 잡다, 받다, 비븨다'로 『유합』에는 '가질'로 『천자문』 광주 · 석봉 본에는 '아올'로 주해 본에는 '가딜, 자불, 혼츄'로 대역되었다. 語形 '아ᄉ다, 혼츄'는 消滅語로 볼 수 있다.

(揣) ; 혜아리다, 혜요다

　　; 微細히 혜아려 ᄆ다ᄃᆞᄆᆞ라(微細揣摩)〈능1-90〉
　　; 다시 혜요ᄃᆡ 여슷用이(復揣六用)〈능4-123〉

　　'혜아리다, 혜요다'는 (揣)에 대한 대역이다. 『유합』에는 '놉ᄂᆞ지혤'로 字釋되었다. 語形 '놉ᄂᆞ지혤'은 消滅語로 볼 수 있다.

(贅) ; 남다

　　; 뒤흐론 涅槃애 나ᄆᆞᆫ 술히니(後則贅於涅槃)〈능1-19〉

　　'남다'는 (贅)에 대한 대역이다. 『훈몽자회』에는 '혹'으로 字釋되었다. 語形 '혹'의 대역이 특이하다.

(測) ; 혜아리다

　　; 혜아려 아디 몯호ᄆᆞᆯ(而不可測知)〈능1-97〉

　　'혜아리다'는 (測)에 대한 대역이다. 『두시언해』에는 '되다, 測量'으로 『유합』에는 '물결홈'으로 字釋되었다. 語形 '물결홈'은 消滅語로 볼 수 있다.

(致) ; ᄀᆞᇀ, 다ᄃᆞᆮ다

　　; 세 經ㅅ 큰 그를 議論컨대(論三經大致)〈능1-20〉
　　; 우업슨 그데 微妙히 다ᄃᆞᆮ게ᄒᆞ시며(而妙極乎無上之致)〈능1-8〉

　　'ᄀᆞᇀ, 다ᄃᆞᆮ다'는 (致)에 대한 대역이다. 『두시언해』에는 '니르위다, 닐위다'로 『유합』 '닐월'로 『천자문』 광주 본에는 '니를'로 석봉 본에는 '닐월' 주해 본에는 '닐월, 극진홀'로 『태요』에는 '되ᄂᆞ다'로 대역되었다. 語形 '되ᄂᆞ다, 다ᄃᆞᆮ다'는 消滅語로 볼 수 있다.

(熾) ; 盛ᄒᆞ다

　　; 모ᄃᆞᆫ 魔ᄂᆞᆫ 盛히 모디러(諸魔熾惡)〈능9-50〉

; 수라 미이 퓌에ᄒ고(然令猛熾)〈능7-16〉

'盛ᄒ다, 퓌다'는 (熾)에 대한 대역이다. 『두시언해』에는 '더위'로 『유합』에는 '블셩홀'로 字釋되었다.

(馳) ; 둘이다

; 馳ᄂᆞᆫ 둘일씨라〈능8-83〉

'둘이다'는 (馳)에 대한 대역이다. 『두시언해』에도 '둘이다'로 『훈몽자회』에는 '둘일'로 『유합』에는 '믈ᄃᆞ롤'로 字釋되었다.

(治) ; 다ᄉᆞ리다

; 다ᄉᆞ려 니길쑬 닐오ᄃᆡ 修니(治習之謂修)〈능6-4〉

'다ᄉᆞ리다'는 (治)에 대한 대역이다. 『두시언해 · 남명천계송언해』에도 '다ᄉᆞ리다'로 『구상 · 태요 · 납약 · 두창』에는 '고티다, 다ᄉᆞ리다, 다스리다'로 『유합』에는 '다ᄉᆞ리, 다ᄉᆞᆫ것'으로 대역되었다.

(匜) ; 잔

; 싀ᄂᆞᆫ 자내 믈 브스며(水灌漏匜)〈능6-106〉

'잔'은 (匜)에 대한 대역이다. 『훈몽자회』에는 '대야'로 字釋되었다.

(値) ; 맛나다

; 내 비록 부톄를 맛나ᅀᆞ오나(我雖値佛)〈능1-23〉

'맛나다'는 (値)에 대한 대역이다. 『두시언해』에도 '맛나다'로 『유합』에는 '만날'로 字釋되었다.

(則) ; 곳

　; 사룸 곳 보며 우서(見人則笑)〈능9-75〉

　'곳'은 (則)에 대한 대역이다. 『두시언해』에는 '법'으로 『태요』에는 '곳'으로 『유합·천자문』 석봉 본에는 '법측'으로 광주 본에는 '법즉'으로 주해 본에는 '곳, 법측'으로 대역되었다.

(親) ; 親ᄒᆞ다

　; 부텻 親혼 앗이라(佛親第也)〈능5-57〉

　'親ᄒᆞ다'는 (親)에 대한 대역이다. 『두시언해』에는 '아ᅀᆞᆷ, 어마니, 어버ᅀᅵ, 宗親, 親近ᄒᆞ다'로 『정속언해』에는 '친ᄒᆞ다, 친히'로 『훈몽자회』에서는 '아ᅀᆞᆷ'으로 『유합·천자문』 석봉 본에는 '친홀'로 광주 본에는 '어버이'로 주해 본에는 '겨레, 사돈, ᄉᆞ랑, 갓가올'로 對譯되었다. 語形 '아ᅀᆞᆷ'은 消滅語로 볼 수 있다.

(七) ; 닐굽

　; 닐구븐 소리 性이 두려이 스러(七者音性圓銷)〈능6-28〉

　'닐굽'은 (七)에 대한 대역이다. 『두시언해』에는 '닐굽, 닐굽차'로 『석보상절·남명천계송언해·훈몽자회·유합·태요』에는 모두 '닐굽'으로 『구상·구하』에는 '닐굽, 닐웨'으로 대역되었다. 語形 '닐굽차'는 消滅語로 볼 수 있다.

(沉) ; 둠다, 줌줌ᄒᆞ다

　; 내죵에 妄想애 ᄃᆞ마(終沉妄想)〈능2-61〉
　; 줌줌ᄒᆞ야 ᄉᆞ랑ᄒᆞ야 子細히 보건댄(沉思諦觀)〈능2-7〉

　'둠다, 줌줌ᄒᆞ다'는 (沉)에 대한 대역이다. 『두시언해』에는 '깊다, 디다, 둠기다, ᄌᆞ마락'으로 『석보상절』에는 'ᄌᆞᆷ다'로 『남명천계송언해』에는 '둠다'로 『태요·두창』에는 'ᄲᅡ다, 둠다'로 『유합』에는 '둠길'로 字釋되었다. 語形 'ᄲᅡ다'는 消滅語로 볼 수 있다.

(枕) ; 벼개

　; 平牀에 벼개예 니기 자거든(眼熟牀枕)〈능4-130〉

　'벼개'는 (枕)에 대한 대역이다. 『두시언해 · 훈몽자회 · 유합』에도 '벼개'로 『구상 · 태요』에는 '볘다, 버개'로 대역되었다.

(稱) ; 니ᄅ다, 맞다, 일쿨이다

　; 經에 니ᄅ샤딕(經稱)〈능1-17〉
　; 두 ᄠ디 眞에 마즌 마리며(二義及稱眞之語)〈능2-54〉
　; 나ᄆ닌 일ㅋᄅ샨 金剛觀察로(餘稱金剛觀察)〈능1-9〉

　'니ᄅ다, 맞다, 일쿨이다'는 (稱)에 대한 대역이다. 『두시언해』에는 '니ᄅ다, 맞다, 맛도다, 일ᄀ다'로 『유합 · 천자문』 석봉 본에는 '일ㅋ룰'로 광주 본에는 '잇ᄀᄅ'로 주해 본에는 '일ㅋ룰, 저울, 돌다, 들다, 맛ᄀ즐'로 『납약』에는 '일홈'으로 대역되었다. 語形 '맛ᄀ즐, 잇ᄀᄅ'는 消滅語로 볼 수 있다.

(快) ; 훤ᄒ다, 훤히

　; 身心이 훤ᄒ야(身心快然)〈능7-67〉
　; 훤히 ᄀ룜 업수믈 得호이다(快得無礙)〈능5-29〉

　'훤ᄒ다, 훤히'는 (快)에 대한 대역이다. 『두시언해』에는 'ᄲᄅ다, 훤히, 快히'로 『두창』에는 '쾌히'로 『유합』에는 '싀훤'으로 字釋되었다. 語形 '싀훤'은 現代語 '시원하다'의 뜻으로 사용되었다.

(他) ; 녀느, 다른

　; 녀느 업서(無他)〈능4-24〉
　; 구틔여 다른 말홇디 아니니라(不必他說)〈능1-23〉

　'녀느, 다른'은 (他)에 대한 대역이다. 『두시언해』에는 '늄, 녀느, 녯, 다른'으로 『석보상절』에는 '늄, 녀느, 다른'으로 『남명천계송언해』에는 '늄'으로 『구상』

에는 '다ᄅᆞᆫ'으로 『정속언해』에는 '남, 다ᄅᆞᆫ'으로 『훈몽자회』에는 '뎌'로 『유합』
에는 '뇨녀'로 字釋되었다.

(託) ; 븓다

; 네 누늘 븓고(託汝晴)〈능3-103〉

'븓다'는 (託)에 대한 대역이다. 『두시언해』에는 '붙다'로 『유합』에는 '의탁'으
로 字釋되었다.

(托) ; 븓다, 븥다

; 보ᄆᆞᆫ 根애 븓고(見托根)〈능3-104〉
; 잢간 五陰薖廬룰 브터 사는 젼ᄎᆞ로(暫托五陰薖廬而止故)〈능1-107〉

'븓다, 븥다'는 (托)에 대한 대역이다. 『두시언해』에는 '붙다'로 『훈몽자회』에
는 '바름'으로 『태요』에는 '글'으로 대역되었다. 語形 '바름'의 대역이 특이하다.

(嘆) ; 기리다

; 우희셔 기룸과 아래셔 감괘(上嘆下歸)〈능6-15〉

'기리다'는 (嘆)에 대한 대역이다. 『두시언해』에는 '슳다, 嗟嘆ᄒᆞ다, 嘆息ᄒᆞ
다'로 『유합』에는 '차탄'으로 字釋되었다.

(炭) ; 숫

; 숫글 목욕ᄒᆞ야(沐浴其炭)〈능7-16〉

'숫'은 (炭)에 대한 대역이다. 『훈민정음해례 用字例』에 '숫爲炭'으로 『월인
석보』에도 '炭온 숫기'로 『구하·태요』에는 '숫, 숫블'로 『훈몽자회·유합』에
모두 '숫'으로 字釋되었다.

(奪) ; 앗다

 ; 제 서르 侵勞ᄒ야 아ᄉᆞᆯ 싸ᄂᆞ니언정(自相陵奪)〈능2-7〉


 '앗다'는 (奪)에 대한 대역이다. 『두시언해』에는 '앗다, 앗다, 앗다'로 『훈몽자회』에는 '아ᄉᆞᆯ'로 『유합』에는 '아ᅀᆞᆯ'로 字釋되었다. 語形 '앗다, 앗다, 아ᅀᆞᆯ'은 消滅語로 볼 수 있다.

(脫) ; 벗다

 ; 말ᄊᆞᆷ매 머리 버서나며(迥脫語言)〈능1-4〉


 '벗다'는 (脫)에 대한 대역이다. 『두시언해』에는 '글어, 밧다, 벗다'로 『석보상절』에는 '밧다'로 『남명천계송언해』에는 '밧다, 벗다'로 『태요』에는 '벗다, 싸디다'로 『유합』에는 '버슬'로 字釋되었다. 語形 '싸디다'의 대역이 특이하다.

(探) ; 더듬다

 ; 如來藏ᄋᆞᆯ 더드머(以探如來藏)〈능1-3〉


 '더듬다'는 (探)에 대한 대역이다. 『태요』에는 '더듬다, 둘워다'로 『훈몽자회·유합』에는 '더드믈'로 字釋되었다. 語形 '둘워다'는 消滅語로 볼 수 있다.

(湯) ; 더운믈

 ; 더운므레 어름 녹ᄃᆞᆺ ᄒ야(如湯銷氷)〈능4-117〉


 '더운믈'은 (湯)에 대한 대역이다. 『두시언해』에도 '더운믈'로 『구상·태요·납약·두창』에는 '달힌믈, 쑥, 더운믈, 믈'로 『훈몽자회』에는 '탕'으로 『유합』에는 '글흘'로 字釋되었다.

(蕩) ; 믤다, 放蕩ᄒ다

 ; 蕩은 믤씨라〈능8-107〉
 ; ᄆᆞᅀᆞ매 노겨 放蕩호믈 ᄃᆞᄉᆞ(心愛遊蕩)〈능9-91〉

'믈다, 放蕩ᄒ다'는 (蕩)에 대한 대역이다. 『두시언해』에는 '이어다, 훤츨히, 훤ᄒ다, 훤히'로 『훈몽자회』에는 '즈퍼리'로 字釋하면서 보충 설명으로 '俗稱 茅蘆 -뛰와 굴조차난ᄃᆡ 又 大也 放蕩'으로 되었다. 『유합』에는 '보쇨'로 字釋되었다. 語形 '이어다, 즈퍼리, 보쇨'은 消滅語로 볼 수 있다.

(蝎) ; 벌에

; 蝎은 사ᄅᆞᆷ 쏘는 벌에라〈능8-120〉

'벌에'는 (蝎)에 대한 대역이다. 이는 『능엄경』에서만 발견되는 대역 語形이다.

(殆) ; 갓갑다

; 護持ᄒ디 몯호매 갓가올씨(殆無以護持)〈능1-37〉

'갓갑다'는 (殆)에 대한 대역이다. 『구하』에는 '바ᄃ랍다'로 『유합』에는 '위틱'로 字釋되었다. 語形 '바ᄃ랍다'의 대역이 특이하다.

(吐) ; 비와토다

; 十方을 머구므며 비와토ᄆ로(含吐十方)〈능3-63〉

'비와토다'는 (吐)에 대한 대역이다. 『두시언해』에는 '비왇다'로 『석보상절』에도 '토ᄒ다'로 『구상·태요·납약·두창』에는 '비왙다, 吐ᄒ다, 토ᄒ다'로 『훈몽자회』에는 '토홀'로 『유합』에는 '비와ᄐᆞᆯ'로 字釋되었다. 15세기 중세어에서는 '비와토다, 토ᄒ다' 두 語形이 동일한 의미로 사용되다가 現代語 '뱉다 와 토하다'로 의미가 분화되었다. 語形 '비왇다'는 '뱉다'에 의하여 消滅되었다.

(通) ; ᄉᆞ못나

; 또 ᄉᆞᄆᆞ조믈 보고(則復見通)〈능2-28〉

'ᄉᆞ못다'는 (通)에 대한 대역이다. 『두시언해』에는 'ᄉᆞᄆᆞᆺ다, ᄉᆞ못다, 通ᄒ다'

로 『남명천계송언해』에는 '오올다'로 『구상 · 태요 · 납약 · 두창』에는 '누다, 뻬
다, 통ᄒ다, 처다'로 『유합 · 천자문』에는 'ᄉᄆ촐'로 字釋되었다. 語形 'ᄉ못다,
오올다'는 消滅語로 볼 수 있다. 語形 '뻬다'의 대역이 특이하다.

(統) ; 모도가지다

; 萬法을 모도가젯논거시(統萬法)〈능4-3〉

'모도가지다'는 (統)에 대한 대역이다. 『훈몽자회』에는 '거느닐'로 『유합』에
는 '실머리'로 字釋되었다. 語形 '실머리'는 消滅語로 볼 수 있다.

(退) ; 믈러나다, 믈리다

; 믈러 안자 줌줌ᄒ야(退坐黙然)〈능1-41〉
; 믈리 그우디 아니호매 셔니라(立不退轉)〈능1-4〉

'믈러나다, 믈리다'는 (退)에 대한 대역이다. 『두시언해』에는 '믈러나다'로 『훈
몽자회 · 유합 · 천자문』 석봉 본에는 '므를'로 광주 본에는 '므늘'로 주해 본에는
'므를, 물리칠'로 대역되었다.

(頹) ; 듐

; 히 듐 굳ᄒ니(如日頹)〈능2-5〉

'듐'은 (頹)에 대한 대역이다. 『두시언해』에는 '디옛다, 믈어디다'로 『훈몽자
회』에는 '믈어디다'로 『유합』에는 '믈허딜'로 字釋되었다. 語形 '듐, 디옛다'는
消滅語로 볼 수 있다.

(偸) ; 도ᄌᆨ

; 그 ᄆᅀᆞ미 도ᄌᆨ 아니라ᄒ샤미(其心不偸)〈능6-86〉

'도ᄌᆨ'은 (偸)에 대한 대역이다. 『두시언해』에는 '일벗다, 盜賊'으로 『남명천
계송언해』에는 '일벗다'로 『유합』에는 '그으기'로 『훈몽자회』에는 '도ᄌᆨ홀'로 字
釋되었다. 語形 '그으기, 일벗다'는 消滅語로 볼 수 있다.

(投) ; 더뎌, ᄇᆞ리다

　　; ᄯᅡ해 더뎌(投地)〈능4-6〉
　　; 五體를 ᄯᅡ해 ᄇᆞ려(五體投地)〈능1-77〉

　　'더뎌, ᄇᆞ리다'는 (投)에 대한 대역이다. 『두시언해』에는 '드디다, 드리티다'로 『석보상절 · 남명천계송언해 · 유합』에는 '더디다, 더딜'로 『구상』에는 '야ᄉᆞ다'로 대역되었다. 語形 '야ᄉᆞ다'는 消滅語로 볼 수 있다.

(特) ; 다ᄆᆞᆫ, 오직

　　; 다ᄆᆞᆫ데 ᄠᅳᆫ 너기미니 이런ᄃᆞ로(特浮想耳故)〈능1-65〉
　　; 오직 갓ᄀᆞ로 보ᄆᆞᆯ브터(特依倒見)〈능2-12〉

　　'다ᄆᆞᆫ, 오직'은 (特)에 대한 대역이다. 『두시언해』에는 '곧, 特別히'로 『유합』에는 '각별'로 『천자문』 광주 · 석봉 본에는 '쇼'로 주해 본에는 '쇼, 다만, 특별, 싹'으로 대역되었다. 語形 '쇼'의 대역이 특이하다.

(破) ; 헐다, 헤티다

　　; 모딘 거슬 헐며 魔를 저히 ᄂᆞ니를(破惡怖魔)〈능1-23〉
　　; 바ᄅᆞ 모딕 그슥흔 ᄢᅵ믈 헤뎌 여러(直須破開陰隙)〈능1-107〉

　　'헐다, 헤티다'는 (破)에 대한 대역이다. 『두시언해』에는 'ᄢᅢ다, ᄲᅳ리다, 헐다, 헤티다'로 『남명천계송언해』에는 'ᄲᅳ려디다, 헐우다'로 『구상 · 구하 · 태요 · 두창』에는 'ᄒᆞ야디다, 헐다, ᄲᅳ리다, ᄠᅳ다, 긁다, ᄢᅢ다, ᄲᅥ디다, 븓다, ᄰᅳ다, 주다, 터디다, 히야디다'로 『유합』에는 '헤틸'로 字釋되었다.

(判) ; ᄢᅢ다, ᄲᅦ혀다

　　; 判은 ᄢᅢ야ᄂᆞᆫ홀씨오〈능1-16〉
　　; ᄲᅦ혀 다ᄅᆞᆫ 會 사ᄆᆞ며(判爲異會)〈능1-22〉

　　'ᄢᅢ다, ᄲᅦ혀다'는 (判)에 대한 대역이다. 『두시언해』에는 '判斷ᄒᆞ다'로 『유합』에는 'ᄢᅢ혈'로 字釋되었다. 語形 'ᄢᅢ다, ᄲᅦ혀다'는 消滅語로 볼 수 있다.

(辦) ; 밍글다

　; 밥 밍글오(食辦)〈능3-21〉

　'밍글다'는 (辦)에 대한 대역이다. 『유합』에는 '쥰비홀'로 字釋되었다.

(八) ; 여듧

　; 여들븐 소릴 滅ᄒ야(八者滅音)〈능6-29〉

　'여듧'은 (八)에 대한 대역이다. 『두시언해 · 석보상절 · 구상 · 구하 · 남명천계
송언해 · 훈몽자회』에도 '여듧'으로 『유합 · 천자문』 광주 · 석봉 본에는 '여듧'으
로 주해 본에는 '여듧, 분별'로 대역되었다. 語形 '분별'의 대역이 특이하다.

(沛) ; 졋바디다

　; 沛ᄂᆞᆫ 졋바딜씨오〈능5-32〉

　'졋바디다'는 (沛)에 대한 대역이다. 『유합』에는 '물너비갈'로 字釋되었다. 語
形 '졋바디다'는 消滅語로 볼 수 있다.

(便) ; 곧

　; 곧 涅槃을 니르샤(便說涅槃)〈능1-18〉

　'곧'은 (便)에 대한 대역이다. 『두시언해』에는 '곧, 됴ᄒᆞᆫ, 便安ᄒᆞ다, 便ᄒᆞ다'로
『석보상절』에는 '便安ᄒᆞ다, 便安히'로 『정속언해』에서는 '편편ᄒᆞ다, 편ᄒᆞ다'로 『구
상 · 구하 · 태요』에도 '곧, 즉제, 오좀, 믄득, 쇼변'으로 『훈몽자회』에는 '오좀'으
로 『유합』에는 '쟉마즐'로 字釋되었다.

(徧) ; ᄀᆞ득ᄒᆞ다, 너비, 다, 두루, 펴다

　; 體에 ᄀᆞ득디 아니ᄒᆞ며(爲不徧體)〈능1-66〉
　; 모ᄃᆞᆫ 會예 너비 니르샤ᄃᆡ(徧告同會)〈능2-15〉
　; 徧知ᄂᆞᆫ 다 알씨오〈능1-3〉
　; 두루 보며(徧觀)〈능2-48〉

; 本來 두려이 펴 일흟줄 업소몰(本來圓徧無遺失)〈능2-22〉

'ᄀ독ᄒ다, 너비, 다, 두루, 펴다'는 (徧)에 대한 대역이다. 『두시언해』에는 '펴뎌'로 『남명천계송언해』에는 'ᄀ ᄃ기'로 『구하』에는 'ᄀ다기, 다'로 『유합』에는 '두루'로 字釋되었다.

(廢) ; ᄇ리다

; 權을 ᄇ리고(廢權)〈능1-19〉

'ᄇ리다'는 (廢)에 대한 대역이다. 『두시언해』에는 'ᄇ리다, 廢ᄒ다'로 『월인석보』에는 '노하ᄇ릴, 말'로 『유합·두창』에는 '폐홀, 폐ᄒ다'로 대역되었다.

(敝) ; ᄀ리다

; 제 微細흔 불고몰 ᄀ리오고(自敝妙明)〈능4-56〉

'ᄀ리다'는 (蔽)에 대한 대역이다. 『두시언해·유합』에는 'ᄀ리다, ᄀ릴'로 대역되었다.

(閉) ; 굼다

; 눈ᄀ마 어드운디 보몬(閉眼見暗)〈능1-59〉

'굼다는 (閉)에 대한 대역이다. 『두시언해』에는 '굼다, 닫다'로 『석보상절·남명천계송언해』에는 '닫다'로 『구상·태요·납약』에는 '막다, 마키다, 감다, 굼다, 닫다, 막히다'로 『유합』에는 '다들'로 字釋되었다.

(包) ; ᄢ리다

; 萬象을 ᄢ려 머구멧ᄂᆞ(包吞萬象)〈능2-20〉

'ᄢ리다'는 (包)에 대한 대역이다. 『두시언해』에는 'ᄢ리다, 包容ᄒ다'로 『석보상절·구상』에는 'ᄢ다'로 『유합』에는 '쌀'로 字釋되었다.

(布) ; 펴다

　; 조쪼와 두루 펴(隨順分布)〈능1-4〉

　'펴다'는 (布)에 대한 대역이다. 『두시언해』에는 '뵈, 펴다'로 『석보상절 · 남명천계송언해 · 정속언해 · 구상 · 훈몽자회 · 유합 · 천자문』 광주 · 석봉 본에는 모두 '뵈'로 주해 본에만 '뵈, 펼'로 대역되었다.

(表) ; 나토다, 밨, 表ᄒ다

　; 法에 드롤 큰 ᄠ들 나토니라(表入法大旨也)〈능1-28〉
　; 갓 밧글 닐오듸(皮表曰)〈능2-5〉
　; 우업슨 여러 뵈샤몰 表ᄒ시니라(表無上開示也)〈능5-4〉

　'나토다, 밨, 表ᄒ다'는 (表)에 대한 대역이다. 『두시언해』에는 '밧긔, 표'로 『월인석보』에는 '밨'으로 『남명천계송언해』에는 '나토다, 낱, 보람'으로 『유합 · 훈몽자회 · 천자문』 광주 본에는 '밧'으로 석봉 본에는 '받'으로 주해 본에는 '밧, 웃옷, 글월'로 대역되었다. 語形 '글월'의 대역이 특이하다.

(標) ; 보람ᄒ다

　; 表는 物을 보람ᄒ야(表標物)〈능1-70〉

　'보람ᄒ다'는 (標)에 대한 대역이다. 『두시언해』에는 '양지, 標準ᄒ다'로 『석보상절 · 남명천계송언해』에는 '보람ᄒ다'로 『유합』에는 '나못귿'으로 字釋되었다. 語形 '보람ᄒ다'는 消滅語로 볼 수 있다.

(漂) ; ᄠ다, ᄣᅵ욤

　; 샹녜 ᄠ며 ᄲᅧ듀믈 닙논들(常被漂溺)〈능2-31〉
　; 큰 므레 ᄣᅵ요매(大水所之漂)〈능6-25〉

　'ᄠ다, ᄣᅵ욤'은 (漂)에 대한 대역이다. 『두시언해』에는 'ᄠᅥ다, ᄠᅥ든니다'로 『유합』에는 'ᄠᅥ갈'로 字釋되었다.

(皮) ; 갓

　　; 갓 밧굴 닐오듸(皮表曰)〈능2-5〉

　　'갓'은 (皮)에 대한 대역이다. 『두시언해・남명천계송언해』에는 '갗, 거플'로『구상・구하・태요・두창』에는 '갓, 거플, 겆, 겁질, 갗, 가족'으로『유합』에는 '가족'으로 字釋되었다. 語形 '갓, 갗, 겇, 겆, 가족'은 '가죽'에 의하여 消滅되었다.

(披) ; 헤혀다

　　; 헤혀 窮究ᄒᆞ야 비취여 불겨(披究照明)〈능8-90〉

　　'헤혀다'는 (披)에 대한 대역이다. 『두시언해』에는 '펴다, 펴다, 헤여다, 헤혀다'로『유합』에는 '헤혈'로 字釋되었다. 語形 '헤혀다'는 消滅語로 볼 수 있다.

(被) ; 니피다, 닙다

　　; 쁘든 利益을 혼뿔 니필 샏아니라(意非利被一時)〈능11-26〉
　　; 샹녜 쁘며 뻐듀믈 닙논둘(常被漂溺)〈능2-31〉

　　'니피다, 닙다'는 (被)에 대한 대역이다. 『두시언해・석보상절・남명천계송언해・정속언해』에는 '닙다'로『구하』에는 '닢'으로『훈몽자회・유합・천자문』광주・석봉 본에는 '니블'로 주해 본에는 '미츨, 니블, 닙을'로 대역되었다.

(彼) ; 뎌

　　; 뎌는 魔ᄅᆞᆯ미요 그를 結ᄒᆞ샨 마리라(彼乃結辯魔文)〈능1-17〉

　　'뎌'는 (彼)에 대한 대역이다. 『두시언해・훈몽자회・유합・천자문』광주・석봉 본에는 '뎌'로 주해 본에는 '저'로 字釋되었다.

(畢) ; 뭇다, 뭋다

　　; 머굼과 잠 이룰 뭇고(食宿事畢)〈능1-105〉
　　; ᄒᆞ마 뭋차셔(旣畢)〈능1-19〉

'뭇다, 뭇다'는 (畢)에 대한 대역이다. 『두시언해』에는 'ᄆᆞᆾ다'로 『석보상절』
에는 'ᄆᆞᆽ'로 『구상·태요』에는 'ᄆᆞᆾ다, 다'로 『유합』에는 'ᄆᆞᄎᆞᆯ'로 字釋되었다.

(匹) ; 짝

; 夫妻 짝 마초고(匹配夫妻)〈능8-133〉

'짝'은 (匹)에 대한 대역이다. 『두시언해』에는 '짝, ᄒᆞ나'로 『훈몽자회』에는
'ᄒᆞᆫ필'로 『유합』에는 '필'로 字釋되었다. 語形 'ᄒᆞ나'의 대역이 특이하다.

(必) ; 구틔여, 굿 , 모로매

; 구틔여 네 자바 닐오딕(必汝執言)〈능1-61〉
; 性覺이 굿불가(性覺必明)〈능4-12〉
; 모로매 몬져 般若를 브트사(而必籍般若)〈능1-20〉

'구틔여, 굿, 모로매'는 (必)에 대한 대역이다. 『두시언해』에는 '반ᄃᆞ기, 반ᄃᆞ
시'로 『석보상절』에는 '모딕'로 『정속언해』에는 '의식, 반ᄃᆞ시, 구틔여, 모딕, 모
로미, 필연'으로 『구하·태요·두창』에는 '모로매, 반ᄃᆞ시, 번ᄃᆞ시'로 『유합』에
는 '반ᄃᆞᆺ, 구틔여'로 대역되었다.

(下) ; ᄂᆞ리다, ᄂᆞᆺ가이

; ᄂᆞ려 ᄉᆞᄆᆞ차 그므레 거러(下透挂網)〈능8-103〉
; 놉ᄂᆞᆺ가이 업수믈(有無高下也)〈능5-69〉

'ᄂᆞ리다, ᄂᆞᆺ가이'는 (下)에 대한 대역이다. 『두시언해』에는 'ᄂᆞ리다, ᄂᆞᆺ가오
다, 디다, ᄆᆞ촘, 아래, 흘리다'로 『남명천계송언해』에는 '아래'로 『정속언해』에
는 '어리'로 『태요·납약·두창·구상·구하』에는 'ᄂᆞ리오다, 아래, 즈츼다, 낮
다, 누다, 밑, ᄂᆞ리다, 놓다'로 『훈몽자회·유합·천자문』 광주·석봉 본에는
'아래'로 주해 본에는 '아래, ᄂᆞ릴, ᄂᆞ즈이ᄒᆞ다'로 대역되었다. 語形 '어리, 즈츼
다, 흘리다'는 消滅語로 볼 수 있다.

(何) ; 므스, 어듸, 엇뎨

   ; 므스글 因ᄒᆞ야 이시며(因何所有)〈능1-98〉
   ; ᄯᅩ 어듸 나ᅀᅡ가리오(復何前進)〈능1-19〉
   ; 엇뎨 億萬 ᄯᆞᄅᆞ미리오(何啻億萬)〈능1-4〉

   '므스, 어듸, 엇뎨'는 (何)에 대한 대역이다. 『두시언해』에는 '므스, 어느, 엇
뎨'로 『남명천계송언해』에는 '어느'로 『정속언해』에는 '므슷'으로 『유합』에는
'엇뎨'로 『두창』에는 '므슨, 엇디'로 대역되었다.

(夏) ; 녀름

   ; 녀름브터 겨ᅀᅳ레가니(自夏단徂冬)〈능1-17〉

   '녀름'은 (夏)에 대한 대역이다. 『두시언해·석보상절·남명천계송언해·훈
몽자회』에도 '녀름'으로 『구하·납약·두창』에는 '녀릆, 녀름'으로 『유합·천자
문』 광주·석봉 본에는 '녀름'으로 주해 본에는 '녀름, 클, 집'으로 대역되었다.
語形 '클'의 대역은 한자 (厦)에 대한 것으로 추정된다.

(蝦) ; 사이

   ; 사이로 누늘 사마(以蝦爲目)〈능7-89〉

   '사이'는 (蝦)에 대한 대역이다. 『유합』에는 '머구티, 사유'로 대역되었다. 語
形 '머구티, 사유, 사이'는 消滅語로 볼 수 있다.

(壑) ; 골, 굴허

   ; 바미 고래 지여 ᄃᆞ로미(夫野壑負迻)〈능1-16〉
   ; 毒흔 굴허에 드뜻ᄒᆞᄂᆞ니라(如入毒壑)〈능8-90〉

   '골, 굴허'는 (壑)에 대한 대역이다. 『두시언해』에는 '굴형, 묏골'로 『남명천
계송언해』에는 '굴형, 골'로 『훈몽자회·유합』에는 모두 '굴형'으로 字釋되었다.

(學) ; 비호다

　; 뜬 빈호는 무리(義學之徒)〈능1-3〉

　'비호다'는 (學)에 대한 대역이다. 『두시언해』에는 '글, 글호다, 뵈호다, 학문'으로 『훈몽자회·유합·천자문』 광주·석봉 본에는 '빈홀'로 주해 본에 '빈홀, ᄀᆞᄅ칠, 학교'로 대역되었다.

(寒) ; 칩다

　; 치움과 더움괘 올마흘러(寒暑還流〈능2-6〉

　'칩다'는 (寒)에 대한 대역이다. 『두시언해』에는 '서늘ᄒ다, 츳다, 칩다'로 『남명천계송언해』에는 '츳다, 칩다'로 『정속언해』에는 '칩다'로 『태요』에는 '춥다'로 『유합·천자문』에는 모두 '츨'로 字釋되었다.

(限) ; 그슴ᄒ다

　; ᄯᅩ 열히 옴 그슴ᄒ야니와(且限十年)〈능2-7〉

　'그슴ᄒ다'는 (限)에 대한 대역이다. 『두시언해』에는 '긎, 限隔ᄒ다'로 『유합』에는 '문젼'으로 字釋되었다. 語形 '그슴ᄒ다, 문젼'은 消滅語로 볼 수 있다.

(罕) ; 드므다

　; 能히 다 알리 드므도다(罕能究盡)〈능1-3〉

　'드므다'는 (罕)에 대한 대역이다. 『유합』에도 '드믈'로 字釋되었다.

(恨) ; 믜다, 믤다, 애왈다

　; 시혹 어엿비 너기며 시혹 믜면(或憐或恨)〈능8-68〉
　; 恨은 믤씨라〈능8-30〉
　; 제 애와텨(自恨)〈능4-59〉

'믜다, 밀다, 애왇다'는 (恨)에 대한 대역이다. 『두시언해』에는 '슳다, 恨'으로 『유합』에는 '애들'로 字釋되었다. 語形 '믜다, 밀다, 애왇다'는 消滅語로 볼 수 있다.

(閑) ; 겨르르이, 괴외ᄒ다
  ; 香 퓌우고 겨르르이셔(然香閑居)〈능7-6〉
  ; 閑은 괴외홀씨니(능1-89)

'겨르르이, 괴외ᄒ다'는 (閑)에 대한 대역이다. 『두시언해』에는 '겨르롭다, 닫다'로 『남명천계송언해』에는 '겨르롭다'로 『훈몽자회』에는 '멀험, 부졀업다'로 『유합』에는 '겨를, 부질업슬'로 대역되었다. 語形 '겨르롭다, 괴외ᄒ다, 멀험'은 消滅語로 볼 수 있다.

(割) ; 버히다
  ; 믈 버히ᄃᆞᆺᄒ며(猶如割水)〈능6-27〉

'버히다'는 (割)에 대한 대역이다. 『두시언해·남명천계송언해·정속언해』에도 모두 '버히다'로 『구하』에는 '버히다. 베다'로 『훈몽자회』에는 '버힐' 또는 '바팃곡식뷔다'로 『유합』에는 'ᄀᆞ릴'로 字釋되었다. 語形 '바팃곡식뷔다'의 대역이 특이하다.

(陷) ; 뻐디다
  ; 뻐디여 뻐러듀믈 도라보디 아니ᄒ미(不顧陷墜)〈능6-87〉

'뻐디다'는 (陷)에 대한 대역이다. 『두시언해』에는 '뻐디다, 陷沒ᄒ다'로 『석보상절』에는 '쩌디다'로 『남명천계송언해』에는 '뻐디다, 빠디다'로 『구ᆞ싱·태요·두창』에 '우묵ᄒ다, 뻐디다, 쩌디다'로 『훈몽자회·유합』에는 '뻐디다'로 字釋되었다. 語形 '우묵ᄒ다'의 대역이 특이하다.

(含) ; 쁴리잡다

　　; 숌은 쁴려자불씨오〈능4-76〉


　　'쁴리잡다'는 (含)에 대한 대역이다. 『두시언해』에는 '머거다, 머굼다'로 『월
인석보서』에는 '숌은 머구믈 씨라'로 『남명천계송언해』에는 '머굼'으로 『구상 ·
태요』에 '머굼다, 숨끼다, 마시다, 머그다'로 『훈몽자회 · 유합』에는 모두 '머구
믈다'로 字釋되었다. 語形 '쁴리잡다'는 消滅語로 볼 수 있다.


(緘) ; 다들다

　　; 緘안 다들씨라〈능7-4〉


　　'다들다'는 (緘)에 대한 대역이다. 『두시언해』에는 '얽다, 封ᄒ다'로 『유합』에
는 '봉홀'로 字釋되었다. 語形 '다들다'는 消滅語로 볼 수 있다.


(銜) ; 머굼다

　　; 銜을 머구머(銜恨)〈능8-89〉


　　'머굼다'는 (銜)에 대한 대역이다. 『두시언해』에는 '머굼다, 믈다'로 『남명천
계송언해』에는 '믈다'로 『훈몽자회』에는 '마함'으로 『유합』에는 '벼슬'로 字釋되
었다. 語形 '마함'은 消滅語로 볼 수 있다. '벼슬'의 대역이 특이하다.


(鹹) ; 뽄다, 똠

　　; ᄒ다가 뽄 마시 ᄃ외몷딘댄(若作鹹味)〈능3-28〉
　　; 뽀믈브터 굴히시니라(托鹹以辯)〈능3-8〉


　　'뽄다, 똠'는 (鹹)에 대한 대역이다. 『구상 · 태요 · 두창』에는 '쑨다, 뽄다'로
『월인석보서』에는 '鹹은 뿔씨라'로 『유합 · 천자문』에는 모두 '뿔'로 字釋되었다.


(蛤) ; 죠개

　　; 새 죠개 ᄃ외면(如雀爲蛤)〈능7-83〉

'죠개'은 (蛤)에 대한 대역이다. 『납약』에는 '춤죠개'로 『훈몽자회 · 유합』에는 '죠개'로 字釋되었다.

(合) ; 고몸, 곰다, 당다이, 마초다, 맛당ᄒ다, 맞다, 뫼화다, 어울다, 쥐다, 合ᄒ다

　; 또 고모매 能히 몸안ᄒ 두르혀 보면(且合能反觀身中)〈능1-61〉

　; 눈 고마 어드움 보고로(合眼見暗)〈능1-60〉

　; 모ᄆ 당다이 아디 몯ᄒ리로다(身合非覺)〈능1-61〉

　; 나소 믈려 마초아 ᄇᆯ 고리라(進退合明)〈능2-87〉

　; 몬져 안보미 맛당ᄒ니라(合先見內)〈능1-51〉

　; 因緣性에 마즈리잇고(合因緣性)〈능2-67〉

　; 뫼화 나토시니(合顯)〈능2-94〉

　; ᄒ마 외면 어운고ᄃᆞᆯ 조차 고ᅀᅳ미 조차 잇ᄂᆞ니라 니르디 몯ᄒ리로다
　　(旣非則不可謂隨所合處)〈능1-68〉

　; 내 소니 펴미 이시며 쥐유미 잇ᄂᆞ녀(爲是我手有開有合)〈능1-108〉

　; 마곰과 合ᄒ여(與塞合)〈능2-99〉


　'고몸, 곰다, 당다이, 마초다, 맛당ᄒ다, 맞다, 뫼화다, 어울다, 쥐다, 合ᄒ다'는 (合)에 대한 대역이다. 『두시언해』에는 '맛당ᄒ다, 맞다, 모다'로 『석보상절』에는 '맞다'로 『남명천계송언해』에는 '어울다'로 『정속언해』에는 '모도다'로 『구상 · 구하 · 태요 · 두창』에는 '어울다, 홉, 뫼호다, 암굴다, 막다, 모도다, 아오다'로 『유합 · 천자문』 광주 · 석봉 본에는 '모돌'로 주해 본에는 '모돌, 맛당, 마즐, 흔홉'으로 대역되었다. 語形 '고몸, 아오다, 암굴다'는 消滅語로 볼 수 있다. '홉'의 대역도 특이하다.


(恒) ; 덛덛ᄒ다, 샹녜, 恒常

　; 흐르며 그추미 덛덛ᄒ미 업스니(流息無恒)〈능3-78〉

　; ᄆᆞ욤과 잠괘 샹녜 ᄒ나히라(寤寐恒一)〈능10-1〉

　; 變티 아니ᄒ면 恒常일씨(不變則恒)〈능3-37〉


　'덛덛ᄒ다, 샹녜, 恒常'은 (恒)에 대한 대역이다. 『유합』에는 '덛덛홀'로 字釋

되었다.

(巷); 길

; 街눈 바른 길히오 巷은 구븐 길히라〈능9-62〉

'길'은 (巷)에 대한 대역이다. 『두시언해 · 훈몽자회』에는 '굴헝, 굴헝'으로 대역되었다. 語形 '굴헝'의 대역이 특이하다.

(海); 바롤

; 바롨 밀므리(海潮)〈능2-15〉

'바롤'은 (海)에 대한 대역이다. 『두시언해』에도 '바롤'로 『훈몽자회 · 유합 · 천자문』 광주 · 주해 본에는 '바다'로 석봉 본에는 '바라'로 字釋되었다. 語形 '바롤, 바라'는 消滅語로 볼 수 있다.

(解); 글어다, 사기다, 알다, 注ᄒ다

; 미존 ᄆᆞᅀᆞᆷ 글어(令解結心)〈능1-21〉
; 웃 詰難은 사기니 닐오ᄃᆡ(解上難也謂)〈능1-65〉
; ᄒᆞ오ᅀᅡ 아다혼 일홈 得호ᄆᆞᆫ(獨得解名)〈능1-105〉
; 因ᄒᆞ야 이 注ᄅᆞᆯ 밍ᄀᆞ니라(因爲是解)〈능1-3〉

'글어다, 사기다, 알다, 注ᄒ다'는 (解)에 대한 대역이다. 『두시언해』에는 '그르다, 밧다, 알다, 解散ᄒ다'로 『석보상절 · 남명천계송언해』에는 '그르다'로 『구상 · 태요 · 두창』에는 '글오다, 노기다, 밧고다, 플다, 나다'로 『유합』에는 '그즐'로 『천자문』 광주 본에는 '그를'로 석봉 본에는 '그롤'로 주해 본에는 '글을, 플다, 알다, 초시, 흐틀'로 대역되었다. 語形 '초시'의 대역이 특이하다.

(奚); 엇뎨

; 머리 엇뎨 븗디 몯ᄒᆞ며(頭奚不履)〈능4-104〉

'엇뎨'는 (奚)에 대한 대역이다. 이는 『능엄경』에서만 발견되는 대역 語形이다.

(骸) ; 쎼

　; 孩ᄂ 쎼 갓 이롓ᄂ니라(孩纔成骸者)〈능2-5〉

　'쎼'는 (骸)에 대한 대역이다. 『두시언해』에는 '쎼'로 『훈몽자회·천자문』에는 '쎠'로 字釋되었다.

(該) ; 쯰리다

　; 져고므로 너부믈 쯰리니라(而約該傅也)〈능1-9〉

　'쯰리다'는 (該)에 대한 대역이다. 『유합』에는 'ᄀ줄'로 字釋되었다. 語形 'ᄀ줄'은 消滅語로 볼 수 있다.

(覈) ; 마기오다

　; 漸漸眞實ㅅ 見을 마기오시니라(漸覈眞見也)〈능2-72〉

　'마기오다'는 (覈)에 대한 대역이다. 『훈몽자회』에는 '마출'로 『유합』에는 '열실'로 字釋되었다. 語形 '열실'은 消滅語로 볼 수 있다.

(核) ; ᄌᅀ

　; 다ᄉᆞᆺ 果ᄂ ᄌᅀ 잇ᄂ니 술 잇ᄂ니라〈능8-7〉

　'ᄌᅀ'은 (核)에 대한 대역이다. 『구상·태요』에는 'ᄌᅀ, 뭉울'로 『월인석보 23;94』에는 'ᄌᅀ 잇는 果實와'로 『宣賜內訓』에는 '그 ᄌᅀ를 푸몰디니라(懷其核)'로 『痘要下61』에는 '뭉울히나 보도롯'(結核瘡癧)으로 대역되었다. 語形 'ᄌᅀ'는 消滅語로 볼 수 있다.

(行) ; 거룸, 녀다, 行ᄒ다, 힝뎍

　; 거루믈 올마 ᄂ로미 ᄃ외오(則轉行爲飛)〈능7-83〉
　; 가줄비건댄 길 녀는 客이(譬如行客)〈능1-105〉
　; 갓ᄀ로 이를 行ᄒ야(顚倒行事)〈능1-112〉

;功夫 힘더기(功行)〈능1-37〉

'거룸, 녀다, 行ᄒ다, 힝덕'은 (行)에 대한 대역이다. 『두시언해』에는 '가다, 녀다, 든니다, 行列, 行ᄒ다'로 『석보상절』에는 '가다, 녀다, ᄒ다, 行ᄒ다'로 『남명천계송언해』에는 '가다, 굴, 녀다, 든니다, ᄒ다, 행덕'으로 『정속언해』에는 '힝실'로 『구상·태요·두창』에는 '가다, 나다, 행ᄒ다'로 『훈몽자회』에는 '힝덕'으로 『유합』에는 '힝실, 녈'로 『천자문』 광주·석봉 본에는 '녈'로 주해 본에는 '길든닐, 무리, 힝실, 줄'등으로 대역되었다. 語形 '녀다'는 消滅語로 볼 수 있다.

(響) ; 맛ᄀᆞᆲ다, 뫼ᅀᅡ리, 소리

;響은 맛ᄀᆞᆲᄂ 소리라〈능4-121〉

;고랫 뫼ᅀᅡ리라(谷響)〈능8-55〉

;나모 돐 소리로다(爲木石響)〈능4-130〉

'맛ᄀᆞᆲ다, 뫼ᅀᅡ리, 소리'는 (響)에 대한 대역이다. 『두시언해』에는 '소리'로 『두창』에는 '소리'로 『유합』에는 '마존소리'로 字釋되었다. 語形 '맛ᄀᆞᆲ다, 마존소리'는 消滅語로 볼 수 있다.

(向) ; 아리

;아리 비록 覺이 佛覺애 ᄀᆞ족ᄒ나(向雖覺齊佛覺)〈능8-45〉

'아리'는 (向)에 대한 대역이다. 『두시언해』에는 '向ᄒ다'로 『두창』에는 '뎌즈읆긔'로 『유합』에는 '향훌'로 字釋되었다. 語形 '뎌즈읆긔'는 消滅語로 볼 수 있다.

(虛) ; 속졀업다

;속졀업시 해 드로믈 잘카냥ᄒ야(虛驕多聞)〈능1-94〉

'속졀업다'는 (虛)에 대한 대역이다. 『두시언해』에는 '뷔다, 虛空'으로 『납약·두창』에는 '허ᄒ다'로 『유합·천자문』에는 '뷔다'로 字釋되었다.

(獻) ; 받좁다

　; 곧 夜摩天의 받즈온 巾이라(卽夜摩天所獻巾也)〈능5-19〉

　'받좁다'는 (獻)에 대한 대역이다. 『두시언해』에는 '來獻ᄒ다, 받좁다, 올이ᅀᆞᆸ
다, 進獻ᄒ다, 獻ᄒ다'로 『훈몽자회·유합』에는 '받즈올'로 字釋되었다.

(險) ; 險ᄒ다

　; 눌이 田地 險ᄒ며 조바(津口田地險隘)〈능5-68〉

　'險ᄒ다'는 (險)에 대한 대역이다. 『두시언해』에도 '險ᄒ다'로 『유합』에는 '머
흘'로 字釋되었다. 語形 '머흘'은 消滅語로 볼 수 있다.

(驗) ; 마기오다, 마초다

　; 밧아닌들 마기오시니라(驗非外也)〈능1-55〉
　; 對ᄒ야 마초는 여러 이리 잇ᄂᆞ니(對驗諸事)〈능8-93〉

　'마기오다, 마초다'는 (驗)에 대한 대역이다. 『두시언해』에는 '알다, 驗察ᄒ
다, 效驗'으로 『태요·두창』에는 '험찰ᄒ다, 신험ᄒ다, 시험'으로 『유합』에는
'효험'으로 字釋었다.

(現) ; 나다, 나토다, 낟ᄂᆞ다, 낟다, 번드기, 現ᄒ다

　; 蓮ㅅ 밤나미 곧ᄒ니라(蓮現)〈능1-19〉
　; 밧고로 聲聞을 나토아(外現聲聞)〈능1-23〉
　; 見性이 알픠 낟ᄂᆞ니(見性現前)〈능2-68〉
　; 호ᄢᅴ 여러 낟거늘(一時開現)〈능1-78〉
　; 번드기 物와 섯글씨(而現與物雜)〈능2-31〉
　; 오직 ᄆᆞᅀᆞ미 現ᄒ거론대(唯心所現)〈능2-17〉

　'나다, 나토다, 낟ᄂᆞ다, 낟다, 번드기, 現ᄒ다'는 (現)에 대한 대역이다. 이는
『능엄경』에서만 발견되는 대역 語形이다.

(眩) ; 어즐ᄒ다

　　; 眩은 어즐홀씨라〈능9-111〉

　　'어즐ᄒ다'는 (眩)에 대한 대역이다. 『남명천계송언해·유합』에는 '어즐ᄒ다, 어즐'로 『태요·납약』에는 '어즐ᄒ다, 아득ᄒ다'로 대역되었다.

(賢) ; 어딜다

　　; 닐오매 어디리(云賢)〈능5-40〉

　　'어딜다'는 (賢)에 대한 대역이다. 『두시언해』에는 '어딘'으로 『훈몽자회·유합·천자문』 광주·석봉 본에는 '어딜'로 주해 본에는 '어딜, 나올'로 대역되었다. 語形 '나올'의 대역이 특이하다.

(絃) ; 시울

　　; ᄆᅀᆞ미 고ᄃᆞᆫ 시울 ᄀᆞᆮᄒᆞ면(心如直絃)〈능6-113〉

　　'시울'은 (絃)에 대한 대역이다. 『두시언해·유합』에도 '시울'로 『구상·구하』에는 '활시울, 시울'로 대역되었다. 語形 '시울'은 死語로 볼 수 있다.

(顯) ; 나타나다, 나토다, 번드기, 顯ᄒ다

　　; 나타니디 아니ᄒ리며(不顯)〈능1-8〉
　　; 實을 나토시니(以顯實)〈능1-18〉
　　; 부톄 번드기 니ᄅᆞ디 아니ᄒ시고(佛不顯說)〈능5-31〉
　　; 더욱 거즛 ᄢᅧ듀미 顯ᄒ야(益顯妄渝)〈능4-56〉

　　'나타나다, 나토다, 번드기, 顯ᄒ다'는 (顯)에 대한 대역이다. 『유합』에는 '나타날'로 字釋되었다.

(懸) ; 높다, 미리

　　; 노ᄑᆞᆫ 빙애 ᄇᆞᆯ오ᄆᆞᆯ ᄉᆞ랑ᄒ면(思踏懸崖)〈능2-115〉

; 미리 그러홀돌 아릭샤(懸知其然)〈능1-3〉

'높다, 미리'는 (懸)에 대한 대역이다. 『두시언해』에는 '둘다, 둘엿다'로 『유합·천자문』 광주·석봉 본에는 '둘'로 주해 본에는 '둘, 싣허질'로 字釋되었다. 語形 '싣허질'의 대역이 특이하다.

(穴) ; 굼기
; 穴은 지도리 굼기라〈능10-2〉

'굼기'는 (穴)에 대한 대역이다. 『두시언해』에도 '굼기'로 『훈몽자회·유합』에는 '구무'로 『태요』에는 '굼긔'로 대역되었다.

(血) ; 피
; 血은 피라〈능2-6〉

'피'는 (血)에 대한 대역이다. 『두시언해·석보상절·정속언해·구상·훈몽자회·태요·유합』 등에 모두 '피'로 대역되었다.

(筴) ; 채티다
; 그스기 모라 채티리 잇는 둣ᄒ야(隱然若有驅筴)〈능7-4〉

'채티다'는 (筴)에 대한 대역이다. 『훈몽자회』에는 '쳐'로 字釋되었다.

(夾) ; 뼈다
; 반ᄃ기 담과 집괘 뼈 굿게ᄒᆞᄂ니잇가(爲當牆宇夾令斷絕)〈능2-40〉

'뼈다'는 (夾)에 대한 대역이다. 『두시언해』에도 '뼈다'로 『유합』에는 '뛸'로 字釋되었다.

(狹) ; 좁다

　　; 보미 너브며 조보무로(以所觀廣狹)〈능2-40〉

　'좁다'는 (狹)에 대한 대역이다. 『유합』에는 '조볼'로 字釋되었다.

(迥) ; 멀다

　　; 말ᄊᆞ매 머리 버서나며(迥脫語言)〈능1-4〉

　'멀다'는 (迥)에 대한 대역이다. 『유합』에는 '아ᅀᆞ라ᄒᆞ다'로 『유합』에는 '몰'로
字釋되었다. 語形 '아ᅀᆞᆯᄒᆞ다'는 消滅語로 볼 수 있다.

(形) ; 양, 양ᄌᆡ, 얼굴

　　; 고기양이 두 솑돕 샹올(肉形雙爪之相)〈능3-43〉
　　; 솑돕 양ᄌᆡᄂᆞᆫ(爪形)〈능3-43〉
　　; 얼구릐 버므로매 건내 ᄠᅱ여(超越形累)〈능1-102〉

　'양, 양ᄌᆡ, 얼굴'은 (形)에 대한 대역이다. 『두시언해 · 남명천계송언해 · 훈몽
자회 · 유합』에는 '얼굴'로 『구하 · 태요 · 두창』에는 '얼골, 얼굴, 양ᄌᆞ'로 대역되
었다. 語形 '양, 양ᄌᆡ'는 消滅語로 볼 수 있다.

(衡) ; 비ᄀᆞ다

　　; 衡ᄋᆞᆫ 비글씨니〈능8-93〉

　'비ᄀᆞ다'는 (衡)에 대한 대역이다. 『두시언해』에는 '저울'로 『훈몽자회 · 유합』
에는 '저욹대, 저울대'로 字釋되었다. 語形 '빗ᄀᆞ다'의 대역이 특이하다.

(慧) ; 슬갑다

　　; 어리다 슬갑다ᄒᆞ리잇고(爲愚爲慧)〈능4-37〉

　'슬갑다'는 (慧)에 대한 대역이다. 『훈몽자회』에는 '영노홀'로 『유합』에는 '영
노'로 字釋되었다. 語形 '슬갑다, 영노홀'은 消滅語로 볼 수 있다.

(惠) ; 주시다

　; 나룰 三昧주시리라(惠我三昧)〈능1-92〉


　　'주시다'는 (惠)에 대한 대역이다. 『두시언해』에는 '恩惠, 주다'로 『훈몽자회 · 천자문』 광주 · 석봉 본에는 '은혜'로 주해 본에는 '은혜, 슌홀'로 『유합』에는 '줄'로 字釋되었다.


(狐) ; 영이

　; 狐논 영이니〈능2-3〉


　　'영이'는 (狐)에 대한 대역이다. 『두시언해』에는 '여슥, 영'으로 『남명천계송언해』에는 '여스'로 『훈몽자회 · 유합 · 납약』에는 '여으'로 대역되었다. 語形 '영이'는 消滅語로 볼 수 있다.


(號) ; 일홈

　; 호마 法華논 フ술 거두우미 涅槃은 주수미라 일홈호면
　　(旣號法華秋獲涅槃捃拾)〈능1-19〉


　　'일홈'은 (號)에 대한 대역이다. 『두시언해』에는 '울다, 일홈'으로 『훈몽자회 · 천자문』 광주 · 석봉 본에는 '일홈'으로 주해 본에는 '일홈, 브롤, 호령'으로 『유합』에는 '별명'으로 字釋되었다.


(好) ; 즐기다

　; 世間과 즐규미 달아(與世異好)〈능1-3〉


　　'즐기다'는 (好)에 대한 대역이다. 『두시언해』에는 '됴호다, 스랑호다, 즐기다'로 『석보상절』에는 '됴호다'로 『남명천계송언해』에는 '둏다, 즐기다'로 『훈몽자회 · 유합 · 천자문』 광주 · 석봉 본에는 '됴홀'로 주해 본에는 '됴홀, 묘히녀길, 구모'로 『태요 · 두창』에는 '둏다'로 대역되었다. 語形 '구모'는 消滅語로 볼 수 있다.

(護); 간슈ᄒ다

　; 保ᄒ야 가지며 두퍼 간슈ᄒ야(保持覆護)〈능9-65〉


　'간슈ᄒ다'는 (護)에 대한 대역이다. 『두시언해』에는 '衛護ᄒ다, 救護ᄒ다'로 『구상』에는 'ᄢ리다'로 『유합』에는 '간슈'로 字釋되었다. 語形 'ᄢ리다'의 대역이 특이하다.

(戶); 입

　; 입과 窓괘 여러 훤홀씨(戶牖開豁)〈능1-49〉


　'입'은 (戶)에 대한 대역이다. 『두시언해』에는 '잎, 門'으로 『태요』에는 '지게'로 『유합』에는 'ᄣᆞᆨ문'으로 『훈몽자회·천자문』 광주 본에는 '입'으로 석봉 본에는 '지게'로 주해 본에는 '지게, 민호'로 대역되었다. 語形 '입·지게'는 消滅語로 볼 수 있다.

(或); 시혹

　; 시혹 얽교매 나믈 得ᄒ며(或得出纏)〈능1-17〉


　'시혹'은 (或)에 대한 대역이다. 『두시언해』에는 '시혹, 時或'으로 『남명천계송언해』에는 '시혹'으로 『정속언해』에는 '미혹ᄒ다, 간대, 속'으로 『구상·구하·태요·두창』에는 '혹, 시혹, 이나'로 『유합』에는 '혹홀'로 字釋되었다. 語形 '간대'는 消滅語로 볼 수 있다.

(混); 섯다

　; ᄒ마 섯그니(旣混)〈능1-70〉


　'섯다'는 (混)에 대한 대역이다. 『두시언해』에도 '섯다'로 『훈몽자회』에는 '흐릴'로 『유합』에는 'ᄆᆞᆯ어울'로 字釋되었다. 語形 'ᄆᆞᆯ어울'은 消滅語로 볼 수 있다.

(魂) ; 넋

; 魂은 넉시라〈능2-54〉


'넋'은 (魂)에 대한 대역이다. 『두시언해』에는 '넋, 魂魄'으로 『석보상절·남명천계송언해·태요』에는 '넋'으로 『유합』에는 '령혼'으로 字釋되었다. '넋'과 '魂'은 現代語에서도 독립된 語辭로 사용되고 있다.


(渾) ; 젼혀

; 젼혀 아디 몯훌씨(渾不知)〈능3-82〉


'젼혀'은 (渾)에 대한 대역이다. 『두시언해』에는 '다, 흐리다'로 『훈몽자회』에는 '얼읠'로 『유합』에는 '오록홀'로 『두창』에는 '온'으로 대역되었다. 語形 '얼읠, 오록홀, 온'은 消滅語로 볼 수 있다.


(淰) ; 맞다

; ᄆᆞᅀᆞ매 그스기 마조몰 드ᄉᆞ(心愛縣淰)〈능7-56〉


'맞다'는 (淰)에 대한 대역이다. 이는 『능엄경』에서만 발견되는 대역 語形이다.


(虹) ; 수므지게

; 虹은 수므지게오 霓ᄂᆞᆫ 암므지게라〈능2-87〉


'수므지게'는 (虹)에 대한 대역이다. 『훈몽자회·유합』에는 '므지게'로 字釋되었다.


(和) ; 섯다

; 모ᄃᆞᆫ 色과 섯디 몯훔굳ᄒᆞ리니(不和諸色)〈능3-67〉


'섯다'는 (和)에 대한 대역이다. 『두시언해』에는 '셔다, 溫和ᄒᆞ다, 和答ᄒᆞ다,

和親ᄒ다'로『구상·태요·납약』에는 '몰다, 셔다, 플다, ᄲᅡ다, 합ᄒ다, 빙글다, 좇다'로『유합·천자문』광주·석봉 본에는 '고롤'로 주해 본에는 '고롤, 딕답, 화홀'로 대역되었다. 語形 '몰다'의 대역이 특이하다.

## (花) ; 곳

  ;곳푸미 굳ᄒ니(猶敷花)〈능1-19〉

  '곳'는 (花)에 대한 대역이다.『두시언해·석보상절』에는 '곳'으로『남명천계 송언해』에는 '곳, 곳'으로『훈몽자회·유합』에는 '곳'으로 字釋되었다. 특이하게 『구하』에서만 '가운딕'로 대역된 語形이 발견된다.

## (華) ; 곳, 빗나다

  ;相이 虛空애 곳 굳ᄒ야(如虛空華)〈능2-57〉
  ;빗난집 주믈(賜與華屋)〈능4-77〉

  '곳, 빗나다'는 (華)에 대한 대역이다.『두시언해』에는 '곳, 빗나다, 빛, 셰다' 로『훈몽자회·유합』에는 '빗날'로『천자문』광주 본에는 '빈날'로 석봉 본에는 '빈날'로 주해 본에는 '화하, 녀름, 클, 집'으로 대역되었다. 語形 '녀름, 클, 집' 의 대역이 특이하다.

## (化) ; 教化

  ;道 能히 教化를 돕습고(道能助化)〈능1-26〉

  '教化'는 (化)에 대한 대역이다.『두시언해』에는 '녹다, ᄃ외다, 感化ᄒ다, 教 化, 變化ᄒ다'로『구상·태요·납약·두창』에는 '노기다, 늘이다, 슬다, 플다, 삭다, 타다'로『훈몽자회·유합』에는 '도욀, 도욀'로 字釋되었다. 語形 '도욀, 도 욀'은 消滅語로 볼 수 있다.

## (靴) ; 훠

  ;훠와 신과 裘氎 (靴履裘氎)〈능6-96〉

'훠'는 (靴)에 대한 대역이다. 『두시언해』에는 '훼'로 『훈몽자회』에는 '횟'으로 『유합』에는 '훠'로 字釋되었다. 語形 '훠'는 消滅語로 볼 수 있다.

(穫) ; 거두다

　　; ᄀ술 거두움미오(秋穫)〈능1-19〉

　'거두다'는 (穫)에 대한 대역이다. 『두시언해』에는 '뷔다'로 『훈몽자회』에는 '뷜'로 字釋되었다.

(環) ; 골회, 구슬, 횟돌다

　　; 連環은 두 골회 서로 니ᅀᅳᆯ씨라〈능1-22〉
　　; 環은 도련ᄒᆞᆫ 구스리오〈능2-87〉
　　; 環은 횟돌씨라〈능10-7〉

　'골회, 구슬, 횟돌다'는 (環)에 대한 대역이다. 『두시언해·훈몽자회·유합』 등에 모두 '골회'로 『구상』에는 '골희'로 대역되었다.

(患) ; 시름

　　; 큰 시르밀씨(大患)〈능4-122〉

　'시름'은 (患)에 대한 대역이다. 『두시언해』에는 '앓다'로 『구상』에는 '알프다'로 『유합』에는 '근심'으로 字釋되였다.

(幻) ; 곡되

　　; 幻은 곡되라〈능2-7〉

　'곡되'는 (幻)에 대한 대역이다. 『유합』에는 '도섭'으로 字釋되었다. 語形 '곡되, 도섭'은 消滅語로 볼 수 있다.

(煥) ; 빗내다

　; 빗내 흐러 現ᄒ니라(煥散而現也)〈능9-59〉

　'빗내다'는 (煥)에 대한 대역이다. 『유합』에는 '빗날'로 字釋되었다.

(還) ; 갚다, 도로, 돌아보다, 옮다

　; 내 네 비들 가파(我還汝債)〈능4-31〉
　; 도로 알픳 드트레(還於前塵)〈능1-101〉
　; 믈읫 어루 돌아보낼거슨(諸可還者)〈능2-30〉
　; 法華一燈明브터 오ᄆ로(法華一自燈明已還)〈능1-17〉

　'갚다, 도로, 돌아보다, 옮다'는 (還)에 대한 대역이다. 『두시언해』에는 '도라온다, 도로, 도ᄅ혀'로 『남명천계송언해』에는 '도로, 도로가다, 도라오다'로 『구하·태요』에는 '도로, 돌다'로 『유합』에는 '도라올'로 字釋되었다.

(滑) ; 믯믯ᄒ다

　; 얼의여 믯믯ᄒ미니(凝滑)〈능4-28〉

　'믯믯ᄒ다'는 (滑)에 대한 대역이다. 『두시언해』에는 '믯그럽다, 믯믯ᄒ다'로 『구상』에는 '믯믯ᄒ다'로 『유합』에는 '믯그러울'로 字釋되었다. 語形 '믯믯ᄒ다'는 消滅語로 볼 수 있다.

(闊) ; 어위다

　; 迂闊은 멀며 어월씨라〈능8-44〉

　'어위다'는 (闊)에 대한 대역이다. 『두시언해』에는 '어위ᄒ다, 훤ᄒ다'로 『남명천계송언해』에는 '넙다'로 『유합』에는 '어윌'로 字釋되었다. 語形 '어위다, 어위ᄒ다'는 消滅語로 볼 수 있다.

(豁) ; 훤ᄒ다, 훤히

　; 입과 窓괘 여러 훤홀씨(戶牖開豁)〈능1-49〉
　; 훤히 ᄉᄆᆺ게 혼 後에사(使豁然洞達然後)〈능1-107〉

　'훤ᄒ다, 훤히'는 (豁)에 대한 대역이다. 『두시언해』에는 '훤ᄒ다, 훤츨ᄒ다'로 『유합』에는 '훤홀'로 字釋되었다.

(況) ; ᄒᆞ믈며

　; ᄒᆞ믈며 淸淨ᄒ며(何況淸淨)〈능1-88〉

　'ᄒᆞ믈며'는 (況)에 대한 대역이다. 『두시언해』에도 'ᄒᆞ믈며'로 대역되었다.

(違) ; 겨를

　; 便安히 머므롤 겨를 업거든(不違安住)〈능1-105〉

　'겨를'은 (違)에 대한 대역이다. 『두시언해』에는 '겨릐, 餘暇'로 대역되었다. 語形 '겨릐, 餘暇'는 15세기 당시에는 동등한 의미로 사용되었다가 後代에 오면서 한자어 '餘暇'에 의하여 사용빈도가 줄어들고 있다.

(黃) ; 누른

　; 예셔 닐오맨 머리 누른 外道니(此云黃髮外道)〈능1-36〉

　'누른'은 (黃)에 대한 대역이다. 『두시언해』에는 '누른, 이울다'로 『석보상절·남명천계송언해·정속언해』에는 '누르다'로 『훈몽자회·유합·천자문』 광주·석봉 본에는 모두 '누를'로 주해 본에는 '누로'로 『태요·두창』에는 '노른ᄌ외, 누르다'로 대역되었다. 語形 '이울다'는 消滅語로 볼 수 있다.

(會) ; 어우다

　; 이 어우디 몯호미라(是不冥會也)〈능6-58〉

'어우다'는 (會)에 대한 대역이다. 『두시언해』에는 '맛나다, 맞다, 맛보다, 모도다, 모로다, 뫼호다'로 『석보상절』에는 '모다'로 『남명천계송언해』에는 '모도다, 몯다'로 『정속언해』에는 '몯다'로 『유합·천자문』 광주·석봉 본에는 '모돌'로 주해 본에는 '모돌, 마춤, 헬, 두에'로 대역되었다. 語形 '어우다'는 消滅語로 볼 수 있다.

(懷) ; 머금다

; 心中에 머그면(懷於心中)〈능9-73〉

'머금다'는 (懷)에 대한 대역이다. 『두시언해』에는 '뜯, 마슴, 스랑ᄒ다, 품다'로 『남명천계송언해·유합』에는 '품다'로 『천자문』 광주 본에는 '훔츨'로 석봉 본에는 '푸믈'로 주해 본에는 '싱각, 픔을'로 『태요』에는 '먹다'로 대역되었다. 語形 '스랑ᄒ다, 훔츨'은 消滅語로 볼 수 있다.

(悔) ; 뉘으추다

; 제 뉘으추믈 아디 몯ᄒ리(不自知悔者)〈능1-94〉

'뉘으추다'는 (悔)에 대한 대역이다. 『두시언해』에는 '뉘웃붐, ᄆ슴'으로 『유합』에는 '뉘우츨'로 字釋되었다.

(恢) ; 달이, 직

; 제 그 鍾을 달이 너녀(自恢其鍾)〈능4-130〉
; 브리직 ᄃ외돗ᄒ야(如火成恢)〈능2-4〉

'달이, 직'는 (恢)에 대한 대역이다. 『두시언해』에는 '너피다, 어위다'로 『유합』에는 '훤츨'로 字釋되었다. 語形 '달이, 어위다'는 消滅語로 볼 수 있다.

(膾) ; ᄇ리다

; 膾ᄂ ᄇ릴씨라〈능1-33〉

'브리다'는 (膾)에 대한 대역이다. 『두시언해』에는 '膾'로 『훈몽자회』에는 '횟'으로 『유합』에는 '회'로 字釋되었다.

(廻) ; 도르혀, 두르혀다

　; 머리 도르혀 右녀글 보아(廻首右盼)〈능1-110〉
　; 心光을 그스기 두르혀(心光密廻)〈능8-19〉

'도르혀, 두루혀다'는 (廻)에 대한 대역이다. 『두시언해』에는 '도르혀, 돌다, 두루히다, 디위옴ᄒ다, 횟도라'로 『석보상절』에는 '돌다, 도르'로 『남명천계송언해』에는 '두루히다, 횟도라'로 『구상·태요』에는 '돌다, 도로혀'로 『유합』에는 '돌다'로 『천자문』 광주 본에는 '도로'로 석봉 본에는 '도라올'로 주해 본에는 '둘올, 샤곡훌, 도라올'로 대역되었다. 語形 '디위옴ᄒ다, 샤곡훌'은 消滅語로 볼 수 있다.

(鞿) ; 뭇다

　; 鞿은 가ᄎ로 物을 뭇글씨라〈능10-7〉

'뭇다'는 (鞿)에 대한 대역이다. 이는 『능엄경』에서만 발견되는 대역 語形이다.

(獲) ; 얻다

　; 어루 어드며(可獲)〈능1-97〉

'얻다'는 (獲)에 대한 대역이다. 『두시언해』에는 '자봄'으로 『구하』에는 '못다'로 『유합·천자문』 석봉 본에는 '어들'로 광주 본에는 '시를'로 주해 본에는 '어들, 죵'으로 대역되었다. 語形 '시를'은 消滅語로 볼 수 있다.

(橫) ; 빗그디

　; 橫은 빗글씨라〈능1-113〉

'빗그다'는 (橫)에 대한 대역이다. 『두시언해』에는 '빗, 빗기다'로 『석보상절』

에는 '고른'로 『훈몽자회』에는 '빗글'로 『유합』에는 '고른'로 『구상·구하·태요·납약·두창』에는 '고른, 빗기다, 고른, 빗끼다'로 『천자문』 광주 본에는 '비길'로 석봉 본에는 '빗씰'로 주해 본에는 '빗길, 거스릴'로 대역되었다. 語形 '거스릴'의 대역이 특이하다.

## (曉) ; 알다

; 엇뎨 아디 몯ᄒᆞᄂᆞ뇨(云何不曉)〈능1-52〉

'알다'는 (曉)에 대한 대역이다. 『두시언해·훈몽자회·유합』에 모두 '새배'로 『두창』에는 '새볘'로 대역되었다. 語形 '알다'의 대역이 특이하다.

## (朽) ; 석다

; 常住ᄒᆞ야 석디 아니ᄒᆞ려(常住不朽)〈능2-4〉

'석다'는 (朽)에 대한 대역이다. 『두시언해』에는 '석다'로 『유합』에는 '서글'로 字釋되었다.

## (後) ; 뒤

; 뒤흐론 涅槃애 나ᄆᆞ 슬히니(後則贅於涅槃)〈능1-19〉

'뒤'는 (後)에 대한 대역이다. 『두시언해』에는 '뒤, 後'로 『석보상절·남명천계송언해·훈몽자회·유합·천자문』 광주·석봉 본에는 모두 '뒤'로 주해 본에는 '뒤, 나죵'으로 『정속언해』에는 '後'로 『구상·태요·납약·두창』에는 '뒷, 도로, 뒤, 후의, 뒤히'로 대역되었다.

## (吼) ; 소리, 울다

; 吼는 怒ᄒᆞᆫ 소리라〈능8-99〉
; 吼는 우를ᄊᆡ오〈능5-4〉

'소리, 울다'는 (吼)에 대한 대역이다. 『두시언해』에는 '우르다'로 『훈몽자회』에는 '우를'로 字釋되었다.

(候) ; 엿

; 그쁴 天魔 엿와 그 便을 得ᄒ야(爾時天魔候得其便)〈능9-87〉


'엿'은 (候)에 대한 대역이다. 『두시언해』에는 '氣候, 기들우다'로 『구상·구하·태요』에는 '기드리다, 기들우다, 기다리다, 째'로 『유합·천자문』에는 모두 '긔운'으로 字釋되었다. 語形 '엿'은 消滅語로 볼 수 있다.

(齅) ; 맏다, 맡다

; 일후미 맏는 性이니(名齅聞性)〈능3-8〉
; 이 마토미 제 반ᄃ기 두르혀 네 고흘 마트려니(自當廻齅汝鼻)〈능3-8〉


'맏다, 맡다'는 (齅)에 대한 대역이다. 『유합』에는 '내 마틀'로 字釋되었다. 語形 '내마틀'의 대역이 특이하다.

(熏) ; 쬐다

; 熏은 뙬씨니〈능4-72〉


'쬐다'는 (熏)에 대한 대역이다. 『구하·태요』에는 '쇠다, 김쏘이다'로 『남명천계송언해』에는 '薰'에 대한 대역으로 '쏘이'가 있다. 語形 '김쏘이다'의 대역이 특이하다.

(喧) ; 들에윰

; 열흔 訟習이 섯거 들에유미(十者訟習交喧)〈능8-93〉


'들에윰'은 (喧)에 대한 대역이다. 『두시언해』에는 '들에다, 수ᇫ어라, 수수다, 울다'로 『유합』에는 '지져귈'로 字釋되었다. 語形 '들에다, 수ᇫ어라, 수수다'는 消滅語로 볼 수 있다.

(誼) ; 짓괼다

; 誼은 모다 짓괼씨라〈능4-8〉

'짓괼다'는 (誼)에 대한 대역이다. 이는『능엄경』에서만 발견되는 대역 語形이다.

(毀); 할아다, 허로다

; 할아물 보딕(視毀)〈능6-107〉
; 戒體를 쟝츠 허로려 ᄒ더니(將毀戒體)〈능1=35〉

'할아다, 허로다'는 (毀)에 대한 대역이다.『두시언해』에는 '믈어디다, 헐다'로『훈몽자회』에는 '헐다, 헐쓰릴'로『유합』에는 '헐'로 字釋되었다. 語形 '할아다'는 消滅語로 볼 수 있다.

(携); ᄃ려

; 아ᄃᆯᄃ려 뵈ᅀᆞ오ᄆᆫ(携子謁之)〈능2-9〉

'ᄃ려'는 (携)에 대한 대역이다.『두시언해』에는 '가지다, 잡다'로『유합』에는 '자븛'로 字釋되었다.

(休); 쉬다

; 쉬여 그추미 잇디 아니ᄒ리라(未有休息)〈능3-66〉

'쉬다'는 (休)에 대한 대역이다.『두시언해』에는 '말다, 쉬다'로『석보상절·남명천계송언해』에는 '말다'로『유합』에는 '쉴'로 字釋되었다. 語形 '말다'의 대역이 특이하나.

(虧); ᄇ리다, 이저ᄇ리다, 헐다

; 能히 菩提를ᄒ야 ᄇ려(能虧菩提)〈능2,-95〉
; 둘헤ᄒ며 이저ᄇ려(二之虧之)〈능4-59〉
; 威儀룰 헐며(虧威儀)〈능1-26〉

'ᄇ리다, 이저ᄇ리다, 헐다'는 (虧)에 대한 대역이다.『두시언해』에는 '이저ᄇ리다'로『유합』에는 '이저딜'로 字釋되었다.

(胸) ; 가슴

  ; 卽時예 如來 가슴매 萬字를 브트샤(卽時如來從胸萬字)〈능11-95〉


'가슴'은 (胸)에 대한 대역이다. 『두시언해』에는 '가슴, ᄆᆞᆷ'으로 『남명천계송언해 · 납약 · 두창』에는 '가슴'으로 대역되었다.

(黑) ; 검다, 어듭다

  ; 두 거무미 달오미 잇ᄂᆞ니(二黑有別)〈능1-101〉
  ; 中夜 어드운 ᄃᆞ래(中夜黑月)〈능2-28〉


'검다, 어듭다'는 (黑)에 대한 대역이다. 『두시언해』에도 '검다, 어듭다'로 『구상 · 태요 · 납약 · 두창』에는 '검다'로 『훈몽자회 · 유합』에는 '거믈'로 字釋되었다.

(很) ; 거슬ᄲᅳ다

  ; 거슬ᄲᅳ 무레 섯거 어울오(參合很類)〈능8-126〉


'거슬ᄲᅳ다'는 (很)에 대한 대역이다. 이는 『능엄경』에서만 발견되는 대역 語形이다. 語形 '거슬ᄲᅳ다'는 消滅語로 볼 수 있다.

(欣) ; 깃굼, 즐기다

  ; 슬흐며 깃구미 서르 모다(悲欣交集)〈능6-82〉
  ; 이ᄂᆞᆫ 일후미 즐기며 아쳐러(此名欣厭)〈능9-62〉


'깃굼, 즐기다'는 (欣)에 대한 대역이다. 『두시언해』에는 '깃거다'로 『유합』에는 '깃글'로 字釋되었다.

(欽) ; 恭敬ᄒᆞ다, ᄒᆞ마

  ; 뵈야 ᄀᆞᄅᆞ치샤믈 恭敬ᄒᆞ야 듣ᄌᆞᆸ더니(欽聞示誨)〈능1-77〉
  ; ᄒᆞ마 아ᅀᆞᆸ고 如來 마ᄀᆞᆷ 업수믈 여르샤(欽仰如來開闡無遮)〈능1-34〉

'恭敬ᄒ다, ᄒ마'는 (欽)에 대한 대역이다. 『유합』에는 '고마'로 字釋되었다. 語形 '고마'는 消滅語로 볼 수 있다.

(吸) ; 드리혀다

　; 塵을 드리혀믈(塵吸)〈능3-1〉

'드리혀다'는 (吸)에 대한 대역이다. 『구상·태요』에는 '마시다'로 『훈몽자회』에는 '숨드릴쉴'로 『유합』에는 '드리쓸'로 字釋되었다. 語形 '드리쓸, 드리혀다'는 消滅語로 볼 수 있다.

(興) ; 니러나다

　; 니러나샨 큰 이리(盖出興大事)〈능1-18〉

'니러나다'는 (興)에 대한 대역이다. 『유합·천자문』 광주·석봉 본에는 '닐'로 주해 본에는 '닐, 흥미'로 대역되었다.

(睎) ; ᄇ라다

　; 月盖를 울워러 ᄇ라(仰睎月盖)〈능1-4〉

'ᄇ라다'는 (睎)에 대한 대역이다. 이는 『능엄경』에서만 발견되는 대역 語形이다.

(希) ; ᄇ라다

　; 大雄大力大慈悲로 ᄇ라ᅀᆞ노니(大雄大力大慈悲希)〈능3-113〉

'ᄇ라다'는 (希)에 대한 대역이다. 『두시언해』에는 'ᄇ라다'로 『유합』에는 'ᄇ랄'로 字釋되었다.

(戱) ; 노릇

　; 모ᄃᆫ 世間 노릇샛 말ᄊᆞ맷 名相으로(以諸世間戱論名相)〈능2-70〉

'노릇'은 (戱)에 대한 대역이다. 『두시언해』에는 '노ᄂᆞ다, 노릇'으로 『훈몽자회』에는 '노릇'으로 『유합』에는 '희롱'으로 『두창』에는 '희이치다'로 대역되었다. '희이치다'로 대역된 語例는 〈선조소학5 ; 23〉에 '위완는 이 널로써 완롱ᄒᆞ야 흐이침 삼는 주를 아디 몯ᄒᆞᄂᆞ니라'(不知承奉者以爾爲玩戱)에서 찾아 볼 수 있다. 語形 '희이치다'는 消滅語로 볼 수 있다.

(詰) ; 무르다, 묻다, 詰難

 ; 드위힐훠 ᄀ장 무르시니(反覆窮詰)〈능3-17〉
 ; 그 根元을 묻건댄(詰其根元)〈능1-87〉
 ; 窮究ᄒᆞ야 詰難티 몯호ᄆᆞᆯ 불기시니다(不容窮詰)〈능2-98〉

 '무르다, 묻다, 詰難'은 (詰)에 대한 대역이다. 『유합』에는 '힐문'으로 字釋되었다.

# 四. 한자 對譯語의 어휘구성

## * 쌍형어

(假) ; 븓다, 붙다
(去) ; 앗다, 앗다
(結) ; 뭊다, 밎다
(及) ; 밋다, 밎다
(農) ; 녀름짓다, 녀름짓다
(溺) ; 뻐듀다, 뻐디다,
　　　 듬기다, 듬다
(斷) ; 긏다, 긏다
(段) ; 근, 긑
(勞) ; 잇부다, 잇비
(亡) ; 일타, 잃다
(面) ; 늋, 낯
(迷) ; 어리다, 어리우다
(反) ; 두르혀다, 드위혀다
(拔) ; 쌔혀다, 쌔혀다
(常) ; 덛더다, 덛덛ᄒ다
(息) ; 긏다, 긏다
(與) ; 과, 와
(厭) ; 아쳐럽다, 아쳗다
(影) ; 그르메, 그리메

(翳) ; ᄀ름, ᄀ리다
(畏) ; 저품, 저프다
(枉) ; 구피다, 구펴다
(要) ; 조ᅀᆞ로윈, 조ᅀᆞ리다
(容) ; 양, 양지
(違) ; 어귀다, 어긔다
(有) ; 두다, 뒷다
(二) ; 두, 둘
(前) ; 아랫, 앒
(煎) ; 글탈ᄒ다, 글ᄒ다
(全) ; 전혀, 젼혀
(晴) ; 쯧쉬, 짜ᅀᆞ
(淨) ; 조ᄒ다, 조히오다
(除) ; 더룳다, 딜다
(齊) ; ᄀ죽ᄒ다, ᄀ죽ᄒ다
(壽) ; 가야, 개다
(粗) ; 멀다, 멀터이
(爪) ; 손돕, 솟돕
(從) ; 좇다, 좇다
(增) ; 더, 더으다
(曾) ; 아래, 아릭
(舐) ; 할하다, 핥다
(差) ; 어긔다, 어긔릿다

(鑿) ; 파다, ᄑ다
(彰) ; 나토다, 나트다
(徹) ; ᄉ뭇다, ᄉ뭊다
(淸) ; 조ᄒ다, 조히ᄒ다
(逮) ; 밋다, 밎다
(超) ; 건내뛰다, 건너뛰다
(皴) ; 살찌다, 샇지다,
　　　 샳쥼
(托) ; 븓다, 붙다
(退) ; 믈러나다, 믈리다
(被) ; 니피다, 닙다
(畢) ; 뭇다, 뭊다
(恨) ; 믜다, 믤다
(合) ; ᄀ몸, 굼다
(現) ; 나다, 나토다,
　　　 낟ᄂ다·낟다
(顯) ; 나타나다, 나토다,
　　　 나토시다
(形) ; 양, 양지
(魖) ; 맏다, 맡다

# * 다의어

(可) : 어루, 올ᄒ다

(假) : 거즛, 븓다, 븥다, 비다

(渴) : 渴望ᄒ다, 믈여워다

(感) : 感動ᄒ다, 뮈우다

(開) : 펴다, ᄡᅦ다, ᄯᅳ다

(客) : 객, 손

(居) : 살다, 잇다

(去) : 니거늘, 버으롬, 앗다, 앗다

(隔) : 隔ᄒ다, 즈음ᄒ다

(擊) : 다이즐다, 다ᄒ다, 티다

(見) : 나토다, 보다, 보ᅀᆞᆸ다

(甄) : 굴히다, 붉다

(決) : 決定, 결ᄒ다, ᄠᅥ디다

(結) : 결ᄒ다, ᄆᆞᆺ다, 미다, 및다, 얼의다

(輕) : ᄆᆞ더니, 수이

(竟) : ᄆᆞ춤내, ᄆᆞᆾ다

(徑) : 디나다, 바ᄅᆞ다, 즐어

(契) : 맛다, 맞다

(泪) : 니를다, 니르다, 미츠다

(啓) : ᄋᆡᆺ줍나, 얼나

(稽) : 조싸다, 조ᅀᅡ다, 좃ᅀᆞᆸ다

(故) : 늙다, 녜, 부러, 緣故, 이런ᄃᆞ록, 젼ᄎᆞ로

(孤) : 외롭다, ᄒᆞ오ᅀᅡ

(鼓) : 두드리다, 붚

(空) : 뷔다, 虛空

(共) : 모다, ᄒᆞᆫ가지, ᄒᆞᆫ갓, ᄒᆞᆫᄃᆡ

(過) : 넘다, 허믈

(科) : 고고리, 구딩

(果) : 果然, 여름, 果

(關) : 문, 븓다, 븥다

(括) : ᄢᅵ룸, 삸오뇌

(曠) : 너비, 멀다, 오라다

(廣) : 넙다, 만히

(校) : 갈매다, 마초다

(絞) : 목ᄌᆞᄅᆞ다, 졸오다

(皎) : ᄆᆞᆰ다, 붉다

(矯) : 거즛, 거츨다

(交) : 사괴다, 서르, 석다, 어울다

(遘) : 모도다, 몯다

(具) : ᄀᆞᆾ다, 연장, ᄒᆞᆫᄢᅴ, ᄒᆞᆫᄃᆡ

(求) : 求ᄒ다, 얻다

(垢) : 더럽다, ᄠᅵ

(局) : 그슴ᄒ다, 븓다

(群) : 모든, 한

(均) : 고ᄅᆞ다, ᄒᆞᆫ가지

(卷) : ᄆᆞᆯ다, 쥐다

(極) : 근, ᄀᆞ장, 굳ᄒ다, ᄆᆞᆺ, 至極ᄒ다

(今) : 오ᄂᆞᆯ, 이제

(急) : 미이, 時急ᄒ다

(己) : 내, 몸

(期) : 그슴ᄒ다, 期約ᄒ다

(起) : 니러다, 닐다

(難) : 어렵다, 힐난ᄒ다

(溺) : ᄲᅥ듀다, ᄲᅥ디다, 듐기다, 듐다

(斷) : 결단, 긋다, 긏다, 버히다

(當) : 當ᄒ다, 모로매, 반ᄃᆞ기, 올ᄒ

(度) : 건나다, 度ᄒ다, 디나다, 濟度ᄒ다

(到) : 다ᄃᆞ라다, 두르혀다

(都) : 다, 모다, 전혀

(獨) : ᄲᅮᆫ, 오직, ᄒᆞ오ᅀᅡ

(動) : 動ᄒ다, 무윰, 뮈다

(同) : 곧다, 곧즙다, 다, 모든, ᄒᆞᆫ가지, ᄒᆞᆫᄢᅴ

(得) : 得ᄒ다, 얻게ᄒ다, 시러

(等) : ᄀᆞᆮᄒ다, 들히, ᄒᆞᆫ가지

(騰) : 봄뇌다, 올옴

(落) : 디다, ᄇᆞ리다

(爛) : 믈움, 석다

(侶) : 무리, 벋

(慮) : 思念, 혜다

(憐) : ᄉᆞ랑ᄒ다, 어엿비

(裂) : ᄣᅥ야디다, 힐에ᄒ다, ᄒᆞ야디다

(領) : 가제다, 거느리다, 받다

(例) : 견주다, 例

(禮) : 禮數ᄒ다, 禮節

(論) : 말ᄊᆞᆷ, 議論ᄒ다

(籠) : ᄢᅵ리다, ᄢᅵ다, 숌

(縷) : 실, 쓰다

(類) ; 굳다, 굳ᄒᆞ다, 무리
(流) ; ᄃᆞ외다, 무리, 믈 흐르다
(履) ; 볿다, 신
(離) ; 여희다, 離
(臨) ; 디러, 臨ᄒᆞ다
(摩) ; 믄지다, 붓둣ᄒᆞ다
(亡) ; 업게ᄒᆞ다, 잃다, 죽다
(妄) ; 거츳, 거츨다, 그릇, 외오
(罔) ; 거츨다, 없다
(猛) ; 모딜다, 미이, 勇敢ᄒᆞ다
(滅) ; 滅ᄒᆞ다, 없다
(冥) ; 깊다, 맞다, 어듭다
(慕) ; 그리다, ᄇᆞ라다, ᄉᆞ랑ᄒᆞ다
(蒙) ; 닙ᄉᆞ다, 어듭다
(瞢) ; 아득히, 어듭다
(妙) ; 둏다, 微妙히
(誣) ; 거츳, 외다
(聞) ; 듣다, 맡다
(彌) ; ᄀᆞᄃᆞ기, 더욱
(迷) ; 모ᄅᆞ다, 迷惑ᄒᆞ다, 어리다, 어리우다, 어즐ᄒᆞ다
(密) ; 그윽ᄒᆞ다, 秘密
(飯) ; 밥, 이받다
(發) ; 내다, 니르왇다, 發ᄒᆞ다, 펴다
(方) ; 너모, 모나다, 보야ᄒᆞ로, 비르서, 져기, 처섬

(謗) ; 誹謗ᄒᆞ다, 헐다
(背) ; 뒤돌다, 背叛ᄒᆞ다
(排) ; 미리완다, 밀다
(白) ; 셰다, 술오다
(範) ; 법, 쇠디기
(辯) ; 굴히다, 말
(別) ; 다른, 닫, 달오다
(屛) ; 屛風, 좇다
(步) ; 거름, 걷다
(保) ; 맛다, 保ᄒᆞ다
(服) ; 닙다, 쁠다
(覆) ; 둪다, 업드리다
(伏) ; 굿블다, 숨다, 降伏
(復) ; ᄂᆞ외다, 다시, 도라가다, ᄯᅩ
(本) ; 근원, 밑, 本來
(負) ; 지다, 짐지다
(分) ; 같다, ᄂᆞᆫ호다, 두루
(拂) ; ᄲᅥ러ᄇᆞ리다, 떨다
(秘) ; ᄀᆞ초다, 秘密
(非) ; 아니다, 외오
(悲) ; 슳다, 慈悲
(似) ; 곧ᄒᆞ다, 둧ᄒᆞ다
(謝) ; 가다, 거절ᄒᆞ다, 골다, ᄇᆞ룜
(爽) ; 맞다, 어긔윰
(尙) ; 더으다, 손지, 오히려
(狀) ; 글, 얼굴
(常) ; ᄒᆞᆼ샹, 덛더다, 덛덛ᄒᆞ다
(上) ; 높다, 위, 우희, 爲頭ᄒᆞ다
(相) ; 서르, 얼굴

(色) ; 빛, 양지
(庶) ; 百姓, ᄇᆞ라ᅀᆞ오다
(釋) ; 그르다, 사기다
(旋) ; 도라오다, 두르혀다
(先) ; 몬져, 아릿
(善) ; 됴타, 이대
(說) ; 니ᄅᆞ다, 말
(涉) ; 들에ᄒᆞ다, 버믈다, 븥다
(成) ; ᄃᆞ외다, 이다, 일우다
(燒) ; 술다, ᄖᅱ우다
(消) ; ᄇᆞ리다, 스러ᄇᆞ리다
(銷) ; 녹다, 슬다
(殊) ; 다ᄅᆞ다, ᄠᆞ로
(授) ; ᄇᆞ리다, 심기다
(誰) ; 뉘, ᄆᆞ스글
(瞬) ; 굼즉ᄒᆞ다, 눈곰다
(述) ; 닐어다, 밍골다
(承) ; 듣좁다, 받다
(升) ; 되, 오ᄅᆞ다
(時) ; ᄢᅴ, 時, 時節
(恃) ; 믿다, 믿좁다
(息) ; 긋다, 궂다, 숨, 숨쉬다
(辛) ; 믜옴, 受苦롭다
(失) ; 그르ᄒᆞ다, 글움, 외욤, 잃다
(悉) ; 다, 다ᄒᆞ다
(實) ; 實, 여름
(審) ; 굴히다, 슬피다
(我) ; 나, 내, 우리
(兒) ; 아히, 子息
(惡) ; 궂다, 모딜다, 아쳗

다, 惡ᄒᆞ다

(按); 눌루다, 마초뼈

(安); 엇뎨, 便安히

(眼); 눈, ᄌᆞ올다

(暗); 그스기, 어드움

(仰); 아ᅀᆞ다, 울월다

(愛); 둧오다, 즐기다

(洋); 넘뼈다, 녹다

(揚); 늘다, 펴다

(言); 니ᄅᆞ다, 닐오다, 말

(如); 곧다, ᄒᆞ다가

(與); 과, 곤ᄒᆞ다,
　　　어우러다, 와

(餘); 남다, 년듸, 다른

(研); 窮究ᄒᆞ다, ᄀᆞ다듬다,
　　　다듬다

(然); 그러나, 그러ᄒᆞ다,
　　　그러니, 날, 올타,
　　　뼈다, 혀다

(染); 더러움, 덦굼,
　　　믈드리다

(吾); 내, 우리

(誤); 모르다, 외오

(傲); ᄆᆞ더니 너기다,
　　　업시오다

(烏); 가마괴, 엇뎨

(悟); 아롬, 아ᅀᆞ다, 알다,
　　　알외다

(完); 암ᄀᆞ다, 올다

(要); 모로매, 조ᅀᆞᄅᆞ윈,
　　　조ᅀᆞ리다

(搖); 뮈다, 이어다

(容); 담다, 드리다, 양,
　　　양ᄌᆞ

(偶); 마촘다, 짝

(殞); 믈어듀, 죽다

(元); 根源, 덛더다

(越); 걷내다, 멀다

(爲); ᄃᆞ외다, 밍글다, 爲
　　　ᄒᆞ다

(違); ᄀᆞᄅᆞ려다, 어귀다,
　　　어긔다

(唯); ᄯᆞ롬, 오직

(逾); 나가다, 디나다

(幽); 그윽ᄒᆞ다, 깊다

(有); 겨시다, 두다, 둿다,
　　　잇다

(遺); 기티다, 잃다, 주다

(猶); 곧ᄒᆞ다, 오히려

(陰); 그윽ᄒᆞ다, ᄀᆞ늘, ᄀᆞ
　　　늘지다

(應); 맛게ᄒᆞ다,　 맛당ᄒᆞ
　　　다, 應ᄒᆞ다

(爾); 그, 그러면

(利); 늘나다, 利益

(已); ᄯᆞ롬, ᄒᆞ마

(益); 더욱, 더ᄒᆞ다

(人); 놈, 사ᄅᆞᆷ

(日); 날, 히

(一); 혼, 혼가지, 혼글ᄋᆞ
　　　티, 혼갓

(任); 마졉다, 맛디다

(子); 아들, 여름, 子息

(自); 나, 브터, 自然, 저,
　　　절로, ᄌᆞ개

(資); 도ᄋᆞ다, 붙다

(否); 몯줍다, 견즛

(作); 닐다, ᄃᆞ외다, 짓다

(潛); 그스기, ᄀᆞ마니,
　　　숨다

(掌); ᄀᆞᅀᆞᆷ알다, 솑바당

(藏); ᄀᆞ초다, ᄀᆞ촐다,
　　　숨다

(莊); 싁싁ᄒᆞ다, 집

(在); 겨시다, 잇다

(著); 닙다, 다히다, 두다

(貯); 넣다, 담다

(佇); 기드리다, ᄇᆞ라ᅀᆞᆸ다

(積); 모도다, 한

(敵); 펴다, 편

(轉); 그우다, 더욱,
　　　옮기다

(前); 나ᅀᅡ가다, 아랫, 앒

(專); 오로, 전혀

(全); 온, 올오다, 전혀,
　　　전혀

(纏); 미욤, 얽교매다

(節); 미듭, 마다

(整); 고티다, ᄀᆞ즉ᄒᆞ다

(淨); 조타, 조ᄒᆞ다, 조히
　　　오다

(諸); 모든, 믈윗, 여러, 한

(齊); ᄀᆞᄌᆞ기·ᄀᆞ즉ᄒᆞ다,
　　　ᄀᆞ즉호다, 혼ᄢᅴ

(制); 밍글다, 여러

(調); 고ᄅᆞ다, 弄談ᄒᆞ다,
　　　혜다

(造); 나ᅀᅡ가다, 밍글다,
　　　짓다

(粗); 멀다, 멀터이, 잢간

(條); 條理, 올

(足); 발, 샐리, 젹다, 足히

(卒) ; ㅁ촘내.못다
(種) ; 가지, 種子
(終) ; 내종, 못다
(從) ; 븥다, 조졉다, 좃다,
　　좇다
(縱) ; ㄱ장, 비록
(周) ; 너비, 다, 두루
(准) ; 마초다, 平ㅎ다
(中) ; 가온듸, 솝, 스이
(重) ; 다시, 또, 므겁다, 블,
　　重ㅎ다
(衆) ; 모든, 한
(卽) ; 곧, 나사가다, 즉재
(蒸) ; 덥다, 뼈다
(證) ; 마기오다, 마초다,
　　마초뼈, 심기, 證明
(祇) ; 쏜, 오직
(枝) ; 가지, 지리히
(指) ; ㄱ르치다, 숏가락
(止) ; ㄱ마니, 머믈다
(至) ; 니르다, 至極ㅎ다
(直) ; 갑, 쁘름, 바르다
(陳) ; 니르시다, 무근, 버
　　리다, 아릿, 펴다
(盡) ; 다, 다옴, 다ㅎ다
(津) ; 놀이, 씀
(質) ; 마기오다, 마키다,
　　몸, 읏듬
(瞪) ; 바르뼈다, 쌜아
(此) ; ㄱ장, 잇
(責) ; 외다, 責ㅎ다
(惣) ; 다, 뫼화다
(遞) ; 쌜리, 서르
(滯) ; 거리끼다, 막다

(初) ; 갔간, 첫
(超) ; 걷내뛰다, 건너뛰다,
　　뛰다
(促) ; 뵈아다, 쌜리, 젹다,
　　ㅈ조
(觸) ; 다듣다, 다텿다, 다
　　ㅎ다, 뻘리다
(撮) ; 그스다, 둥기다, 뫼
　　화다, 잡다
(追) ; 믈리다, 미좇다
(推) ; 밀다, 推尋ㅎ다
(畜) ; ㄱ초다, 뫼호다,
　　즁싱
(逐) ; 나사가다, 디르다,
　　좇다
(趣) ; 가다, 곧, 뜬
(揣) ; 혜아리다, 혜요다
(致) ; 귿, 다듣다
(熾) ; 盛ㅎ다, 픠다
(沉) ; 둠다, 즘즘ㅎ다
(稱) ; 니르다, 맞다, 일쿨
　　이다
(蕩) ; 믤다, 放蕩ㅎ다
(投) ; 더뎌, 브리다
(特) ; 다민, 오직
(徧) ; ㄱ득ㅎ다, 너비, 다,
　　두루, 펴다
(表) ; 나토다, 밧, 表ㅎ다
(必) ; 구틔여, 굿, 모로매
(下) ; ㄴ리다, 놋가이
(何) ; 므스, 어듸, 엇뎨
(恨) ; 믜다, 믤다, 애왇다
(合) ; ㄱ몸, 금다, 당다이,
　　마초다, 맛당ㅎ다,

맞다, 뫼화다, 어울
다, 쥐다, 合ㅎ다
(解) ; 글어다, 사기다, 알
　　다, 注ㅎ다
(行) ; 거룸, 녀다, 行ㅎ다,
　　힝뎍
(響) ; 맛굶다, 뫼사리,
　　소리
(驗) ; 마기오다, 마초다
(現) ; 나다, 나토다, 낟ㄴ
　　다·낟다, 번드기,
　　現ㅎ다
(顯) ; 나타나다, 나토다,
　　번드기, 顯ㅎ다
(懸) ; 높다, 미리
(形) ; 양, 양ㅈ, 얼굴
(華) ; 곳, 빗나다
(環) ; 골회, 구슬, 횟돌다
(還) ; 갚다, 도로, 돌아보
　　다, 옮다
(恢) ; 달이, 지
(吼) ; 소리, 울다
(虧) ; ㅂ리다, 이저ㅂ리다,
　　헐다
(欽) ; 恭敬ㅎ다, ㅎ마

# * 유의어

(復) ; 다시, 또
(敷) ; 펴다, 푸다
(上) ; 위, 우희
(憰) ; 저프다, 저히다
(憎) ; 저흐다, 젼는다
(偃) ; 누움, 눕다
(言) ; 니르다, 닐오다, 말
(厭) ; 아쳐럽다, 아쳗다
(翳) ; ᄀ룜, ᄀ리다
(畏) ; 저품, 저프다
(涌·湧) ; 봄뇌다, 솟다
(有) ; 겨시다, 잇다
(陰) ; ᄀ늘, ᄀ늘지다
(應) ; 맛당흐다, 應흐다
(二) ; 두, 둘, 둘찻
(煎) ; 글탈흐다, 글흐다,
　　　 달히다
(頂) ; 뎡바기, 머리
(造) ; 밍글다, 짓다
(重) ; 다시, 또, 므겁다,
　　　 重흐다
(卽) ; 곧, 즉재
(證) ; 마초다, 마초뼈
(徵) ; 무러, 물이다
(廳) ; 듣다, 듣줍다
(縮) ; 움다, 움치다
(衝) ; 다투다, 다티다
(聚) ; 모ᄃ시다·모도다,
　　　 모든
(取) ; 가지다, 잡다
(揣) ; 혜아리다, 혜오다
(快) ; 훤흐다, 원히

(他) ; 녀느, 다른
(破) ; 헐다, 헤티다
(判) ; 뼤다, 뼤뼈다
(漂) ; ᄠᅳ다, ᄯᅴ욤
(壑) ; 골, 굴허
(閑) ; 겨르ᄅ이, 괴외흐다
(恒) ; 덛덛흐다, 샹녜
(廻) ; 도ᄅ혀, 두르혀다
(毀) ; 할아다, 허로다
(黑) ; 검다, 어듭다
(欣) ; 깃굼, 즐기다
(詰) ; 무르다, 묻다

# * 물명어

(家) ; 집
(角) ; ᄲᅳᆯ
(鑑) ; 거우루
(車) ; 술위
(炬) ; 홰
(鏡) ; 거우루
(鼓) ; 붚
(塊) ; 홁무적
(膠) ; 플
(漚) ; 더품
(垢) ; ᄯᅵ
(囊) ; 잘이
(膿) ; 고롬
(尿) ; 오좀
(單) ; 호옷
(袋) ; 주머니
(銅) ; 구리, 銅
(礰) ; ᄂᆺ돌

(礫) ; 직벽
(蘆) ; ᄀ리
(鑪) ; 火鑪
(縷) ; 실
(輪) ; 술위삐
(履) ; 신
(沫) ; 더품
(網) ; 그믈
(毛) ; 터럭
(尾) ; 소리
(米) ; ᄡᆯ
(雹) ; 무뤼
(飯) ; 밥
(鉢) ; 바리
(屏) ; 屏風
(寶) ; 보빈
(府) ; 집
(氷) ; 어름
(席) ; 돗
(筵) ; 돗
(瓮) ; 독
(莊) ; 집
(鐘) ; 붚, 종
(脂) ; 기름
(刹) ; 뎔
(皮) ; 갓

# * 동식물어

(鵠) ; 믌새
(龜) ; 거붑
(禽) ; 새
(稻) ; 벼

(狐) ; 돌
(林) ; 수플
(麻) ; 열
(馬) ; 물
(蔓) ; 너출
(猫) ; 괴
(筏) ; 떼
(蜂) ; 벌
(桑) ; 뽕남깃
(樹) ; 나무, 남기
(魚) ; 고기
(鷰) ; 져비
(鼅) ; 놃ᄃ라미
(鳥) ; 가마괴
(蝶) ; 나븨
(鳥) ; 새
(藻) ; 말왐

## * 인체어

(甲) ; 톱
(吻) ; 입시울
(躬) ; 몸
(拳) ; 주먹
(頭) ; 머리
(眉) ; 눈섭
(髮) ; 머리
(臂) ; 블
(狀) ; 얼굴
(相) ; 얼굴
(膝) ; 무릅
(身) ; 몸
(心) ; ᄆᆞ움

(牙) ; 엄
(顔) ; ᄂᆞᆾ
(眼) ; 눈
(掌) ; 솑바당
(頂) ; 뎡바기, 머리
(臍) ; 빗복
(爪) ; 손돕, 솟돕
(足) ; 발
(指) ; 솑가락

## * 한자어

(決) ; 決定
(故) ; 緣故
(功) ; 功夫
(空) ; 虛空
(果) ; 果然, 果
(供) ; 供養
(光) ; 光明
(禁) ; 禁止
(氣) ; 氣分
(銅) ; 銅
(慮) ; 思念
(例) ; 例
(禮) ; 禮節
(離) ; 離
(模) ; 法
(民) ; 百姓
(密) ; 秘密
(屏) ; 屏風
(伏) ; 降伏
(本) ; 本來
(秘) ; 秘密

(悲) ; 慈悲
(庶) ; 百姓
(城) ; 城
(俗) ; 世俗
(時) ; 時, 時節
(試) ; 試驗
(實) ; 實
(兒) ; 子息
(臆) ; 斟酌
(源) ; 根源
(元) ; 根源
(牖) ; 窓
(允) ; 眞實
(恩) ; 恩惠
(利) ; 利益
(子) ; 子息
(自) ; 自然
(瘴) ; 病
(典) ; 經典
(漸) ; 漸漸
(條) ; 條理
(種) ; 種子
(證) ; 證明
(眞) ; 眞實
(菜) ; 菜蔬
(化) ; 敎化
(恒) ; 恒常
(詰) ; 詰難

## * 합성어

(渴) ; 渴望ᄒᆞ다
(感) ; 感動ᄒᆞ다

(隔);隔ᄒᆞ다

(兼);兼ᄒᆞ다

(警);警戒ᄒᆞ다

(考);相考ᄒᆞ다

(冠);爲頭ᄒᆞ다

(魁);爲頭ᄒᆞ다

(求);求ᄒᆞ다

(救);救ᄒᆞ다

(極);至極ᄒᆞ다

(急);時急ᄒᆞ다

(期);期約ᄒᆞ다

(當);當ᄒᆞ다

(對);對ᄒᆞ다

(度);度ᄒᆞ다, 濟度ᄒᆞ다

(導);引導ᄒᆞ다

(動);動ᄒᆞ다

(得);得ᄒᆞ다

(禮);禮數ᄒᆞ다

(論);議論ᄒᆞ다

(臨);臨ᄒᆞ다

(猛);勇敢ᄒᆞ다

(免);免ᄒᆞ다

(滅);滅ᄒᆞ다

(妙);微妙히

(迷);迷惑ᄒᆞ다

(發);發ᄒᆞ다

(謗);誹謗ᄒᆞ다

(背);背叛ᄒᆞ다

(飜);飜譯ᄒᆞ다

(變);變ᄒᆞ다

(保);保ᄒᆞ다

(貧);艱難ᄒᆞ다

(上);爲頭ᄒᆞ다

(眚);눈病

(細);微細ᄒᆞ다

(衰);衰ᄒᆞ다

(酬);對答ᄒᆞ다

(順);順ᄒᆞ다

(神);神奇ᄒᆞ다

(辛);受苦롭다

(雅);正ᄒᆞ다

(惡);惡ᄒᆞ다

(安);便安히

(研);窮究ᄒᆞ다

(瞖);눈病

(願);願ᄒᆞ다

(爲);爲ᄒᆞ다

(慰);慰勞ᄒᆞ다

(婬);婬亂ᄒᆞ다

(應);應ᄒᆞ다

(因);因ᄒᆞ다

(逸);逃亡ᄒᆞ다

(獎);勸ᄒᆞ다

(接);對接ᄒᆞ다, 接ᄒᆞ다

(定);一定ᄒᆞ다

(濟);濟度ᄒᆞ다

(調);弄談ᄒᆞ다

(足);足히

(主);爲頭ᄒᆞ다

(准);平ᄒᆞ다

(重);重ᄒᆞ다

(至);至極ᄒᆞ다

(懲);警戒ᄒᆞ다

(責);責ᄒᆞ다

(請);請ᄒᆞ다

(諦);仔細히

(推);推尋ᄒᆞ다

(親);親ᄒᆞ다

(熾);盛ᄒᆞ다

(蕩);放蕩ᄒᆞ다

(表);表하다

(合);合ᄒᆞ다

(解);注ᄒᆞ다

(行);行ᄒᆞ다

(險);險ᄒᆞ다

(顯);顯ᄒᆞ다

(現);現호다

(欽);恭敬ᄒᆞ다

# 五. 고유어에 대응된 漢字

가다(逝·往·趣·歸·謝·奔) ; 가다.

　; 가줄비건댄 艱難흔 子息이 아비 브리고 逃亡ᄒ야 감ᄀᆞ다 ᄉᆞ이다

　　(譬如窮子捨父逃逝)〈능1-93〉

　; 제 갏곧 업듯ᄒ야(自無攸往)〈능1-105〉

　; 늘ᄀᆞ니 ᄇᆞ리고 새예 가는 젼ᄎᆞ로(去故趣新故)〈능1-107〉

　; 菩提예 갏 길흘 ᄇᆞᆯ기 아라(明了菩提所歸道路)〈능1-21〉

　; 境이 가면(境謝)〈능8-13〉

　; 흘러 逃亡ᄒ야 境에 가기(流逸奔境)〈능4-100〉

가ᄃᆞ면(斂) ; 거두면.

　; 믈기 가야 氣분이 가ᄃᆞ면(澄霽斂氛)〈능2-29〉

가롬(耕) ; 갈음.

　; 매와 가롬과 ᄀᆞ로미(碾磑耕磨)〈능8-92〉

가린길(枝岐·岐路) ; 갈림길.

　; 가린길흘 맛나디 아니라(不遭枝岐)〈능1-22〉

　; 가린 길헤 行호매(於岐路行)〈능6-96〉

가마괴(烏) ; 까마귀.

　; 가마괴 本來 거므며(烏從來黑)〈능10-9〉

가매(鑊) ; 가마솥.

　; 鑊은 가매라〈능8-97〉

가ᅀᆞ멸다(富·饒富) ; 부유하다.

　; 가ᅀᆞ며닐 ᄇᆞ리니(捨富)〈능1-34〉

; 키 가슨며로몰 닐위리(致大饒富)〈능4-62〉

**가슴(胸)** ; 가슴.

; 卽時예 如來 가슴매 萬字룰 브트샤(卽時如來從胸萬字)〈능11-95〉

**가야(霽)** ; 개다.

; 물기 가야 氛푼이 가두면(澄霽斂氛)〈능2-29〉

**가온딕(中)** ; 가운데.

; 四卷 처섬므로 가온딕 니르리라(四初至中)〈능1-21〉

**가원딕(適)** ; 가운데.

; 가원딕 업슨 젼츠로(則無適不可故)〈능8-21〉

**가졔다(領)** ; 가지다.

; 호마 寶藏올 가졔니(旣領寶藏)〈능1-19〉

**가졧다(守)** ; 가져있다. 가졌다

; 이런드로 가졧던 거슬 일흐니라(故失所守)〈능2-53〉

**가지(種)** ; 가지.

; 이 두가지 아니니(非此二種)〈능1-71〉

**가지(枝)** ; 가지.

; 흔가지예 세여르미니(一枝三子)〈능1-82〉

**가지다(取)** ; 가지다.

; 取는 가질씨라〈능1-112〉

**가줄비다(喻·譬·譬喻·比)** ; 비유하다.

; 아랫 가줄뷰미 어루 볼기리라(下喻可明)〈능1-56〉
; 가줄비건댄 艱難흔 子息이 아비 브리고 逃亡호야 감곧다 스이다
(譬如窮子捨父逃逝)〈능1-93〉
; 모로매 가줄뵤므로(要以譬喻)〈능1-99〉
; 엇뎨 充實호야 盛흔 時節을 가줄비리잇고(如何見比充盛之時)〈능2-5〉

**艱難호다(窮·貧·貧窮)** ; 가난하다.

; 가줄비건댄 艱難흔 子息이 아비 브리고 逃亡호야 감곧다 스이다
(譬如窮子捨父逃逝)〈능1-93〉
; 艱難호닐 브리고(捨貧)〈능1-34〉

; 비록 實로 艱難ᄒ나(雖實貧窮)〈능4-62〉

**간슈ᄒ다(護)** ; 간수하다.

; 保ᄒ야 가지며 두퍼 간슈ᄒ야(保持覆護)〈능9-65〉

**갈(枷)** ; 칼.

; 이런ᄃ로 갈와 鎖왜 제 벗ᄂ니라(故枷鎖自脫)〈능6-28〉

**갈다(分)** ; 가르다.

; 內分과 外分이 갈아 여니라(分開內分外分)〈능8-68〉

**갈리다(岐)** ; 갈리다.

; 이 가린 길헤 行호미(於岐路行)〈능6-96〉

**渴望ᄒ다(渴)** ; 갈망하다.

; 기우려 渴望ᄒ야 고초아 ᄇ라ᅀ와(傾渴翹佇)〈능1-77〉

**갈매다(校)** ; 갋다.

; 校ᄂ 갈매일씨라〈능8-86〉

**感動ᄒ다(感)** ; 감동하다.

; 부텻 發ᄒ샤믈 感動ᄒᅀᆞᆸ고(感佛所發)〈능1-93〉

**감ᄑᆞᄅ다(靑)** ; 감파랗다.

; 靑蓮華ᄂ 天竺에 잇ᄂ니 부텻 눈 감ᄑᆞᄅ샤미 ᄀᆞᆮᄒ시니라〈능1-47〉

**갑(直)** ; 값.

; 뎌의 나믄 갑슬 갑ᄂ니라(償彼餘直)〈능8-124〉

**갑다(報·償)** ; 갚다.

; 우으로 갑ᄉ오려ᄒ니라(上報也)〈능3-113〉

; 뎌의 나믄 갑슬 갑ᄂ니라(償彼餘直)〈능8-124〉

**갓(皮)** ; 가죽.

; 갓 밧글 닐오ᄃᆡ(皮表日膚)〈능2-5〉

**갓가이(近)** ; 가까이.

; 모ᄆᆞ로 갓가이ᄒ야(以身逼近)〈능1-37〉

**갓ᄀᆞ로·갓ᄀᆞ(倒)** ; 거꾸로.

; 이 갓ᄀᆞ로 두며 技騈ᄒ며(是乃倒置技騈)〈능1-19〉

; 갓ᄀᆞᆫ 거츠루믈 어루어둟디라(倒妄可消)〈능1-37〉

**갓ᄀᆞᆯ다(顚倒)** ; 거꾸러지다.

  ; 顚倒ᄂᆞᆫ 갓ᄀᆞᆯ씨라〈능1-80〉

**갓갑다(殆·鄰)** ; 가깝다.

  ; 護持ᄒᆞ디 몯ᄒᆞ매 갓가올씨(殆無以護持)〈능1-37〉

  ; 鄰ᄋᆞᆫ 갓가올씨라〈능3-69〉

**갓다(削)** ; 깎다.

  ; 나모 갓글 ᄀᆞᆮᄒᆞ리니(猶如削木)〈능9-60〉

**갚다(還·酬·荅)** ; 갚다.

  ; 내 네 비들 가파(我還汝債)〈능4-31〉

  ; 怨害로 서르 가프며(怨害相酬)〈능7-92〉

  ; 가포미 다ᄋᆞ면(荅盡)〈능9-31〉

**개다(霽·晴)** ; 개다.

  ; ᄯᅩ 새로 갠 제 淸쳥陽양이 하ᄂᆞᆯ해 올아(又如新霽 淸陽 升天)〈능1-105〉

  ; 虛靜ᄒᆞ미 갠 허공ᄀᆞᆮᄒᆞ야(虛靜猶如晴空)〈능10-1〉

**객(客)** ; 객.

  ; 머무디 아니ᄒᆞᄂᆞᆫ 거스로 일후믈 客이라(以不住者名之爲客)〈능1-111〉

**거느리다(領)** ; 거느리다.

  ; ᄂᆞᆫ호아 거ᄂᆞ려(分領)〈능1-31〉

**거두다(穡·穫)** ; 거두다.

  ; 穡은 穀食 거두미라〈능1-19〉

  ; ᄀᆞ솔 거두움미오(秋穫)〈능1-19〉

**거룸(行)** ; 걸음.

  ; 거루믈 올마 ᄂᆞ로미 ᄃᆞ외오(則轉行爲飛)〈능7-83〉

**거름(步)** ; 걸음.

  ; 거름마다 주글 짜해 감ᄀᆞᆮᄒᆞ니라(步步趍死地)〈능2-4〉

**거리다(岐)** ; 갈리다.

  ; 두거린 길히 잇ᄂᆞ니(有二岐路)〈능9-14〉

거리끼다(滯) ; 꺼리기다.

 ; 相보며 거리끼디 아니ᄒ야(使不滯於相見)〈능1-8〉

거붑(龜) ; 거북이.

 ; 업스면 거부븨 터리와 톳긔 쓸 굳거니(無則同於龜毛兎角)〈능1-74〉

거스리다(逆) ; 거슬리다.

 ; 거스리 셰요미 갓굴어날(逆竪爲倒)〈능2-12〉

거슬다(拒) ; 거스르다.

 ; 거스디 아니툿ᄒ니라(而不拒)〈능4-39〉

거슬뿜(忤·很) ; 거슬림.

 ; 서르 거슬뿜에 發ᄒᄂ니(發於相忤)〈능8-85〉
 ; 거슬뿜무레 섯거 어울오(參合很類)〈능8-126〉

거싀(幾) ; 거의.

 ; 學位예 거싀예다가(幾於覺位)〈능9-50〉

거여운(威武) ; 큼직하다. 너그럽고 꿋꿋하다.

 ; 金剛ㅅ 거여운 양ᄌᄅ ᄀᄃ기 現ᄒ샤문(徧現金剛威武之狀者)〈능7-26〉

거우루(鑑·鏡) ; 거울.

 ; 鑑은 거우루라〈능1-77〉
 ; 거우루 光明이 ᄀ든 젼ᄎ로(如鏡之光故)〈능2-18〉

거절ᄒ다(謝) ; 거절하다.

 ; 謝ᄂ 주어든 것 거절홀씨라〈능3-110〉

거즛(妄·矯·假·奸·詐·誣) ; 거짓.

 ; 다시 거즛 혜물 내야(復生妄計)〈능1-53〉
 ; 거즛 어즈러운 論議아니니(矯亂議論)〈능2-54〉
 ; 거즛 일후믈 고기라ᄒ야(假名爲肉)〈능6-93〉
 ; 邪道ᄂ 거즛 일로 소기ᄂ 젼ᄎ로(邪道奸欺故)〈능6-101〉
 ; 거즛 쯺이 섯거 달애요미(詐習交誘)〈능8-86〉
 ; 거즛 허로매 發ᄒᄂ니(發於誣謗)〈능8-92〉

거츨다(妄·僞·罔·矯) ; 거칠다, 허황하다.

 ; 그 中에 거츠리 제 어즈러이 뮈유믈 처섬 아ᄂ니(方覺於中妄自擾動)〈능1-107〉

; 일허 쁜 거츠로매 범그러(縣著浮僞)〈능7-89〉

; 性情이 거츠리 어르우며(性情罔昧)〈능7-91〉

; 그 마롤 거츠리 어즈리니라(矯亂其語)〈능10-25〉

겼다(摧) ; 꺾다.

; 邪異롤 것거 降伏히와(使摧伏邪異)〈능1-97〉

건나다(度) ; 건너다.

; 곧 건나다 혼 쁘디라(卽度義)〈능4-49〉

건내뛰다, 걷내뛰다, 건너뛰다(超越·超) ; 건너뛰다

; 얼구릐 버므로매 건내뛰여(超越形累)〈능1-102〉

; 諸有에 이대 걷내뛰며(善超諸有)〈능1-24〉

; 情올 건너뛰며(超情)〈능4-8〉

걷내다(越) ; 건너다.

; 여러 塵累롤 걷내 ᄂᆞ니러니(越諸塵累)〈능1-24〉

걷다(步) ; 걷다.

; 城門애 날호야 거러(徐步廓門)〈능1-34〉

걸(渠) ; 개울, 도랑.

; 수플와 걸와 (林渠)〈능2-48〉

걸다(挂) ; 걸다.

; 그므레 거러(挂網)〈능8-93〉

걸식(乞食) ; 걸식(乞食)

; 乞食ᄒᆞᄂᆞᆫ 次第롤 因ᄒᆞ야(因乞食次)〈능1-35〉

검다(黑) ; 검다.

; 두 거무미 달오미 잇ᄂᆞ니(二黑有別)〈능1-101〉

게엽다(雄) ; 큼직하고 너그럽고 꿋꿋하다.

; 雄毅ᄂᆞᆫ 게엽고 늘날씨라〈능8-70〉

게으르다(疲怠) ; 게으르다.

; 微妙ᄒᆞᆫ 菩提길헤 게으르디 말라(無得疲怠妙菩提路)〈능2-75〉

겨르ᄅᆞ이(閑) ; 한가로이.

; 香 퓌우고 겨르ᄅᆞ이셔(然香閑居)〈능7-6〉

겨를(遑) ; 겨를.

　; 便安히 머므롫 겨를 업거든(不遑安住)〈능1-105〉

겨슬(冬) ; 겨울.

　; 녀름브터 겨스레 가니(自夏徂冬)〈능1-17〉

겨시다(有 · 在) ; 계시다.

　; 닐굽ᄇᆞ릿 무러 허르심미 겨시니(有七重微破)〈능1-46〉

　; 부톄 室羅筏城祇桓精舍에 겨샤(在室羅筏城祇桓精舍)〈능1-23〉

겨집(寡婦) ; 계집.

　; 寡婦ᄂᆞᆫ 남진 업슨 겨지비라〈능6-111〉

격ᄒᆞ다(隔) ; 격(隔)하다.

　; 見과 識괘 隔ᄒᆞᆯ씨(見與識隔)〈능3-104〉

견주다(例) ; 견주다.

　; 내 주머귓 理ᄅᆞᆯ 견주건대(例我拳理)〈능1-99〉

決斷ᄒᆞ다(斷 · 決) ; 결단하다.

　; 決斷ᄒᆞ야 法華後ᄅᆞᆯ 사ᄆᆞᆯ씨(而斷爲法華之後)〈능1-16〉

　; 正ᄒᆞᆫ 보ᄆᆞᆯ 決斷ᄒᆞ야 ᄀᆞᆯ히요ᄆᆞᆫ(決擇正見)〈능1-20〉

결정(決) ; 결정(決定).

　; 決定히 이로미 第一이오(決了第一)〈능1-27〉

結ᄒᆞ다(結 · 決) ; 결(結)하다. 결(決)하다.

　; 結ᄒᆞ야 責ᄒᆞ야(結責)〈능2-31〉

　; 결ᄒᆞ야 ᄀᆞᆯ히리로다(而決擇也)〈능2-33〉

兼ᄒᆞ다(兼) ; 兼하다.

　; 둘헤 兼티 아니ᄒᆞ려(爲不兼)〈능1-71〉

겹(複) ; 겹. 중복(重複).

　; 複은 겨비라〈능8-15〉

겻ᄂᆞᆯ다(競) ; 다투다. 겨루다. 경쟁하다.

　; 相이 난 겻ᄂᆞᆯ씨(相競生)〈능7-73〉

警戒ᄒ다(警·懲) ; 警戒하다.

　；實로 警戒ᄒ야 니ᄅ와도미 잇ᄂ니라(實有警發也)〈능1-94〉

　；낫나치 처섬 警戒ᄒ신 後에ᅀᅡ(一一首懲然後)〈능6-89〉

경전(典) ; 경전(經典)

　；秘密ᄒᆞᆫ 經典을 크게 펴샤(誕敷秘典)〈능1-3〉

고고리(科) ; 꼭지.

　；나되 모로매 ᄒᆞᆫ 고고리니(生必同科)〈능1-82〉

고기(魚) ; 고기.

　；筌자바 고기 사모ᄆᆞᆯ 삼간만 後에ᅀᅡ(愼勿執筌爲魚然後)〈능1-10〉

고ᄅ다(均·調) ; 고르다.

　；定과 慧왜 고ᄅ며(使定慧均等)〈능1-20〉

　；고ᄅ며 마자(調適)〈능2-113〉

고롬(膿) ; 고름.

　；能히 고로미 ᄃ외며(則能爲膿)〈능8-99〉

고초다(翹) ; 고추새우다.

　；기우려 渴望ᄒᆞ야 고초아 ᄇ라ᅀᆞ와(傾渴翹佇)〈능1-77〉

고티다(易·改·整) ; 고치다.

　；그 ᄉᆞ이예 고텨 ᄃ시요ᄆᆞᆯ(其間流易)〈능2-7〉

　；올마 고텨 머므디 아니ᄒᆞ몰(遷改不停)〈능2-8〉

　；샹녜 오ᄉᆞᆯ 고톄(常整衣)〈능3-82〉

곡되(幻) ; 곡두. 꼭두각시.

　；幻은 곡되라〈능2-7〉

곧(卽·特·便) ; 곧.

　；누니 곧 境곧ᄒᆞ야(眼卽同境)〈능1-58〉

　；곧 드트리 어드울 ᄡᆞ르미라(特塵暗耳)〈능1-101〉

　；곧 涅槃을 니르샤(便說涅槃)〈능1-18〉

곧(攸·所·趣) ; 곳.

　；主人의 갏곧 업소매 가즐비니라(譬主人無攸往也)〈능1-1107〉

　；ᄒᆞ마 보빗고대 다ᄃᆞ라니(旣到寶所)〈능1-19〉

；評論을 여흰 眞實 고디라(離評論之眞趣也)〈능4-8〉

골(壑·谷)；골.

　；바미 고래 지여 두로미(夫野壑負迻)〈능1-16〉

　；고랫 뫼사리라(谷響)〈능8-55〉

골회(環)；고리.

　；連環은 두 골회 서로 니슬씨라〈능1-22〉

곳(花·華)；꽃.

　；곳푸미 곧호니(猶敷花)〈능1-19〉

　；相이 虛空애 곳 곧호야(如虛空華)〈능2-57〉

곳(則)；곧.

　；사룸 곳 보며 우어(見人則笑)〈능9-75〉

恭敬ᄒ다(欽)；공경하다.

　；뫼야 ᄀᆞᄅ치샤믈 恭敬ᄒ야 듣ᄌᆞᆸ더니(欽聞示誨)〈능1-77〉

공변히(公)；공변되게.

　；공변히 조혼 ᄀᆞᄅ치샤매 어긔디 마롫디어다(而公違淨誨也)〈능6-99〉

공부(功·功用)；공부(功夫).

　；功夫 힘져기(功行)〈능1-37〉

　；功夫를 잇비 아니ᄒ리라(不勞功用)〈능2-43〉

공양(供)；공양(供養).

　；人天 供養애 맛당ᄒ며(應人天供)〈능1-25〉

곳다(揷)；꽂다.

　；고기예 놀 고줄씨라(揷刃於肉也)〈능8-107〉

과(與)；-과.

　；ᄒ다가 눈과 對홀딘댄(若與眼對)〈능1-59〉

果然(果)；과연

　；果然 안해 잇디 아니토다(果非在內)〈능1-52〉

光明(光)；광명(光明).

　；ᄒ와 ᄃᆞᆯ와 燈괏 光明을 因ᄒ야(因於日月燈光)〈능2-71〉

괴(猫) ; 고양이.

　　; 곡 괴 가히 둙 돈 類라(卽猫犬雞狍類也)〈능8-122〉

괴외ᄒᆞ다(閑·寂·寂然) ; 고요하다.

　　; 閑은 괴외홀씨니〈능1-89〉

　　; 괴외ᄒᆞ며 딛딛흔 心性이 아디 몯호믈 브테니(良由不知寂常心性)〈능1-94〉

　　; 虛空은 괴외텃ᄒᆞ니(虛空寂然)〈능1-105〉

敎化(化) ; 교화(敎化).

　　; 道 能히 敎化ᄅᆞᆯ 돕ᄉᆞᆸ고(道能助化)〈능1-26〉

구룸(雲) ; 구름.

　　; 구룸 올옴과 새 ᄂᆞ롬(雲騰鳥飛)〈능2-34〉

구리(銅) ; 구리.

　　; 구리로 디여 밍ᄀᆞᄂᆞ니(鑄銅爲之)〈능3-74〉

구무(竇) ; 구멍.

　　; 들워 뎌근 구무 밍글로매(穿爲小竇)〈능2-43〉

구믈거리다(蠢蠕) ; 꾸물거리다, 꿈틀거리다

　　; 구믈거려 ᄆᆞ유믈 머겟ᄂᆞ거시(含蠢蠕動)〈능7-81〉

구슬(環) ; 구슬.

　　; 環은 도련흔 구스리오〈능2-87〉

구움(灸) ; 굽다.

　　; 글휴미 ᄃᆞ외며 구우미 ᄃᆞ외ᄂᆞ니라(爲煎爲灸)〈능9-106〉

구울다(苑轉) ; 구르다

　　; 구우려 ᄲᅥ러디니(苑轉零落)〈능1-37〉

구지람(譏) ; 꾸지람. 야단.

　　; 구지람과 믜유믈 避티 아니ᄒᆞ리라(不避譏嫌)〈능9-103〉

구짖다(咄·詈·罵詈) ; 꾸짖다.

　　; 咄은 구지즈시ᄂᆞ 소릴라〈능1-85〉

　　; 티며 구지저도(捶詈)〈능6-107〉

　　; 무렛 衆을 구지드며(罵詈徒衆)〈능9-103〉

구틔여(必·强) ; 구태여. 억지로. 강제로.

　; 구틔여 네 자바 닐오딕(必汝執言)〈능1-61〉

　; 그틔여 分別을 내ᄂᆞ니(强生分別)〈능2-14〉

구피다(屈·枉) ; 구피다.

　; 다ᄉᆞᆺ 輪指를 구피샤(屈五輪指)〈능1-108〉

　; 어디닐 다와 구피둧ᄒᆞ니(逼枉良善)〈능8-92〉

求ᄒᆞ다(求) ; 求하다.

　; 여러 뵈샤믈 求ᄒᆞᄉᆞ으니라(求開示也)〈능1-95〉

救ᄒᆞ다(救) ; 救하다

　; 갓ᄀᆞᆫ 거츤이를 힘뻐 救ᄒᆞ샤(力救倒妄)〈능1-3〉

굳(科) ; 구덩이.

　; 科ᄂᆞᆫ 구디오〈능1-16〉

굳다(牢) ; 구덩이.

　; 보ᄃᆞ라와 구드니 업스니라(無牢强者)〈능2-4〉

굳다(堅固·剛·硬) ; 굳다.

　; 堅固ᄂᆞᆫ 구들씨라〈능1-8〉

　; 銅은 구두딕 能히 ᄀᆞᆮᄒᆞ니(銅剛而能同)〈능7-13〉

　; 羯南은 닐오매 구든 고기니(羯南云硬肉)〈능7-84〉

굴허(壑) ; 구멍.

　; 毒흔 굴허에 드둧ᄒᆞᄂᆞ니라(如入毒壑)〈능8-90〉

굼(竅·徼·窟穴) ; 구멍

　; 굼ᄂᆞᆫ 밧긔 잇시면 볼 ᄆᆞ니(有竅則明)〈능1-59〉

　; 徼ᄂᆞᆫ 굼기니〈능4-53〉

　; 窟穴은 굼기라〈능9-28〉

굽다(委曲·屈) ; 굽다.

　; 中間애 기리 여러 구븐 相이 업스니라(中間永無諸委曲相)〈능1-44〉

　; 믈러 구붐 업수믈 得게 ᄒᆞ리잇고(得無退屈)〈능6-82〉

굿블다(伏) ; 구푸리다. 업드리다.

　; 妄覺이 굿블면(妄覺伏)〈능4-17〉

窮究ᄒ다(研) ; 궁구(窮究)하다.

　 ; 妙明을 精히 窮究ᄒ야(精研妙明)〈능9-58〉

궂다(惡) ; 궂다.

　 ; 멀텁고 구저(麤惡)〈능1-42〉

곫다(枉) ; 굽다.

　 ; 구펴여러 趣예 드는니라(枉入諸趣)〈능1-81〉

勸ᄒ다(獎) ; 勸하다.

　 ; 阿難과 摩登伽를 자바 勸ᄒ샤(提獎阿難及摩登伽)〈능1-38〉

귀돌와미(蟋蟀) ; 귀뚜라미.

　 ; 칫위 그려기와 귓돌와미 類라(寒雁蟋蟀類也)〈능8-122〉

귀먹다(聾) ; 귀먹다.

　 ; 귀머근 사ᄅ미(聾人)〈능4-3〉

貴ᄒ다(珍) ; 귀하다.

　 ; 貴흔 차반 우업슨 됴흔 마슬 만히 노ᄡ고(廣設珍羞無上妙味)〈능1-31〉

그(爾·其·于·於) ; 그.

　 ; 그ᄢ 阿難이 大衆 中에 이셔(爾時阿難在大衆中)〈능1-76〉

　 ; 그 몯미처 본니도(其未及見者)〈능1-16〉

　 ; 그ᄢ 世尊이(于時世尊)〈능1-38〉

　 ; 그ᄢ 또 恒沙菩薩왜(於時復有恒沙菩薩)〈능1-41〉

그ᄢ(于時·於時) ; 그때

　 ; 그ᄢ 世尊이(于時世尊)〈능1-38〉

　 ; 그ᄢ 또 恒沙菩薩왜(於時復有恒沙菩薩)〈능1-41〉

그러나(然) ; 그러나.

　 ; 그러나 이 갓ᄀ로믄(然此顚倒)〈능2-13〉

그러ᄒ다·그러니(然) ; 그러ᄒ다. 그러니.

　 ; 이미 그러홇돌 아ᄅ샤(懸知其然)〈능1-3〉

　 ; 그러니 經을 科호몰(然其科經)〈능1-16〉

그러면(爾) ; 그러면.

　 ; 一大 ᄒ마 그러면(一大旣爾)〈능3-91〉

그르다(釋·舒) ; 풀다. 끄르다.
: 절로 그르리라(自釋矣)〈능1-95〉
: 버건 六根이 미즌 것 그르논 次第를 뵈샤(次示六根舒結倫次)〈능1-21〉

그르앓다(濫解) ; 잘못 알다.
: 末學이 그르앓가 저홀 젼츠로(恐末學濫解故)〈능2-65〉

그르흐다(失) ; 그릇하다. 잘못하다.
: 猛利호매 그르흐야(失於猛利)〈능9-73〉

그름(影) ; 그림자.
: 둜 그르메 아니니라(非是月影)〈능2-27〉

그릇(器) ; 그릇.
: 奇特흔 지조와 큰 그르시(奇才茂器)〈능1-3〉

그릇(妄·跌) ; 그릇, 잘못.
: 境을 因흐야 그르 알면(因境妄認)〈능2-23〉
: 길녀다가 바ᄅ 그릇 드듸유미(行道跌足)〈능7-61〉

그리다(慕) ; 그리워하다.
: 慕ᄂ 그릴씨라〈능2-54〉

그림(影) ; 그림자.
: 이 法塵엣 그리멧 이리라(是法塵影事)〈능1-90〉

그믈(網) ; 그물.
: 網은 그므리니〈능1-103〉

그믈(文埋) ; 문리(文理).
: 그믈 닐오ᄃᆡ 膡라(文理曰膡)〈능2-5〉

그스다(撮) ; 끌다.
: 挽撮은 罪人을 미야 그슬씨라〈능8-88〉

그슥흐다(幽,陰·幽隱) ; 그윽하다,어둡다
: 그슥흔 쁴멧 드트를 가줄비니라(譬幽隙之塵也)〈능1-107〉
: 바ᄅ 모디 그슥흔 쁴믈 헤텨여러(直須破開陰隙)〈능1-107〉
: 細微ᄒ며 그슥흔 젼츠로(細微幽隱故)〈능1-107〉

그스기(密·暗·潛); 그윽하다. 어둡다.

　；그스기 올모믈(密移)〈능2-6〉

　；그스기 뵈아며 서르 フ라(暗促迭更)〈능2-7〉

　；八萬四千 그스기 미즌 어즈런운 相이니(成八萬四千潛結亂想)〈능7-87〉

그슴ㅎ다(限·局·期·區局); 끝. 한정.

　；쏘 열히 옴 그슴ㅎ야니와(且限十年)〈능2-7〉

　；局促은 그슴ㅎ야 져글씨라〈능4-46〉

　；닐웨로 그슴ㅎ시고(以七日爲期)〈능7-24〉

　；區局은 그슴홀씨라〈능9-51〉

그우다(轉); 구르다.

　；믈리 그우디 아니호매 셔니라(立不退轉)〈능1-4〉

그우늄(輪轉); 끌음. 이끌음.

　；迷惑ㅎ며 깃フ라 그우뉴믈(而迷倒輪轉也)〈능2-78〉

그위실; 공공 또는 관가의 일을 맡아보는 집무.

　；네 百姓은 그위실 ㅎ리와 녀름 지스리와〈능3-88〉

그지업다(無量); 그지없다. 끝없다. 한없다.

　；應身이 그지업서(應身無量)〈능1-24〉

그치누르다(抑·抑按); 끊어막다. 저지하다.

　；雜想을 그치눌러 降伏히와(抑伏雜想)〈능9-59〉

　；그치눌러 降伏히와(抑按降伏)〈능9-58〉

근원(本·源·元); 근원. 근본.

　；니를 사ᄅᆞ미 律도ᄋᆞ샨 ᄠᅳ들 根源티 아니ᄒᆞ고(說者不本扶律之意)〈능1-18〉

　；네보미 根源을 ᄀᆞ장ᄒᆞ라(極汝見源)〈능2-34〉

　；見精의 ᄇᆞᆯ근 根源이(見精明元)〈능2-27〉

귿(極·狀·段); 끝.

　；ᄋᆞ업슨 그대 微妙히 다ᄃᆞᆮ게 ᄒᆞ시니(而妙極乎無上之致)〈능1-8〉

　；귿업시(無狀)〈능4-33〉

　；갈히 귿그티 ᄒᆞ야디여(刀段段壞)〈능6-27〉

글(文) ; 글. 글월.

　；아랫 그레 니ᄅᆞ샤ᄃᆡ(下文云)〈능2-53〉

글어다(解) ; 풀다. ᄭᅳ르다.

　；미존 ᄆᆞᅀᆞᆷ믈 글어(令解結心)〈능1-21〉

글움(失) ; 잘못.

　；能히 글우미 업스니어ᄂᆞᆯ(乃能無失)〈능9-72〉

글월(文) ; 글월.

　；經은 곧 能詮혼 글월 ᄯᆞ르미라(經卽能詮之文)〈능1-10〉

글탈ᄒᆞ다(煎) ; 끌탕하다. 끓고 달다.

　；시름ᄒᆞ야 글탈ᄒᆞ미 煩이오(憂煎爲煩)〈능4-16〉

글ᄒᆞ다(沸·煎) ; 끓음.

　；넘ᄢᅥ미 ᄃᆞ외며 글ᄒᆞ미 ᄃᆞ외오(爲洋爲沸)〈능8-101〉

　；글휴미 ᄃᆞ외며 구우미 ᄃᆞ외ᄂᆞ니라(爲煎爲炙)〈능9-106〉

금일(今日) ; 오늘.

　；如來 今日에 너비 이 會ᄅᆞᆯ 爲ᄒᆞ야(如來今日普爲此會)〈능4-7〉

禁止ᄒᆞ다(禁) ; 금지하다.

　；바ᄒᆞᆯ 禁止ᄒᆞ야(禁足)〈능1-29〉

긋게ᄒᆞ다(斷絕) ; 끊게 하다.

　；반ᄃᆞ기 담과 집괘 ᄢᅥ 긋게ᄒᆞᄂᆞ니잇가(爲當牆宇夾令斷絕)〈능2-40〉

긋(必) ; 꼭. 퍽. 굳이.

　；性覺이 긋ᄇᆞᆰ가(性覺必明)〈능4-12〉

긋다(斷·息.) ; 끊다.

　；連環ᄒᆞ야 긋디 아니ᄒᆞ니(連環不斷)〈능1-22〉

　；긋디 아니ᄒᆞ니(不息)〈능2-4〉

긏다(止·斷·息·切) ; 그치다. 끊어지다. 쉬다. 끝.

　；止ᄂᆞᆫ 그치 누를씨라〈능1-40〉

　；그처 업수미(斷滅)〈능2-3〉

　；쉬여 그추미 잇디 아니ᄒᆞ리라(未有休息.)〈능3-66〉

　；切은 바혀 그츨씨라〈능6-99〉

귿(端・末・致) ; 끝.

    ; 부텟 다숫 숪가락그테(佛五指端)〈능1-84〉

    ; 第十卷ㅅ 그틀 當ㅎ야(當第十卷末)〈능1-17〉

    ; 세經ㅅ 큰 그틀 議論컨대(論三經大致)〈능1-20〉

긔저리다(汩・泊擾・泊亂・攪) ; 탁란하게 하다. 어지르다.

    ; 괴외흔 거슬 긔저려 어즈리 느린다(汩亂澄寂)〈능1-107〉

    ; 물ᄀ 性을 긔저류미 일후미 見濁이니(泊擾湛性名見濁)〈능9-68〉

    ; 性眞을 긔저려ᄒ니(泊亂性眞)〈능10-3〉

    ; 긔져료믈 흔야ᄋ로 ᄇ려두어(一任攪淘)〈능4-90〉

기드리다(佇・需) ; 기다리다.

    ; 부뎨 慈悲로 ᄀ랏차샤믈 기드리 ᅌᆞ더니(佇佛悲誨)〈능1-102〉

    ; 사ᄅᆞᆷ을 기드려 치이ᄂᆞ니라(需人以養者)〈능2-5〉

기름(脂) ; 기름.

    ; 脂ᄂᆞᆫ 열윈 기르미오〈능6-99〉

기름진 고기(腴) ; 기름진 고기.

    ; 腴ᄂᆞᆫ 기름진 고기라〈능6-99〉

기리다(讚・嘆) ; 기리다. 칭찬하다.

    ; 偈를 술와 부톄를 기리ᅀᆞ오ᄃᆡ(說偈讚佛)〈능3-108〉

    ; 우희셔 기륨과 아래셔 감괘(上嘆下歸)〈능6-15〉

氣分(氣) ; 기분(氣分).

    ; 祥瑞아닌 氣分이 現호매(不祥氣現)〈능2-86〉

期約ᄒ다(期) ; 기약(期約)하다.

    ; 어루 期約호믈 아니라(可期也)〈능7-8〉

기울다(傾・僻) ; 기울다.

    ; 明昧왜 서르 기우리면(明昧相傾)〈능4-21〉

    ; 멀오 기운 길히니(遠僻道)〈능9-15〉

奇特ᄒ다(奇特) ; 기특하다.

    ; 奇特흔 지조와 큰 그르시(奇才茂器)〈능1-3〉

기티다(遺) ; 끼치다.

　　; 또 기틴 쁘디 얼의여ᄒ도다(亦觔髣遺意矣)〈능1-16〉

길다(永) ; 길다.

　　; 中間애 기리 여러 구븐 相이 업스니라(中間永無諸委曲相)〈능1-44〉

길ㅎ(道路·途·塗·街·巷) ; 길.

　　; 菩提예 갏 길흘 ᄇᆞᆯ기 아라(明了菩提所歸道路)〈능1-21〉

　　; 네 試驗ᄒ야 길헤(汝試於途)〈능1-100〉

　　; 身分을 身心 두 길헤 닙디 아니ᄒ며 먹디 아니ᄒ면

　　　(身分身心二塗不服不食)〈능6-97〉

　　; 街ᄂᆞᆫ 바른 길히오 巷은 구븐 길히라〈능9-62〉

깁(素) ; 비단.

　　; 죠히어나 기비어나(紙素)〈능7-46〉

깃거다(歡喜) ; 기뻐하다.

　　; ᄂᆞ소사 깃거(踊躍歡喜)〈능2-10〉

깃굼(欣) ; 기뻐함. 기꺼워함.

　　; 슬흐며 깃구미 서르 모다(悲欣交集)〈능6-82〉

깅다(莽) ; 무성하다.

　　; 莽ᄂᆞᆫ 기슬씨라〈능2-22〉

깊다(幽·冥·深) ; 깊다.

　　; 幽ᄂᆞᆫ 기플씨라〈능1-89〉

　　; 기피 더드믐며 너비무러(冥搜博訪)〈능1-3〉

　　; 信호미 어려운 기픈 經은(難信深經)〈능1-3〉

ᄀᆞᄂᆞᆯ(陰) ; 그늘.

　　; 慈悲 ᄀᆞᄂᆞᆯ 微妙ᄒᆞᆫ 구루믄(慈陰妙雲)〈능8-50〉

ᄀᆞᄂᆞᆯ다(纖·芒) ; 가늘다.

　　; 이ᄀᆞ티 플와 나모와 ᄀᆞᄂᆞᆫ 터리게 니르리(如是乃至草木纖毫)〈능2-48〉

　　; 芒은 ᄀᆞᄂᆞᆯ씨라〈능9-44〉

ᄀᆞᄂᆞᆯ지다(陰) ; 그늘지다.

　　; 相이 ᄀᆞᄂᆞᆯ지니 이 수프리오(相陰者是林)〈능2-48〉

ᄀᆞᄃᆞ기(彌) ; 가득히.

　; 國土애 ᄀᆞᄃᆞ기 두푸미 ᄃᆞ외오(彌覆國土)〈능8-104〉

ᄀᆞ다듬다(硏) ; 가다듬다.

　; 重重히 ᄀᆞ다ᄃᆞ몰 至極히ᄒᆞ야(重重硏極)〈능7-66〉

ᄀᆞ둑ᄒᆞ다(偏·充滿·充塞) ; 가득하다.

　; 體예 ᄀᆞ둑디 아니ᄒᆞ며(爲不偏體)〈능1-66〉

　; 血氣 ᄀᆞ둑ᄒᆞ더니(血氣充滿)〈능2-5〉

　; 그 類 ᄀᆞ둑ᄒᆞ니라(其類充塞)〈능7-79〉

ᄀᆞᄅᆞ치다(指) ; 가리키다.

　; 반ᄃᆞ기 眞際 ᄀᆞᄅᆞ치샤ᄆᆞᆯ 아디 몯혼 젼ᄎᆞ로 소이다(當有不知眞際所指)〈능1-76〉

ᄀᆞᄅᆞ치다(誨·敎) ; 가르치다.

　; 뵈야 ᄀᆞᄅᆞ치샤ᄆᆞᆯ 恭敬ᄒᆞ야 듣ᄌᆞᆸ더니(欽聞示誨)〈능1-77〉

　; 月盖 ᄀᆞᄅᆞ치샤ᄆᆞᆯ 닙ᄉᆞ와(月盖蒙敎)〈능1-4〉

ᄀᆞ롬(禪) ; 가리다.

　; 서르 ᄀᆞ롬미 다 올ᄆᆞ며(相禪皆轉)〈능7-84〉

ᄀᆞ룜(翳) ; 가리다.

　; 누니 반ᄃᆞ기 ᄀᆞ료미 업슬ᄯᅵ어늘(目應無翳)〈능2-111〉

ᄀᆞ리다(礙,障·隔·翳·障礙·敝·留) ; 가리다.

　; ᄀᆞ리디 아니ᄒᆞ야(而不留礙)〈능1-57〉

　; 어리워 ᄀᆞ료미 ᄃᆞ왼젼칠씨(迷障故也)〈능1-104〉

　; 죠고만 ᄀᆞ린것도 훤히 업서(廓無纖翳)〈능1-4〉

　; 屛風과 帳괘 ᄀᆞ리여(屛帳之隔)〈능2-33〉

　; ᄀᆞ료미 업수ᄆᆞᆫ(無障礙者)〈능1-57〉

　; ᄀᆞ류미 업수믈 得ᄒᆞ며(得無障礙)〈능2-32〉

　; 제 微細ᄒᆞᆫ 불고믈 ᄀᆞ리오고(自敝妙明)〈능4-56〉

　; 모ᄃᆞ ᄀᆞ리ᄂᆞᆫ 시름 머로매 니르리(至遠諸留患)〈능8-35〉

ᄀᆞ리ᄶᅥ다(牢牢) ; 가리끼다. 가리ᄋᆞ다.

　; 牢牢ᄋᆞᆫ ᄀᆞ리ᄶᅥ 어즈러이 봀디 몯혼 양지라〈능2-87〉

ᄀ리씨다(襲) ; 가리 우다. 가리끼다.

　; 厲鬼예 사ᄅᆞ믈 ᄀ리씰씨(厲鬼襲人)〈능8-120〉

ᄀᄅ려다(違) ; 가르다.

　; 어루 ᄀᄅ려니와(可違)〈능7-3〉

ᄀ릐(蘆) ; 가래.

　; 가줄비건댄 뭇군 ᄀ릐(譬如束蘆)〈능5-8〉

ᄀ마니(止·淵) ; 가만히.

　; ᄀ마니 잇디 아니ᄒ면(非止)〈능1-77〉

　; 이예 제 ᄀ마니 이셔 ᄆᆞᆰᄂᆞ니(斯自淵澄)〈능8-10〉

ᄀ몸(合) ; 감다.

　; 쏘 ᄀ모매 能히 몸 안홀 두르혀 보면(且合能反觀身中)〈능1-61〉

ᄀᄆᆫᄒᆞᆫ(微) ; 조용한.

　; ᄀᄆᆫᄒᆞᆫ ᄇᄅᆞ미 뎌 사ᄅᆞ미 ᄂᆞᄎᆞᆯ 뻘리니(則有微風拂彼人面)〈능3-82〉

ᄀᄆᆞ니(潛) ; 가만히.

　; ᄀᄆᆞ니 根소배 수멧도 소이다(潛伏根裏)〈능1-56〉

ᄀᄆᆫᄒᆞᆫ ᄇᄅᆞᆷ(微風) ; 가만한 바람. 미풍(微風).

　; ᄀᄆᆫᄒᆞᆫ ᄇᄅᆞ미 뎌 사ᄅᆞ미 ᄂᆞᄎᆞᆯ 뻘리니(則有微風拂彼人面)〈능3-82〉

ᄀ믈(魃) ; 가뭄.

　; 魃은 ᄀᄆᆞᆳ 鬼라〈능8-115〉

ᄀ슬(秋) ; 가을.

　; ᄀ술 거두움미오(秋穫)〈능1-19〉

ᄀ숨알다(掌) ; 가말다. 재량하다. 거느리다. 맡은 일을 처리하다.

　; 앉政을 ᄀ숨아ᄂᆞ니(掌內政)〈능6-20〉

ᄀ오누르다(魘) ; 가위 누르다.

　; 魘은 ᄀ오누르는 깃거시라〈능8-116〉

ᄀᄌᆞ기·ᄀ죽ᄒᆞ다(齊) ; 가지런히. 가지런히 하다. 整齊하게. 整齊하다.

　; ᄀᄌᆞ기 나ᄐᆞ며 다 비취샤미(齊彰並照)〈능1-79〉

　; 宮이 日月와 ᄀ죽ᄒᆞ니라(光明齊)〈능2-41〉

ᄀᆞ즉ᄒᆞ다(整) ; 가지런하다.
;齊法은 ᄀᆞ즉ᄒᆞ며 싁싁ᄒᆞ며 므거워(齊整莊重)〈능1-35〉

ᄀᆞ즉ᄒᆞ다 (齊) ; 가지런하다.
;覺이 부톗 覺애 ᄀᆞ즉ᄒᆞ미(覺齊佛覺)〈능8-36〉

ᄀᆞ장(勝・極・縱) ; 가장.
;ᄀᆞ장 微細ᄒᆞ샤미(勝妙)〈능1-42〉
;네 보미 根源을 ᄀᆞ장ᄒᆞ라(極汝見源)〈능2-34〉
;ᄀᆞ장 ᄀᆞᆯ히시니라(縱辯也)〈능2-37〉

ᄀᆞ장ᄒᆞ다(恣) ; 마음대로하다. 더없이 하다.
;貪을 ᄀᆞ장ᄒᆞ다(恣貪)〈능8-104〉

ᄀᆞ초다(藏・秘・畜) ; 간직하다. 감추다. 갖추다.
;心과 胃와ᄂᆞᆫ 안해 ᄀᆞ초아실 ᄊᆡ(心胃內藏)〈능1-52〉
;안ᄒᆞ로 菩薩을 ᄀᆞ초고(內秘菩薩)〈능1-23〉
;分寸도 ᄀᆞ초디 아니ᄒᆞ며(分寸不畜)〈능6-107〉

ᄀᆞ촐다(藏) ; 감추다.
;ᄇᆞ롬 ᄀᆞ촐 싸이 숨디 아니니라(有藏風地)〈능3-83〉

ᄀᆞᇀ다(類・如・同) ; 같다.
;事義 서르 ᄀᆞᇀ도소이다(事義相類)〈능1-99〉
;ᄒᆞ마 알ᄑᆡ사곰 ᄀᆞᇀ거니와(已如前釋)〈능1-9〉
;如來 ᄀᆞᇀᄌᆞ 오리라(同如來矣)〈능1-37〉

ᄀᆞᇀ즙다(同) ; 같다.
;곧 如來와 ᄀᆞᇀ즙ᄂᆞ니라(而卽同如來)〈능2-45〉

ᄀᆞᇀᄒᆞ다(類・猶・若・均・似・等) ; 같다.
;닐옴과 서르 ᄀᆞᇀᄒᆞ니라(與說相類)〈능2-117〉
;詮은 筌이 ᄀᆞᇀᄒᆞ니(詮猶筌也)〈능1-10〉
;摩登 ᄀᆞᇀᄒᆞᆫ(若摩登者)〈능1-33〉
;ᄠᅳ디 天倫과 ᄀᆞᇀᄒᆞ니(情均天倫)〈능1-41〉
;因緣아니 ᄀᆞᇀᄒᆞ며(似非因緣)〈능2-65〉
;情想이 골아 ᄀᆞᇀᄒᆞ면(情想均等)〈능8-74〉

곧호다(與) ; 같다.
; 아니 드롬과 곧호미(與不聞)〈능1-93〉

골다(代·迭更·謝) ; 같다. 대신하다. 바뀌다.
; 서르 골디 몯호니라(不容相代也)〈능1-93〉
; 그스기 뵈아며 서르 골라(暗促迭更)〈능2-7〉
; 올마 골며 새와새왜(還謝新新)〈능2-118〉

골오다(等) ; 함께와 나란히 하다. 맞서서 견주다.
; 하늘 골오디(等天)〈능9-34〉

골포(疊) ; 겹으로. 거듭. 거푸.
; 偏計를 골포 쩌르샤(疊拂偏計)〈능2-69〉

골히다(辨·擇·分別·甄·選擇·審·揀) ; 가리다. 선택하다.
; 드위힐훠 골히야 불기시니라(展轉辯明)〈능1-62〉
; 正흔 보물 決斷호야 골히요묜(決擇正見)〈능1-20〉
; 分別은 골힐씨니〈능1-4〉
; 모로매 골히야 불겨사(自須甄明)〈능2-66〉
; 虛空이 골히야(虛空選擇)〈능2-114〉
; 다시 微細흔 惑을 골히야 덜게호샤(更審除微細惑)〈능3-113〉
; 小乘에 달오믈 골히시니라(揀異小乘)〈능8-55〉

곫다(伴) ; 함께. 나란히 하다. 맞서다. 견주다. 가르다.
; 불셔 부텻긔 곫건 마른(固已伴佛)〈능1-37〉

곰다(閉, 合) ; 감다.
; 눈ㄱ마 어드운디 보묜(閉眼見暗)〈능1-59〉
; 눈ㄱ마 어드움 보므로(合眼見暗)〈능1-60〉

곰죽다(瞬) ; 깜짝이다.
; 눈쯔쉬 곰죽디 아니호야(目睛不瞬)〈능2-15〉

곳(邊·際) ; 갓.
; 모미 가온디와 곳과 두 쁘디 잇느니(身有中邊二義)〈능1-70〉
; 다시 眞實ㅅ 곳 ㄱ르치샤믈 모르며(而後不知眞際所指)〈능1-19〉

ᄀᆞᆺ(纔) ; 겨우. 방금. 처음.

　　; 뜨든 ᄀᆞᆺ 아로미 이시면(意明纔有覺知)〈능1-74〉

ᄀᆞᆺ굴다(勞) ; 가빠하다.

　　; 더욱 제 ᄀᆞᆺ굴쑐니언졍(秪益自勞)〈능2-70〉

ᄀᆞᆺ난아ᄒᆡ(赤子) ; 갓난아이.

　　; 赤子ᄂᆞᆫ ᄀᆞᆺ난아ᄒᆡ라〈능9-68〉

ᄀᆞᆽ다(備·具) ; 갖다. 구비되어있다.

　　; 다 내게 ᄀᆞ즈리라(皆備於我矣)〈능1-9〉

　　; 큰 辯才 ᄀᆞ자(具大辯才)〈능1-28〉

ᄀᆞᇀ다(同) ; 같다.

　　; ᄠᅳᆮ ᄀᆞᆮᄐᆞ니와 어우러코져 ᄉᆞ랑ᄒᆞ야(因與同志)〈능1-3〉

ᄢᅢ다(判·剝·剖) ; 깨다. 쪼개다. 깨뜨리다.

　　; 判은 ᄢᅢ야ᄂᆞᆫ홀씨오〈능1-16〉

　　; 네 微細히 萬象애 혜혀 ᄢᅢ야(汝可微細披剝萬象)〈능2-48〉

　　; 精見을 ᄢᅢ혀 내디 몯ᄒᆞ리니(剖出精見)〈능2-50〉

ᄢᅢ혀다(析) ; 깨뜨리다.

　　; 다시 鄰虛ᄅᆞᆯ ᄢᅢ혀면(更析鄰虛)〈능3-68〉

ᄲᅥ듀다(溺·淪溺) ; 꺼지다.

　　; 婬舍애 ᄲᅥ듀니(溺於婬舍)〈능1-76〉

　　; 이 ᄲᅥ듀믈 受ᄒᆞᄂᆞ니 잇고(受此淪溺)〈능4-56〉

ᄲᅥ디다(淪·溺·淪溺·陷) ; 빠지다. 꺼지다.

　　; 衆生싱인 菩뽕薩삾이 七칧趣츙예 ᄲᅥ디여 잇ᄂᆞ니(衆生菩薩淪於七趣)〈능1-8〉

　　; 婬亂ᄒᆞᆫ 지븨 ᄲᅥ디니(溺於婬舍)〈능1-119〉

　　; 오히려 ᄲᅥ디디 안라ᄒᆞ시니(尙未淪溺)〈능1-37〉

　　; ᄲᅥ디여 ᄠᅥ러듀믈 도라보디 아니호미(不顧陷墜)〈능6-87〉

ᄢᅦ다(貫) ; 꿰다.

　　; 이 ᄒᆞᆫ 經 니어 ᄢᅦ여슈미(此乃一經綸貫)〈능1-22〉

ᄢᅦ혀다(判) ; 깨뜨리다.

　　; ᄢᅦ혀 다ᄅᆞᆫ 會 사ᄆᆞ며(判爲異會)〈능1-22〉

쎠다(夾) ; 끼여.

; 반ᄃᆞ기 담과 집괘 쎠 긋게ᄒᆞᄂᆞ니잇가(爲當牆宇夾令斷絕)〈능2-40〉

ᄭᅩ리(尾) ; 꼬리.

; 머리와 ᄭᅩ리와를 서르 밧고니(首尾相換)〈능2-13〉

ᄲᅬᆷ(冂) ; 꿰다.

; 고기 ᄲᅧ에 ᄲᅬ믈 닐오ᄃᆡ(肉冂骨日)〈능4-62〉

ᄶᅬ(媒) ; 꾀.

; 媒ᄂᆞᆫ ᄶᅬ ᄠᅳᆮ씨니〈능4-28〉

ᄭᅮ미다(飾) ; 꾸미다.

; ᄉᆡᆨᄉᆡᆨ기 ᄭᅮ뮤미라(嚴飾也)〈능7-20〉

ᄭᅮᇇ다(跪) ; 꿇다.

; 長跪ᄂᆞᆫ 두무루플 ᄭᅮᇇ씨라〈능1-92〉

ᄢᅴ(時) ; 때.

; ᄒᆞᆫᄢᅴ 부톄(一時佛)〈능1-23〉

ᄢᅳᆯ롬(括) ; 끌다.

; 알핏 行ᄋᆞᆯ 뫼화 ᄢᅳ료미(惣括前行)〈능8-33〉

ᄢᅳ리다(該 · 包 · 褁 · 籠) ; 꾸리다. 메우다. 싸다. 안.

; 져고ᄆᆞ로 너부믈 ᄢᅳ리니라(而約該傳也)〈능1-9〉

; 萬象ᄋᆞᆯ ᄢᅳ려 머구멧ᄂᆞᆫ(包呑萬象)〈능2-20〉

; 十方ᄋᆞᆯ ᄢᅳ려(含褁十方)〈능3-108〉

; 한 마ᄉᆞᆯ ᄢᅳ러 取ᄒᆞᄂᆞᆫ 젼ᄎᆞ로(籠取群味故)〈능8 104〉

ᄢᅳ리잡다(含) ; 꾸리다. 메우다.

; 含ᄋᆞᆫ ᄢᅳ려 자ᄇᆞᆯ씨오〈능4-76〉

ᄢᅳᆷ(隙) ; 틈.

; 비치 ᄢᅳᆷ 안해 드러(光入隙中)〈능1-1105〉

ᄲᅳᆷ(籠), ᄢᅵ다 ; 끼다. 끼움. 틈에 박다.

; 琉璃로 누네 ᄲᅲ믄 (琉璃籠眼)〈능1-57〉

; 누네 ᄢᅵᆯ씨(籠眼)〈능1-58〉

씌욤(癤) ; 깸.

　　; 씌욤과 잠괘 샹녜 ᄒᆞ나히라(癤寐恒一)〈능10-1〉

나(我・自) ; 나.

　　; 너와 나 왜 同氣라(汝我同氣)〈능1-41〉

　　; 나와 ᄂᆞ믈 分別ᄒᆞ라(分別自他)〈능2-33〉

나ᄆᆞ내(旅泊) ; 나그네.

　　; 性 일후믄 나ᄆᆞ내 ᄀᆞᆮ고(失性如旅泊)〈능4-78〉

나다(誕) ; 태어나다.

　　; 緣을 조차 ᄂᆞ려 나며(隨緣降誕)〈능1-9〉

나다(出) ; 나가다.

　　; 시혹 얽교매 나믈 得ᄒᆞ며(或得出纏)〈능1-17〉

나다(現) ; 나타나다.

　　; 蓮ㅅ 밤나미 ᄀᆞᆮᄒᆞ니라(蓮現)〈능1-19〉

나가다(逾) ; 나가다, 나오다

　　; 城나가 出家ᄒᆞ야(逾城出家)〈능5-60〉

나다나다(露) ; 나타나다.

　　; ᄒᆞ오ᅀᅡ 나다난 모미라 호미라(獨露身者也)〈능2-30〉

나라(國土) ; 나라.

　　; 터럭 귿과 나라ᄒᆞᆯ(盖毛端國土)〈능2-45〉

나모(樹木・樹) ; 나무.

　　; 나모와 뫼콰 내(樹木山川)〈능2-34〉

　　; 有毒ᄒᆞᆫ 나못 여르ᄆᆞ로(以毒樹果)〈능7-92〉

나비(蝶) ; 나비.

　　; 벌에 나비 ᄃᆞ외면(如虫爲蝶)〈능7-83〉

나ᅀᅡ가다(前・前進・造・卽・逐) ; 나아가다.

　　; 비르서 연장ᄒᆞ야 길흘 나ᅀᅡ가(似裝前途)〈능1-105〉

　　; ᄯᅩ 어듸 나ᅀᅡ가리오(復何前進)〈능1-19〉

　　; 바ᄅᆞ 一乘 두려이 微妙ᄒᆞᆫ 道애 나ᅀᅡ가릴ᄊᆡ(直造一乘圓妙之道)〈능1-18〉

　　; ᄆᆞᅀᆞ매 나ᅀᅡ가 알에ᄒᆞ시니라(使卽心而悟也)〈능2-17〉

; ᄒᆞ마 제 아로매 나ᅀᅡ가(既自悟逐)〈능3-111〉

나ᅀᅡᆷ(進) ; 나아가다.

; 더 나ᅀᅡᆷ 드러(示增進)〈능1-21〉

나조(晚暮) ; 저녁.

; 나조ᄒᆞᆯ 니ᄅᆞ니라(言晚暮也)〈능2-5〉

나죄(暮) ; 저녁.

; 어루 아ᄎᆞᆷ 나죄 ᄡᆞᄅᆞ미어니(可唯旦暮)〈능1-16〉

나타나다(顯) ; 나타나다.

; 나타나디 아니ᄒᆞ리며(不顯)〈능1-8〉

나토다(見・顯・現・表・彰) ; 나타내다.

; 文이 서르 나토니라(文互見也)〈능1-47〉

; 實ᄋᆞᆯ 나토시니(以顯實)〈능1-18〉

; 밧고로 聲聞을 나토아(外現聲聞)〈능1-23〉

; 法에 드롤 큰 ᄠᅳ들 나토니라(表入法大旨也)〈능1-28〉

; ᄠᅳ디 더러운 欲ᄋᆞᆯ 나토아(意彰媒欲)〈능9-95〉

나토시다(顯) ; 나타나시다.

; 眞性을 나토시니라(以顯眞性也)〈능2-39〉

나ᄐᆞ다(彰) ; 나타나다.

; ᄀᆞ즈기 나ᄐᆞ며 다 비취샤미(齊彰並熙)〈능1-39〉

나히(年・齡) ; 나이.

; 나히 ᄌᆞ라매 니르런(年至長成)〈능2-5〉

; 大王아 네 이제 나히(大王汝今生齡)〈능2-5〉

난겻(鋒) ; 다투어. 겨루어.

; 是와 非왜 난겻 니러(是非鋒起)〈능5-22〉

낟ᄂᆞ다・낟다(現) ; 나타나다.

; 見性이 알픽 낟ᄂᆞ니(見性現前)〈능2-68〉

; ᄒᆞᄢᅴ 여러 낟거늘(一時開現)〈능1-78〉

날(日) ; 날.

; 오ᄂᆞᆳ나래ᅀᅡ(今日)〈능1-93〉

날(然) ; 날.

　；然은 날씨니〈능9-104〉

날쓸(微) ; 나다.

　；들쓸 닐온 離링오 날쓸 닐온 微밍라〈능4-106〉

날호야(徐) ; 천천히.

　；城門에 날호야 거러(徐步郭門)〈능1-34〉

남기(樹) ; 나무.

　；ᄒ다가 남기 견이 아닌댄(若樹非見)〈능2-52〉

남다(餘·贅·殘·剩) ; 남다.

　；곧 나믄 둘히오(卽餘二也)〈능1-9〉

　；뒤ᄒ론 涅槃애 나므슐히니(後則贅於涅槃)〈능1-19〉

　；ᄆᆞᆯ라 이울면 나믄 모미 닛디 아니ᄒ리라(乾枯則殘質不續矣)〈능6-86〉

　；도로 그 나므닐 믈이ᄂᆞ니(反微其剩)〈능8-124〉

낫나치(疏·一一) ; 낱낱이.　일일이.

　；낫나치 쓰디 몯ᄒ리니(不可縷疏)〈능1-17〉

　；낫나치 子細히 ᄀᆞᆯ히에 ᄒᆞ샷다(今一一詳擇也)〈능2-34〉

내(己·我·吾) ; 내.

　；반ᄃᆞ기 내 ᄂᆞᄎᆞᆯ 두르혀 보리니(應反觀己面)〈능1-61〉

　；내 願호ᄃᆡ 일로(我願以此)〈능1-4〉

　；내 반ᄃᆞ기 發明ᄒᆞ야(吾當發明)〈능4-101〉.

내(川) ; 시내.

　；나모와 뫼콰 내(樹木山川)〈능2-34〉

내(臭) ; 냄새.

　；臭ᄂᆞᆫ 더러운 내라〈능3-7〉

내다(迪) ; 나아가다.

　；이 시서 여러 내샨(淘汰啓迪)〈능1-3〉

내다(發·生) ; 내다.

　；ᄠᅳᆮ 내요문(發意)〈능1-32〉

　；구틔여 分別을 내ᄂᆞ니(强生分別)〈능2-14〉

내다(育) ; 내다. 기르다.

　; 育은 낼씨라〈능4-76〉

내죵(終) ; 나중.

　; 내죵 能히 得디 몯ᄒᄂ니라(終不能得)〈능1-81〉

너(汝) ; 너.

　; 너와 나 왜 同氣라(汝我同氣)〈능1-41〉

너기다(想 · 憍 · 擬) ; 여기다. 생각하다.

　; ᄆᆞᆷ 사모미 다민데 ᄯᆫ 너기미니 이런ᄃᆞ로(爲心特浮想耳故)〈능1-65〉

　; 오히려 어엿비 너기샤ᄆᆞᆯ 믿ᄌᆞ와(猶恃憍憐)〈능1-76〉

　; 엇뎨 ᄡᅥ ᄆᆞᅀᆞ매 너기료(何用擬心)〈능2-84〉

너르다(寬) ; 너르다.

　; 너른 혜 ᄆᆞ로 멀터이 보미라(以寬數粗觀)〈능2-7〉

너모(方) ; 네모.

　; 方器ᄂᆞᆫ 너모난 그르시라〈능2-42〉

너비(普 · 博 · 愽 · 徧 · 周 · 旁 · 曠) ; 넓이. 널리.

　; 너븐 부텻 世界(普佛世界)〈능1-78〉

　; 너비 빈호미 第一이오(博學第一)〈능1-28〉

　; 기피 더드므며 너비 무러(冥搜博訪)〈능1-3〉

　; 모ᄃᆞᆫ 會예 너비 니ᄅᆞ샤ᄃᆡ(徧告同會)〈능2-15〉

　; 이 보미 너비 두려워(此見周圓)〈능2-40〉

　; 佛土ᄅᆞᆯ 너비 보게ᄒᆞ리라(旁見佛土)〈능9-110〉

　; 이제 世間애 너븐 드르콰 기픈 뫼햇(世間曠野深山)〈능9-22〉

너출(蔓) ; 넌출.

　; ᄯᅩ 엇뎨 楞嚴에 지리히 너출에 ᄒᆞ시리오(復何枝蔓於楞嚴哉)〈능1-119〉

너피다(擴) ; 넓히다.

　; ᄀᆞ득게 너펴 두려이 노교미라(充擴圓融也)〈능8-31〉

너흘다(噬) ; 널다. 물다. 씹다.

　; 빗복 너흘 ᄉᆞ룸 ᄀᆞ거니(如噬臍人)〈능6-112〉

넋(魂) ; 넋.

  ; 魂은 너기시라〈능2-54〉

널(牘) ; 널.

  ; 牘은 글쓰는 죠고맛 너리라〈능9-105〉

넘다(過·踰越) ; 넘다.

  ; 분촌애 넘디 몯ᄒᆞ니라(不過分寸)〈능2-32〉

  ; 서르 넘디 아니ᄐᆞᆺᄒᆞ니(不相踰越)〈능2-117〉

넘ᄢᅮ다(洋) ; 넘침. 넘치다.

  ; 넘ᄢᅮ미 ᄃᆞ외며 글호미 ᄃᆞ외오(爲洋爲沸)〈능8-101〉

넘씨다(溢) ; 넘치다.

  ; 形體예 흘러 넘씨면(流溢形體)〈능9-54〉

넙다(廣) ; 넓다.

  ; 넙고 크고 더러움 업서(廣大無染)〈능1-9〉

넣다(貯) ; 넣다.

  ; 香 ᄂᆞᄆᆞ채 너흟디니(貯於香囊)〈능7-46〉

네(四) ; 네.

  ; 네흔 妄想ᄋᆞᆯ 그처 업서(四者斷滅妄想)〈능6-26〉

녀느(他) ; 다른 사람. 여느 것.

  ; 녀느 업서(無他)〈능4-24〉

녀다(行) ; 가다. 다니다. 행하다.

  ; 가줄비건댄 길 녀ᄂᆞᆫ 客이(譬如行客)〈능1-105〉

녀름(夏) ; 여름.

  ; 녀름브터 겨ᅀᅳᆯ레가니(自夏徂冬)〈능1-17〉

녀름짓다·녀름짓다(農) ; 농사짓다.

  ; 네 百姓은 그위실 ᄒᆞ리와 너름시스리와〈능3-88〉

  ; 首陀ᄂᆞᆫ 녀름짓ᄂᆞᆫ 사ᄅᆞ미니(首陀農夫也)〈능3-88〉

년듸(餘) ; 여느데, 딴데, 딴곳

  ; 圓通이 년듸셔 너므리니(圓通超餘者)〈능6-79〉

네(舊·昔·故) ; 옛

　；네롤 브터 도즈굴아라 子息올 삼도다(依舊認賊爲子)〈능1-84〉

　；네 月盖 比丘(昔月盖比)〈능1-3〉

　；믈러가 네 사던딜 일허(退失故居)〈능9-72〉

노(繩) ; 노. 끈. 줄.

　；繩은 먹티는 노히라〈능1-18〉

노기다(融·鑄) ; 녹이다.

　；두려이 노겨 自在ᄒᆞ면(圓融自在)〈능1-28〉

　；氣롤 노겨 쇠롤 밍글씨(鑄氣爲金)〈능8-85〉

노니다(游) ; 노닐다. 돌아다니다.

　；徧知海예 노녀(游徧知海)〈능1-3〉

노릇(戲) ; 장난의 노릇.

　；모든 世間 노릇샛 말ᄊᆞ맷 名相으로(以諸世間戲論名相)〈능2-70〉

노릇샛 말(戲論) ; 농담. 희롱.

　；다 노릇샛 마리 ᄃᆞ외리니(俱爲戲論)〈능4-69〉

노ᄊᆞ다(設) ; 놓다.

　；貴흔 차반 우업슨 됴흔 마술 만히 노ᄊᆞ고(廣設珍羞無上妙味)〈능1-31〉

노ᄒᆞ다(敷設) ; 놓다.

　；盤은 本來 사ᄅᆞ미 노혼거시니(盤本人敷設)〈능3-80〉

녹다(鎔·銷·洋) ; 녹다.

　；거우루는 엇뎨 녹디아니ᄒᆞᄂᆞ뇨(鏡何不鎔)〈능3-75〉

　；더운므레 어름 녹ᄃᆞᆺᄒᆞ야(如湯銷氷)〈능4-117〉

　；能히 鑊애 더운믈와 노근 구리 ᄃᆞ외오(能爲鑊湯洋銅)〈능8-97〉

놀라다(驚惶) ; 놀라다.

　；내 實로 놀라며(我實驚惶)〈능1-87〉

놀애(詠歌) ; 노래.

　；詠歌ᄂᆞᆫ 놀애오〈능6-47〉

놀애 브르다(歌) ; 노래 부르다.

　；제 놀애브르고 제 춤츠며(自歌自舞)〈능9-75〉

높넟가이(高下) ; 높낮이.
  ; 높넟가이 업수몰(有無高下也)〈능5-69〉

弄談ᄒ다(調) ; 농담(弄談)하다.
  ; 弄談ᄒ야 서르 혀ᄂᆞ 젼ᄎᆞ로(由調引相延故)〈능8-87〉

높다(上‧懸) ; 높다.
  ; 뭇노폰 法共養이라ᄒᆞ신대(最上法之共養)〈능1-4〉
  ; 노폰 빙애 ᄇᆞᆯ오몰 ᄉᆞ랑ᄒᆞ면(思蹈懸崖)〈능2-115〉

누르다(鎭‧壓‧壓捺) ; 누르다.
  ; 鎭은 누를씨라〈능7-57〉
  ; 사ᄅᆞᆷ 다와다 누르ᄂᆞᆫ 젼ᄎᆞ로(逼壓於人故)〈능8-93〉
  ; 누르며 톄 누르며(壓捺椎按)〈능8-92〉

누른(黃) ; 누른.
  ; 예셔 닐오맨 머리 누른 外道니(此云黃髮外道)〈능1-36〉

누리다(臊) ; 누리다. 누린내 나다.
  ; 비리 누류미 섯 모ᄃᆞ여(腥臊交遘)〈능1-42〉

누움(偃) ; 눕다.
  ; 누우미 ᄃᆞ외며 울워루미 ᄃᆞ외ᄂᆞ니라(爲偃爲仰)〈능8-109〉

눈(眼‧睛) ; 눈.
  ; ᄒᆞ마 내 눈ᄆᆞᆺ 업스면(旣無我眼)〈능1-99〉
  ; 네 누늘 븥고(託汝睛)〈능3-103〉

눈곰다(瞬) ; 눈감다.
  ; 瞬은 눈ᄀᆞ몰씨오〈능9-115〉

눈 다ᄒᆞ다(目擊) ; 눈 닿다. 목격하다.
  ; 눈 다ᄒᆞᄃᆡ 이시리로다(存於目擊矣)〈능2-76〉

눈멀다(盲) ; 눈멀다.
  ; 눈머니와 귀머그니(盲聾)〈능7-43〉

눈물(涕) ; 눈물.
  ; 처섬 눖믈와 춤과브터(初從涕唾)〈능5-72〉

눖믈디다,눖믈흘리다(淚,泣) ; 눈물지다. 눈물 흘리다.
  ; 다시 슬허 눖믈디여(重復悲淚)〈능1-92〉
  ; 눖믈흘리며 叉手ᄒ야(垂泣叉手)〈능2-21〉

눖病(眚·瞖) ; 눈병.
  ; 眚은 눖病이라〈능2-80〉
  ; 瞖ᄂ 눖病이라〈능4-36〉

눈섭(眉) ; 눈썹.
  ; 눈섭과 누니 어루 보몰(眉目可見)〈능4-57〉

눌루다(按) ; 누르다.
  ; 내 숏가락 눌루메(如我按指)〈능24-54〉

눕다(偃) ; 눕다.
  ; 偃은 누울씨라〈능4-111〉

뉘(誰·孰) ; 누구.
  ; 뉘 動ᄒ며 뉘 靜ᄒᄂ뇨(誰動誰靜)〈능1-109〉
  ; 뉘 萬行이 ᄃ외리오(孰爲萬行)〈능1-8〉

뉘으추다(悔) ; 뉘우치다.
  ; 제 뉘으추믈 아디 몯ᄒ리(不自知悔者)〈능1-94〉

느리혀다(挽) ; 늘어뜨리다.
  ; 네 엇뎨 보몰 느리혀(汝豈挽見)〈능2-43〉

늙다(長老·耄·耆) ; 늙다.
  ; 내 이제 늘거(我今長老)〈능1-105〉
  ; 耄ᄂ 늘거니〈능2-5〉
  ; 나 늘굼과(年耆)〈능6-15〉

늦다(晩) ; 늦다.
  ; 晩年은 느즐 나히라〈능4-64〉

니거늘(去) ; 가거늘.
  ; 도라보고 니거늘(顧盼而去)〈능5-72〉

니기다(習) ; 익히다.
  ; 錯亂히 닷가 니긴(錯亂修習)〈능1-81〉

니러나다(興) ; 일어나다.

　; 니러나샨 큰 이리(盖出興大事)〈능1-18〉

니러다(起) ; 일어나다.

　; 니러 셔(起立)〈능1-105〉

니르다(泊·至) ; 이르다.

　; 처엄브터 내죵애 니르리(從始泊終)〈능1-112〉

　; 니르러 實相이 구더 허디 아니호매 (至於實相堅固不壞)〈능1-9〉

니르다(牒·謂·稱·言·唱·談·告·說·激) ; 이르다. 말하다.

　; 牒은 우흘 드듸여 니롤씨라〈능1-49〉

　; 니르샨 徧知海와(所謂徧知海)〈능1-9〉

　; 經에 니르샤딕(經稱)〈능1-17〉

　; 어루 혼가지라 니르리라(乃可言同)〈능1-17〉

　; 滅호려 니르시니(唱滅)〈능1-19〉

　; 純히 妙法을 니르샤(純談妙法)〈능1-18〉

　; 부톄 阿難드려 니르샤딕(佛告阿難)〈능1-41〉

　; 밥 니르는 주으린 아비 드외놋다(說食飢夫)〈능1-3〉

　; 激은 믌결 니롤씨라〈능1-113〉

니르시다(告言·陳·曰) ; 이르시다. 말씀하시다.

　; 藥王이 니르샤딕(藥王告言)〈능1-3〉

　; 衆을 因ᄒ야 펴 니르시니(而因衆敷陳)〈능5-31〉

　; ᄯᅩ 니르샤딕(且曰)〈능1-17〉

니르왇다(發) ; 일으키다.

　; 兵馬ᄅᆞᆯ 니르왇다 텨더로딕(發兵馬討除)〈능1-46〉

니를다(泊) ; 이르다.

　; 머리 恒河애 니를며(遠泊恒河)〈능2-50〉

니피다(被·加被) ; 입히다

　; ᄠᅳ든 利益을 흐ᄲᅥᆯ 니필 ᄲᅮᆫ아니라(意非利被一時)〈능11-26〉

　; 加被는 니필씨라〈능6-78〉

닉굠(習) ; 익히다.

　; 니규믈 因호매(因習)〈능3-5〉

닉다(熟) ; 익다.

　　; 熟은 니글씨니 이닷 쁘디라〈능8-33〉

닐굽(七) ; 일곱.

　　; 닐구븐 소리 性이 두려이 스러(七者音性圓銷)〈능6-28〉

닐다(起·作·激) ; 일다. 일어나다.

　　; 닐어 니르와드니라(以發起)〈능1-20〉

　　; 作은 닐씨라〈능2-17〉

　　; 므를 닐어 소리를 짓고(激水作聲)〈능5-72〉

닐어다(述) ; 이르다. 말하다.

　　; 물론 因을 다시 닐어(重述迷因)〈능1-95〉

닐어 알외다(諄諄) ; 거듭 말하다.

　　; 諄諄은 닐어 알외요믈 니기홀씨라〈능1-3〉

닐오다(云·言) ; 이르다. 말하다.

　　; 닐오매 白傘盖니(云白傘盖也)〈능1-9〉

　　; 모다 닐오딕(都言)〈능2-10〉

닙다(被·服·著) ; 입다.

　　; 샹녜 쁘며 뼈듀믈 닙논돌(常被漂溺)〈능2-31〉

　　; 닙디 아니ᄒ며 먹디 아니ᄒ면(不服不食)〈능6-97〉

　　; 새로흔 옷 닙고(著新淨衣)〈능7-6〉

닙스다(蒙) ; 입다.

　　; 부텻 慈愛를 닙스와(蒙佛慈愛)〈능1-76〉

닛다(續·綸·紹·聯·胤) ; 잇다.

　　; 煩惱는 生死를 니어(煩惱續諸生死)〈능1-95〉

　　; 이 흔經 니어 뻬여슈미(此乃一經綸貫)〈능1-22〉

　　; 부텻 位흘 이긔예 니스시릴씨(堪紹佛位)〈능5-38〉

　　; 聯은 니슬씨니〈능6-66〉

　　; 胤은 子孫이 서르 니슬씨라〈능8-24〉

닛다(忘) ; 잊다.

　　; 닐며 업수믈 다 니즐씨니(雙忘起滅)〈능1-40〉

ㄴ노다(區) ; 나누다.

　;區는 ㄴ노홀씨라〈능7-77〉

ㄴ롬(飛) ; 날다.

　;구룸 올옴과 새 ㄴ롬(雲騰鳥飛)〈능2-34〉

ㄴ리다(降·下) ; 나리다. 내리다.

　;緣을 조차 ㄴ려나며(隨緣降誕)〈능1-9〉

　;ㄴ려 ᄉᄆ차 그므레 거러(下透挂網)〈능8-103〉

ㄴ물(葷) ; 나물. 마늘.

　;葷은 내나ᄂ ㄴ물히라〈능6-99〉

ㄴ솟다(踊躍) ; 날아 솟다.

　;ㄴ소사 깃거(踊躍歡喜)〈능2-10〉

ㄴ외다(更·復) ; 다시.

　;ㄴ외 잇ᄂ 거시 업스리니(更無所有)〈능1-87〉

　;ㄴ외 나ᅀ 닷고미 업고(無復進修)〈능1-18〉

ㄴ호다(分) ; 나누다.

　;菩薩와 阿羅漢ᄋᆞᆯ ㄴ호아 거느려(分領菩薩及阿羅漢)〈능1-31〉

늘(經) ; 날.

　;經은 늘히라〈능7-59〉

늘(刃) ; 날.

　;고기예 늘 고즐씨라(挿刃於肉也)〈능8-107〉

늘나다(利·毅) ; 날카롭다.

　;頗羅墮ᄂ 늘난 根이오(頗羅墮利根也)〈능3-88〉

　;雄毅ᄂ 게엽고 늘 날씨라〈능8-70〉

늘다(揚) ; 날다.

　;順흔 ᄇ룸매 늘아ᄃ호니(揚于順風)〈능7-5〉

늘이(津) ; 나루.

　;늘이 田地險ᄒ며 조바(津口田地險隘)〈능5-68〉

늙다(故) ; 낡다.

　　; 놀ᄆ니 ᄇ리고 새예 가ᄂ 젼ᄎ로(去故趣新故)〈능1-107〉

늚ᄃ라미(鼺) ; 날다람쥐.

　　; 鼺ᄂ 늚ᄃ라미오〈능8-119〉

늠(人) ; 남.

　　; 제 利ᄒ며 ᄂ물 利케ᄒ리니(自利利人)〈능8-29〉

ᄂ가이(下・下賤) ; 낮게.

　　; 놉ᄂ가이 업수믈(有無高下也)〈능5-69〉

　　; 艱難ᄒ면 ᄂ가온 즐겁디 아니ᄒ 싸해 나디 아니ᄒ리라

　　　(不生貧窮下賤不可樂處)〈능7-50〉

ᄂ(顔) ; 낯.

　　; ᄂ 양ᄌᄂ(顔貌)〈능2-5〉

ᄂ(面) ; 낯.

　　; 머리 셰며 ᄂ치 살찌여(髮白面皺)〈능2-5〉

다(咸・周・雙・凡・同・皆・盡・徧・惣・悉・都) ; 다. 모두.

　　; ᄒ다가 다 아롫딘댄(若咸覺者挃)〈능1-67〉

　　; 法界를 다 두프시ᄂ 體니라(周覆法界之體)〈능1-9〉

　　; 學과 行괘 다 ᄇ게ᄒ시니(學行雙明)〈능1-37〉

　　; 다 이에브터 비르스 사니라(凡資始於此)〈능1-40〉

　　; 다 ᄒ道 젼ᄎ로(同一道故)〈능1-44〉

　　; 다 흘러 가 몰애 ᄠᄂ 迷惑ᄒ 소니며(皆流爲蒸砂迷客)〈능1-3〉

　　; 能히 다 알리 드므도다(罕能究盡)〈능1-3〉

　　; 徧知ᄂ 다 알씨오〈능1-3〉

　　; 色은 五根六塵을 다 드러 니ᄅ시고(色惣擧五根六塵也)〈능2-17〉

　　; 다 제 體업서(悉無自體)〈능2-17〉

　　; 사ᄅ미 갏고디 다 업슬씨(人都無所去)〈능2-24〉

다ᄃ라다(到) ; 다다르다.

　　; ᄒ마 보빗고대 다ᄃ라니(旣到寶所)〈능1-19〉

다ᄃ다(致・觸・窮) ; 다다르다.

　　; 우업슨 그데 微妙히 다ᄃ게ᄒ시며(而妙極乎無上之致)〈능1-8〉

; 이제 다드라 불곰디라(使觸事而明)〈능3-91〉

; 未來際예 다돌ᄂ니(窮未來際)〈능4-30〉

다듬다(研) ; 다듬다.

; 브리ᄂᄂ ᄆᅀ물 전혀 다ᄃ마(專研捨心)〈능9-16〉

다르다(異) ; 다르다.

; 世間과 즐규미 달아(與世異好)〈능1-3〉

다ᄅ다(絕·殊) ; 다르다.

; ᄯ로 다ᄅ샤(殊絕)〈능1-42〉

; 見精은 다ᄅ디 아니ᄒ돌(見精不殊)〈능2-33〉

다른(他·別·餘) ; 다른.

; 구틔여 다른 말홇디 아니니라(不必他說)〈능1-23〉

; 오직 阿難이 몬져 다ᄅ딧 請을 바다(先受別請)〈능1-32〉

; 다른 大다 그러홀씨(餘大皆然)〈능3-91〉

다돌다(緘) ; 닫다.

; 緘안 다돌씨라〈능7-4〉

다민(特) ; 다만.

; 다민데 ᄠᆫ 너기미니 이런ᄃ로(特浮想耳故)〈능1-65〉

다ᄉ리다(治) ; 다스리다

; 다ᄉ려 니길쓸 닐오듸 修니(治習之謂修)〈능6-4〉

다ᄉᆺ(五) ; 다섯.

; 다ᄉᆺ 일후미 잇서늘(有五名)〈능1-9〉

다시(復·重·重復·更·疊) ; 다시.

; 다시 거즛 혜물 내야(復生妄計)〈능1-53〉

; 여러뵈샤몰 다시 請ᄒᅀᆞ오니라(而重請開示)〈능1-87〉

; 다시 슬허 눉믈디여(重復悲淚)〈능1-92〉

; 다시 地位ㅅ 마리 업스시고(更無地位之說)〈능1-18〉

; 다시 무ᄅ샤ᄆ(疊問者)〈능4-125〉

다아다, 다ᄋ다(窮) ; 다하다. 없애다.

; 十二變에 다아혼(窮十二變)〈능7-77〉

; 因緣 自然이 理이에 다ᄋ니라(因緣自然理窮於是)〈능4-65〉

## 다오다(蕩盡) ; 다하다. 없애다.

; 煩惱 다오몰(煩惱蕩盡)〈능4-122〉

## 다옴(盡·窮) ; 다함.

; 다오며 셜리 가놋다(驟趁於盡也)〈능2-7〉

; 變 다옴도(窮變)〈능7-78〉

## 다왇다(逼·蹙·薄) ; 다그치다. 닥치다.

; 어디닐 다와다 구피ᄃᆺ호니(逼枉良善)〈능8-92〉

; 다와다 춋들게호며(蹙漉)〈능8-92〉

; 薄ᄋᆫ 氣分이 다와들씨오〈능9-113〉

## 다ᄋᆶ업다(無窮) ; 다함이 없다.

; 流布호ᄃᆡ 다ᄋᆶ업시호리라(流布無窮)〈능1-4〉

## 다이즐다(擊) ; 때리다. 치다.

; 擊은 다이즐씨라〈능5-4〉

## 다툼(衝) ; 다툼

; 瞋習이 섯거 다툐미(瞋習交衝)〈능8-85〉

## 다티다(衝) ; 스치다. 건드리다 .부딛히다.

; 見에 다티면(衝見)〈능8-101〉

## 다팋다(觸) ; 스치다. 건드리다. 부딪히다.

; 네 머리 다팋제 當호야(當汝觸頭)〈능1-68〉

## 다ᄒᆞ다(擊·觸·窮) ; 닿다.

; 눈 다ᄒᆞᄃᆡ 이시리로다(存於目擊矣)〈능2-76〉

; 다ᄒᆞ 고대 알ᄑᆡ 現홀씨(觸處現前)〈능2-69〉

; 能히 다ᄒᆞ시ᄂᆞ니(能窮)〈능10-14〉

## 다ᄒᆞ다(悉) ; 다하다.

; 悉은 다홀씨라〈능3-73〉

## 다호다(盡) ; 다하다. 없애다.

; 妙覺올 다호매 니르러(至盡妙覺)〈능7-66〉

다히다(著) ; 대다.

　　; 올흔 무룹 싸해 다혀(右膝著地)〈능1-76〉

닫(別) ; 따로.

　　; 닫 아랫 그를 니르와드시니라(別起下文)〈능4-75〉

닫다(掩·匝) ; 닫다.

　　; 一生은 門 닫고(一生掩關)〈능1-3〉

　　; 匝은 다둘씨라〈능7-25〉

달애다(誘) ; 달래다.

　　; 달애야 자보몰 모디 마구시니라(須防誘攝也)〈능6-101〉

달오다(別·差) ; 다르다

　　; 두 거무미 달오미 잇느니(二黑有別)〈능1-101〉

　　; 경이 제 달오미 이실 쓴니언뎡(境自有差)〈능2-30〉

달이(恢) ; 달리. 특별이.

　　; 제 그 鍾을 달이 너겨(自恢其鍾)〈능4-130〉

달히다(煎) ; 달이다.

　　; 香水를 달혀(煎取香水)〈능7-16〉

담(牆·垣) ; 담. 담장.

　　; 담과 집기슭 스시예(牆宇之間)〈능2-28〉

　　; 소리 담 디나둣ᄒ야(如聲度垣)〈능6-42〉

담다(貯·容·盛) ; 담다.

　　; ᄀᄆ니 잇는 그르세 담둣ᄒ니(貯於靜器)〈능4-89〉

　　; 줌줌히 다마(黙容)〈능4-99〉

　　; 도기 다몸과 잘이 너허툐미(甕盛囊撲)〈능8-88〉

답깝다(悶) ; 답답다.

　　; 네 迷惑ᄒ야 답까와(汝自迷悶)〈능2-31〉

닷다(修) ; 닦다.

　　; 느외 나ᅀᅡ 닷고미 업고(無後進修)〈능1-118〉

당다이(合) ; 마땅히. 응당히.

　　; 모ᄆᆫ 당다이 아디 몯ᄒ리로다(身合非覺)〈능1-61〉

當ᄒᆞ다(當) ; 당하다.

; 처엄 發心ᄒᆞᆯ제 當ᄒᆞ야(當初發心)〈능1-41〉

대(簡) ; 대.

; 簡ᄋᆞᆫ 글ᄡᅳᄂᆞᆫ 대오〈능9-105〉

대가리(果) ; 껍질.

; 다ᄉᆞᆺ果ᄂᆞᆫ ᄌᆞᅀᆞ잇ᄂᆞᆫ니와 ᄉᆞᆯ잇ᄂᆞ니와 대가리 잇ᄂᆞ니와 송이 잇ᄂᆞ니〈능8-7〉

대롱(管) ; 대롱.

; 管見은 대롱으로 하ᄂᆞᆯ 볼씨니 져근ᄃᆞᆯ 니ᄅᆞ니라〈능1-18〉

對答ᄒᆞ다(酬) ; 대답하다.

; 고ᄃᆞᆫ ᄆᆞᅀᆞᄆᆞ로 내 무로ᄆᆞᆯ 對答ᄒᆞ야ᅀᅡ ᄒᆞ리라(直心酬我所問)〈능1-44〉

對接ᄒᆞ다(接) ; 대접하다.

; 臂ᄂᆞᆫ 자바 對接ᄒᆞ시ᄂᆞᆫ 悲ᄅᆞᆯ 表ᄒᆞ시고(臂表提接之悲)〈능6-41〉

對ᄒᆞ다(對) ; 대하다.

; 알ᄑᆡ 恒河ᄅᆞᆯ 對ᄒᆞ니(前對恒河)〈능2-48〉

댱샹(常) ; 장상. 늘. 항상.

; 댱샹 잇ᄂᆞᆫ 眞實 ᄆᆞᅀᆞᄆᆞᆫ 가미 업순디(常位眞心)〈능2-24〉

더(增) ; 더하다.

; 더 나ᅀᅡ가게 호리라(增進)〈능4-101〉

더뎌(投) ; 던지다.

; ᄯᅡ해 더뎌(投地)〈능4-6〉

더듬다(搜 · 探) ; 더듬다.

; 기피 더드므며 너비 무러(冥搜慱訪)〈능1-3〉

; 如來藏ᄋᆞᆯ 더드머(以探如來藏)〈능1-3〉

더듸다(遲) ; 더디다. 늦다.

; 드듸메 섈로미(遲速)〈능6-54〉

너니나(投擲) ; 넌시나.

; 더디며 자ᄇᆞ며(投擲擒捉)〈능8-88〉

더러움(垢穢·染·穢·鄙) ; 더러움.

; 예셔 닐오면 더러우믈 즐기는 사르미라(此云樂垢穢人)〈능1-78〉

; 淸淨ᄒ야 더러우미 업서(淸淨無染)〈능1-3〉

; 조ᄒ며 더러움 나토샤미 ᄀᆞᆮ디 아니ᄒ시며(現淨穢之不同)〈능2-86〉

; 福이 더러우며(福鄙)〈능7-4〉

더러이다(汙) ; 더럽히다.

; 조ᄒᆫ ᄆᆞᅀᆞ믈 더러이며(汙淨心)〈능2-91〉

더럽다(垢·陋·媒) ; 더럽다.

; 더럽디 아니ᄒ며(不垢)〈능3-72〉

; 더럽디 아니코(不陋)〈능8-128〉

; ᄠᅳ디 더러운 欲ᄋᆞᆯ 나토아(意彰媒欲)〈능9-95〉

더룷다(除) ; 덜다.

; 오직 그르싀 方ᄋᆞᆯ 더룷디언졍(但除器方)〈능2-43〉

더욱(益·轉·彌) ; 더욱.

; 더욱 제 ᄀᆞᆺ굴 ᄢᅵ니언뎡(私益自勞)〈능2-70〉

; 더욱 아디 몯ᄒ올ᄊᆡ(轉不知)〈능3-82〉

; 더욱 나토미라(彌露也)〈능6-95〉

더욱 (愈) ; 더욱.

; 더욱 妄혼 젼ᄎᆞ로(愈妄故)〈능7-82〉

더운믈(湯) ; 더운물.

; 더운므레 어름 녹ᄃᆞᆺ ᄒ야(如湯銷氷)〈능4-117〉

더으다(增·加·尙) ; 더하다.

; 더으디 아니ᄒ며(不增)〈능1-96〉

; 더으디 몯ᄒ시리라(不可有加矣)〈능1-18〉

; 楞嚴에 더으니 업스니라(無尙楞嚴矣)〈능1-19〉

더을다(筵) ; 더하다.

; 筵ᄂᆞᆫ 다ᄉᆞᆺ블 더을씨라〈능6-99〉

더품(漚·沫) ; 거품.

; 혼쁜 더품(一浮漚)〈능2-19〉

; 믌더푸므로 體를 삼고(以水沫爲體)〈능7-89〉

더ᄒᆞ다(益) ; 더하다.

　；ᄒᆞᆫ갓 드로ᄆᆞᆯ 더ᄒᆞ고(但益多聞)〈능2-78〉

딛더다(元 · 常) ; 본시.

　；네의 本來 딛더든거슬 일혼 젼칠ᄊᆡ(失汝元常故)〈능1-84〉

　；本來圓滿ᄒᆞᆫ 딛더디 位ᄒᆞᆫ ᄆᆞᅀᆞᆷ을 아나(元所圓滿常位心地)〈능2-21〉

딛딛ᄒᆞ다(常 · 恒 · 常恒) ; 떳떳하다.

　；괴외ᄒᆞ며 딛딛ᄒᆞᆫ 心性 아디 몯호ᄆᆞᆯ브테니(良由不知寂常心性)〈능1-94〉

　；흐르며 그추미 딛딛ᄒᆞ미 업스니(流息無恒)〈능3-78〉

　；性이 딛딛다혼 견ᄎᆞ로(性常恒故)〈능10-13〉

덜다(除 · 減 · 虧損) ; 덜다.

　；더디 몯홀ᄊᆡ(末除)〈능1-84〉

　；더디 아니컨 마른(不減)〈능1-96〉

　；엇뎨 덜리오(何虧損)〈능1-100〉

덞귬(染) ; 물들임.

　；이대 아로미 덞규ᄆᆞ로(靈悟所染)〈능9-57〉

덥다(暑 · 熱 · 蒸) ; 덥다.

　；치움과 더움괘(寒暑)〈능2-6〉

　；오히려 더운 相이 업거니(尙無熱相)〈능3-75〉

　；ᄯᅡ히 해 더우며 축축거늘ᄉᆞ(地多蒸濕)〈능6-93〉

데우다(焦 · 爁) ; 데우다.

　；能히 데운 丸과 쇠쥭이 ᄃᆞ외오(能爲焦丸鐵糜)〈능8-97〉

　；骨髓를 데워 므르게 홀씨라(爁爛骨髓)〈능8-103〉

뎌(彼) ; 저.

　；뎌는 魔ㅅ글미요 그를 結ᄒᆞ샨 마리라(彼乃結辯魔文)〈능1-17〉

뎔(刹) ; 절.

　；곧 조ᄒᆞᆫ 뎘 通ᄒᆞᆫ 일후미라(卽淨刹通稱也)〈능7-57〉

뎡바기(頂) ; 정수리.

　；阿難이 뎡바기를 ᄆᆞᆫ지샤(摩阿難頂)〈능1-88〉

逃亡ᄒ다(逸) ; 도망하다.
; 흘러 逃亡ᄒ야 境에 가기(流逸奔境)〈능4-100〉

도라가다(復) ; 돌아가다.
; 眞實 조호매 도라가고져 홅딘댄(欲復眞淨)〈능1-4〉

도라보다(顧盼) ; 돌아보다.
; 도라보고 니거늘(顧盼而去)〈능5-72〉

도라오다(旋·返) ; 돌아오다.
; 이제 도라올 時節에(今旋時)〈능2-111〉
; 오히려 能히 도라오디 몯ᄒᄂ니라(猶不能返)〈능4-58〉

도로(還) ; 도로.
; 도로 알ᄑᆞᆺ 드트레(還於前塵)〈능1-101〉

도르혀(廻·反動) ; 도리어.
; 머리 도르혀 右녀글 보아(廻首右盼)〈능1-110〉
; 도르혀 疑心 드트를 니ᄅ와다 너교ᄃᆡ(反動疑塵以謂)〈능2-11〉

도ᄋᆞ다(扶·資·佑) ; 도우다.
; 律을 도ᄋᆞ시고(扶律)〈능1-18〉
; 般若ㅅ 큰 慧를 도ᄋᆞ샤(資般若之大慧)〈능1-37〉
; 우흘 도ᄋᆞ시며(佑上)〈능5-55〉

도즉(賊·偸·寇敵) ; 도적.
; 도즈기 侵勞 ᄃᆞ외야(爲賊所侵)〈능1-46〉
; 그 ᄆᆞᅀᆞ미 도즉 아니라ᄒᆞ샤미(其心不偸)〈능6-86〉
; 寇敵은 도즈기라〈능10-40〉

度ᄒ다(度) ; 건너다.
; 이제와 서르 度ᄒ야(今來相度)〈능9-101〉

독(甕) ; 독.
; 도기 다몸과 잘이 너허됴미(甕盛囊撲)〈능8-88〉

돝(犳) ; 돼지.
; 곧 괴 가히 돍 돝 類라(卽描犬雞犳類也)〈능8-122〉

돌(磄・砂礫) ; 돌.

> ; 磄운 바배 돌이실씨니〈능7-47〉
> ; ᄂᆞᆫ 돌히 ᄃᆞ외야(爲飛砂礫)〈능8-101〉

돌아 보내다(還) ; 돌아 보내다.

> ; 믈읫 어루 돌아보내ᇙ거슨(諸可還者)〈능2-30〉

돕다(助・輔) ; 돕다.

> ; 道 能히 敎化ᄅᆞᆯ 돕습고(道能助化)〈능1-26〉
> ; 輔ᄂᆞᆫ 도ᄋᆞᆯ씨니 님금을 도ᄋᆞᆯ씨라〈능9-3〉

돗(筵・席) ; 돗자리.

> ; 筵은 돗기라〈능1-29〉
> ; 席은 돗기라〈능1-35〉

銅(銅) ; 구리. 銅.

> ; 이 金과 銅괘며(此是金銅)〈능9-77〉

動ᄒᆞ다(動) ; 동하다.

> ; 妄覺이 動ᄒᆞ면(妄覺動)〈능4-17〉

되(升) ; 되.

> ; ᄭᅮᆯ 半되ᄅᆞᆯ 取ᄒᆞ야(取蜜半升)〈능7-16〉

된소리(高聲) ; 높은 소리.

> ; 제 귀ᄅᆞᆯ 막고 된소리로 ᄀᆞ장 우르며(自塞其耳高聲大叫)〈능6-95〉

條理(條) ; 조리(條理).

> ; 條됴理리 이셔 어즈럽디 아니ᄒᆞ시니(有條不紊)〈능1-18〉

됴타(善・善哉) ; 좋다.

> ; 됴타 일ᄏᆞᄅᆞ샤미라(所以稱善)〈능1-43〉
> ; 됴타됴타 네 무룸 ᄀᆞᄐᆞ야(善哉善哉如汝所問)〈능6-83〉

됴ᄒᆞ다(妙) ; 좋아하다.

> ; 眚ᄒᆞ 차바 우업슨 됴흔 마ᄉᆞᆯ 만히 노ᄊᆞᆸ고(廣設珍羞無上妙味)〈능1-31〉

둏다(嘉) ; 좋다.

> ; 몰애 ᄉᆞᆯ마 됴흔 飲食 밍글오져홈 ᄀᆞᄐᆞ야(猶如煮沙欲成嘉饌)〈능1-81〉

두(二 · 雙) ; 둘.

　　; 반ᄃ기 두 아로미 이시리니(應有二知)〈능1-61〉

　　; 고깃 양이 두 솑톱 相올(肉形雙爪之相)〈능3-43〉

두다(有 · 置 · 著 · 存) ; 두다.

　　; 衆生과 부터왜 ᄒ가지 두쇼ᄃﾞ(生佛等有)〈능1-97〉

　　; 이 갓ᄀ로 두며 枝騈ᄒ야(是乃倒置枝騈)〈능1-19〉

　　; ᄆ슨매 두믈 닐오ᄃﾞ 思오(著心之謂思)〈능6-4〉

　　; 너휘둘히 ᄆ슨믈 두어(汝等存心)〈능10-70〉

두드레(杻械) ; 차꼬. 수갑.

　　; 杻械ᄂ 두드레라〈능7-57〉

두드리다(扣擊 · 擣 · 鼓) ; 두드리다.

　　; 이제 宗師 두드료미(今天宗師扣擊)〈능4-55〉

　　; 집 두드리며 ᄢᆯ 디ᄒ며(擣練春米)〈능4-130〉

　　; 天池ᄅᆯ 두드리며(鼓天池)〈능8-131〉

두려이(圓) ; 온전히. 두렷이.

　　; 바ᄅ一乘 두려이 微妙ᄒ 道애 나마가릴ᄊㅣ(直造一乘圓妙之道)〈능1-18〉

두루(周 · 分 · 徧) ; 두루.

　　; ᄒᄢ 두루펴샤(一時周徧)〈능1-95〉

　　; 조ᄍᆞ와 두루펴(隨順分布)〈능1-4〉

　　; 두루 보며(徧觀)〈능2-48〉

두루 펴다(分布) ; 두루 펴다.

　　; 조ᄍᆞ와 두루펴(隨順分布)〈능1-4〉

두르혀다(反 · 到 · 旋 · 廻) ; 돌이키다.

　　; ᄯᅩ ᄀ모매 能히 몸 안홀 두르혀 보면(且合能反觀身中)〈능1-61〉

　　; 엇뎨 두르혀 ᄣᅥᄂ로(云何到拂)〈능3-84〉

　　; ᄇ믈 두르혀 元을 조초미(旋見循元)〈능5-41〉

　　; 心光을 ᄀ스기 두르혀(心光密廻)〈능8-19〉

두르힐후다(展轉) ; 휘두르다. 되풀이하다.

　　; 두르힐훠 虛妄ᄒ니(展轉虛妄)〈능3-67〉

두리다(惶悚) ; 무섭게 여기다.
　　; 흔쁴 두리여(一時惶悚)〈능2-53〉

두서(數) ; 두엇.
　　; 두서 자위로듸(數尺)〈능9-108〉

둘(兩·二) ; 둘.
　　; 몸과 눈괘 둘히 아ᄂᆞ니라(身眼兩覺)〈능1-61〉
　　; 곧 나ᄆᆞᆫ 둘히오(卽餘二也)〈능1-9〉

둘찻(二) ; 둘째.
　　; 둘찻 ᄃᆞ리 ᄀᆞᆮᄒᆞ니라 ᄒᆞ시니(如第二月)〈능2-27〉

둛다(措) ; 두다.
　　; 둟딜 일허 놀라(失措驚怖)〈능1-87〉

둪다(覆) ; 덮다.
　　; 法界ᄅᆞᆯ 다 두프시ᄂᆞᆫ 體니라(周覆法界之體)〈능1-9〉

듐(頹) ; 떨어짐.
　　; 히 듐 ᄀᆞᆮᄒᆞ니(如日頹)〈능2-5〉

뒤(後) ; 뒤.
　　; 뒤흐론 涅槃애 나ᄆᆞᆫ 슬히니(後則贅於涅槃)〈능1-19〉

뒤돌다(背) ; 뒤돌다.
　　; 시혹 히ᄅᆞᆯ 뒤도랴ᄒᆞ미(或背日)〈능2-87〉

뒷다(有) ; 두었다. 두어있다.
　　; 사ᄅᆞᆷ마다 다 뒷ᄂᆞ니(人人具有)〈능4-119〉

드듸다(躙·蹋) ; 디디다. 앞의 말을 받다. 이어 말하다.
　　; 알ᄑᆞᆯ 드듸신 젼ᄎᆞ로 져기ᄒᆞ시니라(躙前故略之)〈능1-111〉
　　; 뒤헤 쇼리ᄅᆞᆯ 드듸라ᄒᆞ고(於後躙尾)〈능9-103〉

드로듸(涉) ; 들다.
　　; 精이오 萬殊에 ᄂᆞ로듸(精也涉萬殊)〈능2-35〉

드르(野) ; 들.
　　; 이제 世間애 너븐 드르콰 기픈 뫼햇(世間曠野深山)〈능9-22〉

드리다(容) ; 드리다.

　　; 阿難이 모매 阿難을 드리디 몯호미 곤ᄒᆞ니라(如阿難體不容阿難)〈능2-110〉

드리우다(垂) ; 드리우다.

　　; 니르샤ᄃᆡ 못後ㅅ 法드리우미라(言最後垂範者)〈능1-17〉

드리혀다(吸) ; 들이끌다. 들이마시다. 들이키다.

　　; 塵을 드리혀몰(塵吸)〈능3-1〉

드므다(罕) ; 드물다.

　　; 能히 다 알리 드므도다(罕能究盡)〈능1-3〉

드위혀다(反) ; 돌이키다. 뒤집다.

　　; 솑바당 드위혀메셔 ᄲᆞᆯ로니(速於反掌)〈능1-16〉

드위힐후다(翻覆) ; 되풀이하다.

　　; 八萬四千 드위힐후ᄂᆞᆫ 어즈러운 相이 이니(成八萬四千翻覆亂想)〈능7-81〉

드위힐휘다(展轉·反覆·宛成·宛轉) ; 되풀이하다. 뒤집다.

　　; 드위힐휘 ᄀᆞᆯᄒᆡ야 ᄇᆞᆯ기시니라(展轉辨明)〈능1-62〉

　　; 드위힐휘 ᄀᆞ장 무르시니(反覆窮法)〈능3-17〉

　　; 도라가ᄆᆞᆯ 求ᄒᆞ면 드위힐휘 아니 相이(求復宛成非相)〈능7-74〉

　　; 드위힐휘 十二로 젼ᄎᆞ로(宛轉十二故)〈능7-76〉

드틀(塵·勃) ; 티끌.

　　; 緣은 브틀씨오 塵은 드틀리라〈능1-3〉

　　; 鬱勃ᄋᆞᆫ 드틀닌 양ᄌᆡ라〈능2-29〉

得ᄒᆞ다(得) ; 득(得)하다.

　　; ᄒᆞ오사 아다혼 일훔 得호믄(獨得解明)〈능1-105〉

듣글(野馬) ; 티끌.

　　; 野馬ᄂᆞᆫ 횟비체 듣그리라〈능10-2〉

듣다(聞·聆·聽) ; 듣다.

　　; 해 드로ᄆᆞᆯ 쇽졀업시 잘가냥ᄒᆞ야(虛驕多聞)〈능1-3〉

　　; 모기소리 듣ᄃᆞᆺᄒᆞ야(聆於蚊蚋)〈능4-3〉

　　; 다시 이ᄅᆞᆯ 드르라(更聽此)〈능3-21〉

듣즙다(聽・承) ; 듣잡다.

; 合掌ᄒ야 듣즙더시니(合掌承聽)〈능1-78〉

; 내 녜 諸佛ᄀ릭치샤ᄆᆯ 듣즙디 몯ᄒᄉ와(我昔未承諸佛誨勅)〈능2-2〉

들다(入・納) ; 들다.

; 佛智海예 들며(入佛智海)〈능1-9〉

; ᄆᄉ매 境을 드료ᄆᆯ(納境於心)〈능2-113〉

들쎨(離) ; 들다.

; 들쎨 닐온 離링오 날쎨 닐온 微밍라〈능4-106〉

들에윰(喧) ; 떠들썩함.

; 열혼 訟쓩이 섯거 들에유미(十者訟쓩交喧)〈능8-93〉

들에ᄒ다(涉) ; 들게하다

; 重重히 서르 들에ᄒ고(重重相涉)〈능7-21〉

들워(穿) ; 뚫다.

; 들워 져근 구무 밍ᄀ로매(穿爲小竇)〈능2-43〉

둥위(蚖) ; 둥.

; 蚖은 둥위라〈능9-68〉

디나가다(經歷) ; 지나가다.

; 婬室에 디나가다(經歷婬室)〈능1-35〉

디나다(歷・逾・徑・度) ; 지나다.

; 僧祇를 디나디 아니ᄒ야(不歷僧祇)〈능3-111〉

; 百步 밧긔 디나(逾百步外)〈능4-3〉

; 내 디난 劫예 이 界中에 이싫제(我於徑劫在此界中)〈능5-41〉

; 소리 담 디나ᄃᆺᄒ야(如聲度垣)〈능6-42〉

디니다(持) ; 지니다.

; 여러 戒律을 디니거든(持諸戒律)〈능6-18〉

디다(落) ; 지다.

; 곳 디거든(如花落)〈능1-19〉

디러(臨) ; 임하다

　; 노픈딕 디러보미(臨高)〈능10-89〉

디르다(逐) ; 찌르다.

　; 等覺妙覺애 드리 디르며(逐階等妙)〈능6-89〉

디룯다(挃) ; 찌르다.

　; 네 소느로 네 몸 디룯듯ᄒᆞ니(如汝以手自挃其體)〈능1-64〉

디여(鑄) ; 쇠를 끓여 녹이다.

　; 구리로 디여 밍ᄀᆞᄂᆞ니(鑄銅爲之)〈능3-74〉

딜오다(撞) ; 찌르다.

　; 能히 딜오미 드외며(則能爲撞)〈능8-106〉

딯다(春) ; 찧다.

　; 깁 두드리며 뿔 디흐며(擣練春米)〈능4-130〉

ᄃᆞ려(携) ; 더불어.

　; 아들ᄃᆞ려 뵈ᅀᆞ오ᄆᆞᆫ(携子謁之)〈능2-9〉

ᄃᆞ롬(甘) ; 달다.

　; 뿜과 淡과 ᄃᆞ롬과 미오미(鹹淡甘辛)〈능3-52〉

ᄃᆞ리(橋梁·階) ; 다리.

　; 시혹 ᄃᆞ리를 밍굴며(或作橋梁)〈능5-68〉

　; 等覺妙覺애 ᄃᆞ리 디르며(逐階等妙)〈능6-89〉

ᄃᆞ리다(趍) ; 달리다.

　; 바ᄆᆡ 고래 지여 ᄃᆞ로미(夫夜堅負趍)〈능1-16〉

ᄃᆞ외다(成·作·爲·流) ; 되다.

　; 엇뎨 안히 ᄃᆞ외료(云何成內)〈능1-60〉

　; 妙蓮華王이 ᄃᆞ외야(作蓮華王)〈능1-9〉

　; 物의 옮교미 ᄃᆞ외며(爲物所轉)〈능1 3〉

　; 그 ᄉᆞ싀예 고텨 ᄃᆞ외몰(其間流易)〈능2-7〉

ᄃᆞ토다(競) ; 다투다.

　; ᄃᆞ토와 나며(競生)〈능2-20〉

돈녀다(遊) ; 다니다.
    ; 머리 돈녀 도라 몯와(遠遊未還)〈능1-32〉

돈다(奔·逸奔) ; 달리다.
    ; 돈는 물 ᄀᆞᄐᆞᆫ 젼ᄎᆞ로(猶如奔馬故)〈능2-5〉
    ; 봄뇌며 돈는 믌겨리이셔(有騰逸奔波)〈능8-83〉

돈녀다(行) ; 다니다.
    ; 次第로 돈녀 비로몰 니ᄅᆞ니라(次第行乞謂也)〈능1-35〉

돌다(恬) ; 달다.
    ; 돌며 ᄡᅮ믈브터(由恬與苦)〈능3-9〉

돌리다(馳) ; 달리다.
    ; 馳ᄂᆞᆫ 돌 일씨라〈능8-83〉

돌히(等) ; 들이.
    ; 耶輸돌히 이레 븓들여(耶輸等事)〈능1-16〉

ᄃᆞᆷ기다(溺) ; 잠기다.
    ; 다 ᄒᆞᆫ가지로 ᄠᅳ며 ᄃᆞᆷ기리로소니(皆同滔溺)〈능3-79〉

ᄃᆞᆷ다(沉·溺) ; 담다.
    ; 내죵에 妄想애 ᄃᆞ마(終沉妄想)〈능2-61〉
    ; 므리 能히 ᄃᆞᆷ디 몯ᄒᆞ며(水不能溺)〈능7-47〉

ᄃᆞᆺ오다(愛) ; 사랑하다.
    ; ᄃᆞᆺ온 欲올 스러ᄇᆞ리고(消其愛欲)〈능1-17〉

ᄃᆞᆺᄒᆞ다(似) ; 듯하다.
    ; 다ᄅᆞᆫ ᄃᆞᆺᄒᆞ야(似異)〈능3-72〉

ᄃᆞᆼ기다(牽·掣·引) ; 당기다.
    ; 左右 各各 ᄃᆞᆼ기다(左右各牽)〈능5-24〉
    ; 左녀글 기우루 ᄃᆞᆼ기시고(偏掣其左)〈능5-24〉
    ; 아ᄎᆞᆷ 나조히 ᄆᆞᄉᆞᄆᆞᆯ ᄃᆞᆼ기야(旦夕撮心)〈능9-72〉
    ; 이런ᄃᆞ로 序引올 ᄃᆞᆼ기라(故述序引)〈능1-5〉

ᄯᅡ로(殊) ; 따로. 다르게.
    ; ᄯᅡ로 다ᄅᆞ샤(殊絕)〈능1-42〉

싸ㅎ(地·苑·坤·土·灣) ; 땅.

　　; 一切ㅁ춘 싸해 나ᅀᅡ가(而造乎一切畢竟之地)〈능1-3〉

　　; 苑은 나모 심곤 싸히라〈능2-51〉

　　; 坤은 싸히오〈능6-34〉

　　; 이 싸햇 훠와 신과 裘毳(及是此土靴履裘毳)〈능6-96〉

　　; 灣은 믈횟도ᄂᆞᆫ 싸히오〈능10-7〉

ᄯᆞ름(耳·已·唯·啻·直) ; 따름. 뿐.

　　; 곧 드트리 어드울 ᄯᆞ름라(特塵暗耳)〈능1-101〉

　　; 곧 能詮ᄒᆞᆫ 글월 ᄯᆞᄅᆞ미라(卽能詮之文而已)〈능1-10〉

　　; 어루 아ᄎᆞ나죄 ᄯᆞᄅᆞ미어니(可唯旦暮)〈능1-16〉

　　; 엇뎨 億萬 ᄯᆞᄅᆞ미리오(何啻億萬)〈능1-4〉

　　; 엇뎨 ᄃᆞᆯ로 化홀 ᄯᆞᄅᆞ미라(何直月化)〈능2-7〉

ᄯᆞᆯ(女) ; 딸.

　　; ᄯᆞᆯ 求ᄒᆞ리로(欲求女者)〈능6-33〉

ᄯᆞᆯ(奧) ; 근원.

　　; 기픈 ᄯᆞᆯ흘 펴 뵈신대(宣示深奧)〈능1-229〉

ᄯᆞᆷ(津·津液) ; 땀.

　　; 안ᄒᆞ로 ᄯᆞᆷ과 피와(內之津血)〈능5-74〉

　　; 이ᄀᆞ티 다 ᄯᆞᆷ과 精과 피와 大小便利 몸가온ᄃᆡ

　　　(如是窮盡津液精血大小便利身中)〈능5-72〉

ᄠᅥ다(開) ; 뜨다.

　　; 눈ᄠᅥ ᄇᆞᆰᄀᆞ듸 보ᄆᆞᆫ(開眼見明)〈능1-59〉

ᄠᅥ디다(決) ; 떨어지다.

　　; ᄠᅥ디여 나(決之而出)〈능4-100〉

ᄠᅥ러디다(零落·墜) ; 떨어지다.

　　; 구우녀 ᄠᅥ러디디(宛轉零落)〈능1 37〉

　　; ᄠᅥ디여 ᄠᅥ러듀믈 도라보디 아호미(不顧陷墜)〈능6-87〉

ᄠᅥ러ᄇᆞ리다(拂·抖擻) ; 떨어버리다.

　　; 特別히 爲ᄒᆞ야 ᄠᅥ러ᄇᆞ리시니라(特爲遣拂)〈능1-104〉

　　; 抖擻ᄂᆞᆫ ᄠᅥ러ᄇᆞ릴씨라〈능5-42〉

떨다(拂·震·撥) ; 떨다.

　; 偏計롤 골포 떠르샤(疊拂偏計)〈능2-69〉

　; 震은 떨씨오〈능5-4〉

　; 因果롤 떠러업스니라홀씨라(撥無因果)〈능8-91〉

뻬(筏) ; 떼.

　; 筏은 뻬니 經을 가줄비니라〈능1-3〉

쏘(且·亦·又·復·重) ; 또.

　; 쏘 ᄀ모매 能히 몸안홀 두르혀 보면(且合能反觀身中)〈능1-61〉

　; 쏘 기틴 ᄠᅳ디 얼믜여 ᄒᆞ도다(亦髣髴遺意矣)〈능1-16〉

　; 이 쏘 授記예 븐들여 先後 一定호미 올티 몯ᄒᆞ니라
　　(此又不應局授記而定先後也)〈능1-17〉

　; 쏘 므스글 求ᄒᆞ리며(復何所求)〈능1-19〉

　; 精苦롤 쏘 더ᄒᆞ야(重加精苦)〈능9-103〉

쏭(屎) ; 똥.

　; 흙과 쏭과 오좀과(土屎尿)〈능8-87〉

뾔오다(機) ; 때다.

　; 機ᄂᆞᆫ 弓弩ㅅ 뾔오ᄂᆞᆫ 거시라〈능6-19〉

ᄠᅮ다(開) ; 떠다.

　; ᄠᅮ메(則開)〈능1-61〉

ᄠᅱ다(超) ; 뛰다.

　; 흔 門으로 ᄠᅱ여나논(一門超出)〈능1-50〉

ᄠᅳ다(浮·漂·滔) ; 뜨다.

　; 다믿뎨 ᄠᅳᆫ 너기미니 이런ᄃᆞ로(特浮想耳故)〈능1-65〉

　; 샹녜 ᄠᅳ며 ᄲᅤ듀믈 닙논돌(常被漂溺)〈능2-31〉

　; 다 흔가지로 ᄠᅳ며 돔기리로소니 (皆同滔溺)〈능3-79〉

ᄠᅳᆮ(意·情·旨·義·志·趣·旨義) ; 뜻.

　; ᄠᅳᆮ 내요ᄆᆞᆫ(發意)〈능1-32〉

　; ᄠᅳ디 天倫과 ᄀᆞᆮᄒᆞ니(情均天倫)〈능1-41〉

　; 큰 ᄠᅳ들 結ᄒᆞ야 나토시니라(結顯大旨也)〈능1-21〉

　; ᄠᅳᆮ 빈호ᄂᆞᆫ 무리(義學之徒)〈능1-3〉

;  뜯ᄀ트니와 어우러코져 ᄉ랑ᄒ야(思與同志)〈능1-3〉

;  ᄒ마 一定ᄒᆫ 뜨디 업슬씨(旣無定趣)〈능2-68〉

;  뜨디 기프며 멀어시ᄂ(旨義幽遠)〈능4-3〉

## 뜰(庭) ; 뜰.

;  後에 ᄠᆞᆯᄀ새 미츠리니(後及庭際)〈능1-53〉

## 픠욤(漂) ; 뜨다.

;  큰 므레 픠요매(大水所之漂)〈능6-25〉

## 삐다(蒸) ; 찌다.

;  다 흘러 가 몰애 삐ᄂᆫ 迷惑ᄒᆫ 소니며(皆流爲蒸砂迷客)〈능1-3〉

## 삐(垢) ; 때.

;  妄ᄒᆫ 삐 절러 업ᄂᆫ 젼ᄎ로(妄垢自無故)〈능1-77〉

## 삘리다(觸) ; 찔리다.

;  가싀예 삘여 모ᄆᆞᆯ ᄇ리며(觸刺而遣身)〈능6-78〉

## 例(例) ; 예.

;  바ᄅ뻐 나다 例로 니ᄅ시니라(例稱瞪發)〈능3-5〉

## 禮數ᄒ다(禮) ; 禮數하다. 禮節.

;  머리조사 禮數ᄒᆞᆸ오며 슬허 우러(頂禮悲泣)〈능1-39〉

## 禮節(禮) ; 예절

;  禮節ᄀ촘과(禮備)〈능6-15〉

## 마기오다(驗·證·質·覈) ; 증거대다. 증명하다.

;  밧 아닌들 마기오시니라(驗非外也)〈능1-55〉

;  物을 혀 마기오샤(引物以證)〈능1-88〉

;  特別히 마기와 묻ᄌ오니라(特與質問)〈능2-65〉

;  漸漸眞實ㅅ 見올 마기오시니라(漸覈眞見也)〈능2-72〉

## 마ᄉ(四十) ; 마흔.

;  셜흔 마ᄉ 쉬네 니르니라(至于三十四十五十)〈능2-85〉

## 마시다(飮) ; 마시다.

;  비록 술 마숌과(縱經飮酒)〈능7-53〉

마ᄌᆞᆸ다(任 · 迎 · 延) ; 맞이하다.

; 부텻 記ᄅᆞᆯ 이긔여 마ᄍᆞ오ᄃᆡ(堪任佛記)〈능1-19〉

; 자ᅇᅦ 여래ᄅᆞᆯ 마ᄌᆞᆸ고(自迎如來)〈능1-31〉

; ᄯᅩ 親히 諸大菩薩ᄋᆞᆯ 죠쳐 마ᄌᆞᆸ더라(兼後親延諸大菩薩)〈능1-31〉

마초다(校 · 准 · 證 · 囑 · 合 · 勘 · 驗 · 配) ; 맞추다. 견주다.

; 두 거무믈 마초아 혜언댄(二黑校量)〈능1-101〉

; 우리부텻 ᄀᆞᄅᆞ촘 펴샨 次第ᄅᆞᆯ 마초아 보ᅀᆞᆸ건대(准吾佛設教之序)〈능1-18〉

; 經ᄋᆞ로 마초건대(以經證之)〈능1-19〉

; 마초아 모ᄃᆞᆫ 比丘의(囑諸比丘)〈능1-28〉

; 나소믈려 마초아 ᄇᆞᆯᄀᆞ리라(進退合明)〈능2-87〉

; 마초아 무러(勘問)〈능8-90〉

; 對ᄒᆞ야 마초ᄂᆞᆫ 여러 이리 잇ᄂᆞ니(對驗諸事)〈능8-93〉

; 夫妻ᄧᅡᆨ 마초고(匹配夫妻)〈능8-133〉

마초ᄡᅧ(證 · 按) ; 맞추어 보아. 상고하여.

; 글워를 마초ᄡᅧ 자보미 잇ᄂᆞ니(證執文籍)〈능8-89〉

; 이제 經을 마초ᄡᅧ(今按經)〈능9-90〉

마ᄎᆞᆷ다(偶) ; 맞추어보다.

; 마ᄎᆞᆷᄃᆡ 업스(無偶)〈능8-10〉

마키다(質) ; 막히다.

; 請호ᄃᆡ 몬져 마키오리라(請先質之)〈능1-16〉

막다(防 · 遮 · 礙 · 障 · 壅 · 滯 · 窒) ; 막다.

; 왼 허므를 마고미라(防誤失也)〈능1-33〉

; 마곰 업수ᄆᆞᆯ 여르샤(開闡無遮)〈능1-34〉

; 마ᄀᆞᆫᄃᆡ 업슨 辯才ᄅᆞᆯ 得ᄒᆞ야(得無礙辯)〈능1-4〉

; 能히 微妙히 ᄇᆞᆯ고ᄆᆞᆯ 막ᄂᆞ니(能障妙明)〈능1-42〉

; ᄯᅩ 마고ᄆᆞᆯ 分別ᄒᆞᄂᆞᆫ고대(則復觀壅分別之處)〈능2-28〉

; 疑心마고밀 ᄡᅵ(疑滯)〈능4-6〉

; 오직 能히 欲ᄋᆞᆯ 마가(但能窒欲)〈능8-135〉

막다히(棒) ; 막대.

; 棒ᄋᆞᆫ 막다히다〈능8-86〉

만히(廣) ; 많이.
; 貴호 차반 우업슨 됴호 마슬 만히 노섭고(廣設珍羞無上妙味)〈능1-31〉

맏다(嗅) ; 맡다. 냄새 맡다.
; 일후미 맏는 性이니(名嗅聞性)〈능3-8〉

맏줍다(迎) ; 맞이하다.
; 부톄롤 맏즈오니라(以迎佛也)〈능5-33〉

말(言·說·語·辯) ; 말.
; 오뉬나래 眞實호 말로(今日實言)〈능1-99〉
; 張觀文의 마리오(張觀文之說)〈능1-16〉
; 마롤 븓디 아니호며(不依語)〈능1-3〉
; 辯才는 말잘호는 직죄라〈능1-4〉

말겻고다(諍) ; 말다툼하다.
; 諍은 말겻골씨오〈능4-8〉

말씀(語言·論) ; 말씀.
; 말쑤매 머리 버서나며(迴脫語言)〈능1-4〉
; 모든 世間 노릇샛 말쑤맷 名相으로(以諸世間戲論名相)〈능2-70〉

말왐(藻) ; 마름. 개구리밥.
; 藻는 말와미니 文字 밧나미 곧호니라〈능9-56〉

말ㅎ(橛) ; 말뚝.
; 橛은 말히라〈능8-85〉

맛(味) ; 맛.
; 貴호 차반 우업슨 됴호 마슬 만히 노섭고(廣設珍羞無上妙味)〈능1-31〉

맛굶다(響·唯然) ; 응하다. 대답. 응답. 대답하는 소리.
; 響은 맛굶는 소리라〈능4-121〉
; 唯然은 맛굴마 順호숩는 마리라〈능6-84〉

맛게ᄒ다(應) ; 맛땅하다. 응하다. 맞이하다.
; 서르 맛게호면(相應)〈능8-14〉

맛나다(遭·値) ; 만나다.
; 가린 길홀 맛나디 아니라(不遭枝岐)〈능1-22〉

;내 비록 부톄를 맛나슨오나(我雖値佛)〈능1-23〉

**맛다(契·逗)**; 맞다.

;다 本心에 맛게ᄒ며(咸契本心)〈능1-9〉

;機에 맛게ᄒ시다(以逗機)〈능1-18〉

**맛다(保)**; 맡다.

;맛다 가져 일티 아니ᄒ야(保持不失)〈능8-18〉

**맛담직ᄒ다(堪)**; 맡을 만하다.

;遺囑을 이대 맛담직ᄒ며(妙堪遺囑)〈능1-24〉

**맛당ᄒ다(合·應)**; 마땅하다. 알맞다.

;몬져 안보미 맛당ᄒ니라(合先見內)〈능1-51〉

;人天供養애 맛당ᄒ며(應人天供)〈능1-25〉

**맛디다(付·任)**; 맡기다.

;오직 滅을 臨ᄒ샤 기텨 맛디시논 이리라(獨臨滅遺付之事)〈능1-18〉

;任運은 ᄆᆞᅀᆞ미 제 무유믈 맛딜씨라〈능8-23〉

**맛보다(嘗)**; 맛보다.

;맛과 혀와 맛보미(味舌與嘗)〈능3-39〉

**맛업다(淡)**; 맛없다.

;淡은 맛업슬씨라〈능3-9〉

**맛다(稱·合·適·冥·契·爽·符·惚)**; 맞다.

;두 ᄠᅳ디 眞에 마즌 마리며(二義及稱眞之語)〈능2-54〉

;因緣性에 마즈리 잇고(合因緣性)〈능2-67〉

;고ᄅᆞ며 마자(調適)〈능2-113〉

;眞에 마즈며(冥眞)〈능4-8〉

;덛덛흔 果애 마조미 어려우니(難契常果)〈능4-122〉

;이베 마즈며(爽口)〈능6-99〉

;이리 이 마래 마즈니라(事符此說)〈능7-61〉

;ᄆᆞᅀᆞ매 ᄀᆞᅀᆞ기 마즈ᄆᆞᆨ ᄃᆞᅀᅡ(心愛縣惚)〈능7-56〉

**맡다(聞·齅)**; 맡다.

;香을 마튼니(聞香)〈능3-25〉

; 이 마토미 제 반ᄃ기 두르혀 네 고ᄒᆞᆯ 마트려니(自當廻鬚汝鼻)〈능3-8〉

**매(碾磑)** ; 맷돌.

; 매와 가롬과 ᄀᆞ로미(碾磑耕磨)〈능8-92〉

**머굼다(銜)** ; 머금다.

; 恨ᄋᆞᆯ 머구며(銜恨)〈능8-89〉

**머금다(懷)** ; 머금다.

; 心中에 머그면(懷於心中)〈능9-73〉

**머리(首·頭·髮·頂)** ; 머리.

; 머리 도르혀 右녀글 보아(廻首右盼)〈능1-110〉

; 네 머리 오ᄂᆞᆯ나래(汝頭今日)〈능1-110〉

; 예셔 닐오면 머리 누른 外道니(此云黃髮外道)〈능1-36〉

; 머리조사 禮數ᄒᆞᅀᆞ오며 슬허 우러(頂禮悲泣)〈능1-39〉

**머리 갓다(剃)** ; 머리 깎다.

; 부텨 조쯘와 머리갓고이다(從佛剃落)〈능1-42〉

**머믈다(停·止·駐)** ; 머물다.

; 生滅이 머므디 아니ᄒᆞ야(以生滅不停)〈능1-107〉

; 잢간 머므렛다가(暫止)〈능2-24〉

; 識을 브트니 ᄆᆞᅀᆞᄆᆞᆯ 머믈우미라(依識所以駐心也)〈능5-57〉

**머흘다(澀)** ; 험하다.

; 머흘며 밋밋ᄒᆞ며 ᄎᆞ며(澀滑冷)〈능2-113〉

**먹다(食·噉·飡·餌·嚥·餐)** ; 먹다.

; 諸天의 밥머고미(諸天飯食)〈능2-86〉

; 서르와 서르머거(瓦來相噉)〈능4-30〉

; 飡ᄋᆞᆫ 머글씨오〈능7-18〉

; 餌ᄂᆞᆫ 머글씨라〈능8-130〉

; 津液을 머거(嚥津液)〈능8-131〉

; 됴ᄒᆞᆫ 차바ᄂᆞᆫ 먹디 아니ᄒᆞ며(不餐嘉饌)〈능9-106〉

**멀다(曠·遠·迥·遼·越·粗·迂·遙)** ; 멀다.

; 須菩提ᄂᆞᆫ 먼 劫브트 오매(須菩提從曠劫來)〈능1-28〉

; 머리 돋녀 도라 몯와(遠遊未還)〈능1-32〉

; 말쏨매 머리 버서나며(迥脫語言)〈능1-4〉

; 세 物이 서르 멀며(三物相遼)〈능3-76〉

; 眞實ㅅ 마래 어긔여 머러(違越誠言)〈능4-123〉

; 비록 멀데 相이 이시나(雖粗有相)〈능5-8〉

; 迂闊은 멀며 어윌씨라〈능8-44〉

; 河 버으로미 먼 짜해(去河遙處)〈능3-87〉

멀텁다(麤) ; 거칠다.

; 分別이 멀터우믈 가줄비고(喩分別之麤)〈능1-107〉

멀터이(粗) ; 거칠게. 대강.

; 너른 혜무로 멀터이 보미라(以寬數粗觀也)〈능2-7〉

멀톄(大略) ; 대략.

; 이 큰 멀톄 씃르미어니와(此其大略耳)〈능1-22〉

메다(袒) ; 메다.

; 올흔 엇게 메왓고(偏袒右肩)〈능4-2〉

免ᄒ다(免) ; 면하다.

; 輪廻를 免ᄒ면(免輪廻)〈능5-3〉

滅ᄒ다(滅) ; 멸하다

; 머리 여희면 쏘 모든 生死因을 滅ᄒ야(則復滅除諸生死因)〈능2-94〉

몌오다(塡) ; 메우다.

; 다 平히 몌오딕(皆平塡)〈능5-68〉

모기(蚊蚋·蚋) ; 모기.

; 모기 소리 듣둧ᄒ야(聆於蚊蚋)〈능4-3〉

; 모기 드로므로(蚊蚋)〈능4-4〉

모나다(方) ; 네모나다.

; 器는 모나미 두려우미 잇거니와(器有方圓)〈능2-42〉

모다(共·都·凡) ; 모두.

; 모다 法輪을 옮기샤(共轉法輪)〈능1-73〉

; 모다 닐오딕(都言)〈능2-10〉

; 모다 二千三百이 잇고(凡有二千三百)〈능2-84〉

## 모두다(積) ; 모두다.

; 흘기 모두면(土積)〈능4-40〉

## 모두시다 · 모도다(聚) ; 모두시다.

; 道場애와 모두시니(來聚道場)〈능1-30〉
; 惡叉의 모돔 근호며(如惡叉聚)〈능11-80〉

## 모든(衆 · 群 · 諸 · 同 · 聚) ; 모든.

; 能히 모두니로 브르게 호리잇고(能令衆飽)〈능1-54〉
; 뎌 모든 有人과 두 거무믈(與彼群有二黑)〈능1-101〉
; 모든 行호 사로미(諸行人)〈능1-22〉
; 모든 會예 너비 니로샤디(徧告同會)〈능2-15〉
; 모든 緣이 안호로 이어고(聚緣內搖)〈능2-18〉

## 모도가지다(統) ; 모두가지다.

; 萬法을 모도가젯논거시(統萬法)〈능4-3〉

## 모도다(集 · 遘) ; 모두다.

; 이는 모돔 사로미 부텨를 불즈와 마룰셰니(此集者依佛立言)〈능1-23〉
; 섯거 모도물브터 發生호며(籍交遘而發生)〈능4-28〉

## 모디(須) ; 반드시.

; 바로 모디 그윽혼 삐믁헤터 여러(直須破開陰隙)〈능1-107〉

## 모딜다(惡 · 猛) ; 모질다.

; 모딘거슬 헐며 魔룰 저히ᄂᆞ니룰(破惡怖魔)〈능1-23〉
; 모딘브리 盛히브터(猛火熾烈)〈능8-103〉

## 모로매(當 · 要 · 必) ; 모름지기. 반드시.

; 모로매 내 모매 닷가(當躬修於身)〈능1-93〉
; 모로매 가줄보모로(要以譬喩)〈능1-99〉
; 모로매 몬져 般若룰 브트샤(而必籍般若)〈능1-20〉

## 모르다(誤) ; 모르다.

; 몰라 볿디 아니호며(不誤踐)〈능6-96〉

모ᄅ다(迷·逐迷) ; 모르다.

  ; 제 몸 모ᄅᄂᆫ 무리해 드로믈 ᄒᆞᆫ갓 向ᄒᆞ고(迷己之流一向多聞)〈능1-37〉

  ; 本眞을 모ᄅ고(逐迷本眞)〈능4-58〉

목숨(命·壽) ; 목숨.

  ; 네 내 목수믈 지며(汝負我命)〈능4-31〉

  ; 一期 목수믈 머믈우고(駐一期之壽)〈능8-130〉

목ᄌᆞᄅ다(絞) ; 목 자르다.

  ; 絞ᄂᆞᆫ 목ᄌᆞᄅᆯ씨오〈능8-86〉

몬져(先·率) ; 먼저.

  ; 請ᄒᆞ디 몬져 마키오리라(請先質之)〈능1-16〉

  ; 率ᄋᆞᆫ 몬져ᄒᆞᆯ씨〈능9-70〉

몯(末·不) ; 못

  ; 그 몯미처 보니도(其未及見者)〈능1-16〉

  ; 이 ᄠᅳ디 올티 몯다(是義不然)〈능2-43〉

몯다(遘) ; 모이다.

  ; 비리 뉴류미 섯 모ᄃᆞ며(腥臊交遘)〈능1-42〉

몯ᄒᆞ다(不) ; 못하다.

  ; 道力을 올오디 몯ᄒᆞ야(不全道力)〈능1-3〉

몰다(驅) ; 몰다.

  ; 그ᅀᅳ기 모라 채티리 잇ᄂᆞᆫ둣ᄒᆞ야(隱然若有驅莢)〈능7-4〉

몰라, 몰롬(迷) ; 모르다. 모롬

  ; 모믈 몰라 物을 사마(迷己爲物)〈능2-44〉

  ; 몰롬과 아롬괘(迷悟)〈능1-93〉

몰애(砂·沙石) ; 모래.

  ; 다 흘러가 몰애 ᄢᅵᄂᆞᆫ 迷惑ᄒᆞᆫ 소니며(皆流爲蒸砂迷客)〈능1-3〉

  ; 몰애ᄅᆞᆯ ᄢᅥ 밥 ᄃᆡᆼ굴오져 둣ᄒᆞ니(如蒸沙石欲旗成飯)〈능6-89〉

몸(躬·己·身·質) ; 몸.

  ; 모믈 責ᄒᆞ야 ᄀᆞᄅ치샤 請ᄒᆞᅀᆞ와(而責躬請敎)〈능1-77〉

  ; 모믈 사마(爲己)〈능1-112〉

;刹을 조차 모물 나토아(隨刹現身)〈능1-26〉

;믈라 이울면 나믄 모미 닛디 아니ᄒ리라(乾枯則殘質不續矣)〈능6-86〉

못(池); 못.

;모든 쉼과 못과(及諸泉池)〈능3-18〉

뫼(山); 산.

;뫼콰 내(山川)〈능2-34〉

뫼ᅀᅡ리(響); 메아리.

;고랫 뫼ᅀᅡ리라(谷響)〈능8-55〉

뫼ᅀᆞ다(陪); 모시다.

;ᄒ오ᅀᅡ 黃卷聖賢을 뫼ᅀᆞ와(獨陪黃卷聖賢)〈능1-3〉

뫼시다(侍); 모시다.

;부톄 뫼ᅀᆞ왯다가(侍佛)〈능1-104〉

뫼호다(畜); 모으다.

;惡을 뫼호ᄃᆞᆺᄒ야(畜惡)〈능8-89〉

뫼화다(惣·合·撮); 모으다.

;뫼화 修行 方便을 사ᄆ실 ᄯ(惣爲修行方便)〈능1-21〉

;뫼화 나토시니(合顯)〈능2-94〉

;ᄒᆞᆯ굴 뫼호며 돌해 點ᄒ야(撮土點石)〈능8-131〉

무근(陳); 묵은.

;녯 業과 무근 비디와(舊業陳債)〈능7-60〉

무러(訪); 찾아오다.

;기피 더드므며 너비 무러(冥搜博訪)〈능1-3〉

무러(徵); 묻다.

;닐굽 ᄇ를 무러 허르샤미 겨시니(有七重微破)〈능1-46〉

무릎(膝); 무릎.

;올ᄒ 무룹 짜해 다혀(右膝著地)〈능1-76〉

무뤼(雹); 우박.

;能히 번게 ᄃᆞ외며 무뤼 ᄃᆞ외야(則能爲電爲雹)〈능8-99〉

무르다(詰) ; 묻다.

; 드위힐훠 ᄀᆞ장 무르시니(反覆窮詰)〈능3-17〉

무리(類 · 倫 · 徒 · 輩 · 流 · 曹 · 侶) ; 무리.

; 열두 무리 잇ᄂᆞ니(有十二類)〈능1-47〉

; ᄆᆞᅀᆞᆷ과 눈 잇ᄂᆞᆫ 무리 아니라(非心眼倫也)〈능1-47〉

; ᄠᅳᆮ ᄇᆡ호ᄂᆞᆫ 무리(義學之徒)〈능1-3〉

; 輩ᄂᆞᆫ 무리라〈능2-11〉

; 黃髮ᄋᆡ 무리 ᄯᅩ 닐오ᄃᆡ(黃髮之流亦說)〈능2-63〉

; 엇뎨 너희 무리(云何汝曹)〈능5-20〉

; 侶ᄂᆞᆫ 무리라〈능9-2〉

무윰(動) ; 움직임. 흔들림.

; 어즈러이 무유미 勞오(擾動爲勞)〈능4-16〉

문(關) ; 문.

; 一生ᄋᆞᆯ 門 닫고(一生掩關)〈능1-3〉

묻(陸) ; 육지.

; 믈와 묻과 ᄂᆞ라 ᄃᆞ니는(水陸飛行)〈능1-74〉

묻다(詰 · 訊) ; 묻다.

; 그 根元을 묻건댄(詰其根元)〈능1-87〉

; 權詐로 相考ᄒᆞ야 무르며(權詐考訊)〈능8-90〉

묻다(物) ; 묻다.

; 物을 무들씨라〈능9-106〉

묻ᄌᆞᆸ다(咨 · 問) ; 묻잡다. 여쭈어보다.

; ᄆᆞᅀᆞ맷 疑心ᄋᆞᆯ 묻ᄌᆞ와 決ᄒᆞ야(咨決心疑)〈능1-28〉

; 藥王如來ᄭᅴ 法供養 ᄠᅳ들 아ᄅᆡ 묻ᄌᆞ온대(嘗問藥王如來法供養義)〈능1-3〉

물(流) ; 물.

; 다 後엣 무를 警戒ᄒᆞ니라(皆警後流也)〈능1-77〉

물이다(徵) ; 눌리다.

; 도로 그 나ᄆᆞ닐 물이ᄂᆞ니(反徵其剩)〈능8-124〉

뭇다(束·鞬·鍵) ; 묶다.

　; 가줄비건댄 뭇군 ▽리(譬如束蘆)〈능5-8〉

　; 鞬은 가츠로 物을 뭇글씨라〈능10-7〉

　; 鍵은 門쇠니 다자바 뭇논 쁘디라〈능10-70〉

뭉긔다(摶) ; 치다. 뭉개다. 붙잡다.

　; 現히 四大를 뭉긔여(現摶四大)〈능4-85〉

뮈다(搖·動·運·振) ; 움직이다. 흔들리다.

　; 힘 올ᄆ며 脉 뮈요ᄆ(筋轉脉搖)〈능1-51〉

　; 그 中에 거츠리 제 어즈러 뮈유믈 처섬 아ᄂ니(方覺於中妄自擾動)〈능1-107〉

　; 세흘 흔ᄢᅴ 뮈워(三者齊運)〈능1-40〉

　; 뮈여 ᄒ야디디 아니ᄒ료(而不振裂)〈능9-45〉

뮈우다(感) ; 움직이게 하다.

　; 感은 뮈울씨라〈능3-5〉

밀다(蕩) ; 움직이다.

　; 蕩은 밀씨라〈능8-107〉

므겁다(重) ; 무겁다.

　; 齊法은 ▽죽ᄒ며 싁싁ᄒ며 므거워(齊整壓重)〈능1-35〉

므더니(輕) ; 무던히.

　; 沙門올 므더니 너겨 欺弄ᄒ고(輕弄沙門)〈능5-46〉

므더니 너기다(陵·慢) ; 괜찮게 생각하다. 무던하다. 좋다.

　; 陵은 ᄂᆞ 므더니 너길씨오〈능9-70〉

　; 서르 므더니너교ᄆ(相慢)〈능9-78〉

므리므리(往往) ; 때때로.

　; 므리므리예 ᄇᆞᆯ기(往往煥然)〈능9-56〉

므스글(何·誰) ; 무엇을.

　; 므스글 因ᄒ야 이시며(因何所有)〈능1-98〉

　; 므스글 가져 因을 셰여우(將誰立因)〈능4-123〉

믄득(乍·輒·頓·瞥·突然) ; 문득.

　; 믄득 외다ᄒ샤믈 듣ᄌᆞ온 젼ᄎᆞ로(乍聞非斥故)〈능1-87〉

; 믄득 削호디(輒判)〈능1-18〉

; 반ᄃ기 믄득 석디 아니ᄒ니라(應不頓朽)〈능2-6〉

; 믄득 니로ᄆᆯ브터(瞥起)〈능2-20〉

; 믄득 나ᄂ녀(突然而出)〈능3-101〉

**믈드리다(染) ; 물 드리다.**

; 거므니 믈드려 밍ᄀ론디 아니라(黑非染造)〈능10-9〉

**믈러나다 · 믈리다(退) ; 물러나다.**

; 믈러 안자 ᄌᆷᄌᆷᄒ야(退坐黙然)〈능1-41〉

; 믈리 그우디 아니ᄒ매 셔니라(立不退轉)〈능1-4〉

**믈러오다(退歸) ; 물러나오다.**

; 精舍애 믈러오며(退歸精舍)〈능2-40〉

**믈리다(追) ; 돌이켜 물러나다.**

; 鹿園엣 綠을 믈리 무르샤(追問鹿園之綠)〈능1-104〉

**믈어듐(殞) ; 무너짐.**

; 수이 스러 믈어듀ᄆᆯ 볼기시니라(易以銷殞也)〈능9-44〉

**믈어디다(崩) ; 무너지다**

; 緣故업시 믈어디여 ᄒ야디며(無故崩裂)〈능9-47〉

**믈여위다(渴) ; 물이 마르다.**

; 渴ᄋᆫ 믈여윌씨라〈능9-71〉

**믈우다(弱) ; 무르다. 약하다.**

; 히믜 셰며 믈우믈 조차(隨力强弱)〈능4-30〉

**믈움(爛) ; 무름. 약함.**

; 能히 뻐듀미 ᄃ외며 믈우미 ᄃ외며(則能爲綻爲爛)〈능8-101〉

**믌ᄀᆞ(涯) ; 물가.**

; 涯ᄂᆞ 믌ᄀᆞ시라〈능6-57〉

**믌겴(浪 · 波濤 · 波瀾) ; 물결.**

; 浪ᄋᆫ 믌겨리라〈능1-64〉

; 믌겨를 보ᄂ니(則見波濤)〈능6-26〉

; 믌겨리 滅ᄒ야(如波瀾滅)〈능10-4〉

믌새(鵠) ; 고니. 따오기. 물새.
: 鵠은 믌새라〈능5-25〉

믈읫(諸) ; 무릇
: 믈읫 ᄒ마 주그니(則諸已死)〈능1-66〉

믜다(恨) ; 미워하다.
: 시혹 어엿비 너기며 시혹 믜면(或憐或恨)〈능8-68〉

믜욤(憎) ; 미워함
: 强히 드ᄉ며 믜요믈 니르와다(强起愛憎)〈능4-59〉

믜유다(嫌) ; 미워하다.
: 구지람과 믜유믈 避티 아니ᄒ리라(不避譏嫌)〈능9-103〉

믤다(恨) ; 미워하다.
: 恨은 믤씨라〈능8-30〉

믯믯ᄒ다(滑) ; 미끈미끈하다.
: 얼의여 믯믯ᄒ미니(凝滑)〈능4-28〉

미리(懸·豫) ; 미리.
: 미리 그러홄둘 아르샤(懸知其然)〈능1-3〉
: 미리 모로매 戒備ᄒ샤(豫須戒備)〈능6-92〉

微妙히(妙) ; 미묘히. 미묘하다.
: 우업슨 그데 微妙히 다ᄃ게 ᄒ시며(而妙極乎無上之致)〈능1-8〉

미리왇다(排) ; 밀치다.
: 두 習이 서르 미리왇ᄂ 젼ᄎ로(二習相排故)〈능8-92〉

微細ᄒ다(細) ; 미세하다.
: 微細ᄒᆫ 或은 볼교미 어려우니(細或難明)〈능1-107〉

미좇다(追) ; 뒤미처 좇다.
: 夢境을 미조차 ᄉ랑홀 ᄀᆞ티니(如追憶夢境)〈능3-16〉

미츠다(泊) ; 미치다.
: 物을브터 모매 미츠며(由物泊身)〈능9-16〉

미치다(狂) ; 미치다.

　; 狂은 미칠씨오〈능1-62〉

迷惑ᄒ다(迷) ; 미혹하다.

　; 다 흘러가 몰애 ᄢᅵ는 迷惑ᄒᆫ 소니며(皆流爲蒸砂迷客)〈능1-3〉

믿다(恃) ; 믿다.

　; ᄒᆞᆫ갓 神力을 미더도(徒恃神力)〈능9-48〉

믿부다(信) ; 미쁘다.

　; 믿부믈 마괴오고(以證信)〈능1-20〉

믿ᄌᆞᆸ다(恃) ; 믿자와.

　; 오히려 어엿비 너기샤믈 믿ᄍᆞ와(猶恃憍憐)〈능1-76〉

밀다(排・推) ; 밀다.

　; 다 미러 ᄇ리시ᄂᆞ니(俱排擯)〈능3-64〉

　; 반ᄃᆞ기 미러 옮기디 몯ᄒ리로다(應不推移)〈능3-27〉

밀믈(潮) ; 밀물.

　; 潮ᄂᆞ 밀므리니〈능2-15〉

밋다・및다(及) ; 미치다.

　; 곧 能히 밋디 몯ᄒᄂᆞ니라(卽不能及也)〈능2-33〉

　; 愚의 미처 보ᄂᆞᆫ(愚及見者)〈능1-16〉

밋다・및다(逮) ; 뒤미처. 미치다.

　; 닷가 니교매 밋디 몯다ᄒ시ᄂᆞ니(不逮修習)〈능4-76〉

　; 쟝ᄎᆞᆺ 오라디 몯호매 미처 가리어니(逮將不久)〈능2-5〉

밑(本) ; 밑.

　; 미틀 셰시니(以立本)〈능1-18〉

ᄆᆞᅀᆞᆯ(村) ; 마을.

　; 聚落ᄋᆞᆫ ᄆᆞᅀᆞᆯ 져재라(聚落村市也)〈능4-34〉

ᄆᆞᅀᆞᆷ(心) ; 마음.

　; ᄆᆞᅀᆞᆷ ᄇᆞᆯ긊 사ᄅᆞ미(明心之士)〈능1-2〉

ᄆᆞᆾ다(結·終) ; 마치다.

　; 結은 ᄆᆞ죄화 ᄆᆞ츨씨라〈능1-52〉

　; 이 利根이 닷가 나ᅀᅡ갈 ᄒᆞᆫ ᄆᆞ츠미라(此利根修進之一終也)〈능1-21〉

ᄆᆞᆾ춤내(卒·畢竟·竟) ; 마침내.

　; ᄆᆞ춤내 닐위디 몯ᄒᆞᄂᆞᆫ 젼ᄎᆞ로(卒無以致故)〈능1-94〉

　; 주머귀 ᄆᆞ춤내 업시니(拳畢竟滅)〈능1-100〉

　; ᄆᆞ춤내 能히 그르디 몯ᄒᆞ니(竟不能解)〈능5-24〉

믄지다(摩) ; 만지다.

　; 阿難이 뎡바기를 믄지샤(摩阿難頂)〈능1-49〉

ᄆᆞᆯ(馬) ; 말.

　; 象과 ᄆᆞᆯ와 쇼와 羊과(象馬牛羊)〈능3-22〉

ᄆᆞᆯ다(卷) ; 말다.

　; 소리를 ᄆᆞ라(卷聲)〈능4-110〉

ᄆᆞᆯ채(策) ; 말채찍.

　; 策은 ᄆᆞᆯ채오〈능1-37〉

ᄆᆞᆰ다(澄·汗·湛·湛然·郎·皎·汩湛) ; 맑다.

　; ᄆᆞᆯᄀᆞ며 괴외호ᄆᆞᆫ(澄寂)〈능1-105〉

　; 妙明을 더러여 ᄆᆞᆯᄀᆞ며(染汗妙明)〈능1-107〉

　; 智水 微妙히 ᄆᆞᆯ가(智水妙湛)〈능1-25〉

　; ᄆᆞᆯ가 샹녜 住ᄒᆞ야(湛然常住)〈능2-62〉

　; ᄆᆞᆯ기 ᄉᆞᄆᆞ차 ᄀᆞ룜 업슬씨(朗徹無礙)〈능6-31〉

　; ᄆᆞᆯ고미 어름과 서리 ᄀᆞ티 ᄒᆞᆯ디니(皎如氷霜)〈능7-1〉

　; ᄆᆞᆯᄀᆞᆫ거슬 흐리워 濁이 ᄃᆞ외니(汩湛爲濁)〈능4-82〉

ᄆᆞᆺ(最·極) ; 가장.

　; ᄆᆞᆺ져믄 앗이로니(最小之第)〈능1-76〉

　; 三賢位 ᄆᆞᆺ거든(三賢位極)〈능8-40〉

ᄆᆞᆺ높다(最上) ; 가장 높다.

　; ᄆᆞᆺ노폰 法供養이라 ᄒᆞ신대(最上法之供養)〈능1-3〉

**몿다(畢) ; 맺다, 끝내다**

; 머굼과 잠 이롤 몿고(食宿事畢)〈능1-105〉

**몿쳣(最初) ; 맨처음. 최초.**

; 몿쳣 方便을(最初方便)〈능1-40〉

**뭋다(終·畢竟·畢·竟·卒) ; 마치다.**

; 破陰褫魔애 ᄆᆞᄎᆞ샤미(終於陰褫魔)〈능1-9〉

; 一切 ᄆᆞ차(一切畢竟)〈능1-18〉

; ᄒᆞ마 ᄆᆞ차셔(旣畢)〈능1-19〉

; 修道分ᄋᆞᆯ ᄆᆞᄎᆞ시니라(修道分竟)〈능7-66〉

; 至極ᄒᆞᆫ 果애 ᄆᆞᄎᆞ시면(而卒乎極果)〈능8-57〉

**ᄆᆡ다(結·綰·挽·鉗) ; 매다.**

; ᄆᆡ요ᄆᆞᆯ 그르는 사ᄅᆞᄆᆞᆯ 보라(解結之人)〈능4-92〉

; 내 처ᅀᅥᄆᆡ 巾ᄋᆞᆯ ᄆᆡ야(我初綰巾)〈능5-20〉

; 挽撮ᄋᆞᆫ 罪人ᄋᆞᆯ ᄆᆡ야 그ᅀᅳᆯ씨라〈능8-88〉

; 鉗은 쇠로 ᄆᆡᆯ씨라〈능8-106〉

**ᄆᆡ둡(節) ; 매듭.**

; 後에 ᄆᆡ둡마다(後於節節)〈능8-66〉

**ᄆᆡ옴(辛) ; 맵다.**

; 뽄과 淡과 ᄃᆞ롬과 ᄆᆡ오미(鹹淡甘辛)〈능3-51〉

**ᄆᆡ욤(耘耨) ; 매다. 김매다.**

; ᄆᆡ요미 ᄀᆞᆮᄒᆞ며(猶耘耨)〈능1-19〉

**ᄆᆡ욤(纏) ; 매임.**

; 二障애 ᄆᆡ욘ᄆᆞᆫ(二障所纏)〈능1-94〉

**ᄆᆡ이(急·猛) ; 매우.**

; 귀롤 ᄆᆡ이 마고면(急塞其耳)〈능3-4〉

; ᄉᆞ라 ᄆᆡ이 퓌에ᄒᆞ고(然命猛熾)〈능7-16〉

**ᄆᆡᇰᄀᆞᆯ다(營·爲·辦·制·造) ; 만들다.**

; 齊ᄆᆡᇰᄀᆞᆯ오(營齊)〈능1-31〉

; 因ᄒᆞ야 이 注롤 ᄆᆡᇰᄀᆞ니라(因爲是解)〈능1-3〉

; 밥 밍글오(食辦)〈능3-21〉

; 이를 조츳샤 漸漸 밍ᄀᆞ르샤(隨事漸制)〈능6-93〉

; 거므니 믈드려 밍ᄀᆞ론디 아니라(黑非染造)〈능10-9〉

## 밍다(結) ; 맺다.

; 픐닙과 실 미조매 니르러도(及之草葉縷結)〈능1-87〉

## 바ᄃᆞ랍다(危) ; 위태롭다.

; 世間ᄋᆞᆫ 實로 바ᄃᆞ라오며 보ᄃᆞ라와(世實危脆)〈능2-4〉

## 바ᄅᆞ다(縱·直·徑) ; 바르다.

; 縱ᄋᆞᆫ 바룰씨오〈능1-113〉

; 바ᄅᆞ 無明生死로(直使無明生死)〈능1-4〉

; 어루 바ᄅᆞ 나ᅀᅡ가리니(可以徑造也)〈능8-14〉

## 바ᄅᆞ떠다(瞪) ; 바로떠다

; 바ᄅᆞ떠 잇보미 나며(瞪以發勞)〈능2-109〉

## 바ᄅᆞᆯ(海·瀛渤·溟) ; 바다.

; 바ᄅᆞᆳ 밀므리(海潮)〈능2-15〉

; 瀛渤ᄋᆞᆫ 바ᄅᆞ리라〈능2-19〉

; 溟ᄋᆞᆫ 바ᄅᆞ리라〈능2-20〉

## 바리(鉢) ; 바리때.

; 바리를 닐오 應器라(鉢曰應器)〈능1-33〉

## 바티다(呈) ; 바치다. 드리다.

; 다시 富那도 疑心ᄋᆞᆯ 바티게ᄒᆞ샤(復以富那呈疑)〈능4-1〉

## 반ᄃᆞ기(當·當應·應) ; 반드시.

; 반ᄃᆞ기 摩登이 이셔(當有摩登)〈능1-17〉

; 반ᄃᆞ기 ᄃᆞ를 봀디어늘(當應看月)〈능2-23〉

; 제 반ᄃᆞ기 소리 分別ᄒᆞᄂᆞᆫ 것 여희오(自應離分別音)〈능2-24〉

## 받다(受·承·領) ; 받다.

; 오직 阿難이 몬져 다ᄅᆞᆫ딧 請ᄋᆞᆯ 바다(先受別請)〈능1-32〉

; 부텻 神力을 바다(承佛神力)〈능2-32〉

; 다 기픈 恩惠를 바다(皆領深惠)〈능7-48〉

받줍다(奉 · 承受 · 獻) ; 받들다

　; 慈嚴ᄒ샤몰 恭敬ᄒ야 받자와(欽奉慈嚴)〈능1-28〉

　; 聖旨를 받줍더니(承受聖旨)〈능1-41〉

　; 곧 夜摩天의 받ᄌ온 巾이라(卽夜摩天所獻巾也)〈능5-19〉

발(足) ; 발.

　; 바롤 禁止ᄒ야(禁足)〈능1-29〉

發ᄒ다(發) ; 발하다.

　; 火오ᄅ고 水ᄂ려 섯거 發ᄒ야(火勝水降交發)〈능4-18〉

發明ᄒ다(發明) ; 發明하다.

　; 微細히 發明컨댄(微細發明)〈능2-52〉

發願(願) ; 발원.

　; 오직 本來 發願이(但本願)〈능1-37〉

밤(夜 · 霄) ; 밤.

　; 바미 고래 지여ᄃ로미(夫夜䟓負趍)〈능1-16〉

　; 엇뎻 밨 中에 白月晝에 바도몰 기드리리오(何待中霄承白月晝)〈능3-79〉

밥(食 · 飯) ; 밥.

　; 바배 平等ᄒ니ᄂ(於食平者)〈능1-33〉

　; 諸天의 밥 머고미(諸天飯食)〈능2-86〉

밥먹다(食) ; 밥 먹다.

　; 시혹 자며 시혹 밥 머그며(或宿或食)〈능1-105〉

밧(外) ; 밖.

　; 밧업슨 體예 줌줌히 得게 ᄒ시며(而黙得乎無外之)〈능1-8〉

밧고다(易) ; 바꾸다.

　; 易은 밧골씨라〈능4-26〉

밧바당(足心) ; 발바닥.

　; 밧바다애 싀요미 니ᄂ니(足心酸起)〈능10-78〉

밨(表) ; 겉.

　; 갓 밧글 닐오ᄃ(皮表曰)〈능2-5〉

放蕩ㅎ다(蕩) ; 放蕩하다.

　　; ᄆᆞᅀᆞ매 노겨 放蕩호믈 ᄃᆞᅀᅡ(心愛遊蕩)〈능9-91〉

방핫(杵) ; 방아.

　　; 방핫 소리ᄅᆞᆯ 셜리 알오(遍知杵音)〈능4-130〉

밭(田) ; 밭.

　　; ᄆᆞ리 바ᄐᆞᆯ 저져(如水浸田)〈능8-86〉

背叛ㅎ다(背 · 違) ; 배반하다.

　　; 眞을 일흐며 道ᄅᆞᆯ 背叛ㅎ야(失眞背道)〈능1-94〉

　　; 緣이 그츠면 背叛ㅎ리라(緣斷則違)〈능8-3〉

百姓(民 · 庶) ; 백성.

　　; 이 方앳 네 百姓이 ᄀᆞᆮㅎ니(如此方四民)〈능3-88〉

　　; 庶ᄂᆞᆫ 할씨니 百姓을 니ᄅᆞ시니라〈능7-57〉

버거(次) ; 다음. 다음으로. 버금으로.

　　; 버거 大衆 보고(次觀大衆)〈능1-48〉

버륨(叙) ; 늘어서다. 나열하다.

　　; 이 버류미 다ᄉᆞ시 잇ᄂᆞ니(此叙有五)〈능2-32〉

버리다(陳 · 列) ; 벌리다.

　　; 처서믜 時節과 곧과 主와 벋과ᄅᆞᆯ 버려(初陳時處主作)〈능1-20〉

　　; 다숫 일후믈 버려 뵈샤(列示五名)〈능1-21〉

버믈다(累 · 涉) ; 얽매다. 걸리다.

　　; 얼구릐 버므로매 건내ᄠᅱ여(超越形累)〈능1-102〉

　　; 모ᄃᆞᆫ 妄애 버므디 아니토다(不涉諸妄矣)〈능3-104〉

버으롬(去) ; 서로 사이가 뜸.

　　; 부톄 버으로이 漸漸 머러(去佛漸遠)〈능6-82〉

버호다(斫) ; 베다.

　　; 블로 ᄉᆞᆯ며 갈ㅎ호 버효매(火燒刀斫)〈능9-60〉

버히다(割 · 斷) ; 베다.

　　; 믈 버히ᄃᆞᆺㅎ며(猶如割水)〈능6-27〉

　　; 갈ㅎ로 多羅木 버히ᄃᆞᆺㅎ니(以刀斷多羅木)〈능6-109〉

번게(電) ; 번개.

　; 能히 번게 ᄃ외며 무뤼 ᄃ외야(則能爲電爲雹)〈능8-99〉

번드기(灼·現·顯) ; 뚜렷이. 훤하게.

　; 번드기 法華 아니어늘(灼非法華)〈능1-17〉

　; 번드기 物와 섯글ᄊᆡ(而現與物雜)〈능2-31〉

　; 부뎨 번드기 니ᄅ디 아니ᄒ시고(佛不顯說)〈능5-31〉

번드시(宛) ; 환하게. 뚜렷이

　; 네 번드시 아디 몯ᄒ놋다(汝宛不知)〈능3-86〉

번득ᄒ다(歷然·宛然) ; 뚜렷하다.

　; ᄇ르 번득거늘(直下歷然)〈능4-55〉

　; 身相이 번득ᄒ야(身相宛然)〈능9-54〉

번득히(宛然) ; 분명히.

　; 번득히 强將ᄒ다 ᄉ이다(宛然强將)〈능2-7〉

번들원들ᄒ다(熠熠) ; 번들번들하다.

　; 熠熠은 번들원들ᄒ 양ᄌ라〈능10-2〉

飜譯ᄒ다(飜) ; 번역하다(飜譯).

　; 뜯 飜譯호매(義飜)〈능1-78〉

번(伴·侶) ; 벗.

　; 처ᅀᅥᆷ의 時節과 곧과 主와 번과를 버려(初陳時處主作)〈능1-20〉

　; 버들모딘 세 사ᄅ물 ᄒᄂ니(侶須三人)〈능1-33〉

벌(蜂) ; 벌.

　; 벼릐 想이 잇디 아니ᄒ니(非有蜂想)〈능7-91〉

벌에(虫·蝎) ; 벌레.

　; 벌에 나비 ᄃ외면(如虫爲蝶)〈능7-83〉

　; 蝎은 사ᄅᆷ 쏘ᄂ 벌에라〈능8-120〉

범글다(紆·纏繞·縈·縣) ; 걸리다. 둘리다. 얽히다. 얽매다.

　; 어득ᄒ 드트리 범글오(則紆昏塵)〈능2-29〉

　; 纏繞ᄂ 범글ᄊ니〈능3-65〉

　; 오히려 疑悔예 범글면(尙縈疑悔)〈능4-4〉

; 범그러 機緘이 잇는 둧 ᄒ야(縣然若有機緘)〈능67-4〉

法(軌則·範·模); 법.

; 淸淨ᄒ신 法에 마ᄌ리잇고(淸淨軌則)〈능7-8〉

; 三界예 큰 法이 ᄃ외며(弘範三界)〈능1-24〉

; 模ᄂ 法이라〈능7-6〉

벗다(脫); 벗다.

; 말ᄊ매 머리 버서나며(迴脫語言)〈능1-4〉

벼개(枕); 베개.

; 平牀애 벼개예 니기 자거든(眼熟牀枕)〈능4-130〉

벼슬(位); 벼슬.

; 벼슬 노폼과 커 가ᅀ며롬과(位高大富)〈능6-15〉

變ᄒ다(變); 변하다.

; 그 變호미(其變)〈능2-7〉

병(瘴); 병(病).

; 瘴은 病이라〈능2-92〉

屛風(屛); 병풍.

; 屛風과 帳과 几와 돗ᄀᆯ 겨틔셔 보매(則合傍觀屛帳几筵)〈능2-81〉

볘(稻); 벼.

; 稻ᄂ 볘라〈능6-97〉

보다(瞻視·矚·瞻見·看·觀·盼·見·覽); 보다.

; 흔가지로 倍히 보ᄂ다(一倍瞻視)〈능2-13〉

; 林園을 보노이다(方矚林園)〈능1-48〉

; 머리 보노이다(得遠瞻見)〈능1-49〉

; 東익셔 보면 西오(東看則西)〈능1-70〉

; 모ᄃᆫ 盲人 눈 알픽 오직 거머 어드우믈 보거니(諸盲眼前唯觀黑暗)〈능1-100〉

; 머리 도ᄅᆞ혀 右녀글 보아(廻首右盼)〈능1-110〉

; 相보며 거리 ᄢ디 아니ᄒ야(使不滯於相見)〈능1-8〉

; 다 보ᄂ니(徧覽)〈능2-33〉

보ᄃ랍다(柔軟·脆·軟) ; 부드럽다.
   ; 부톗손 보ᄃ라오샤미 ᄀᆞᆮᄒᆞ시니라(佛手柔軟)〈능1-55〉
   ; 世間안 實로 바ᄃ라오며 보ᄃ라와(世實危脆)〈능2-4〉
   ; 닐오매 보ᄃ라온 고기니(云軟肉)〈능7-82〉

보람ᄒᆞ다(標) ; 표하다.
   ; 表는 物을 보람ᄒᆞ야(表標物)〈능1-70〉

보ᄇᆡ(寶) ; 보배.
   ; 보빗 光을 소사 내시니(涌出寶光)〈능1-95〉

보ᅀᆞᆸ다(見·瞻) ; 뵈옵다.
   ; 阿難이 부텨 보ᅀᆞᆸ고(阿難見佛)〈능1-39〉
   ; ᄢᆞᆯ아 아ᄃᆞ기 부텨 보ᅀᆞ와(瞪瞢瞻佛)〈능2-15〉

보야ᄒᆞ로(方) ; 바야흐로.
   ; 보야ᄒᆞ로 盛ᄒᆞ고(方盛)〈능1-20〉

보차다(惱) ; 보체다.
   ; 이 사ᄅᆞᄆᆞᆯ 보차 어즈리다가(惱亂是人)〈능9-89〉

保ᄒᆞ다(保) ; 보하다.
   ; 다 니ᄅᆞ샤ᄃᆡ 保ᄒᆞ야 가디며 두퍼 간슈ᄒᆞ라 ᄒᆞ샴ᄃᆞᆯ(皆云保持覆護等)〈능9-83〉

本來(本·元·固) ; 본래.
   ; 本來ㅅ 妙心을 ᄇᆞᆰ겨(使明本妙心)〈능1-8〉
   ; 本來 生滅이 업스니(元無生滅)〈능2-10〉
   ; 本來 일홀주리 업거늘(固無遺失)〈능2-12〉

본받다(儀) ; 본받다.
   ; 威儀는 擧動이 싁싁고 본바담직ᄒᆞᆯ씨라〈능1-24〉

봄뇌다(涌·騰) ; 뛰놀다.
   ; 涌은 봄뇔씨오〈능5-4〉
   ; 봄뇌며 돈는 믌겨리 이셔(有騰逸奔波)〈능8-83〉

뵈나(示) ; 뵙나.
   ; 내 이제 네게 兜羅緜手를 뵈소니(我今示汝兜羅緜手)〈능1-55〉

뵈숩다(觀·謁) ; 뵈옵다.

　; 부텨 뵈슬옳 주리 업던 젼ᄎ로(莫由觀佛故)〈능1-29〉

　; 아ᄃᆞᆯ드려 뵈ᅀᆞ오ᄆᆞᆫ(携子謁之)〈능2-9〉

뵈아다(促) ; 재촉하다.

　; 그ᅀᅳ기 뵈아미 서르ᄀᆞ라(暗促遞更)〈능2-7〉

부드럽다(柔) ; 부드럽다.

　; 부드러우며 怯ᄒᆞ야 勇티 몯고(柔怯不勇)〈능8-128〉

부러(故) ; 고의로. 일부러.

　; 부러 ᄲᅢᅘᅧ디 아니ᄒᆞ야(不故拔)〈능6-96〉

부텨(佛) ; 부처.

　; 이제 우리 부텻 ᄀᆞᄅᆞ츔 펴샨 次第를 마초아 보ᅀᆞᆸ건대

　(今准吾佛設教之序)〈능1-118〉

分別ᄒᆞ다(分別) ; 분별하다.

　; ᄒᆞ다가 내이 니ᄅᆞᆫ는 法音 分別ᄒᆞ요ᄆᆞ로(若以分別說法音)〈능2-24〉

불어 니ᄅᆞ다(敷·演) ; 늘여 말하다. 부연하여 말하다.

　; 날 爲ᄒᆞ샤 펴 불어니ᄅᆞ쇼셔(爲我敷演)〈능2-40〉

　; 내 샹녜 여러 불어 니ᄅᆞ디 아니ᄒᆞ노라(我常不開演)〈능5-12〉

붑(鼓) ; 북.

　; 붑처뮈여 이에오ᄂᆞ뇨 ᄇᆞ름과 空괘 性이 隔이 ᄀᆞ려(鼓動來此風空性隔)〈능3-85〉

붑(鐘) ; 종.

　; '부피 歇ᄒᆞ야 소리 업거늘(鐘歇無聲)〈능4-125〉

뷔(箒) ; 비.

　; 箒ᄂᆞᆫ 뷔라〈능5-45〉

뷔다(刜) ; 베다.

　; 合掌ᄒᆞ야 ᄆᆞᅀᆞᆷ을 뷔워(合掌刜心)〈능7-69〉

뷔다(空) ; 비다.

　; 다ᄆᆡᆫ 뷘 일훔 ᄯᆞ르미라(特空命耳)〈능1-65〉

뷘입 십는말(讝言) ; 잠꼬대.
; 니기자며 뷘입 십는 마래(熟寐讝言)〈능9-84〉

뷘입 십다(讝) ; 잠꼬대.
; 니기자며 뷘입 십는 마래(熟寐讝言)〈능9-84〉

브리다(使 · 役) ; 부리다. 시키다.
; ᄆᅀᆞ미 브리는것과(及心所使)〈능2-15〉
; 受苦ᄅᆞ이 브리며(苦役)〈능8-124〉

브즈러니(勤) ; 부지런히.
; 브즈러니 十方菩薩 일우샨(殷勤啓請十方如來得成菩提)〈능1-39〉

브터(自 · 從) ; 부터.
; 楞嚴이 唐브터 宋애 니르리(楞嚴自唐至宋)〈능1-16〉
; 처섬 凡夫브터(始從凡夫)〈능1-21〉

븓다(干 · 涉 · 依 · 託 · 托 · 假 · 關) ; 의지하다, 붙다.
; 제 서르 븓디 아니ᄒᆞ야(自不相干)〈능1-55〉
; 生死애 븓디 아니호미(不涉生死)〈능1-82〉
; ᄠᅳ들 븓고(依義)〈능1-3〉
; 네 누늘 븓고(託汝睛)〈능3-103〉
; 보ᄆᆞᆫ 根애 븓고(見托根)〈능3-104〉
; 因緣을 븓디 아니ᄒᆞᆯ씨라(不假因緣也)〈능4-66〉
; 드로매 븓디 아니ᄒᆞ리니(則不關聞)〈능3-40〉

븓들다(局) ; 붙들다.
; 維摩經에 븓들여 닐오ᄃᆡ(局維摩經謂)〈능1-35〉

븓즙다(依 · 因) ; 붙잡다.
; 이 모돔 사ᄅᆞ미 부텨를 븓ᄌᆞ와(此集者依佛)〈능1-23〉
; ᄯᅩ 부텨를 븓ᄌᆞ와 셔니(亦因佛立)〈능1-23〉

블(焰 · 燄 · 炎) ; 불.
; 能히 거믄 ᄂᆡ와 ᄌᆞ디 브리 도와ᄂᆞ니라(能爲烟紫焰)〈능5-57〉
; 能히 거믄 ᄂᆡ와 ᄌᆞ디 브리 ᄃᆞ외오(能爲黑煙紫燄)〈능8-97〉
; 모딘 브리 盛히브터(猛炎熾烈)〈능8-103〉

블디르다(燔) ; 불 지르다.

　　; 聚落 블디르디 말라ᄒᆞ니라(無燔聚落)〈능4-34〉

블러다(召) ; 부르다.

　　; 다시 블러 니ᄅᆞ시니라(復召告也)〈능3-67〉

블빛(焰) ; 불빛.

　　; 赤色ᄋᆞᆫ 블근 븘비치라(赤色赤焰)〈능1-98〉

븘벼록(燄) ; 불꽃.

　　; 븘벼로기 일오(則成燄)〈능4-18〉

븟다(灌) ; 붓다.

　　; 十方애 잇ᄂᆞᆫ 寶刹앳 諸如來 뎡바기예 다 브스시고

　　(徧灌十方所有寶刹諸如來頂)〈능1-95〉

븥다(依·關·寄·托·從·由·資·緣·籍·假·屬·黏·豫·迫·飄·熾
烈) ; 의지하다. 븥다.

　　; 녜롤브터 도ᄌᆞᄀᆞᆯ 아라 子息ᄋᆞᆯ 삼도다(依舊認賊爲子)〈능1-84〉

　　; 엇뎨 네 이레 브트리오(何關汝事)〈능1-102〉

　　; 旅亭에 가 브터(投寄旅亭)〈능1-105〉

　　; 잢간 五陰蓬盧ᄅᆞᆯ 브터 사ᄂᆞᆫ 젼ᄎᆞ로(暫托五陰蓬盧而止故)〈능1-107〉

　　; 輪掌中을 브트샤(從輪掌中)〈능1-110〉

　　; 神呪ㅅ 히믈브트니라(由神呪力)〈능1-17〉

　　; 다 이에 브터 비르스 사니라(凡資始於此)〈능1-40〉

　　; 緣ᄋᆞᆫ 브틀씨오〈능1-3〉

　　; 筌筏을 브터(籍其筌筏)〈능1-3〉

　　; 엇뎨 秘密ᄒᆞᆫ 因을 브트시며(何假密因)〈능1-8〉

　　; 히예 브트니(屬日)〈능2-29〉

　　; 믈 근디브터 거츠리날씨(由黏湛妄發)〈능4-108〉

　　; 고히 아로매 븥이 아니ᄒᆞᆯ닐씨(則鼻不豫知)〈능4-46〉

　　; 發호ᄆᆞᆯ 브터(迫發)〈능5-66〉

　　; ᄇᆞᄅᆞ미 부추늘브터(風飄鼓)〈능6-53〉

　　; 모딘 브리 盛히브터(猛炎熾烈)〈능8-103〉

비기다(倚) ; 의지하다. 빙자하다.

   ; 서르브터 비기듯ᄒᆞ야(互相依倚)〈능5-8〉

비다(假) ; 빌다.

   ; 닷가호ᄆᆞᆯ 비디 아니홀ᄊᆡ라(不假修爲也)〈능2-18〉

비록(縱·縱經) ; 비록.

   ; 비록 能히 아디 몯ᄒᆞ니(縱不能知)〈능1-52〉

   ; 비록 술마숌과(縱經飮酒)〈능7-53〉

비르서(俶·方) ; 비로소.

   ; 비르서 연장ᄒᆞ야 길홀 나ᅀᅡ가(俶裝前途)〈능1-105〉

   ; 비르서 조히 그처ᄆᆞᆯ 得ᄒᆞ리라(方得蕩絕也)〈능1-107〉

비르스(始) ; 비로소.

   ; 徵心辯見에 비르스샤(始於徵心辯見)〈능1-9〉

비르소(肇) ; 비로소.

   ; 불셔 그 비르소ᄆᆞᆯ 알며(已知其肇)〈능9-103〉

비리 누리다(腥臊) ; 비리고 누리다.

   ; 비리 누류미 섯 모ᄃᆞ며(腥臊交遘)〈능1-42〉

비리다(腥) ; 비리다.

   ; 비리 누류미 섯모ᄃᆞ며(腥臊交遘)〈능1-42〉

秘密(秘·密) ; 비밀.

   ; 秘密ᄒᆞᆫ 經典을 크게 펴샤(誕敷秘典)〈능1-3〉

   ; 엇뎨 秘密ᄒᆞᆫ 凶을 브트시ᄂᆞ녀(何假密因)〈능1-8〉

誹謗(謗) ; 비방

   ; 부텨 誹謗 마고ᄆᆞᆯ 爲ᄒᆞ샤(佛爲誹謗)〈능5-47〉

비븨다(揑·鑽) ; 비비다. 뚫다.

   ; 눈 비븨유믈 因ᄒᆞ야(因揑)〈능2-27〉

   ; ᄇᆞᆯ룰 비븨여(猶如鑽火)〈능8-41〉

비와토다(吐) ; 뱉다.

   ; 十方을 머구므며 비와토ᄆᆞ로(含吐十方)〈능3-63〉

비취다(照 · 曜 · 映 · 爍) ; 비치다.

; 能히 지븐 비취디 몯ᄒᆞᄃᆞᆺᄒᆞ니(不能照室)〈능1-53〉

; 네 心目ᄋᆞᆯ 비취ᄂᆞ다(曜汝心目)〈능1-84〉

; 形體 ᄉᆞᄆᆞᆺ 비취샤미(形體映徹)〈능1-42〉

; 다 뷔치여 그츨씨(悉皆爍絕)〈능8-46〉

빋(債) ; 빚.

; 내 네 비들 가파(我還汝債)〈능4-31〉

빌다(乞 · 蕲) ; 빌다.

; 次第로 조차 비로ᄃᆡ(次第循乞)〈능1-32〉

; 믈의 비러 響호매(凡所蕲響)〈능7-24〉

빗그다(橫 · 衡) ; 비뚤다. 비스듬히.

; 橫ᄋᆞᆫ 빗글씨라〈능1-113〉

; 衡ᄋᆞᆫ 비글씨니〈능8-93〉

빗나다(華) ; 빛나다.

; 빗난 집 주믈(賜與華屋)〈능4-77〉

빗내다(煥) ; 빛내다.

; 빗내 흐러 現ᄒᆞ니라(煥散而現也)〈능9-59〉

빙애(崖) ; 벼랑.

; 노ᄑᆞᆫ 빙애 ᄇᆞᆯ오ᄆᆞᆯ ᄉᆞ랑ᄒᆞ면(思蹋懸崖)〈능2-115〉

빛(色 · 耀) ; 빛.

; 光明에 온가짓 보빗 비치 겨시니라(光有百寶色)〈능1-39〉

; ᄇᆞᆯᄀᆞᆫ 비치 잇고(則有明耀)〈능2-28〉

ᄇᆞ라다(睎 · 希 · 慕) ; 바라다.

; 月盖ᄅᆞᆯ 울워러 ᄇᆞ라(仰睎月盖)〈능1-4〉

; 大雄大力大慈悲로 ᄇᆞ라ᅀᆞᆸ노니(大雄大力大慈悲希)〈능3-113〉

; 밧ᄀᆞᆯ ᄇᆞ라 妄히 求ᄒᆞ샤미라(外慕妄求也)〈능5-83〉

ᄇᆞ라ᅀᆞᆸ다(望 · 佇) ; 바라다.

; 이ᄀᆞ티 밧ᄀᆞᆯ ᄇᆞ라ᅀᆞ(如是外望)〈능1-48〉

; 기우려 渴望ᄒᆞ야 고초아 ᄇᆞ라ᅀᆞ와(傾渴翹佇)〈능1-77〉

ᄇ라ᅀ오다(冀·庶) ; 바라다.

  ;衆의 ᄆᅀᅵ미 感ᄒ야 아라 부텻 發明 ᄇ라ᅀ오ᄆᆯ펴니라
   (敍衆心感悟冀佛發明也)〈능2-2〉

  ;發明을 ᄇ라ᅀ오니라(庶幾發明也)〈능2-2〉

ᄇᄅᆷ(壁) ; 바람.

  ;이 ᄇᄅ미오 通ᄒ니(是壁通者)〈능2-48〉

ᄇ룜(謝) ; 버림.

  ;匿王代 ᄇ료미(匿王代謝)〈능1-16〉

ᄇᄅ다(塗) ; 바르다.

  ;塗ᄂᆫ ᄇᄅ씨라〈능2-62〉

ᄇ리다(遣·投·授·捨·廢·膾·消·替·虧·擯·淘·逸·落) ; 버리다.

  ;ᄒ마 ᄇ리면(旣遣)〈능1-76〉

  ;五體ᄅᆯ 따해 ᄇ려(五體投地)〈능1-77〉

  ;五體ᄅᆯ 따해 ᄇ려(五體授地)〈능1-92〉

  ;아비 ᄇ리고 逃亡ᄒ야 감ᄀᆞᆮ다 ᄉ이다(捨父逃逝)〈능1-93〉

  ;權을 ᄇ리고(廢權)〈능1-19〉

  ;膾ᄂᆫ ᄇ릴씨라〈능1-33〉

  ;갓ᄀᆞᆫ 거츠루믈 어루ᄉ ᄇ리며(倒妄可消)〈능1-37〉

  ;本覺을 ᄢ디워 ᄇ릴씨라(淪替本覺)〈능2-79〉

  ;能히 菩提ᄅᆯᄒ야 ᄇ려(能虧菩提)〈능2,-95〉

  ;다 미리 ᄇ리시ᄂᆞ니(俱排擯)〈능3-64〉

  ;긔져료믈 흐야ᄋ로 ᄇ려두어(一任攪淘)〈능4-90〉

  ;逸은 ᄆᆞᆷ ᄀᆞ장 펴 ᄇ릴씨라〈능8-84〉

  ;모ᄃᆫ 念을 스러 ᄇ료믄(銷落諸念者)〈능9-51〉

ᄇᆯ둥기다(攀) ; 매달리다.

  ;ᄇᆯ둥기요믈 브터닌들 나토시니(由攀緣起)〈능1-46〉

ᄇᆯ(重) ; 벌. 겹.

  ;닐굽ᄇᄅᆯ 무러 허르샤미 겨시니라(有七重徵破)〈능1-46〉

ᄇᆯ(臂) ; 팔.

  ;金色 ᄇᆯᄒᆞᆯ 펴샤(舒金色臂)〈능1-49〉

볼셔(已) ; 벌써.

> ; 볼셔 부텨씌 긂건 마론(固已倬佛)〈능1-37〉

볼오다(蹋) ; 밟다.

> ; 노폰 빙애 볼오몰 스랑ᄒ면(思蹋懸崖)〈능2-115〉

붉다(明·甄·皎·昭·了然·了然·爽·煥然) ; 밝다.

> ; ᄆᆞᅀᆞᆷ 블긇 사ᄅᆞ미(明心之士)〈능1-2〉
> ; 能히 블기 글히디 몯ᄒᆞ니라(未能甄辯)〈능2-31〉
> ; 身心이 블가 훤히 ᄀᆞ룜 업수믈 得호이다(身心皎然快得無礙)〈능5-29〉
> ; 昭ᄂᆞᆫ 블ᄀᆞᆯ씨라〈능6-19〉
> ; 身心이 블ᄀᆞ니(身心了然)〈능6-81〉
> ; 믈가 블고미 나(而澄瑩生明)〈능6-89〉
> ; ᄆᆞᅀᆞ믈 블겨(爽其心)〈능9-96〉
> ; 므리므리예 블기(往往煥然)〈능9-56〉

볿다(履·踐) ; 밟다.

> ; 머리 엇뎨 볿디 몯ᄒᆞ며(頭奚不履)〈능4-104〉
> ; 몰라 볿디 아니ᄒᆞ며(不誤踐)〈능6-96〉

븟아 ᄇ리다(摧碎) ; 부수어버리다.

> ; 心魄올 븟아 ᄇ리ᄂᆞ니라(摧碎心魄)〈능8-99〉

비다(孕) ; 배다.

> ; 비오져 求ᄒ리(欲求孕者)〈능7-55〉

비얌(虺) ; 뱀.

> ; 虺ᄂᆞᆫ ᄇ얌ᄀᆞ토ᄃᆡ 져그니라〈능8-87〉

비호다(學) ; 배우다.

> ; ᄠᅳᆮ 비호ᄂᆞᆫ 무리(義學之徒)〈능1-3〉

빗복(臍) ; 배꼽.

> ; 빗복 니흘 사ᄅᆞᆷ ᄀᆞᆮ거니(如噬臍人)〈능6-112〉

ᄲᅡ혀다(拔·抽) ; 빼다.

> ; 未來를 ᄲᅡ혀며 濟度ᄒᆞ야(拔濟未來)〈능1-24〉
> ; 水애 사오나와 ᄲᅡ혀(劣水抽)〈능4-18〉

쌔혀다(拔) ; 빼다.

   ; 부러 쌔혀디 아니ᄒ야(不故拔)〈능6-96〉

싄르다(速·敏) ; 빨리.

   ; 솑바당 드위혀며 싄르니(速於反掌)〈능1-16〉

   ; 敏은 싄르며 通達ᄒ씨라〈능1-28〉

샏다(嗘) ; 빨다.

   ; 無量이 샏먹고(無量嗘食)〈능8-101〉

샏리(遞·驟·早·促·遄·捷) ; 빨리.

   ; 샏리 도라오시ᄂ 젼ᄎ로(遞歸故)〈능1-38〉

   ; 다오매 샏리 가놋다(驟趍於盡也)〈능2-7〉

   ; 샏리 無上覺애 올아(早登無上覺)〈능3-113〉

   ; 알픳 ᄠ들 샏리 드러(促擧前義)〈능4-10〉

   ; 방핫 소리를 샏리 알오(遄知杵音)〈능4-130〉

   ; 내 날픠 샏리와(捷來我前)〈능5-72〉

쌜아(瞪) ; 쏘아.

   ; 쌜아 아득히 부텨 보ᅀ와(瞪瞢瞻佛)〈능2-15〉

쌔즛ᄒ다(像) ; 비슷하다.

   ; 像은 쎠즛ᄒ씨니 부텨 겨신적과 쌔즛ᄒ씨라〈능1-2〉

쎄(骸) ; 뼈

   ; 孩ᄂ 쎄 갓이렛ᄂ니라(孩纏成骸者)〈능2-5〉

쓩남깃(桑) ; 뽕나무.

   ; 本來 쓩남깃 벌에라(本爲桑虫)〈능7-91〉

샏(獨·歟·唯·惟·秖) ; 뿐.

   ; 몸밧 샏 보미(獨見身外)〈능1-53〉

   ; 엇뎨 釋迦 샏니시리오(豈止釋迦歟)〈능1-17〉

   ; 엇뎨 ᄒ經 두經 샏니리잇고(寧唯一經二經)〈능2-7〉

   , 잇댓 ᄒ료로 變ᄒ 샏ᄂ리리잇고(岂惟年變)〈능2-7〉

   ; 더욱 제 ᄀᆞᆯ 샏니언졍(秖益自勞)〈능2-70〉

쓰리다(灑) ; 뿌리다.

   ; 흐러 쓰리면 盛히 부치ᄂ니라(迸灑焰鼓)〈능8-97〉

쓸(角) ; 뿔.

  ; 업스면 거부븨터리와 톳긔쓸 곧거니(無則同於龜毛兎角)〈능1-74〉

사괴다(交) ; 사기다.

  ; 世옛 欲올 사괴디 아니ᄒᆞ야(不交世欲)〈능8-131〉

사기다(解·釋) ; 새기다.

  ; 웃 詰難온 사기니 닐오ᄃᆡ(解上難也謂)〈능1-65〉

  ; ᄒᆞ마 알ᄑᆡᆫ 사ᄀᆞᆷ 곧거니와(已如前釋)〈능1-9〉

思念(盧) ; 사념(思念).

  ; 盧ᄂᆞᆫ 思念이라〈능7-75〉

사ᄅᆞᆷ(者·人·士) ; 사람.

  ; 비홇 사ᄅᆞ미(學者)〈능1-10〉

  ; 化城엣 사ᄅᆞ미 ᄒᆞ마 보빗고대 다ᄃᆞ라니(化城之人旣到寶所)〈능1-19〉

  ; ᄆᆞᄉᆞᆷ볼긣 사ᄅᆞ미(明心之士)〈능11-2〉

사ᄆᆞ다(爲) ; 삼다.

  ; ᄃᆞ릐 體를 사ᄆᆞ면(以爲月體)〈능2-23〉

辭讓ᄒᆞ다(讓·揖) ; 사양하다.

  ; 世間이 미러 辭讓호ᄆᆞᆯ(世間推讓)〈능6-15〉

  ; 揖은 辭讓홀씨라〈능6-104〉

사오나온 ᄒᆞᆰ(鹵) ; 황무지.

  ; 鹵ᄂᆞᆫ 사오나온 ᄒᆞᆰ기오〈능2-22〉

사오납다(劣·頑) ; 나쁘다. 사납다.

  ; 조ᄇᆞ며 사오나와 아로미 업서(狹劣無識)〈능2-75〉

  ; 頑은 ᄆᆞᄉᆞᆷ 사오나올씨라〈능8-127〉

사이(蝦) ; 새우.

  ; 사이로 누늘사마(以蝦爲目)〈능7-89〉

살다(居) ; 살다.

  ; 淸淨으로 제 사로ᄆᆞᆯ(淸淨自居)〈능6-15〉

살오늬(括) ; 화살의 오늬.

  ; 括은 삸오늬라〈능9-20〉

살찌다(皺) ; 주름살지다.

　　; 머리 셰며 느치 살찌여(髮白面皺)〈능2-5〉

삻지다(皺) ; 주름살지다.

　　; 氣슬며 양직 삻지여(氣銷容皺)〈능10-82〉

삼가ᄒ다(愼) ; 삼가 하다.

　　; 筌자바 고기 사모믈 삼가만 後에ᄉ(愼勿執筌爲魚然後)〈능1-10〉

삼다(爲) ; 삼다.

　　; ᄆ숨 사모미(爲心)〈능1-65〉

相考ᄒ다(考) ; 상고(相考)하다.

　　; 相考호미 ᄃ외며(爲考)〈능8-106〉

삻쥼(皺) ; 주름살짐. 주름살지다. 주름잡힘.

　　; 네 이제 머리 셰면 ᄎ 삻쥬믈 슬ᄂ니(汝今自傷髮白面皺)〈능2-9〉

샹녜(恒) ; 늘. 항상.

　　; 씌욤과 잠괘 샹녜 ᄒ나히라(寤寐恒一)〈능10-1〉

새(禽·鳥·梟) ; 새.

　　; 仙間ㅅ 새니 그 소리(仙禽也其音)〈능1-30〉

　　; 구름과 올옴과 새 ᄂ롬(雲騰鳥飛)〈능2-34〉

　　; 梟ᄂ 어미 먹ᄂ 새오(梟7-92)〈능7-92〉

새다(曙) ; 새다.

　　; 曙ᄂ 샐씨오〈능10-45〉

새집(蓬盧) ; 떳집. 초가. 모옥(茅屋).

　　; 蓬盧ᄂ 새지비라〈능1-107〉

서루(瓦) ; 서로.

　　; 文이 서루 나토니라(文瓦見也)〈능1-47〉

서르(遞·相·瓦·交·送) ; 서로.

　　; 서르 上文을 드듸어(遞躡上文)〈능4-64〉

　　; 서르 섯고믈(相參)〈능4-111〉

　　; 境의 性이 서르 아ᅀ리어니(則境性瓦奪)〈능3-47〉

　　; 슬흐며 깃굼미 서르 모다(悲欣交集)〈능6-82〉

;微妙혼 光이 서르 發ᄒ야(妙光送發)〈능9-7〉

## 서리(霜) ; 서리.

;그 비치 서리 ᄀᆞᆮᄒ니(其色如霜)〈능1-55〉

## 석다(朽·爛) ; 썩다.

;常住ᄒ야 석디 아니ᄒ려(常住不朽)〈능2-4〉

;ᄆᆞᄎᆞᆷ내 虛空이 서거 ᄒ야디다 듣디 몯ᄒ리니(終不聞爛壞虛空)〈능4-80〉

## 설(歲) ; 살. 나이.

;첫 열서린 時節에셔 늘그며(老初十歲時)〈능2-6〉

## 섯다(和·參·瓦·混·交) ; 섞다.

;모든 色과 섯디 몯홈ᄀᆞᆮᄒ리니(不和諸色)〈능3-67〉

;서르 섯고믈(相參)〈능4-111〉

;헛도라 섯그니(廻瓦)〈능7-91〉

;ᄒ마 섯그니(旣混)〈능1-70〉

;비리 뉴류미 섯모ᄃᆞ며(腥臊交遘)〈능1-42〉

## 城(城) ; 성.

;城中에 ᄯᅩ 長者와 居士왜(城中復有長者居士)〈능1-31〉

## 盛ᄒ다(熾) ; 성하다.

;모든 魔ᄂᆞᆫ 盛히 모디러(諸魔熾惡)〈능9-50〉

## 世俗(俗) ; 세속(世俗).

;世俗앳 ᄠᅳ들 거스려 마기오시니라(逆質俗情也)〈능2-72〉

## 셔다(立·建立·竪) ; 서다.

;니러 셔(起立)〈능1-105〉

;世界와 모든 衆生이 셔니라(建立世界及諸衆生)〈능7-72〉

;八萬四千 빗그면 션 어즈러운 想이 이니(成八萬四千橫竪亂想)〈능7-80〉

## 셜흔(三十) ; 서른.

;셜흔 마ᅀᆞᆫ 쉬네 니ᄅᆞ니다(至于三十四十五十)〈능2-85〉

## 셤(洲) ; 섬.

;洲ᄂᆞᆫ 셔미라〈능2-84〉

셩냥바지(匠色) ; 장색(匠色)
　　; 네 百姓은 그위실ᄒᆞ리와 녀름지스리와 셩냥바지와 흥졍바지왜라〈능3-88〉

셰다(白) ; 세다.
　　; 머리 셰며 ᄂᆞ치 살찌여(髮白面皺)〈능2-5〉

셰요다(堅) ; 세우다.
　　; 거스리 셰요미 갓ᄀᆞ로어늘(逆堅爲倒)〈능2-12〉

소기다(誑 · 欺 · 誣罔) ; 속이다.
　　; 소기디 아니ᄒᆞ며 거츠디 아니ᄒᆞ니(不誑不妄)〈능2-54〉
　　; 邪道ᄂᆞᆫ 거릇 일로 소기ᄂᆞᆫ 젼ᄎᆞ로(邪道奸欺故)〈능6-101〉
　　; 誣罔ᄋᆞᆫ 다 소길씨라〈능8-87〉

소리(音 · 響 · 吼 · 音韻) ; 소리.
　　; 仙間ㅅ 새 그 소리(仙禽也其音)〈능1-30〉
　　; 나모 돐 소리로다(爲木石響)〈능4-130〉
　　; 吼ᄂᆞᆫ 怒ᄒᆞᆫ 소리라〈능8-99〉
　　; ᄒᆞ마 소리 次第이러(已成音韻倫次)〈능9-84〉

손(客) ; 손님.
　　; 다 흘러가 몰애 ᄢᅵᄂᆞᆫ 迷惑ᄒᆞᆫ 소니며(皆流爲烝砂迷客)〈능1-3〉

손가락(指) ; 손가락.
　　; 如來 솞가락 구펴(如來屈指)〈능1-84〉

손바당(掌 · 手掌) ; 손바닥.
　　; 솞바당 드위혐메셔 ᄲᆞᆯ닉니(速於反掌)〈능1-16〉
　　; 솞바당ᄋᆞ로 虛空ᄋᆞᆯ 자바 ᄆᆞ즛ᄒᆞ야(如以手掌撮摩虛空)〈능2-70〉

손돕(爪) ; 손톱.
　　; 고깃 양이 두 솞돕 샹ᄋᆞᆯ(肉形雙爪之相)〈능3-43〉

솝(中) ; 속.
　　; 도로 몸 소배 ᄇᆞ리오(還見身中)〈능1-64〉

솟다(涌 · 超) ; 솟다.
　　; 보빗 光ᄋᆞᆯ 소사 내시니(湧出寶光)〈능1-95〉
　　; 梵天이 欲界에 소사나니(梵天超出欲界)〈능6-12〉

숫돕(爪) ; 손톱.

　　; 숫돕 나며 머리터리 길며(爪生髮長)〈능1-51〉

송이 ; 송이.

　　; 대가리 잇ᄂᆞ니와 송이 잇ᄂᆞ니와〈능8-7〉

쇠디기(範·陶) ; 주조. 쇳물로 그릇을 부어 만드는 일.

　　; 範은 쇠디기엣 소기오〈능2-20〉

　　; 陶ᄂᆞ 쇠디기엣 소기요〈능9-21〉

衰ᄒᆞ다(衰) ; 衰하다.

　　; ᄯᅩ 스믈헤셔 衰ᄒᆞ야(又衰二十)〈능2-6〉

쇼(牛) ; 소.

　　; 象과 ᄆᆞᆯ와 쇼와 羊과(象馬牛羊)〈능3-22〉

속절업다(虛·謾) ; 속절없다.

　　; 속절업시 해 드로ᄆᆞᆯ 잘카냥ᄒᆞ야(虛驕多聞)〈능1-94〉

　　; 求ᄒᆞ야 ᄇᆞ라미 속절업슨 잇부미라(求冀謾勞)〈능6-90〉

受苦·受苦롭다(苦·辛) ; 수고(受苦). 수고롭다.

　　; 이런ᄃᆞ로 ᄆᆡ며ᄃᆞ논 受苦ᄅᆞᆯ 여희리라(故離憎愛苦)〈능4-73〉

　　; 모ᄆᆞᆯ 이긔여 受苦ᄅᆞ이 브즈러이ᄒᆞ야(剋己辛勤)〈능9-102〉

수므지게(虹) ; 무지개.

　　; 虹은 수므지게오 霓ᄂᆞ 암ᄆᆞ지게라〈능2-87〉

수이(輕·易) ; 쉽게.

　　; 行實을 수이 일허(輕喪行實)〈능1-94〉

　　; 수이 ᄇᆞ리다(易遣)〈능1-107〉

수플(林) ; 수풀.

　　; 수플와 걸와(林渠)〈능2-48〉

順ᄒᆞ다(順) ; 수하다.

　　; 어긔며 順홈과(違順)〈능3-13〉

술위(車) ; 수레.

　　; 술위와 ᄆᆞᆯ와ᄅᆞᆯ ᄒᆞ야 ᄇᆞ리거든(妨損車馬)〈능5-68〉

술위삐(輪) ; 수레바퀴.
；輪은 숛가락 그미 횟도라 술위삐 근ᄒ실씨라〈능1-84〉

숨(息) ; 숨.
；나며드는 수믈 혜라ᄒ야시는(調出入息)〈능5-44〉

숨다(伏·潛·藏·隱·匿) ; 숨다.
；ᄀᄆ니 根소배 수멷도소이다(潛伏根裏)〈능1-56〉
；ᄆᄉ미 眼根소배 수멷다ᄒ니(潛眼根之裏)〈능1-56〉
；眼根애 ᄆᆞ슴 수머 슈믈 가즐비니라(喻眼根藏心也)〈능1-57〉
；如來一藏心에 수머 잇ᄂ니(如來一隱於藏心)〈능1-8〉
；수믄 奇異ᄒ 일와 宿命 아로믈 즐교미라(匿累事及宿命也)〈능9-104〉

숨쉬다(息) ; 숨쉬다.
；息은 숨쉴씨라〈능9-115〉

숫(炭) ; 숯.
；숫글 목욕ᄒ야(沐浴其炭)〈능7-16〉

쉬다(休) ; 쉬다.
；쉬여 그추미 잇디 아니ᄒ리라(未有休息)〈능3-66〉

쉰(五十) ; 쉰.
；쉰닌 時節을 보건댄(視五十時)〈능2-6〉

스러디다(銷滅) ; 스러지다. 사라지다.
；모딘 呪 스러디거늘(惡呪銷滅)〈능1-38〉

스러ᄇ리다(消) ; 스러지게하다. 없애버리다.
；ᄃᆞ온 欲올 스러ᄇ리고(消其愛欲)〈능1-17〉

스승(師·傅) ; 스승.
；法 바롤 스스이니(軌範師)〈능1-33〉
；皇后ㅅ 스스이 ᄃᆞ외야(爲皇后傅)〈능6-20〉

슬다(銷) ; 사라지다. 스러지다.
；漸漸스러 주거니 주구미(漸漸銷殞亡)〈능2-4〉

슳다(悲·傷) ; 슬퍼하다
；다시 슬허 눈믈 디여(重復悲淚)〈능1-92〉

; 네 이제 머리 셰면 엇 삶쥬믈 슬느니(汝今自傷髮白面皺)〈능2-9〉

싁싁ᄒ다(威·嚴·莊) ; 엄하다. 엄숙하다. 장엄하다.

; 威儀ᄂ 擧動이 싁싁고 본바담직홀씨라〈능1-24〉

; 毗尼ᄅᆯ 싁싁기 조히와(嚴淨毗尼)〈능1-24〉

; 齊法은 그후ᄒ며 싁싁ᄒ며 무거워(齊整莊重)〈능1-26〉

쉰(酢) ; 시다.

; 쉰 梅ᄅᆯ 니ᄅ면(談說酢梅)〈능2-115〉

時急ᄒ다(急) ; 시급하다,

; 이 사ᄅ미 時急이 녀듸(是人急行)〈능9-116〉

시드럽다(羚羚) ; 고달프다. 피곤하다.

; 羚羚은 시드론 양지라〈능1-19〉

시름(患) ; 시름. 걱정.

; 큰 시르밀씨(大患)〈능4-122〉

時·時節(時) ; 시절.

; 時예 波斯匿王이(時波斯匿王)〈능2-2〉

; 諸佛이 아니 니ᄅ싫 時節 업스시며(諸佛無時不說)〈능1-17〉

시울(絃) ; 현(絃).

; ᄆᆞᅀᆞ미 고ᄃᆞᆫ 시울 ᄀᆞᆮᄒ면(心如直絃)〈능6-113〉

試驗(試) ; 시험.

; 네 試驗ᄒ야 길헤(汝試於途)〈능1-100〉

시혹(或) ; 혹시.

; 시혹 얽교매 나ᄆᆞᆯ 得ᄒ며(或得出纏)〈능1-17〉

신(履) ; 신.

; 훠와 신과 裘毳(靴履裘氎)〈능6-96〉

神奇ᄒ다(神) ; 神奇하다.

; 비르서 神奇ᄒᆫ 珠 밧긜조차 得디 아니호ᄆᆞᆯ 알리라(方悟神珠非從外得)〈능4-62〉

실(縷) ; 실.

; 픐닙과 실마조매 니르러도(乃至草葉縷結)〈능1-87〉

실긑(序) ; 실끝.
: 序는 싨그티니 고티예 그틀 어드면〈능1-5〉

실로(實) ; 실로.
: 쁘디 實로 귿디 아니커든(義實不類)〈능1-99〉

심구다(植) ; 심다.
: 艱難ㅎ니이 因 심구믈 爲ㅎ니 如來 외다ㅎ샤문(爲貧者植因如來詞之)〈능1-34〉

심기다(證) ; 전하다.
: 法이 심기샨디(證法)〈능1-23〉

심기다(授) ; 심게 하다.
: 부데 그스기 심기샤믈 ㅂ라ᅀᆞᆸ더니(冀佛冥授)〈능5-29〉

심다(稼) ; 심다.
: 稼는 穀食 심고미오〈능1-19〉

심방(巫) ; 무당. 박수.
: 巫는 겨집 심방이오 覡는 男人 심방이라〈능8-117〉

십다(哨) ; 씹다.
: 哨는 吐ㅎ야 시블씨라〈능4-117〉

싯다(淘汰 · 洗滌) ; 씻다.
: 이 시서 여러내샨(淘汰啓迪)〈능1-3〉
: 그 그르슬 싯고(洗滌其器)〈능8-2〉

ᄉᆞ랑ᄒᆞ다(思惟 · 寵 · 思 · 憐 · 愛 · 憶 · 憍愛 · 婥妁 · 慕) ; 생각하다.
: 곧 ᄉᆞ랑ᄒᆞᄂᆞᆫ 體로(以卽思惟體)〈능1-65〉
: 나는 부텻 ᄉᆞ랑ᄒᆞ시논 앗이라(我佛寵弟)〈능1-87〉
: 드롬과 ᄉᆞ랑홈과 닷고믈브터(從聞思修)〈능1-94〉
: 내 네 色을 ᄉᆞ랑ᄒᆞ야(我憐汝色)〈능3-31〉
: 거우룻 가온디 머리의 눈섭과 누니 어루 보믈 ᄉᆞ랑ᄒᆞ고
(愛鏡中頭眉目可見)〈능4-57〉
: ᄉᆞ랑호믈 일헌(失憶)〈능3-14〉
: 부텻 ᄉᆞ랑ᄒᆞ샤믈 믿ᄌᆞ와(恃佛憍愛)〈능7-27〉
: 婥妁은 부드럽고 고아 ᄉᆞ랑ᄒᆞ올씨라〈능8-131〉
: 드ᅀᅡᆺ ᄉᆞ랑호믈 낸 젼ᄎᆞ며(生愛慕故)〈능10-39〉

스로다(爇) ; 사르다.

　　 ; 이 이운 나모 스로물 브트리오(爇此枯木)〈능3-25〉

스뭇다(洞·洞達·遠·了·徹) ; 통하다. 투철하다. 사무치다.

　　 ; 스뭇 비치여(洞照)〈능1-79〉

　　 ; 훤히 스뭇게 흔 後예사(使豁然洞達然後)〈능1-107〉

　　 ; 禪乘을 引導ᄒᆞ야 스뭇게ᄒᆞ며(導遠禪乘)〈능1-20〉

　　 ; 色性을 스뭇 아니라(了悟色性)〈능1-28〉

　　 ; 능히 스뭇디 몯ᄒᆞᄂᆞ니(不能徹)〈능6-55〉

스뭇다(通) ; 통하다. 투철하다. 사무치다. 뚫고나가다.

　　 ; 또 스ᄆᆞ조물 보고(則復見通)〈능2-28〉

스뭇다(徹·達) ; 통하다. 투철하다. 사무치다. 뚫고나가다.

　　 ; 微妙흔 理믈기 스ᄆᆞ초물(妙理清微)〈능5-16〉

　　 ; 귀예 스ᄆᆞ초물 닐오딕(達耳之謂聞)〈능6-4〉

스싀(中·畔) ; 사이.

　　 ; 반ᄃᆞ기 根과 境과 스싀예 이시리로다(當在根境之中也)〈능1-69〉

　　 ; 어듸브터 ᄀᆞ싀 두외얫ᄂᆞ뇨(自何爲畔)〈능2-102〉

순직(尙·猶) ; 오히려.

　　 ; 순직 나믄 疑心이 잇ᄂᆞᆫ 젼ᄎᆞ로(尙有餘疑故)〈능1-103〉

　　 ; 이제 순직 狐疑ᄒᆞ노니(今猶狐疑)〈능2-3〉

술(果) ; 살.

　　 ; 다ᄉᆞᆺ 果ᄂᆞᆫ 즈ᅀᅮ 잇ᄂᆞ니와 술잇 ᄂᆞ니(능8-7)

술갑다(慧) ; 슬기롭다.

　　 ; 어리다 술갑다ᄒᆞ리잇고(爲愚爲慧)〈능4-37〉

술다(燒·然·爇) ; 사르다.

　　 ; 제 능히 네 소냇 ᄲᅮ글 술란딕(自能燒汝手中之艾)〈능3-75〉

　　 ; 能히 스론 金石이 딕외오(則能爲然金石)〈능8-104〉

　　 ; 爇은 또 술씨라〈능8-106〉

술오다(白·言·云) ; 사뢰다. 아뢰다. 여쭙다.

　　 ; 부텻긔 술오딕(白佛)〈능1-105〉

　　 ; 王이 술오딕(王言)〈능2-10〉

; 富樓那 술오딕(富樓那云)〈능3-33〉

술지다(肥・肥膩) ; 살찌다.

　　; 肥ᄂᆞᆫ 술질씨라〈능6-97〉

　　; 술진 香草(肥膩香草)〈능7-9〉

술피다(審・察) ; 살피다.

　　; ᄯᅩ 煩惱根本ᄋᆞᆯ 술피게ᄒᆞ샤(又審煩惱根本)〈능1-21〉

　　; 仔細히 술피게ᄒᆞ시니라(슈許察)〈능3-90〉

ᄉᆞᆷ다(煮) ; 삶다.

　　; 몰애 술마 됴ᄒᆞᆫ 飲食 밍글오져홈 ᄀᆞᆮᄒᆞ야(猶如煮沙欲成嘉饌)〈능1-81〉

싀다(漏) ; 새다.

　　; 사ᄅᆞ미 싀ᄂᆞᆫ 자내믈 브ᅀᅳ며(有人水灌漏卮)〈능6-106〉

싀욤(酸) ; 시다. 떫음.

　　; 이벳 믈와 바랫 싀요ᄆᆞᆫ(口水足酸)〈능2-116〉

싀자롬(酸澁) ; 시고 떫음.

　　; 眞實로 싀자로ᄆᆞᆯ 受케ᄒᆞᄂᆞ니(眞受酸澁)〈능10-80〉

심(泉) ; 샘.

　　; 수플와 심미라 ᄀᆞᆮᄒᆞ니라(猶林泉也)〈능2-49〉

ᄡᆞᆯ(米) ; 쌀.

　　; 깁 두드리며 ᄡᆞᆯ 디흐면(擣練舂米)〈능4-130〉

ᄡᅦ다(以) ; 써다.

　　; 現히 緣心ᄋᆞᆯ ᄡᅦ며(現以緣心)〈능2-21〉

ᄡᅮ처(撫摩) ; 어루만지다.

　　; 婬亂ᄒᆞᆫ 모ᄆᆞ로 ᄡᅮ처(婬躬撫摩)〈능1-35〉

ᄡᅮᆨ(艾) ; 쑥.

　　; ᄡᅮᆨ글존차 나ᄂᆞ녀(爲從艾出)〈능3-75〉

ᄡᅮᆺ돌(礪) ; 숫돌.

　　; 礪ᄂᆞᆫ ᄡᅮᆺ돌이니 ᄡᅴ워 ᄀᆞ다ᄃᆞᆷ들씨라〈능1-37〉

븟듯ᄒ다(摩) ; 만지다.

  ; 솑바당ᄋ로 虛空ᄋᆯ 자바 븟듯ᄒ야(如以手掌撮摩虛空)〈능2-70〉

쁘다(苦) ; 쓰다.

  ; 쁜마시 잇고(則有苦味)〈능3-9〉

쓸다(掃·服) ; 쓸다.

  ; 掃ᄂ 쓸씨오〈능5-45〉

  ; 服ᄋᆫ 쓸씨라〈능8-121〉

써다(書寫) ; 쓰다.

  ; 이 呪를 써(書寫此呪)〈능7-46〉

쏘다(射) ; 쏘다.

  ; 티며 쏘며(擊射)〈능8-88〉

쓰다(書) ; 쓰다.

  ; 시혹 宅中에 쓰면(或書宅中)〈능7-46〉

쓰다(縷) ; 쓰다.

  ; 낫나치 쓰디 몯ᄒ리니(不可縷疏)〈능1-17〉

씹다(呞) ; 씹다.

  ; 呞ᄂ 쇠 먹고 도로내야 씨블씨라〈능5-46〉

아니다(非·否) ; 아니다.

  ; 自然히 네 몸미 아니릴씨(自非汝體)〈능1-61〉

  ; 아니ᄒ면 긋ᄂ니(否則息)〈능3-78〉

아니한 덛(刹那) ; 잠시.

  ; 刹那ᄂ 아니한 더디라〈능2-7〉

아니ᄒ다(莫) ; 아니하다.

  ; 生死變티 아니ᄒ야(生死莫變)〈능1-95〉

아니흔 싀(少選·斯須) ; 잠시.

  ; 아니흔 싀에 글업시(少選無端)〈능9-64〉

  ; 그 形이 아니흔 싀예(其形斯須)〈능9-88〉

아득ᄒ다(昏昧·冥然) ; 아득하다.

  ; 情神이 아득ᄒ야(情神昏昧)〈능2-5〉

  ; 아득ᄒ야 굴히디 몯ᄒ리니(冥然莫辯)〈능2-25〉

아득ᄒ다(冥冥·渺茫) ; 아득하다.

  ; 眞性이 아득ᄒ야(眞性冥冥)〈능2-63〉

  ; 善惡이 아득ᄒ며(善惡渺茫)〈능9-113〉

아득아득ᄒ다(冥冥然·冥冥) ; 매우 아득하다.

  ; 다 아득아득ᄒ니라(皆冥冥然也)〈능2-26〉

아득히(瞽) ; 아득히.

  ; 쌀아 아득히 부텨 보ᅀᆞ와와(瞪瞽瞻佛)〈능2-15〉

아ᄃᆞᆯ(子) ; 아들.

  ; 羚羺ᄒ 아ᄃᆞ리(羚羺之子)〈능1-19〉

아래(曾) ; 일찍이.

  ; 아래 잇디 아니ᄒ 이를 得과라 ᄒ더니(得未曾有)〈능1-29〉

아랫(前) ; 前日. 예전. 앞.

  ; ᄆᆞᅀᆞ매 아랫 사ᄅᆞᄆᆞᆯ 싱각ᄒ야(心億前人)〈능8-68〉

아롬(悟) ; 알다.

  ; 몰롬과 아롬괘(迷悟)〈능1-93〉

아룸뎌(竊·私) ; 사사로이. 사사롭게.

  ; 愚一 아룸뎌 疑心ᄒᄂ니(愚竊疑焉)〈능1-16〉

  ; 各各 아룸뎌 受ᄒ니잇가(各各私受)〈능8-66〉

아리(宿·曾·疇昔·嘗·向·先·陳·夙昔) ; 前日. 예전. 일찍이. 아래.

  ; 耶輸와 ᄒᆞᆫ가지로 아릿 因을 아라(與耶輸同悟宿因)〈능1-17〉

  ; 아리 잇디 아니턴이를 得과라 ᄒ더라(得未曾有)〈능2-10〉

  ; 이 아릿 善根의 가ᄇᆡ야오며 져ᄀᆞᆫ디 아니니(非是疇昔善根輕尠)〈능2-56〉

  ; 아리 묻ᄌᆞ온대(嘗問)〈능1-3〉

  ; 아리 비록 覺이 佛覺애 ᄀᆞ죽ᄒ나(向雖覺齊佛覺)〈능8-45〉

  ; 아릿 비들 가포ᄃᆡ(疇償先債)〈능8-124〉

  ; 아릿 習이 ᄆᆞᄌᆞ업서(子罔陳習)〈능10-2〉

  ; 아릿 聞熏이(夙昔聞熏)〈능9-56〉

아모(某) ; 아무.

　; 시혹 如來 아모뒤 出世ᄒᆞ시다 니르며(或言如來某處出世)〈능9-98〉

아비(夫) ; 아비.

　; 밥 니르는 주으린 아비 ᄃᆞ외놋다(說食飢夫)〈능1-3〉

아ᅀᆞᆷ(族) ; 겨레. 친족. 친척.

　; 王ㅅ 아ᅀᆞ미오(王族)〈능1-33〉

아ᅀᆞᆸ다(欽仰·悟) ; 알다. 아시다.

　; ᄆᆞᅀᆞ미 고르디 아니타 ᄒᆞ신ᄃᆞᆯ ᄒᆞ마 아ᅀᆞᆸ고 如來마곰 업수믈 여르샤
　(心不均平欽仰如來開闡無遮)〈능1-34〉

　; 붙텻 法音 아ᅀᆞᆸ ᄂᆞ거시라(卽悟佛法音者也)〈능2-25〉

아즐ᄒᆞ다(匪唯) ; 혼미하다. 아질아질하다.

　; 外道 아즐ᄒᆞ야(匪唯外道)〈능2-25〉

아쳐럽다·아쳗다(厭) ; 싫어하다.

　; 아쳐러 ᄇᆞ릴ᄊᆡ(厭捨)〈능1-43〉

　; 아쳐러 여희요려ᄒᆞ야(厭離)〈능3-65〉

아쳗다(惡) ; 싫어하다.

　; 生ᄋᆞᆯ 즐기고 死ᄅᆞᆯ 아쳗ᄊᆡ(好生惡死)〈능8-72〉

아홉(九) ; 아홉.

　; 아호ᄋᆞᆫ 聞을 熏ᄒᆞ야(九者熏聞)〈능6-29〉

아ᄎᆞᆷ(旦·朝) ; 아침.

　; 어루 아ᄎᆞᆷ 나죄 ᄯᆞ르미어니(可唯旦暮)〈능1-16〉

　; 아ᄎᆞ미 ᄇᆞᆰ고 나조히 어드우며(朝明夕昏)〈능3-93〉

아히(兒·童子) ; 아이.

　; 졋 일흔 아히(如失乳兒)〈능2-1〉

　; 아힛 時節와 엇더뇨(何如童了之時)〈능2-5〉

惡ᄒᆞ다(惡) ; 악하다.

　; ᄀᆞ장 善ᄒᆞ니와 ᄀᆞ장 惡ᄒᆞ니(極善極惡)〈능8-96〉

안(內) ; 안.

　; 안ᄒᆞ로 菩薩ᄋᆞᆯ ᄀᆞ초고(內秘菩薩)〈능1-23〉

안즉(且) ; 가장

  ; 다 안즉 이를 혀 굴히야 一定ᄒ시고(皆且引事辯定)〈능1-49〉

앉다(坐) ; 앉다.

  ; 믈러안자 좀좀ᄒ야(退坐黙然)〈능1-41〉

알다(了・曉・認・解・悟解・悟・知・究・記・諭) ; 알다.

  ; 法아로미 버그니(了法次之)〈능4-1〉

  ; 엇뎨 아디 몯ᄒᄂ뇨(云何不曉)〈능1-52〉

  ; 외오 아론거시라(妄認者)〈능1-82〉

  ; ᄒ오ᅀᅡ 아다혼 일훔 得호ᄆᆫ(獨得解名)〈능1-105〉

  ; 뭇처섬 아라(最初悟解)〈능1-107〉

  ; 究竟ᄒ 法을 아라(使悟究竟法)〈능1-8〉

  ; 미리 그러ᄒᆶ들 아르샤(懸知其然)〈능1-3〉

  ; 能히 다 알리 드므도다(罕能究盡)〈능1-3〉

  ; 네 비록 구틔여 아나(汝雖强記)〈능2-78〉

  ; 오히려 아디 몯ᄒᆯ씨(猶且未諭)〈능3-82〉

알외다(悟) ; 알리다. 고(告)하다.

  ; 警戒ᄒ야 알외시니라(警悟也)〈능2-31〉

앐(前) ; 앞.

  ; 灌頂章句ᄂᆫ 앐띳 세헤 통ᄒ니(灌頂章句通前三也)〈능1-9〉

암므지게(霓) ; 암 무지개.

  ; 虹ᄋᆫ 수므지게오 霓ᄂᆫ 암므지게라〈능2-87〉

암ᄀᆞ다(完) ; 아물다.

  ; 道器 암ᄀᆞ디 아니ᄒ면(道器不完)〈능6-106〉

앗기다(恪) ; 아끼다.

  ; 物을 貪ᄒ면 앗겨 ᄇ리디 몯ᄒᄂ 젼ᄎ로(貪物則恪著不釋故)〈능8-115〉

앗다(去) ; 빼앗다.

  ; 是와 非와를 ᄒ마 앗고(是非已去了)〈능2-69〉

앗(第) ; 아우.

  ; 뭇져믄 앗이로니(最小之第)〈능1-76〉

앗다(奪·去·除去) ; 빼앗다.

　; 제 서르 侵勞호야 아슬 뿐니언졍(自相陵奪)〈능2-7〉

　; 흙 아손 經혼 므리 긔쪄료몰(如去泥經水)〈능4-90〉

　; 디샛 지벽을 아슥라호니(除去瓦礫)〈능5-72〉

양(容·形) ; 모양.

　; 내 양 分別호민(分別我容)〈능2-25〉

　; 고기 양이 두 숇돕 샹올(肉形雙爪之相)〈능3-43〉

양지(顰·貌·容·色·勢·形貌·形·容貌) ; 모양. 얼굴.

　; 顰은 놀란 양지라〈능1-85〉

　; 또 일훔과 양지왜 잇거니(亦有名貌)〈능1-88〉

　; 양즈롤 正히호야 物을 알에 홀씨라(正容悟物也)〈능1-26〉

　; 壯흔 양지 머므디 아니호미(壯色不停)〈능2-5〉

　; 勢는 양지라〈능3-11〉

　; 識이 므슴 양지리오(識何形貌)〈능3-39〉

　; 숇돕 양지는(爪形)〈능3-43〉

　; 양지 부텨 굳호며(容貌如佛)〈능8-25〉

애드다(慨·噫) ; 애닯다. 애달파하다.

　; 알핏 외요믈 애드니라(慨前之失也)〈능1-92〉

　; 噫는 애드라호는 소리라〈능1-113〉

애왇다(恨) ; 분하여하다. 슬퍼하다. 한탄하다.

　; 제 애와텨(自恨)〈능4-59〉

어귀다(違) ; 어기다.

　; 일와 理왜 다 어긔니(事理俱違)〈능1-58〉

어긔다(違·乖·差) ; 어기다.

　; 조모 해 어긔니(稍多違戾)〈능1-22〉

　; 乖는 어긜씨라〈능2-103〉

　; 어긔여 섯거 흔가지 아뇸 굳홀씨라(差瓦不一)〈능10-27〉

어긔릿다(差) ; 어긋나다.

　; 절로 어긔리니(自差)〈능1-18〉

어긔윰(爽) ; 어김.

　; 能히 주으류미 드외며 어긔유미 드외오(則能爲餒爲爽)〈능8-101〉

어득ᄒ다(黯·蒙) ; 어둑하다.

　; 여슷根이 어득ᄒ야(六根黯然)〈능4-118〉

　; 蒙은 ᄠᅳ디 어득ᄒᆯ씨라(蒙8-67)

어듭다(冥·晦昧·晦暗·暗·黑·晦暝·昏暗·昧·曶·昏曶) ; 어둡다.

　; 어드운 싸히 다 ᄇᆞᆰ거호ᄃᆡ(使冥者皆明)〈능1-5〉

　; 어드윔 空이 드외야(晦昧爲空)〈능2-18〉

　; 空과 어드움과(空晦暗)〈능2-18〉

　; 어드우미 ᄆᆡ자(結暗)〈능2-18〉

　; 中夜 어드운 ᄃᆞ래(中夜黑月)〈능2-28〉

　; 雲霧 어드우면(雲霧晦暝)〈능2-28〉

　; ᄯᅩ 어듭고(則復昏暗)〈능2-28〉

　; 어드우며 사오나올씨(昧劣)〈능4-3〉

　; 나죄 어드우면 夢이니(夕曶則夢)〈능10-3〉

　; 後ㅅ ᄀᆞᅀᅵ 어드워(後際昏曶)〈능10-35〉

어듸(何) ; 어디.

　; ᄯᅩ 어듸 나ᅀᅡ가리오(復何前進)〈능1-19〉

어딜다(賢·良·矜) ; 어질다.

　; 닐오매 어디리(云賢)〈능5-40〉

　; 어딜써 觀世音이여(良哉觀世音)〈능6-65〉

　; 제 어딘양호ᄆᆞᆫ(自矜)〈능9-78〉

어려움(難險) ; 어려움.

　; ᄆᆞᅀᆞ매 어려우미ㅣ나(心生難險)〈능9-75〉

어렵다(難) ; 어렵다.

　; 信호미 어려운 기픈 經은(難信深經)〈능1-3〉

어루(可·堪) ; 어루. 가하나.

　; 어루 得ᄒ리라(可得)〈능1-10〉

　; 阿難과 末劫에 ᄲᅥ디엣 ᄂᆞ니를 어루 ᄀᆞᄅ치리니(堪以敎阿難及末劫沉淪)〈능6-79〉

어름(氷) ; 어름.

> ; 므리 어름 드외얫다가(水成氷)〈능3-67〉

어리다(迷・愚) ; 어리석다.

> ; 져근 道애 어리디 아니ᄒᆞ야(使不迷於小道)〈능1-8〉
> ; 愚ᄂᆞᆫ 어릴씨니 어린내라ᄒᆞ미라〈능1-16〉

어리우다(迷) ; 홀리다. 잘못에 집착하다.

> ; 어리워 ᄀᆞ료미 ᄃᆞ왼 젼칠씨(迷障故也)〈능1-104〉

어엿비(憐・哀愍・可憐・哀) ; 가엾이. 사랑스럽게.

> ; 오히려 어엿비 너기샤ᄆᆞᆯ 믿ᄌᆞ와(猶恃憍憐)〈능1-76〉
> ; 大慈로 어엿비 너기샤(大慈哀愍)〈능1-77〉
> ; 如來 닐오ᄃᆡ 어엿븐거시라 ᄒᆞᄂᆞ니라(如來說爲可憐愍者)〈능2-19〉
> ; 어엿비 너겨 救ᄒᆞ리 업ᄃᆞ ᄒᆞ리라(無可哀救)〈능110-49〉

어우다(交・會) ; 어울리다.

> ; 얼구리 어우다ᄒᆞ니(形交)〈능3-17〉
> ; 이 어우디 몯ᄒᆞ미라(是不冥會也)〈능6-58〉

어울다(合・騈・與) ; 어울리다.

> ; ᄒᆞ마 외면 어운고돌 조차 ᄆᆞᅀᆞ미 조차 잇ᄂᆞ니라 니ᄅᆞ디 몯ᄒᆞ리로다
>   (旣非則不可謂隨所合處)〈능1-68〉
> ; 騈은 어울씨니 소내 몯ᄡᅳᆯ 솞가라기 도ᄃᆞᄉᆞ며 바래 몯 ᄡᅳᆯ 고기니ᅀᆞᆯ씨라〈능1-19〉
> ; ᄠᅳᆮ ᄀᆞᆮᄐᆞ니와 어루러코져 ᄉᆞ랑ᄒᆞ야(恩與同志)〈능1-3〉

어위다(闊) ; 넓다. 너그럽다.

> ; 迂闊ᄋᆞᆫ 멀며 어윌씨라〈능8-44〉

어즈러이(擾・紛)어지럽다.

> ; 그 中에 거츠리 제 어즈러이 뮈유믈 처섬 아ᄂᆞ니(方覺於中妄自擾動)〈능1-107〉
> ; 어즈러이 섯거(紛雜)〈능2-37〉

어즈럽다(亂・紊・擾・擾亂・汩) ; 어지럽다.

> ; 섯거 어즈러우면 中 자봄되 업스니라(混亂則無所取中也)〈능1-70〉
> ; 條理이셔 어즈럽디 아니ᄒᆞ시니(有條不紊)〈능1-18〉
> ; 어득ᄒᆞᆫ 어즈러운 相올(昏擾擾相)〈능2-18〉
> ; 이ᄀᆞ티 어즈러워(如是擾亂)〈능4-14〉

; 어즈려 섯고미 업슨 젼ᄎ로(無所汨雜故)〈능8-13〉

어즐ᄒ다(迷 · 迷瞢 · 茫 · 眩) ; 어지럽다.

; 中이 반ᄃ기 어즐티 아니ᄒᆞ야(中必不迷)〈능1-69〉

; 大衆이 어즐ᄒ야 잇ᄂᆞᆫ딜 아디 몯도다(而大衆迷瞢不知所在)〈능2-15〉

; 어즐ᄒ야 이 ᄠᅳ디 ᄆᆞᄎᆞᆷ과 처엄과ᄅᆞᆯ 아디 몯ᄒ야(茫然不知是義終始)〈능2-53〉

; 眩은 어즐ᄒᆞᆯ씨라〈능9-111〉

얻다(獲 · 得 · 求) ; 얻다.

; 어루 어드며(可獲)〈능1-97〉

; 微妙ᄒᆞᆫ 圓通ᄋᆞᆯ 언게ᄒᆞᄉᆞ(而得妙圓通)〈능1-21〉

; ᄀᆞᆺ을 어더도 得디 몯ᄒ리로소니(且求畔不得)〈능2-102〉

얼굴(形 · 質 · 形色 · 形象 · 形相 · 相狀 · 狀 · 相) ; 얼굴.

; 얼구리 버므로매 건내ᄠᅱ여(超越形累)〈능1-102〉

; ᄃᆞ트리 얼구른(塵質)〈능1-105〉

; 얼구리 여위며(形色枯悴)〈능2-5〉

; 므슴 얼굴오(何形象)〈능2-97〉

; 므슴 얼구리 ᄃᆞ외요(作何形相)〈능3-60〉

; 얼구리 잇디 아니ᄒ며(相狀不有)〈능3-60〉

; 제 實ᄒᆞᆫ 얼구리 업거니(自無實狀)〈능3-60〉

; 얼굴몯ᄋᆞᆳ거슬 업수미 ᄃᆞ외니(不相成無)〈능3-103〉

얼다(凍) ; 얼다.

; 凍은 얼씨오〈능8-82〉

얼믜다(髣髴) ; 희미하다.

; ᄯᅩ 기틴 ᄠᅳ디 얼믜여ᄒᆞ도다(亦髣髴遺意矣)〈능1-16〉

얼의다(凝 · 結) ; 엉기다.

; 凝然은 얼의욘 양지라〈능2-18〉

; 色相은 얼의여 ᄃᆞ트리 이러(色相結成塵)〈능6-55〉

얽미오다(纏縛) ; 얽매다.

; 샹녜 얽미오매 잇ᄂᆞ니라(常在纏縛)〈능4-31〉

얽교매다(纏) ; 얽어매다.

; 시혹 얽교매 나ᄆᆞᆯ 得ᄒ며(或得出纏)〈능1-17〉

엄(牙) ; 어금니.

　；그쁴 여슷 엄가진 象홀 타(乘六牙象)〈능5-54〉

업게ᄒ다(亡) ; 없게 하다.

　；大乘은 바ᄅ 하나홀 업게ᄒ야(大乘直亡一)〈능4-106〉

업더디다(顚·顚蹶) ; 엎드러지다

　；顚은 업더딜씨오〈능5-72〉

　；顚蹶ᄂᆫ 업더딜씨라〈능10-76〉

업드라(覆) ; 엎드리다.

　；虛空애 업드라(覆懸虛空)〈능7-21〉

업시오다(憿·凌) ; 업신여기다.

　；憿ᄂᆫ 놈 업시올씨라〈능8-115〉

　；몸 믿고 놈 업시오ᄆᆫ(恃己凌他)〈능9-78〉

업다(滅·諱·泯·靡·無·罔) ; 없다

　；주머귀 ᄆ츰내 업시니(拳畢竟滅)〈능1-100〉

　；업슨 나래(諱日)〈능1-31〉

　；자최업게 호미라(所以泯迹)〈능1-40〉

　；至極디 아니ᄒᆞ디 업거시ᄂᆞᆯ(靡所不至)〈능1-3〉

　；그 用이 지숨 업거시니(其用無作)〈능1-8〉

　；알픠 둟디 업서ᄒ던 ᄠᄃᆞᆯ 牒ᄒ야(牒前罔措之意)〈능2-56〉

엇뎨(豈·安·何·寧·奚·烏) ; 어찌하여. 어째서.

　；엇뎨 釋迦 ᄲ니시리오(豈止釋迦歟)〈능1-17〉

　；엇뎨 如來 외다 아니ᄒ시고(安知如來不訶)〈능1-35〉

　；엇뎨 億萬 ᄯᄅ미리오(何啻億萬)〈능1-4〉

　；엇뎨 ᄒ紀며 두紀 ᄲ니리잇고(寧唯一紀二紀)〈능2-7〉

　；머리 엇뎨 볿디 몯ᄒ며(頭奚不履)〈능4-104〉

　；엇뎨 서르 應ᄒ리잇고ᄒ니(烏得相應耶)〈능4-122〉

여듧(八) ; 여덟.

　；여들븐 소릴 滅ᄒ야(八者滅音)〈능6-29〉

여러(諸) ; 여러.

　；여러如來 妙蓮華를 펴시거늘 듣ᄌᆞ오라ᄒ시니(聞諸如來宣妙蓮華)〈능1-17〉

여름(子·果·實) ; 열매.
;惡叉果ᄂᆞᆫ 혼가지예 세 여르미니(惡叉果一枝三子)〈능1-82〉
; 여름 汁이 므레 들면(果汁入水)〈능1-98〉
; 곳과 여름괘 體 혼가지며(華實同體)〈능7-13〉

여슷(六) ; 여섯.
; 여스슨 聞으로 熏호미(六者聞熏)〈능6-28〉

여쉰(六十) ; 예순.
; 이제 여쉬니오(于今六十)〈능26〉

여위다(枯悴) ; 여위다. 수척하다. 마르다.
; 얼구리 여위며(形色枯悴)〈능2-5〉

여희다(離) ; 이별하다.
; 한 魔ㅅ 이ᄅᆞᆯ 여희여 ᄒᆞᄂᆞ니(離衆魔事)〈능1-3〉

蓮(芙蓉) ; 연.
; 蓮에 가ᄌᆞᆯ비건댄(譬芙蓉)〈능1-19〉

緣故(故) ; 연고.
; 緣故 업시 눈ᄍᆞᅀᆞᄅᆞᆯ 뮈우디 아니ᄒᆞ야(無故不動目睛)〈능2-109〉

연장(具) ; 연장.
; ᄯᅩ 조ᄇᆞᆫ 受苦 연장애(又於迫隘苦具)〈능8-93〉

연장ᄒᆞ다(裝) ; 치장. 행장.
; 비르서 연장ᄒᆞ야 길흘 나ᅀᅡ가(俶裝前途)〈능1-105〉

엳줍다(啓) ; 여쭈다
; 내 이제 如來ᄭᅴ 엳줍노니(我今啓如來)〈능6-67〉

열(十) ; 열.
; 열나믄 지비니(十有餘家)〈능1-16〉

열(麻) ; 삼.
; ᄒᆞᆯ 혼열과 혼밀흘 머거도(日餐一麻一麥)〈능9-106〉

열다(開闡·啓) ; 열다.
; 마곰 업수믈 여르샤(開闡無遮)〈능1-34〉
; 이 시서 여러 내샨(淘汰啓迪)〈능1-3〉

열두히(紀) ; 열두 해.

　　; 紀는 열두히라〈능2-7〉

엿(候) ; 여우.

　　; 그쁴 天魔 엿와 그 便을 得ᄒ야(爾時天魔候得其便)〈능9-87〉

엿다(窺) ; 엿보다.

　　; 窓ᄋ로 여서 지블 보니(窺窓觀室)〈능5-72〉

엿이(狐) ; 여우.

　　; 狐는 엿이니〈능2-3〉

오ᄂᆞᆯ(今) ; 오늘.

　　; 오ᄂᆞᆳ나래ᅀᅡ(今日)〈능1-93〉

오라다(曠) ; 오래다.

　　; 須菩提ᄂᆞᆫ 오란 怯에(須菩提曠劫)〈능5-51〉

오로(專) ; 온전히.

　　; 흔 觀ᄋ로 오로ᄒ시고(謂專於一觀)〈능5-74〉

오ᄅᆞ다(升 · 陟) ; 오르다.

　　; 日輪이 하ᄂᆞᆯ해 오ᄅᆞ면(日輪升天)〈능2-28〉

　　; ᄃᆞᄅᆞᆫ 하ᄂᆞᆯ홀 브터 오ᄅᆞ고(月從天陟)〈능3-80〉

오리(條) ; 올.

　　; 몬져 實로 흔오리어늘(先實一條)〈능5-20〉

오좀(尿) ; 오줌.

　　; 흙과 ᄯᅩᆼ과 오좀과(土屎尿)〈능8-87〉

오직(獨 · 唯 · 但 · 特 · 祇) ; 오직.

　　; 오직 滅을 臨ᄒ샤 기텨 맛디시논 이리라(獨臨滅遺付之事)〈능1-18〉

　　; 흔가지로 오직 ᄆᆞᅀᆞ미 지소몰(一唯心造)〈능1-21〉

　　; 오직 本來發願이(但本願)〈능1-37〉

　　; 오직 갓ᄀᆞ로 보몰브터(特依倒見)〈능2-12〉

　　; 오직 伽藍을 보고(祇見伽藍)〈능2-40〉

오히려(尙 · 猶)오히려.

　　; 오히려 누니 이실ᄊᆡ(尙有眼存)〈능1-66〉

; 오히려 어엿비 너기샤몰 믿즈와(猶恃憍憐)〈능1-76〉

온(全) ; 전부. 모두.

; 부텟 온 모미(由佛全体)〈능1-98〉

온가지(百) ; 백가지.

; 光明애 온가짓 보빗 비치 겨시니라(光有百寶色)〈능1-39〉

올(完) ; 완전하다.

; 儀ㅈ고 律이 올면(儀備律完)〈능7-26〉

올아(升) ; 올라.

; 하늘해 올아(昇天)〈능1-101〉

올오다(全) ; 온전하게 하다.

; 道力을 올오디 몯ㅎ야(不全道力)〈능1-3〉

올옴(騰) ; 오르다.

; 구룸 올옴과 새 ᄂ롬(雲騰鳥飛)〈능2-34〉

올타(然·如是·可) ; 옳다.

; 이 쁘디 올티 몯다(是義不然)〈능2-43〉

; 부톄 니르샤디 올타올타(佛言如是如是)〈능2-50〉

; 또 올티 몯도다(又不可也)〈능3-42〉

올ᄒ다(可·是) ; 옳다.

; 올흔돌 아디 몯ᄒ리로소니(未知其可也)〈능1-18〉

; 부텨 니르샤디 올ᄒ니라(佛言如是)〈능2-5〉

올흔(當) ; 옳은.

; 愛染을 여희여ᅀᅡ 올흔돌 나토도다(當離愛染也)〈능1-43〉

옮기다(轉) ; 옮기다.

; 모다 法輪을 옮기샤(共轉法輪)〈능1-73〉

옮다(還·遷 殂落) ; 옮기다.

; 法華一燈明브터 오ᄆ로(法華一自燈明已還)〈능1-17〉

; 올마 흘러(遷流)〈능2-6〉

; 殂落은 올마가다호미 굳ᄒ니라〈능2-7〉

옳다(唯然·然) ; 옳다.

　；阿難이 슬오ᄃᆡ 올ᄒᆞ시이다 世尊하(阿難言唯然世尊)〈능1-99〉

옷(衣服) ; 옷.

　；阿難이 옷 고티고(阿難整衣服)〈능6-82〉

옷(漆) ; 옷.

　；브토미 플와 옷과 ᄀᆞᆮᄒᆞ야(黏如膠漆)〈능9-100〉

와(與) ; 와.

　；번드기 物와 섯글ᄊᆡ(而現與物雜)〈능2-31〉

외다(責·斥·訶·非·誣) ; 잘못. 그릇. 꾸짖다.

　；責은 외다ᄒᆞᆯ씨라〈능1-77〉

　；믄득 굴ᄒᆞ냐 외다ᄒᆞ샤ᄆᆞᆯ 닙습고(乍蒙辯斥)〈능1-91〉

　；因 심구믈 爲ᄒᆞ니 如來 외다ᄒᆞ샤ᄆᆞᆫ(植因如來訶之)〈능1-34〉

　；올ᄒᆞ니 외니 이시면(有是非)〈능2-59〉

　；외디 아니ᄒᆞ와(不誣)〈능7-52〉

외롭다(孤) ; 외롭다.

　；孤ᄂᆞᆫ 외ᄅᆞ윌씨오〈능5-29〉

외오(謬·非·妄·誤·錯·嫌) ; 잘못. 그릇.

　；외오 아니라(而謬解也)〈능1-69〉

　；ᄒᆞ마 외면 어운고ᄃᆞᆯ 조차 ᄆᆞᅀᆞ미 조차 잇ᄂᆞ니라 니ᄅᆞ디 몯ᄒᆞ리로다
　　(旣非則不可謂隨所合處)〈능1-68〉

　；외오 아론거시라(妄認者)〈능1-82〉

　；외오 眞實을 사ᄆᆞ다실씨니(誤爲眞實)〈능1-91〉

　；외오ᄒᆞ야 뻐러 닶가(錯隨落)〈능1-22〉

　；네 구티여 이 여슈 ᄆᆡ요미 이디 몯호믈 외오 너겨(汝必嫌此六結)〈능5-22〉

외오다(誦) ; 외우다.

　；외오며 니겨(誦習)〈능4-85〉

외욤(失) ; 그릇됨. 잘못됨.

　；알ᄑᆡᆺ 외요믈 애ᄃᆞ니라(慨前之失也)〈능1-92〉

勇敢ᄒ다(猛) ; 용감하다.

　；싁스기 勇敢홈과(威猛)〈능6-15〉

容貌(容) ; 용모(容貌).

　；容貌 밧그로 ᄀ른ᄒ야도(容上外同)〈능8-25〉

우(上) ; 위.

　；우 업슨 그데 微妙히 다ᄃ게 ᄒ시며(而妙極乎無上之致)〈능1-8〉

우리(我 · 吾) ; 우리.

　；우리ᄃ를히(我等)〈능1-94〉

　；우리 부텻 ᄀ른쵬 펴샨 次第를 마초아 보ᅀᆞᆸ건대(准吾佛設敎之序)〈능1-18〉

우묵ᄒ다(凹) ; 우묵하다.

　；거우루 ᄀ른호딕 우묵ᄒ니라(似鏡而凹)〈능3-74〉

우희(上) ; 위.

　；上座ᄂᆞᆫ 우횟 사름〈능1-32〉

울다(泣 · 吼 · 啼泣 · 叫 · 叫喚) ; 울다.

　；머리조ᅀᅡ 禮數ᄒ솝ᄋᆞ오며 슬허 우러(頂禮悲泣)〈능1-39〉

　；吼ᄂᆞᆫ 우를씨오〈능5-4〉

　；우러 나를 責ᄒ야(啼泣自責)〈능5-43〉

　；된소리로 ᄀ장 우르며(高聲大叫)〈능6-95〉

　；能히 큰 울우미 ᄃ외오(則能爲大叫喚)〈능8-109〉

울월다(仰) ; 우러르다.

　；恭敬ᄒ야 울워ᅀᆞ와(欽仰)〈능1-34〉

움다(縮) ; 움츠러들다.

　；보미 體펴며 움ᄂᆞᆫ가 疑心ᄒ니(而疑見體舒縮)〈능2-40〉

움치다(縮) ; 움츠러지다. 움츠러들다.

　；큰거시 움처 져기 딕외니 잇가(縮大爲小)〈능2-40〉

웃다(笑) ; 웃다.

　；사름 곳 보면 우ᅀᅥ(見人則笑)〈능9-75〉

願ᄒ다(願) ; 원하다.

　；法要를 듣ᄌᆞᆸ고져 願ᄒᄉᆞᆸ더니(願聞法要)〈능1-38〉

爲頭ᄒ다(魁 · 冠 · 上 · 主) ; 으뜸가다. 으뜸이 되다.

   ; 魁ᄂᆫ 爲頭홀 씨라〈능3-88〉

   ; 三乘에 爲頭ᄒ며(冠三乘)〈능4-3〉

   ; 일후미 爲頭홀 마시니(名爲上味)〈능3-26〉

   ; 惡星이 爲頭ᄒ며(惡星以爲其主)〈능7-58〉

慰勞ᄒ다(慰) ; 위로하다.

   ; 뎡바길 ᄆᆞ져 慰勞ᄒ야(摩頂安慰)〈능7-7〉

爲ᄒ다(爲) ; 위하다.

   ; 나를 爲ᄒ야 펴 니ᄅᆞ쇼셔(爲我宣說)〈능2-26〉

議論ᄒ다(論) ; 의론하다.

   ; 세 經ㅅ 큰 그틀 議論컨대(論三經大致)〈능1-20〉

의심(疑) ; 의심.

   ; 愚一 아롬뎌 疑心ᄒ노니(愚竊疑焉)〈능1-16〉

恩惠(恩) ; 恩惠.

   ; 慈ᄂᆫ 恩惠로 숩고(慈以恩言)〈능1-29〉

婬亂ᄒ다(婬) ; 음란(婬亂)하다.

   ; 婬亂홀 ᄆᆞᄆᆞ로(婬躬)〈능1-35〉

飮食(饌) ; 음식.

   ; 됴훈 飮食 ᄆᆡᇰᄀᆞᆯ오져(欲成嘉饌)〈능1-81〉

應ᄒ다(應) ; 응하다.

   ; 서르 應ᄒ야ᅀᅡ ᄒ리로소이다(相應)〈능4-119〉

웃듬(質) ; 으뜸. 밑둥. 근본.

   ; 本來 웃둠미 됴티 아니ᄒ면(本質不美)〈능6-89〉

이(是 · 斯) ; 이.

   ; 如來 이에(如來於是)〈능1-110〉

   ; 이ᄂᆫ 엇뎨 소리 分別홀 ᄆᆞᅀᆞᆷ ᄲᆞ니리오(斯則豈惟聲分別心)〈능2-25〉

이긔다(堪 · 勝 · 制 · 剋) ; 이기다.

   ; 부텻 記를 이긔며 마짜오딕(堪任佛記)〈능1-19〉

   ; 物이 이긔리 업스실씨라(物無以勝也)〈능1-39〉

; 여러 外道를 이긔샤몰(制諸外道)〈능5-60〉

; 모물 이긔여 受苦로이 브즈러니ᄒᆞ야(尅己辛勤)〈능9-102〉

이다(戴) ; 머리에 이다.

; 노폰 뫼ᄒᆞᆯ 이여(如戴高山)〈능8-93〉

이다(成) ; 이루어지다. 일다.

; 便安히 셔미 이디 몯ᄒᆞ리라(不成安立)〈능2-37〉

이대(善·妙·靈) ; 잘. 편안히. 좋게.

; 諸有에 이대 걷내 뛰며(善超諸有)〈능1-24〉

; 遺囑을 이대 맛담직ᄒᆞ며(妙堪有囑)〈능1-24〉

; 이대 아로미 덞류ᄆᆞ로(靈悟所染)〈능9-57〉

이런ᄃᆞ로(是以) ; 이런 까닭으로. 이러하므로

; 이런ᄃᆞ로 渴望ᄒᆞ야 울워ᅀᆞ와(是以渴仰)〈능1-42〉

이런ᄃᆞ록(故) ; 이런 까닭으로.

; 이런ᄃᆞ록 그우뉴미 잇ᄂᆞ니라(故有輪轉)〈능1-43〉

이로다(了) ; 이루다. 되다.

; 決定히 이로미 第一이오(決子第一)〈능1-27〉

이받다(飯) ; 대접할 음식.

; ᄒᆞᆫ쁴 즁 이바도리라(同時飯僧)〈능1-31〉

이슥다(少選·有頃) ; 한참있다. 조금 있다.

; 이슥고 소리 슬어늘(少選聲銷)〈능4-126〉

; 이슥고 羅睺 ᄯᅩ와 鐘을 틴대(有頃羅睺更來撞鐘)〈능4-126〉

이슬(澤) ; 이슬.

; 澤은 이스리라〈능7-13〉

이어다(搖) ; 흔들다.

; 모든 緣이 안ᄒᆞ로 이어고(聚緣內搖)〈능2-18〉

利益(利) ; 이익.

; ᄯᅳ들 利益을 ᄒᆞᆫ쁴 니필 뿐 아니라(竟非利被一時)〈능1-26〉

이저디다(缺) ; 이지러지다.

; 相이 이저디디 아니틋ᄒᆞ미(相不缺)〈능8-25〉

이저브리다(虧) ; 이지러지다.

　; 둘헤ᄒᆞ며 이저브려(二之虧之)〈능4-59〉

이저뎌다(虧欠) ; 이지러지다.

　; 本來 이저뎌고미 업스며(本無虧欠)〈능4-5〉

이저ᄒᆞ다(蝕) ; 벌레 먹어 없어지다.

　; 蝕은 이저ᄒᆞ야 ᄇᆞ릴씨라〈능9-113〉

이제(現今·今) ; 이제.

　; 이제 ᄆᆞᅀᆞ미 잇ᄂᆞᆫ딜 묻거시ᄂᆞᆯ(現今徵心所在)〈능1-84〉

　; 이제 題 세흘 가지니(今題一處三焉)〈능1-9〉

引導ᄒᆞ다(導) ; 인도하다.

　; 모로매 智로 몬져 引導호ᄆᆞᆯ 사마(必以智爲先導)〈능1-28〉

因ᄒᆞ다(因) ; 인하다.

　; 소리를 因ᄒᆞ야(因聲)〈능2-22〉

일(事) ; 일.

　; 한 魔ㅅ 이를 여희여 ᄒᆞᄂᆞ니(離衆魔事)〈능1-3〉

일우다(成·成就) ; 이루다.

　; 못正覺ᄋᆞᆯ 일워(成最正覺)〈능1-3〉

　; 說法ᄒᆞ야 일우게ᄒᆞ며(令其成就)〈능6-13〉

一定ᄒᆞ다(定) ; 일정하다.

　; 몬져와 後예 보ᄆᆞᆯ 一定ᄒᆞ샤ᄆᆞᆫ(定先後見)〈능1-49〉

일ᄏᆞ이다(稱) ; 일컫다. 말하다. 칭송하다.

　; 나ᄆᆞᆫ 일ᄏᆞᄅᆞ샨 金剛觀察로(餘稱金剛觀察)〈능1-9〉

일타(亡) ; 잃다.

　; 正徧知를 일타(亡正徧知)〈능10-9〉

일홈(號·名) ; 이름.

　; ᄒᆞ마 法華ᄂᆞᆫ ᄀᆞ술 거두우미 涅槃은 주수미라 일홈ᄒᆞ면
　　(旣號法華秋獲涅槃捃拾)〈능1-19〉

　; 이 일후미 못노푼 法共養이라 ᄒᆞ신대(是名最上法之共養)〈능1-4〉

잃다(喪 · 遺 · 失 · 遺失 · 亡失 · 亡) ; 잃다.

   ; 行實을 수이 일허(輕喪行實)〈능1-94〉

   ; 제 性 일후믈 외다ᄒᆞ시니라(遺自性也)〈능1-113〉

   ; 准을 일흐면(失准)〈능1-18〉

   ; 잢간 일후미 업스며(初無遺失)〈능2-12〉

   ; 엇뎨 月輪 일흘 ᄯᆞ르미리오(豈惟亡失月輪)〈능2-23〉

   ; ᄯᅩ 그 숤가라굴 일흐리리(亦亡其指)〈능2-23〉

臨ᄒᆞ다(臨) ; 임하다.

   ; 오직 滅을 臨ᄒᆞ샤 기텨 맛디시논 이리라(獨臨滅遺付之事)〈능1-18〉

입(戶) ; 어귀. 문호. 출입문.

   ; 입과 窓괘 여러 훤홀씨(戶牖開豁)〈능1-49〉

입더럽다(嚚) ; 입 더럽다.

   ; 嚚은 입더러울씨라〈능8-127〉

입버울다(瘖瘂) ; 벙어리.

   ; 입버우니와 寃讎 뫼우디 몯는(瘖瘂寃憎會)〈능7-43〉

입시울(呴) ; 입술.

   ; 입시울를 할하오(舐呴)〈능3-9〉

잇ᄀᆞ장(此) ; 이까지.

   ; 알ᄑᆡᆺ 經이 잇ᄀᆞ장ᄒᆞ시고(前經止此)〈능4-85〉

잇다(居 · 有 · 在 · 住) ; 있다.

   ; 識心은 眞實로 몸 안해 잇ᄂᆞ니이다(識心實居身內)〈능1-47〉

   ; 다ᄉᆞᆺ 일후미 잇거늘(有五名)〈능1-9〉

   ; 오직 ᄠᅳ디 잇ᄂᆞᆫ디오(有義所在)〈능1-4〉

   ; 곧가 내죵내 쟝샹 잇디 아니커든(便去終不常住)〈능2-24〉

잇부다(疲勞) ; 가쁘다. 수고롭다.

   ; 供養ᄒᆞ되 잇부믈 아디 몯ᄒᆞ며(供養不覺疲勞)〈능9-100〉

잇브다 · 잇붐(勞倦 · 勞) ; 가쁘다. 가쁨.

   ; 잇브면 ᄌᆞ올오 자올 니기ᄒᆞ며(勞倦則眼睡熟)〈능3-14〉

   ; 바ᄅᆞ뼈 잇부미난 相이라(瞪發勞相)〈능3-1〉

잇비(勞) ; 가쁘게. 수고롭게. 피곤하게.
  ; 잇비 내 닷디 아니ㅎ야도(無勞我修)〈능1-92〉

자다(宿·寐) ; 자다.
  ; 시혹 자여 시혹 밥머그며(或宿或食)〈능1-105〉
  ; 니기 자며 뷘입십는 마래(熟寐囈言)〈능9-84〉

慈悲(悲) ; 자비.
  ; 부톄 慈悲로 ㄱ르치샤믈 기드리ᅀᆞ더니(佇佛悲誨)〈능1-102〉

子細ㅎ다·子細히(詳·諦·細) ; 자세히.
  ; 子細호믈 다ㅎ리라(乃盡其詳)〈능1-22〉
  ; 子細히 굴히시니(詳辯)〈능1-66〉
  ; 줌줌ㅎ야 ᄉᆞ랑ㅎ야 子細히 보건댄(沉思諦觀)〈능2-7〉
  ; 子細히 幼理를 보건댄(細觀幼理)〈능2-7〉

子息(子·兒) ; 자식.
  ; 녜롤브터 도ᄌᆞᆨ글 아라 子息올 삼도다(依舊認賊爲子)〈능1-84〉
  ; 흙무저글브터 子息을 사ᄆᆞ며(附塊爲兒)〈능7-92〉

自然(自) ; 자연.
  ; ᄆᆞᄎᆞ매 自然히 뎌보디 아니ㅎ논 相이라ㅎ시니(終自非是彼不見相)〈능2-37〉

자최(轍迹) ; 자취.
  ; 後ㅅ 經에 자최(後經轍迹)〈능1-37〉

자히(尺) ; 자.
  ; 훍기 훈자히 나면(出土一尺)〈능3-87〉

잔(巵) ; 잔.
  ; ᄉᆡ는 자내 믈 브ᅀᆞ며(水灌漏巵)〈능6-106〉

잘이(囊) ; 자루.
  ; 도기 다몸과 잘이 녀허 묘미(罋盛囊撲)〈능8-88〉

잘카냥ㅎ다(驕) ; 자랑하다. 잘난 체하다.
  ; 쇽졀업시 해 드로믈 잘카냥ㅎ야(虛驕多聞)〈능1-94〉

잠(睡·寤寐) ; 잠.
  ; 잇브면 ᄌᆞ올오 자믈 니기ㅎ면(勞倦則眼睡熟)〈능3-14〉

;싀며 자매 날쎠(生於寢寐)〈능3-14〉

## 갔간(曾·暫·初·粗·了) ; 잠깐.

;갔간도 달오미 업도소이다(曾無有異)〈능1-101〉

;갔간 五陰蓬盧롤브터 사는 젼추로(暫托五陰蓬盧而止故)〈능1-107〉

;갔간도 이 이리 업슨 젼추로(初無是事故)〈능1-107〉

;그 그틀 갔간 다스리고(粗治其末)〈능6-85〉

;相이 갔간도 根本이 업스니(相了無根本)〈능7-72〉

## 잡다(執·取·攝·提·撮·執提,擎·守·擒捉·秉) ; 잡다.

;구틔여 네자바 닐오딕(必汝執言)〈능1-61〉

;섯거 어즈러우면 中 자봉딕 업스니라(混亂則無所取中)〈능1-71〉

;ᄆᆞᅀᆞᆷ 자봄(攝心)〈능1-21〉

;阿難과 摩登伽룰 자바 勸ᄒᆞ샤(提獎阿難及摩登伽)〈능1-38〉

;虛空올 자바 븟둧ᄒᆞ야(撮摩虛空)〈능2-70〉

;엇뎨 네 자보몰 조추리오(云何隨汝執提)〈능2-70〉

;四大眞올 자바이ᄂᆞ니(而四大擎眞而成)〈능4-40〉

;愚惑올 구디 자바(固守愚惑)〈능7-88〉

;더디며 자ᄇᆞ며(投擲擒捉)〈능8-88〉

;如來ㅅ 道룰 자바(秉如來道)〈능110-70〉

## 잣(城) ; 성.

;阿難이 應器가져 ᄃᆞ니는 자새(阿難執持應器於所遊城)〈능1-32〉

## 잣(栢) ; 잣.

;鄭人緩緩이 주근 後에 자시 ᄃᆞ외니라(鄭人緩之栢)〈능7-88〉

## 쟈랑ᄒᆞ다(誇) ; 자랑하다.

;사룸보면 쟈랑ᄒᆞ야(見人則誇)〈능9-70〉

## 쟝ᄎᆞ(將) ; 장차. 앞으로.

;쟝ᄎᆞ 密義룰 求ᄒᆞ숩ᄂᆞ니(將求密義)〈능1-28〉

## 저(自) ; 제.

;어드우ᄆᆞ로 저를 샤ᄆᆞ려(以暗爲自)〈능2-66〉

## 저품(畏) ; 두려움.

;뎡바기예 온가짓 보빗 저품 업슨 光明을 펴시니(頂放百寶無畏光明)〈능1-38〉

저프다(威·畏·懾); 두렵다.

  ; 嚴은 저프샤므로 술오니라(嚴以威)〈능1-29〉

  ; 저품 업숨 得호매(得無所畏)〈능5-58〉

  ; 놀라와 저픈 젼ᄎ로(以可警懾故)〈능8-93〉

저흥다(慴); 두려워하다.

  ; 魂慮一變ᄒ야 저호ᄆ(魂慮變慴)〈능2-54〉

저허ᄒ다(惶悚·怖); 무섭게 여기다. 두렵다.

  ; 곧 저허 가졧던 거슬 일후미라(卽惶悚失守也)〈능2-54〉

  ; 저허 ᄆ슴 업스니라호ᄆᆯ 因ᄒ신 젼ᄎ로(因其怖謂無心故)〈능1-89〉

저히다(懾·劫); 두렵다. 무섭다.

  ; 能히 魔外ᄅᆯ 저히샤(能懾魔外)〈능1-39〉

  ; 劫은 저히고 아슬씨라〈능4-93〉

전혀(全·都·渾); 전혀.

  ; 보미 전혀 업디 아니ᄒ니(非見全無)〈능1-100〉

  ; 전혀 實흔 ᄠᅳ디 업스니라(都無實義)〈능3-81〉

  ; 전혀 아디 몯홀씨(渾不知)〈능3-82〉

젼논다(慴); 두려워하다.

  ; 그 魂慮變ᄒ야 젼논ᄃᆯ 아ᄅ시고(知其魂慮變慴)〈능2-54〉

절로(自); 저절로.

  ; 절로 어긔리니(自差)〈능1-18〉

接ᄒ다(接); 접하다.

  ; 光明이 서르 接호ᄆ(光明相接)〈능3-75〉

精誠(誠); 정성.

  ; 눉믈 흘려 精誠 고초아(兩淚翹誠)〈능5-3〉

젖다(潤·濕·滋·浸); 젖다.

  ; 寶明이 저주믈 내며(寶明生潤)〈능4-18〉

  ; 저즈니ᄂ 큰 바ᄅᆯ리 ᄃ외오(濕爲巨海)〈능4-18〉

  ; 저주믈 和合ᄒ야(和合滋)〈능7-80〉

  ; ᄆ리 바틀 저져(如水浸田)〈능8-86〉

제(時) ; 때.

　; 어드운딕 볼 제(見暗之時)〈능1-59〉

濟度ᄒ다(濟·度) ; 제도하다.

　; 未來를 싸혀며 濟度ᄒ야(拔濟未來)〈능1-24〉

　; 末世를 濟度코져 願ᄒ야(而願度末世)〈능1-21〉

져기(方) ; 좀. 적이.

　; 져기 주그며 져기 산 스이를 니르시니라(謂方死方生之間也)〈능8-72〉

져버보다(恕) ; 접어보다. 용서하다.

　; 恕ᄂᆞᆫ 내 모므로 ᄂᆞᆷ 져버볼씨라〈능3-82〉

져비(鷰) ; 제비.

　; 곧 社앳 져비와(卽社鷰)〈능8-121〉

져재(肆·市·闠·闤) ; 시장.

　; 屠肆ᄂᆞᆫ 즁싱 주겨 ᄑᆞᄂᆞᆫ 져재라〈능2-4〉

　; 聚落ᄋᆞᆫ ᄆᆞᅀᆞᆯ 져재라(聚落村市也)〈능4-34〉

　; 闠ᄋᆞᆫ 져잿 담이〈능5-68〉

　; 闤ᄂᆞᆫ 져잿 門이라〈능5-68〉

져주다(鞫) ; 신문하다. 고문하다 .

　; 추자 무르며 슬펴 져주며(推鞫察訪)〈능8-90〉

젹다(略·約·小·蕞·尠·促·劣·眇) ; 적다.

　; 알ᄑᆞᆯ 드듸신 젼ᄎᆞ로 져기ᄒ시니라(躡前故略之)〈능1-111〉

　; 져고ᄆᆞ로 너무믈 ᄢᅵ리니라(以約該愽也)〈능1-9〉

　; 크며 져근 名相이(大小名相)〈능1-8〉

　; 져근 몸 안해 아ᄂᆞ니(乃認之於蕞爾身中)〈능2-20〉

　; 가비야오며 져군디(輕尠)〈능2-56〉

　; 局促ᄋᆞᆫ 그슴ᄒᆞ야 져글씨라〈능4-46〉

　; 劣ᄋᆞᆫ 져근씨라〈능4-96〉

　; 眇ᄂᆞᆫ 져글씨라〈능9-49〉

젼ᄎᆞ로(由·故) ; 까닭으로.

　; 반ᄃᆞ기 眞際 ᄀᆞᆯ치샤ᄆᆞᆯ 아디 몯호 젼ᄎᆞ로 소이다(當由不知眞際所指)〈능1-76〉

　; 저허 ᄆᆞᅀᆞᆷ 업스니라호믈 因ᄒᆞ신 젼ᄎᆞ로(因其怖謂無心故)〈능1-89〉

전혀(專・全・職) ; 오로지. 전혀.

  ; 專門은 전혀흔 그를 비홀씨라〈능1-22〉

  ; 전혀 흔眞覺 쓰르미어늘(全一眞覺而已)〈능2-20〉

  ; 전혀 다 이를 브트니라(職皆由此)〈능8-69〉

졋곳(呇・恣) ; 마음껏. 마구. 함부로.

  ; 졋곳 즁이 드러내혀호씩(呇任僧擧)〈능1-29〉

  ; ᄀ장 시브며 졋곳머거(大嚼恣噉)〈능6-99〉

졈다(年少・小・少・幼・童稚) ; 젊다.

  ; 져믄學 잇는 聲聞 쓰르미리잇고(年少有學聲聞)〈능4-64〉

  ; 뭇져믄 앗이로니(最小之弟)〈능1-76〉

  ; 나히 져므니라(年少)〈능2-6〉

  ; 져므며 壯ᄒ며 老耄(幼壯老耄)〈능2-9〉

  ; 져머 아로미 업서(童稚無知)〈능5-72〉

漸漸 ; 점점.

  ; 漸漸 이에 니르로이다(漸至於此)〈능2-6〉

졋(乳) ; 젖.

  ; 졋 일흔 아히(如失乳兒)〈능2-1〉

졋바디다(沛) ; 자빠지다.

  ; 沛는 졋바딜씨오〈능5-32〉

졋어미(乳母) ; 유모.

  ; 부텻 졋어미 두외ᅀᆞ와(爲佛乳母)〈능7-4〉

졍ᄒ다(雅) ; 정(正)하다.

  ; 雅는 正홀씨라〈능1-30〉

조쓰다(稽) ; 머리 숙이다.

  ; 阿難이 머리 조쓰와(阿難稽首)〈능1 52〉

조심ᄒ다(謹) ; 조심하다.

  ; 조심ᄒ야 조히ᄒ야(謹潔)〈능1-22〉

조ᅀᆞ다(稽) ; 조아리다.

  ; 머리조ᅀᆞ 부텨쯰 솔오딕(稽首白佛)〈능6-82〉

조ᅀᆞᆯ윈(要) ; 종요로 온.

  ; 道 비홀 조ᅀᆞᆯ윈(學道之要)〈능1-94〉

조ᅀᆞ리다(要) ; 종요로움이라.

  ; 覺心 조히올 조ᅀᆞ리라(淨覺心之要也)〈능2-95〉

조쫍다(隨順·從·乃) ; 좇잡다.

  ; 조쫘 두루 펴(隨順分布)〈능1-4〉

  ; 부텨 조쫘 道애 드러(從佛入道)〈능5-48〉

  ; 이제 니르러 부텨 조쫘(乃至今時)〈능5-39〉

조타(淨) ; 깨끗하다.

  ; 本來微妙히 붉고 조커늘(本妙明淨)〈능2-31〉

조ᄒᆞ다(淨·淸·灑洛) ; 깨끗하다.

  ; 더러우며 조흔 萬境에(於染淨萬境)〈능1-9〉

  ; 法筵엣 조흔 衆이(法筵淸衆)〈능1-29〉

  ; 灑洛언 조홀 씨라(능2-104〉

조히(蕩) ; 깨끗이.

  ; 비르서 조히 그초믈 得ᄒᆞ리라(方得蕩絕也)〈능1-107〉

조히ᄒᆞ다(淸·潔) ; 깨끗하다.

  ; 合掌ᄒᆞ야 ᄆᆞᅀᆞᆷ 조히ᄒᆞ야(合掌淸心)〈능1-102〉

  ; 조심ᄒᆞ야 조히ᄒᆞ야(謹潔)〈능1-22〉

조히오다(淨) ; 깨끗하게하다, 맑게하다

  ; 覺心 조히올 조ᅀᆞ리라(淨覺心之要也)〈능2-95〉

足히(足) ; 족히.

  ; 足히 妄ᄋᆞᆯ 알리로다(足知其妄矣)〈능2-82〉

좁다(狹·隘·局·迫隘) ; 좁다.

  ; 보미 너브며 조보ᄆᆞ로(以所觀廣狹)〈능2-40〉

  ; 눌이 田地險ᄒᆞ야 조바(津口田地險隘)〈능5-68〉

  ; 分證ᄒᆞ면 조볼씨(分證則局)〈능8-47〉

  ; 쏘 조번 受苦연 장애(又於迫隘苦其)〈능8-93〉

좃다(徇·循) ; 좇다.
　; 제 좃는 젼ᄎ로(自徇故)〈능8-127〉
　; 七大는 곧 業을 좃는 用이니(七大卽循業之用也)〈능3-72〉

좃ᅀᆞᆸ다(稽) ; 조아리다.
　; 머리 좃ᅀᆞ와 부텨씌 ᄉᆞᆯ오ᄃᆡ(稽首白佛)〈능5-6〉

좃다(隨) ; 좇다.
　; 좃는 ᄠᅳ디 이디 몯도다(隨義不成)〈능1-58〉

종(鐘) ; 종.
　; 鐘 티라ᄒᆞ시고(擊鐘)〈능4-126〉

종(奴僕) ; 종.
　; 모미 종이 ᄃᆞ외냐(身爲奴僕)〈능9-100〉

種子(種) ; 종자.
　; 衆生의 業의 種子 모도미 일며(衆生業種成聚)〈능1-82〉

좇다(從) ; 좇다.
　; 내부텨를 조ᄍᆞ와 듣ᄌᆞ오라ᄒᆞ니(我從佛聞)〈능1-23〉

좇다(逐·兼·隨·從·循·緣·屛) ; 좇다.
　; 아래 ᄠᅳ들조차(下逐義)〈능1-66〉
　; 이에 境을 조쳐 ᄇᆞᆯ기시니(此兼明境)〈능1-113〉
　; 緣을 조차 ᄂᆞ려나며(隨緣降誕)〈능1-9〉
　; 조차 ᄉᆞ기ᄂᆞᆫ거시(則從而釋之者)〈능1-10〉
　; 次第로 조차 비로ᄃᆡ(次第循乞)〈능1-32〉
　; 緣은 조츨씨라〈능5-82〉
　; 반ᄃᆞ기 내 조차 ᄇᆞ료디리(當屛棄)〈능7-54〉

죠개(蛤) ; 조개.
　; 새 죠개 ᄃᆞ외면(如雀爲蛤)〈능7-83〉

죠고만(纖) ; 조그만.
　; 죠고만 그린것도 훤히 업서(廓無纖翳)〈능1-4〉

좌ᄎᆡ(迹) ; 자취.
　; 버거 阿難이 자최 뵈요ᄆᆞᆯ(次陳阿難示迹)〈능1-20〉

주기다(殺·屠·誅·沒) ; 죽이다.

　; 無明 도ᄌ글 주기니(殺無明賊)〈능1-25〉

　; 屠ᄂ 주길씨오〈능1-33〉

　; 誅ᄂ 주길씨라〈능6-112〉

　; 能히 性을 毒ᄒ야 모믈 주기ᄂ니라(能毒性沒身)〈능8-83〉

주다(遺·錫·施) ; 주다.

　; 本來 일훔 주리 업거늘(固無遺失)〈능2-12〉

　; 錫은 줄씨라〈능6-20〉

　; 주으린 衆生을 주며(施餓衆生)〈능6-107〉

주머니(袋) ; 주머니.

　; 주머니 ᄃ외며(爲袋)〈능8-106〉

주먹(拳) ; 주먹.

　; 光明흔 주머귀 밍ᄀ르샤(爲光明拳)〈능1-83〉

주시다(惠) ; 주시다.

　; 나를 三昧주시리라(惠我三昧)〈능1-92〉

주어다(握) ; 쥐다.

　; 구펴 주어 사ᄅᆷ 뵈실씨(屈握示人)〈능1-98〉

주으리다(飢·餓·餒) ; 주리다.

　; 밥 니ᄅᆞᆫ 주으린 아비 ᄃ외놋다(說食飢夫)〈능1-3〉

　; 주으린 衆生을 주며(施餓衆生)〈능6-107〉

　; 能히 주으류미 ᄃ외며 어괴뉴미 ᄃ외오(則能爲餒爲爽)〈능8-101〉

注ᄒ다(解) ; 풀이하다.

　; 因ᄒ야 이 注를 밍ᄀ니라(因爲是解)〈능1-3〉

죽다(殞·亡·夭) ; 죽다.

　; 漸漸스러 주거니 주구미(漸漸銷殞亡)〈능2-4〉

　; 漸漸스러 주거니 주구니(漸漸銷殞亡)〈능2-4〉

　; 夭ᄂ 져버셔 주글씨라〈능7-57〉

줏다(拾) ; 줍다.

　; 거두며 줏ᄂ 스시예(攬拾之中)〈능1-19〉

줏다(捃拾) ; 줍다.

     ; 涅槃은 주수미라 일훔ᄒ면(涅槃捃拾)〈능1-19〉

重ᄒ다(重) ; 중하다.

     ; ᄌ오롬 重ᄒ 사ᄅ미(如重睡人)〈능4-130〉

죽(麋) ; 죽.

     ; 能히 데운 丸과 쇠 죽이 ᄃ외오(能爲焦丸鐵麋)〈능8-97〉

즁(僧) ; 스님. 중.

     ; 젼ᄎ 즁이 드러내혜ᄒ올씨(岑任僧擧)〈능1-29〉

즁싱(畜) ; 짐승

     ; 프성귀와 사롬과 즁싱괘(草芥人畜)〈능2-34〉

쥐(鼠) ; 쥐.

     ; 鼠ᄂ 쥐다〈능8-119〉

쥐다(合 · 卷) ; 쥐다.

     ; 내소니 펴미 이시며 쥐유미 잇ᄂ녀(爲是我手有開有合)〈능1-108〉

     ; 펴락 쥐락호미 업스니(無舒卷)〈능1-111〉

즈슴ᄒ다(隔) ; 격하다. 막히다. 사이에 두다.

     ; ᄒ마 셔믈브터 즈슴ᄒ야 마고미 ᄃ욀씨(旣立逐成隔礙)〈능4-24〉

즉재(卽) ; 즉시.

     ; 物노코 즉재가고(放物卽行)〈능5-68〉

즌ᄃᆡ(泥) ; 진 곳.

     ; 시혹 술위나 쇼왜 즌ᄃᆡ ᄲᅥ디옛거든(或有車牛被於泥溺)〈능5-68〉

즐기다(樂 · 好 · 愛 · 欣) ; 즐기다.

     ; 예셔 닐오면 더러우믈 즐기ᄂ 사ᄅ미라(此云樂垢穢人)〈능1-78〉

     ; 世間과 즐규미 달아(與世異好)〈능1-3〉

     ; 鬼神을 統ᄒ야 國土救護호ᄆᆯ 즐기거든(愛統鬼神救護國土)〈능6-13〉

     ; 이ᄂ 일후미 즐기며 아쳐러(此名欣厭)〈능9-62〉

즐어(徑) ; 일찍.

     ; 어루 즐어 나ᅀᅡ가리라(可徑造矣)〈능1-44〉

즘헐우다(耄) ; 젊을 헐게 하다.

　　; 耄는 늘거니 즘헐울씨라〈능2-5〉

證明(證) ; 증명.

　　; 부텨 證明 드외샤몰 請ᄒᆞᅀᆞ오니라(請佛爲證也)〈능3-113〉

至極ᄒᆞ다(極·至) ; 지극하다.

　　; ᄆᆞ촘 至極혼 ᄀᆞᄅᆞ쵸미시니라(終極之敎)〈능1-18〉

　　; 至極디 아니ᄒᆞᆫ듸 업거시늘(靡所不至)〈능1-3〉

지다(負) ; 지다.

　　; 바미 고래지여 드로미(夫夜壑負趍)〈능1-16〉

지도리 굼기(穴) ; 지도리 구멍. 돌쩌귀 구멍.

　　; 穴은 지도리 굼기라〈능10-2〉

지도리(樞) ; 지도리. 돌쩌귀 .

　　; 樞는 門지도리오〈능10-2〉

지리히(枝) ; 지루하게.

　　; 또 엇뎨 楞嚴에 지리히 너출에 ᄒᆞ시리오(復何枝蔓於楞嚴哉)〈능1-19〉

智慧(智) ; 지혜.

　　; 모든 智慧이쇼ᄂᆞ닌(諸有智者)〈능1-99〉

진(液) ; 진

　　; 고롬과 피왜 섯근 나믄지니니(膿血雜亂餘液)〈능6-99〉

眞實(誠·眞·允) ; 진실.

　　; 眞實로 불기 아로미 맛당커늘(誠合明了)〈능1-51〉

　　; 다시 眞實ㅅ ᄀᆞᆺ ᄀᆞᄅᆞ치샤몰 모르며(而復不知眞際所指)〈능1-19〉

　　; 眞實로 보아 울워ᅀᆞ옴도(允所瞻仰)〈능2-21〉

질드리다(馴) ; 길 드리다.

　　; 사르미게 실ᄃᆞᆻ니(馴服於人)〈능8-122〉

斟酌(臆) ; 짐작.

　　; 이 斟酌 아닌돌 알리라(知此非臆矣)〈능7-15〉

짐지다(負) ; 짐 지다.

　；내 짐질 사르미 드외야(我爲負人)〈능5-68〉

집(室·府·亭·家·舍·莊) ; 집.

　；그 집 門을 조차(從其室門)〈능1-53〉

　；府는 지비라〈능1-60〉

　；旅亭은 손드는 지비라〈능1-105〉

　；열나믄 지비니(十有餘家)〈능1-16〉

　；婬亂흔 지븨 쩌디니(溺於婬舍)〈능1-19〉

　；莊은 녀름짓는 지비라〈능7-55〉

집기슭(宇) ; 처마.

　；담과 집기슭 스싀에(牆宇之間)〈능2-28〉

짓괼다(諠) ; 지껄이다.

　；諠은 모다 짓괼씨라〈능4-8〉

짓다(築·作·造·字) ; 짓다.

　；흐다가 담의 집과 지서(若築牆宇)〈능2-43〉

　；또 이그티 스랑호믈 지소니(又作如是思惟)〈능1-59〉

　；惑을 니르와다 業을 지서(起惑造業)〈능1-107〉

　；어느 고들 일훔지어(名字何處)〈능2-14〉

즈개(自) ; 자기.

　；내 如來소니 즈개 펴락 쥐락흐샤믈 보스올 뿌니언정

　　(我見如來手自開合)〈능1-1109〉

즈디(紫) ; 자주색.

　；能히 거믄 너와 즈디 브리 도와느니라(能爲黑烟紫焰)〈능5-57〉

즈라다(長成) ; 자라다.

　；나히 즈라며 니르던(年至長成)〈능2-5〉

즈마다(沉淪) ; 잠기다.

　；네 性이 즈마(汝性沉淪)〈능3-98〉

즈모(稍) ; 자못.

　；즈모 해 어긔니(稍多違戾)〈능1-22〉

ᄌᄉ(核) ; 자위. 중심. 씨.

  ; 다숫果ᄂ ᄌᄉ 잇ᄂ니 술 잇ᄂ니라〈능8-7〉

ᄌ조(促·屢) ; 자주.

  ; ᄌ조ᄆ로브터 子細히 보건댄(自促細觀)〈능2-7〉

  ; 알픠 ᄌ조 일ᄀᄅᄉᆞᆫ(前之屢稱)〈능3-110〉

즐오다(絞) ; 잘다.

  ; 즐오ᄆᆯ 因ᄒ야 水이ᄂ니라(因絞成水)〈능4-18〉

ᄌ올다(眼) ; 졸다.

  ; 잇브면 ᄌ올오 자ᄆᆯ 니기ᄒ면(勞倦則眼睡熟)〈능3-14〉

줌줌ᄒ다(黙·黙然·沉) ; 잠잠하다.

  ; 줌줌ᄒ야 제 일흐니라(黙然自失)〈능1-91〉

  ; 믈러 안자 줌줌ᄒ야(退坐黙然)〈능1-41〉

  ; 줌줌ᄒ야 ᄉ랑ᄒ야 子細히 보건댄(沉思諦觀)〈능2-7〉

줓다(數) ; 자주.

  ; 病이 ᄌᄌ며(數病)〈능7-4〉

지(恢) ; 재.

  ; 브리 지 드외ᄃᆞᆺ ᄒ야(如火成恢)〈능2-4〉

지벽(礫) ; 조약돌

  ; 흔지샛 지벽을 가져(取一瓦礫)〈능5-72〉

지조(才) ; 재주.

  ; 奇特한 지조와 큰 그르시(奇才戲器)〈능1-3〉

지쇠(技) ; 재주.

  ; 莊子애 지재(莊子技)〈능4-62〉

ᄍ쇠·ᄍ ᄉ(睛) ; 자위.

  ; 눈ᄍ쇠 ᄀ 움즉니 이니ᄒ야(目睛不瞬)〈능2-15〉

  ; 눈ᄍ ᄉᄅ롤 뮈우디 아니ᄒ야(不動目睛)〈능2-109〉

ᄲᅡ다(織) ; 짜다.

  ; 覺이 妄ᄋᆯ ᄲᅡ(織見覺之妄)〈능4-82〉

뽀다(鹹) ; 짜다.

　; ᄒᆞ다가 뽄마시 ᄃᆞ외 몷딘댄(若作鹹味)〈능3-28〉

딱(偶·儀·匹) ; 짝.

　; 根과 境괘 ᄧᆞ기 아니실ᄊᆡ(則根境不偶)〈능6-30〉

　; 儀ᄂᆞᆫ ᄧᅡ기니 하ᄂᆞᆳ ᄧᅡ기라〈능6-34〉

　; 夫妻 딱 마초고(匹配夫妻)〈능8-133〉

뽐(鹹) ; 짬.

　; 뽀믈브터 굴히시ᄂᆞ니라(托鹹以辯)〈능3-8〉

뾔다(熏·然) ; 쬐다.

　; 熏ᄋᆞᆫ 뾀ᄊᆡ니〈능4-72〉

　; 光과 光 서르 뾔여(光光相然)〈능9-6〉

뻐야디다(裂) ; 째어지다, 찢어지다

　; 道術이 ᄒᆞ마 뻐야디어(道術旣裂)〈능1-2〉

차반(羞) ; 음식. 반찬.

　; 貴흔 차반 우업슨 됴흔 마ᄉᆞᆯ 만히 노ᄊᆞᆸ고(廣設珍羞無上妙味)〈능1-31〉

差別ᄒᆞ다(差別) ; 차별하다.

　; 種種히 差別ᄒᆞ나(種種差別)〈능2-30〉

次第(序) ; 차례.

　; 우리 부텻 ᄀᆞᄅᆞ춈 펴샨 次第를 마초아 보ᅀᆞᆸ건댄(准吾佛設敎之序)〈능1-18〉

讚嘆ᄒᆞ다(歎) ; 찬탄하다.

　; 나를 讚嘆ᄒᆞ샤ᄃᆡ(歎我)〈능6-46〉

窓(牖) ; 창.

　; 입과 窓괘 여러 횐홀ᄊᆡ(戶牖開豁)〈능1-49〉

菜蔬(菜) ; 채소.

　; 플와 菜蔬 아니 날ᄊᆡ(草菜不生)〈능6-93〉

채티다(筴) ; 채치다. 채찍을 치다.

　; 그ᅀᅳ기 모라 채티리 잇ᄂᆞᆫ 돗ᄒᆞ야(隱然若有驅筴)〈능7-4〉

責ᄒ다(責) ; 꾸짖다. 책하다.

  ; 結ᄒ야 責ᄒ샤(結責)〈능2-3〉

처디다(滴) ; 처지다. 떨어지다.

  ; 흔처딘 비예 니르러도(一滴之雨)〈능5-25〉

처섬(方·始·首) ; 처음.

  ; 그 中에 그츠리 제 어즈러이 뮈유믈 처섬 아ᄂ니(方覺於中妄自擾動)〈능1-107〉

  ; 처섬브터 내죵애 니르니(從始洎經)〈능1-112〉

  ; 初禪은 곧 色界옛 처섬이니(初禪卽色界之首)〈능2-33〉

처엄(始) ; 처음.

  ; 처엄 凡夫로브터(始從凡夫)〈능1-21〉

첫(初) ; 첫.

  ; 末世옛 첫 機(而末世初機)〈능1-3〉

請ᄒ다(請) ; 청하다.

  ; 오직 阿難이 몬져 다ᄅᆞᆫ딧 請을 바다(先受別請)〈능1-32〉

聰明ᄒ다(聰) ; 총명하다.

  ; 사ᄅ미 聰明ᄒ며 鈍ᄒ니 이슈미(人有聰鈍)〈능8-74〉

推尋ᄒ다(推) ; 추심하다.

  ; 微細히 推尋ᄒ야 求컨댄(微細推求)〈능4-123〉

축축ᄒ다(濕) ; 축축하다.

  ; ᄯ자히 해 더우며 축축기늘ᄉᆡ(地多蒸濕)〈능6-93〉

춤(唾·涎) ; 침.

  ; 처섬 눇믈와 춤과브터(初從涕唾)〈능5-72〉

  ; 涎은 추미라〈능8-68〉

춤추다(舞) ; 춤추다.

  ; 게 놉애 브르고 제 춤츠며(自歌自舞)〈능9-75〉

츳들다(漉·瀝漉) ; 거르다. 물결이 똑똑 떨어지다.

  ; 다와다 츳들게ᄒ며(蹙漉)〈능8-92〉

  ; 그 피를 츳들게ᄒ여(瀝漉其血)〈능8-93〉

층집(重閣) ; 이층 집.

　; 重閣은 층지비라〈능1-48〉

치움(寒·冽) ; 추움. 춥다.

　; 치움과 더움괘 올마흘러(寒暑還流)〈능2-6〉

　; 冽은 치울씨라〈능8-82〉

치이다(養) ; 치게 하다. 기르다.

　; 사ᄅᆞᆯ 기드려 치이ᄂᆞ리라(需人以養者)〈능2-5〉

親ᄒᆞ다(親) ; 친하다.

　; 부텻 親ᄒᆞᆫ 앗이라(佛親第也)〈능5-57〉

侵勞ᄒᆞ다(陵) ; 침로하다.

　; 水火 서르 侵勞티 아니ᄒᆞ며(水火不相陵)〈능4-8〉

ᄎᆞ다(帶) ; 차다.

　; 시혹 몸우희 ᄎᆞ거나(或帶身上)〈능7-46〉

ᄎᆞ뎨(倫) ; 차례.

　; 倫은 次第니〈능1-41〉

ᄎᆞ리다(疎) ; 가다듬다. 차리다.

　; 疎ᄂᆞᆫ 經 ᄠᅳ들 올오리 ᄎᆞ릴씨오〈능1-16〉

ᄎᆞ셔(序) ; 차서.

　; 믈의 經에 衆 次序호미(凡經序衆)〈능1-26〉

ᄎᆡ오다(充) ; 채우다.

　; 各各 本數를브터 ᄎᆡ오샤(各依本數充之)〈능6-41〉

크다(巨·大·弘·茂·誕) ; 크다.

　; 믉ᄀᆞᆫ 큰 바ᄅᆞ래(如湛巨海)〈능3-108〉

　; 큰 比丘 衆千二百五十人과(與大比丘衆千二百五十人)〈능1-23〉

　; 三界예 큰 法이 ᄃᆞ외면(弘範三界)〈능1-24〉

　; 奇特ᄒᆞᆫ 직조와 큰 그르시(奇才茂器)〈능1-3〉

　; 秘密ᄒᆞᆫ 經典을 크게 펴샤(誕敷秘典)〈능1-3〉

터(基·址) ; 터ㅎ.

　; 修行앳 眞實ㅅ 터흘 사ᄆᆞ샤고(爲修行眞基)〈능1-21〉

; 빗난 지빗 터히오(則華屋之址也)〈능5-1〉

터럭(毛·毫) ; 털.

   ; 듣글은 터럭 マ튼 國土애(於塵毛國土)〈능1-9〉

   ; 이マ티 플와 나모와 マᄂ 터러게 니르리(如是乃至草樹纖毫)〈능2-48〉

터럭옷(氎) ; 털옷.

   ; 氎ᄂ 터럭오시라〈능6-107〉

테(圍) ; 테.

   ; 圍ᄂ 테라〈능2-20〉

텨(討) ; 치다. 쳐다.

   ; 兵馬롤 니ᄅ와다 텨 더로디(發兵討除)〈능1-44〉

톱(甲) ; 발톱. 손톱.

   ; 톱 길며 머리터럭 나며(甲長髮生)〈능10-82〉

톳긔(兎) ; 토끼.

   ; 업스면 거부븨터리와 톳긔쌀 ᄀ거니(無則同於龜毛兎角)〈능1-74〉

튬(擊·撲) ; 치다, 때림.

   ; 서르 툐몰(相擊)〈능4-109〉

   ; 도기 다몸과 잘인 녀허툐미 잇ᄂ니(甕盛囊撲)〈능8-88〉

特別히(特) ; 특별히.

   ; 特別히 爲ᄒ야 뻐러 브리시니(特爲遣拂)〈능1-104〉

티다(擊·撞·捶·椎) ; 치다.

   ; 뫼햇 돌히 티면(山石擊)〈능4-18〉

   ; 쏘와 鐘올 틴대(更來撞鐘)〈능4-126〉

   ; 티며 구지저도(捶詈)〈능6-107〉

   ; 누르며 텨 누르며(壓捺椎按)〈능8-92〉

티티다(擲) ; 치 드리다.

   ; ᄃᄆ며 티티며 ᄂ랏다가 뻐러디며(沒溺勝擲飛墜)〈능8-87〉

뻐듐(綻) ; 터짐 .

   ; 能히 뻐듐미 ᄃ외며 믈우미 ᄃ외며(則能尙綻爲爛)〈능8-101〉

뼈디다(坼) ; 터지다.
: 大地 뮈여 뼈디며(大地振坼)〈능9-47〉

파다(鑿) ; 파다.
: 우믈 파 믈求홀제(鑿井求水)〈능3-87〉

펴다(叙·放·發·開·宣·設·陳·敷·布·徧·演·舒·揚·敵·發揮) ; 펴다
: 편 뜨든(所敘之意)〈능1-77〉
: 種種 光올 펴시니(放種種光)〈능1-78〉
: 妙明心을 펴샤(發妙明心)〈능1-94〉
: 구피시곡 ᄯᅩ 펴시며(屈已復開)〈능1-108〉
: 妙蓮華를 펴시거늘(宣妙蓮華)〈능1-17〉
: 우리 부텻 ᄀᆞ른춈 펴샨 次第를 마초아 보ᅀᆞᆸ건대(准吾佛設敎之序)〈능1-18〉
: 請호ᄃᆡ 管見을 펴리라(請陳管見)〈능1-18〉
: 秘密ᄒᆞᆫ 經典올 크게 펴샤(誕敷秘典)〈능1-3〉
: 좃ᄌᆞ와 두루 펴(隨順分布)〈능1-4〉
: 本來 두려이 펴 일흟줄 골 업소믈(本來圓徧無遺失)〈능2-22〉
: 날爲ᄒᆞ샤 펴 불어니르쇼셔(爲我敷演)〈능2-40〉
: 보미 體펴며 움는가 疑心ᄒᆞ니(而疑見體舒縮)〈능2-40〉
: 나를 펴 내요믈 ᄀᆞ른쳐시늘(敎我發揚)〈능5-58〉
: 物와 나왜 펴니 일어니와(則物我成敵)〈능6-29〉
: 發揮는 내야 펼씨라〈능2-3〉

펴락쥐락(開合·舒卷) ; 쥐락펴락.
: 衆生에 펴락쥐락(衆生開合)〈능1-108〉
: 펴락쥐락호미 업스니(無舒卷)〈능1-111〉

펴ᄇᆞᆯ기다(發明) ; 펴 밝히다.
: 큰 慈로 펴ᄇᆞᆯ기쇼셔(大慈發明)〈능2-56〉

편(敵) ; 편. 적.
: 펴니 이러(成敵)〈능1-7〉

便安히(安·泰然) ; 편안히.
: ᄒᆞ마 부텻 道애 便安히 位호ᄃᆡ(旣已安位佛道)〈능1-19〉
: 몸과 ᄆᆞᅀᆞᆷ괘 便安ᄒᆞ야(身心泰然)〈능2-1〉

平牀(牀) ; 평상.

  ; 平牀 벼개예 니기 자거든(眼熟牀枕)〈능4-130〉

平ᄒ다(准) ; 평평하다. 平하다.

  ; 准은 平홀씨니 正케ᄒᄂᆫ 그르시라〈능1-18〉

폼(鑿) ; 팜.

  ; 포믈 因ᄒ야 잇ᄂᆫ것가 因업시 제 난 것가(出因鑿所有無因)〈능3-87〉

表ᄒ다(表) ; 표하다.

  ; 우업슨 여러 뵈샤믈 表ᄒ시니라(表無上開示也)〈능5-4〉

푸다(敷) ; 피다.

  ; 곳 푸미 ᄀᆞᆮᄒ니(猶敷花)〈능1-19〉

풍류(奏) ; 풍류.

  ; 奏ᄂᆫ 풍류홀씨라〈능6-47〉

퓌다(熾) ; 피다.

  ; ᄉ라 ᄆᆡ이 피에ᄒ고(然令猛熾)〈능7-16〉

퓌우다(燒) ; 피우다.

  ; 純히 沉水를 퓌우ᄃᆡ(純燒沉水)〈능7-14〉

프다(開敷) ; 피다.

  ; 自在히 프며(自在開敷)〈능1-9〉

프성귀(草芥) ; 푸성귀.

  ; 프성귀와 사ᄅᆞᆷ과 즁ᄉᆡᇰ괘(草芥人畜)〈능2-37〉

플(膠) ; 풀. 아교.

  ; 브토미 플와 옷과 ᄀᆞᆮᄒ야(黏如膠漆)〈능9-100〉

피(血) ; 피.

  ; 血은 피라〈능2-6〉

ᄑᆞ다(鑿) ; 피다.

  ; 흘글 ᄑᆞ디 아니흔 前에(未鑿土前)〈능1-88〉

하ᄂᆞᆯ(天) ; 하늘.

  ; 日輪이 하ᄂᆞᆯ해 오ᄅᆞ면(日輪昇天)〈능2-28〉

下直ᄒ다(辭) ; 하직하다.

    ; 내 그ᄢ 부텻긔 下直ᄒᅀᆞᆸ고(我時辭佛)〈능5-35〉

한(衆·積·群·諸) ; 많은. 모든. 여러.

    ; 한 魔ㅅ 이를 여희에 ᄒᄂ니(離衆魔事)〈능1-3〉

    ; 한 치위와 구든 어르미(有積寒堅氷)〈능8-82〉

    ; 한 마ᄉᆞᆯ ᄢᅥ려 取ᄒᄂ 전ᄎᆞ로(籠取群味故)〈능8-104〉

    ; 한 世間애 大地山河를 보ᄃᆡ(視諸世間大地山河)〈능10-1〉

할(優) ; 많은.

    ; 優ᄂ 할씨오〈능4-96〉

할아다(謗·毁) ; 참소하., 헐뜯다.

    ; 疑心과 할아ᄂ니(疑謗)〈능1-34〉

    ; 할아몰 보ᄃᆡ(視毁)〈능6-107〉

할하다(舐) ; 핥다.

    ; 그 사ᄅᆞ미 혀로 입시우를 할하니(以舌舐吻)〈능3-9〉

핧다(舐) ; 핥다.

    ; 입시울룰 핧ᄂ니(舐其脣吻)〈능8-5〉

合ᄒ다(合) ; 합하다.

    ; 마곰과 合ᄒ여(與塞合)〈능2-99〉

降伏(伏) ; 항복.

    ; 能히 것거 降伏히디 몯ᄒ야(不能折伏)〈능1-76〉

恒常(恒) ; 늘. 항상.

    ; 變티 아니ᄒ면 恒常일ᄊᆡ(不變則恒)〈능3-37〉

해(多) ; 많다.

    ; 제몸 모ᄅᄂ 무리 해 드로믈 ᄒᆞᆫ갓 向ᄒ고(迷已之流一向多聞)〈능1-37〉

해드롬(多聞) ; 많이 듣다.

    ; 제몸 모ᄅᄂ 무리 해 드로믈 ᄒᆞᆫ갓 向ᄒ고(迷已之流一向多聞)〈능1-37〉

行ᄒ다(行) ; 행하다.

    ; 갓ᄀ로 이를 行ᄒ야(顚倒行事)〈능1-112〉

虛空(空) ; 허공.

　；兜羅緜手 우흐로 虛空을 フ르치시면(兜羅緜手上指於空)〈능2-13〉

허로다(毀) ; 헐다.

　；戒體를 쟝충 허로려 ᄒ더니(將毀戒體)〈능1=35〉

허룸(傷毀) ; 허물. 상처.

　；또 허룸 업스리니(亦無傷毀)〈능9-54〉

허믈(咎・愆失・失・過)) ; 허물. 흠.

　；ᄆᆞᅀᆞᆷ과 누니 허므리 ᄃᆞ외니(心目爲咎)〈능1-46〉

　；제 허므리 잇거든(自有愆失)〈능1-29〉

　；왼 허므를 마고미라(防誤失也)〈능1-33〉

　；허믈 여희며 외욤 그츨ᄉᆞᆯ(離過絶非)〈능4-122〉

헐다(壞・破・虧・傷・謗) ; 헐다.

　；隳는 헐씨라(隳壞也)〈능1-78〉

　；모딘 거슬 헐며 魔를 저히 ᄂᆞ니를(破惡怖魔)〈능1-23〉

　；威儀를 헐며(虧威儀)〈능1-26〉

　；毒ᄒᆞᆫ 가시 발 허료믈(毒刺傷足)〈능5-48〉

　；거즛 허로매 發ᄒᆞᄂᆞ니(發於誣謗)〈능8-92〉

헐에ᄒᆞ다(裂) ; 헐게 하다.

　；그 고ᄃᆞᆯ 것거믈 헐에ᄒᆞ료(摧裂其處)〈능9-47〉

險ᄒᆞ다(險) ; 험하다.

　；놀이 出地 險ᄒᆞ며 조바(津口田地險隘)〈능5-68〉

헤티다(破) ; 헤치다. 깨뜨리다.

　；바ᄅᆞ 모딘 그슥ᄒᆞᆫ ᄢᅳᄆᆞᆯ 헤텨 여러(直須破開陰隙)〈능1-107〉

헤퍼디다(蕩) ; 헤퍼지다.

　；蕩은 헤퍼딜씨라〈능1-62〉

헤ᄊᆞ디다(披) ; 헤치다.

　；헤혀 窮究ᄒᆞ야 비취여 ᄇᆞᆯ겨(披究照明)〈능8-90〉

혀(舌) ; 혀.

　；그 사ᄅᆞ미 혀로 입시우를 할하니(以舌舐吻)〈능3-9〉

혀다(然) ; 켜다.

　; 燈을 혀 불고믈 닛스오며(然燈續明)〈능5-41〉

혀다(延) ; 끌다.

　; 두 省이 서르 혀는 젼추로(二省相延故)〈능8-86〉

헝울 밧다(蛻) ; 허물 벗다.

　; 蛻는 헝울 바술씨라〈능4-28〉

顯ᄒ다(顯) ; 나타나다.

　; 더욱거즛 뼈듀미 顯ᄒ야(盆顯妄淪)〈능4-56〉

現호다(現) ; 나타나다.

　; 오직 ᄆᅀᆞ미 現혼거론대(唯心所現)〈능2-17〉

혈다(引) ; 끌다. 잡아끌다.

　; 引은 혈씨라〈능1-5〉

혜다(慮·調) ; 생각하다. 헤아리다.

　; 곧 혜믈 그치며 ᄆᅀᆞ믈 얼읠씨라(卽息慮凝心也)〈능5-31〉

　; 나며 드는 수믈 혜라ᄒ야시늘(調出入息)〈능5-44〉

혜아리다(揣·測·量·測度) ; 헤아리다. 세다.

　; 微細히 혜아려 ᄀ다드ᄆᆞ라(微細揣摩)〈능1-90〉

　; 혜아려 아디 몯호믈(而不可測知)〈능1-97〉

　; 흔갓 情의 그르스로 혜아린 젼ᄎᆞ라(徒以情器量度故也)〈능2-41〉

　; 믈읫 혜아료미 다 妄혼 혜라(凡所測度皆妄計也)〈능3-78〉

혜요다(忖·揣) ; 헤아리다.

　; 내이 ᄉᆞ랑ᄒ야 혜요맨(如我恩忖)〈능1-56〉

　; 다시 혜요ᄃᆡ 여슷用이(復揣六用)〈능4-123〉

火鑪(鑪) ; 화로.

　; 能히 더운직와 火鑪슷 ᄃᆞ외오(能爲熱灰鑪炭)〈능8-97〉

활개(支) ; 활개. 사지(四肢).

　; 너 소ᄂᆞ로 흔활개 디를 時節예(則汝以手捉一支時)〈능1-67〉

홰(炬) ; 횃불.

　; 能히 브리 ᄃᆞ리며 홰 ᄃᆞ리오(則能爲火爲炬)〈능8-101〉

횟돌다(循環·輪廻·環·洄漩) ; 횟 돌다.
 ; 나소 믈리며 횟돌아(進退循環)〈능4-122〉
 ; 生死애 횟돌며(生死輪廻)〈능5-6〉
 ; 環은 횟돌씨라〈능10-7〉
 ; 그 고대 횟도듯 ᄒᆞ야(洄漩其處)〈능10-8〉

휘(靴) ; 목이 있는 신.
 ; 휘와 신과 裵巔 (靴履裵巔)〈능6-96〉

훤ᄒᆞ다(豁·快) ; 크다. 넓다. 활달하다.
 ; 입과 窓괘 여러 훤홀씨(戶牖開豁)〈능1-49〉
 ; 身心이 훤ᄒᆞ야(身心快然)〈능7-67〉

훤히(豁·洞·郭·郭然·快) ; 활달하게. 크게. 시원하게.
 ; 훤히 ᄉᆞᄆᆞᆺ게 혼 後에ᅀᅡ(使豁然洞達然後)〈능1-107〉
 ; 大目連은 두려이 ᄇᆞᆰ가 훤히 ᄉᆞᄆᆞ차(大目連圓明洞達)〈능1-27〉
 ; 죠고맛 ᄀᆞ린 것도 훤히 업서(郭無纖翳)〈능1-4〉
 ; 훤히 淸淨ᄒᆞ야(廓然淸淨)〈능2-39〉
 ; 훤히 ᄀᆞ룜 업수믈 得호이다(快得無礙)〈능5-29〉

흐러(迸) ; 흩어지다.
 ; 흐러 쓰리면 盛히 부치ᄂᆞ니라(迸灑煽鼓)〈능8-97〉

흐르다(流) ; 흐르다.
 ; 다 흘러다 몰애 ᄢᅵᄂᆞᆫ 迷惑흔 소니며(皆流爲蒸砂迷客)〈능1-3〉

흐리다(濁·渾濁) ; 흐리다.
 ; 멀텁고 흐리여(麤濁)〈능1-42〉
 ; 제 서르 흐리 우ᄂᆞ니(自相渾濁)〈능4-14〉

흐웍흐웍ᄒᆞ다(潤澤) ; 무르녹다. 윤택하다.
 ; 潤澤은 흐웍흐웍홀씨라〈능2-5〉

흥졍바지 ; 상인.
 ; 네 百姓은 그위실ᄒᆞ리와 녀름지스리와 셩냥바지와 흥셩바지왜라〈능3-88〉

흥졍ᄒᆞ다(商賈) ; 흥정하다.
 ; 毗舍ᄂᆞᆫ 흥졍ᄒᆞᄂᆞ니오(毗舍商賈也)〈능3-88〉

詰難ᄒᆞ다(難·詰)；詰難하다.

　；몬제 무르시고 버거 힐난ᄒᆞ시고(先問次難)〈능1-60〉

　；窮究ᄒᆞ야 詰難티 몯ᄒᆞ몰 볼기시니다(不容窮詰)〈능2-98〉

힘(力·筋)；힘.

　；力은 히미라〈능1-3〉

　；힘 올ᄆᆞ며 脉 뮈요ᄆᆞᆫ(筋轉脉搖)〈능1-51〉

힘쓰다(勉·務)；힘쓰다.

　；이런ᄃᆞ로 힘뻐 이대 ᄉᆞ랑ᄒᆞ야(故勉令善恩)〈능2-76〉

　；힘뻐 議情을 아ᅀᆞᆳ디니라(務去議情也)〈능5-8〉

ᄒᆞ다가(若·設·儻·如)；만약 .

　；ᄒᆞ다가 授記ᄅᆞᆯ 자바(若執授記)〈능1-17〉

　；ᄒᆞ다가 和ᄒᆞ미 이시면(設有所和)〈능2-97〉

　；말들흔 니르샤ᄃᆡ ᄒᆞ다가 ᄇᆞᆯ곰과 어드움과 업스면(謂儻無明暗)〈능3-3〉

　；ᄒᆞ다가 뎨 힘이시며(如彼有力)〈능8-124〉

ᄒᆞ마(旣·已·欽)；하마. 벌써.

　；ᄒᆞ마 안홀 아디 몯ᄒᆞ고(旣不知內)〈능1-56〉

　；ᄒᆞ마 알어든(已知)〈능1-61〉

　；ᄒᆞ마 아ᅀᆞᆸ고 如來 마곰 업수믈 여르샤(欽仰如來開闡無遮)〈능1-34〉

ᄒᆞ믈며(況·何況)；하물며.

　；ᄒᆞ믈며 淸淨ᄒᆞ며(何況淸淨)〈능1-88〉

　；ᄒᆞ믈며 그 中에(何況其中)〈능3-22〉

ᄒᆞ야디다(壞·耗·裂)；헐어지다. 해어지다. 헤어지다.

　；ᄯᅩ 變ᄒᆞ야 ᄒᆞ야디려(爲復變壞)〈능2-4〉

　；耗는 ᄒᆞ야딜씨라〈능6-101〉

　；뮈여ᄒᆞ야디디 아니ᄒᆞ료(而不振裂)〈능9-45〉

ᄒᆞ여ᄇᆞ리다(損)；힐어버리다.

　；술위와 ᄆᆞᆯ와ᄒᆞᆯ ᄒᆞ여ᄇᆞ리거든(妨損馬車)〈능5-68〉

ᄒᆞ오ᅀᅡ(獨·孤)；혼자

　；예셔 닐오면 ᄒᆞ오ᅀᅡ셔 아다ᄒᆞ미라(此云獨覺)〈능1-29〉

　；長行ᄋᆞᆯ 應티 아니ᄒᆞ야 ᄒᆞ오ᅀᅡ 니르ᅟᅪᄃᆞᆯ씨라(不應長行而孤起也)〈능5-9〉

ᄒᆞ옷(單) ; 홀.

  ; ᄒᆞ옷 議論이(單論)〈능3-42〉

흔(一) ; 한.

  ; 흔ᄢᅴ 두루 펴샤(一時周徧)〈능1-95〉

흔가지(等・均・一・同・共) ; 한가지.

  ; 衆生과 부텨 흔가지로 두쇼ᄃᆡ(生佛等有)〈능1-97〉

  ; 그 ᄠᅳ디 흔가지 아니아(其義均不)〈능1-99〉

  ; 耶輸와 흔가지로 아릿 因을 아라(與耶輸同悟宿因)〈능1-17〉

  ; 흔가지로 오직 ᄆᆞᄉᆞ미 지ᅀᅩᄆᆞᆯ(一唯心造)〈능1-21〉

  ; 同氣ᄂᆞᆫ 根源이 흔가지오(同氣共本也)〈능1-41〉

흔ᄀᆞᆯᄋᆞ티(一齊・一) ; 한결같이.

  ; 흔ᄀᆞᆯᄋᆞ티 倍히 더보아(一齊倍加瞻視)〈능2-14〉

  ; 흔ᄀᆞᆯᄋᆞ티 向ᄒᆞ야 純에 드로미니(一向入純)〈능9-60〉

흔갓(空・徒・一・但) ; 한갓. 공연히.

  ; ᄒᆞ다가 體 업스면 흔갓 그 일후미 잇거니(設若無體則空有其名)〈능1-65〉

  ; 흔갓 누는 보디 몯홀ᄆᆞᆯ 잢간도 아디 몯ᄒᆞ도다(徒眼不見也)〈능1-66〉

  ; 제몸 모ᄅᆞᆫ 무리 해 드로ᄆᆞᆯ 흔갓 向ᄒᆞ고(迷已之流一向多聞)〈능1-37〉

  ; 흔갓 해 드로ᄆᆞᆯ 더ᄒᆞ고(但益多聞)〈능2-78〉

흔ᄢᅴ(一時・俱・同・同時・齊・並) ; 한때.

  ; 흔ᄢᅴ 여러 낟거늘(一時開現)〈능1-78〉

  ; 이ᄂᆞᆫ 몸과 흔ᄢᅴ 나며(此則與身俱生)〈능1-107〉

  ; 흔ᄢᅴ 부텨ᄭᅴ 오ᄃᆡ(同來佛所)〈능1-28〉

  ; 흔ᄢᅴ 즁이 바도리라(同時飯僧)〈능1-31〉

  ; 세흘 흔ᄢᅴ 뮈워 세야나며(三者齊運)〈능1-40〉

  ; 흔ᄢᅴ 볼씨(並視)〈능4-52〉

흔ᄃᆡ(俱・共) ; 한데.

  ; 衆千二百五十人과 흔ᄃᆡ 잇더시니(衆千二百五十人俱)〈능1-23〉

  ; 흔ᄃᆡ 住티 몯ᄒᆞ리라(不得共住)〈능7-54〉

흔야ᄋᆞ로(一任) ; 한 모양으로.

  ; 긔저료ᄆᆞᆯ 흔야ᄋᆞ로 ᄇᆞ려두어(一任攪淘)〈능4-90〉

히(日·淸陽) ; 해.

   ; 히와 돌와 燈괘 업슨딕(無日月燈)〈능1-60〉

   ; 淸陽은 히라〈능1-105〉

힛빛(晃曜) ; 햇빛.

   ; 晃曜는 힛비치라〈능1-78〉

힝뎍(行) ; 행적.

   ; 功夫 힝뎌기(功行)〈능1-37〉

홁무적(塊) ; 흙덩이.

   ; 홁무저글브터 子息을 사ᄆᆞ며(附塊爲息)〈능7-92〉

# 참고문헌

고영근·남기심(1997), (『중세어 자료 강해』 집문당)

김영신(1988), (『국어학연구』 제일문화사)

박병철(1997), (『한국어 訓釋 語彙硏究』 이회문화사)

박영섭(1990), (「천자문 색인고」 『김상선교수회갑기념논총』 약업신문사)

_____(1995), (『국어한자 어휘론』 박이정)

_____(1998), (『초간본 두시언해 어휘자료집』 박이정)

_____(2000), (『초간본 두시언해 한자대역어연구』 박이정)

_____(1998), (「초간본 두시언해에 나타난 漢字 對譯語 硏究(1)」 강남대학교 논문집
          32집)

_____(1999), (「초간본 두시언해에 나타난 漢字 對譯語 硏究(2)」 강남대학교 논문집
          33집)

_____(1999), (「초간본 두시언해에 나타난 漢字 對譯語 硏究(3)」 강남대학교 인문과학
          논집 7집)

_____(2000), (『초간본 두시언해 한자 대역어 연구』 박이정)

_____(2004), (『구급방언해 한자 대역어 연구』 박이정)

_____(2006), (『태산집요언해 한자 대역어 연구』 박이정)

_____(2006), (『두창경험방언해 한자 대역어 연구』 박이정)

신경철(1993), (『國語字釋硏究』 태학서)

이현희(1997), (『두시와 두시언해』 신구문화사)

이호열(1995), (『두시언해 색인집』 이회문화사)

전재호(1973), (『두시언해의 국어학적연구』 통문관)